漫畫圖解

古代ギリシアがんちく図鑑

不可思議的

希臘神話・歷史

芝崎みゆき——圖、文　許晴舒——譯

GREEK
MYTHOLOGY

前言

在希臘旅行時，學到的一件事情就是，希臘人對自家的文化極度的自豪。

不管是什麼樣的人都一定誇耀自己的國家。

有一次在戶外的咖啡座被叫住，對方一開口就說「妳一定喜歡希臘到難以自拔吧」。我連回答「呃，還好，也沒有愛到那種程度」的機會也沒有，那人就毫不遲疑地以我嚮往希臘為前提展開話題，光是講自己國家的歷史就滔滔不絕地講了三個小時（一半是在講自己的豐功偉業）。

另外有一次，遇見希臘人中個性難得相當含蓄的一位阿古斯的旅館人員，但兩人一開始聊起彼此飼養的寵物的時候，他突然蹦出一句：

「阿古斯是全世界最古老的城鎮」。

而這句話跟我們在聊的話題一點關係都沒有。就像這樣，在希臘人人都自豪於他們歷史的久遠，並深信希臘的一切為全世界的人所愛戴、熟知。我實在很驚訝希臘人都通曉希臘歷史與神話。

話說回來，雖然希臘人的驕傲常讓人臉上冒出三條線，但是這本書（雖然希臘人也沒拜託我寫）就是在介紹他們引以為豪的神話與歷史。

神話這章主要在寫希臘神話的骨幹，基礎中的基礎，正統的傳奇。歷史這部分則大略掃過孕育出民主政治、哲學、奧運等的光榮的時代。最後的部分則是添上我遍歷與神話、歷史相關的遺跡後，完全主觀的旅行紀錄。

就如同希臘人強勢地要我聽他們想炫燿的古希臘趣事一般，我也希望把那些趣事轉嫁到各位身上。

漫畫圖解・不可思議的希臘神話・歷史

目次

第一章 含蓄的希臘神話

第二章 含蓄的古代希臘史

第三章 溫吞希臘之旅

色雷斯
腓利比
色薩洛尼基
斯塔基拉
塔索斯島
阿特斯半島
阿特斯山
薩摩屈拉克島
伊哥斯波塔米
基濟科斯
希俄斯
弗里吉亞
赫勒斯滂海峽
特洛伊
伊達山
克律塞島
利姆諾斯島
沛利翁山
愛俄爾卡斯
愛琴海
愛奧尼斯
阿爾基努塞
貝加蒙
米蒂利尼
萊斯沃斯島
呂狄亞
斯基羅斯島
西普勒斯山
薩迪斯
優卑亞島
維奧蒂亞
底比斯
希俄斯島
愛奧尼亞
以弗斯
美加利斯
阿提卡
馬拉松
雅典
薩摩斯島
普利
馬格涅西亞
伊卡里亞島
埃皮達魯斯
埃吉納島
特羅曾
米科諾斯島
米利都
馬西亞斯河
伊卡里亞海
提洛島
納克斯島
帕特莫斯島
帕羅斯島
塞利波斯島
哈里卡爾那索斯
呂基亞
克尼德
科斯島
美洛斯島
羅德
伊利索斯
阿斯提帕來亞島
卡米羅斯
林德斯
費拉島
羅德島
克里特島
克諾索斯
伊達山
迪克索山
費斯托斯

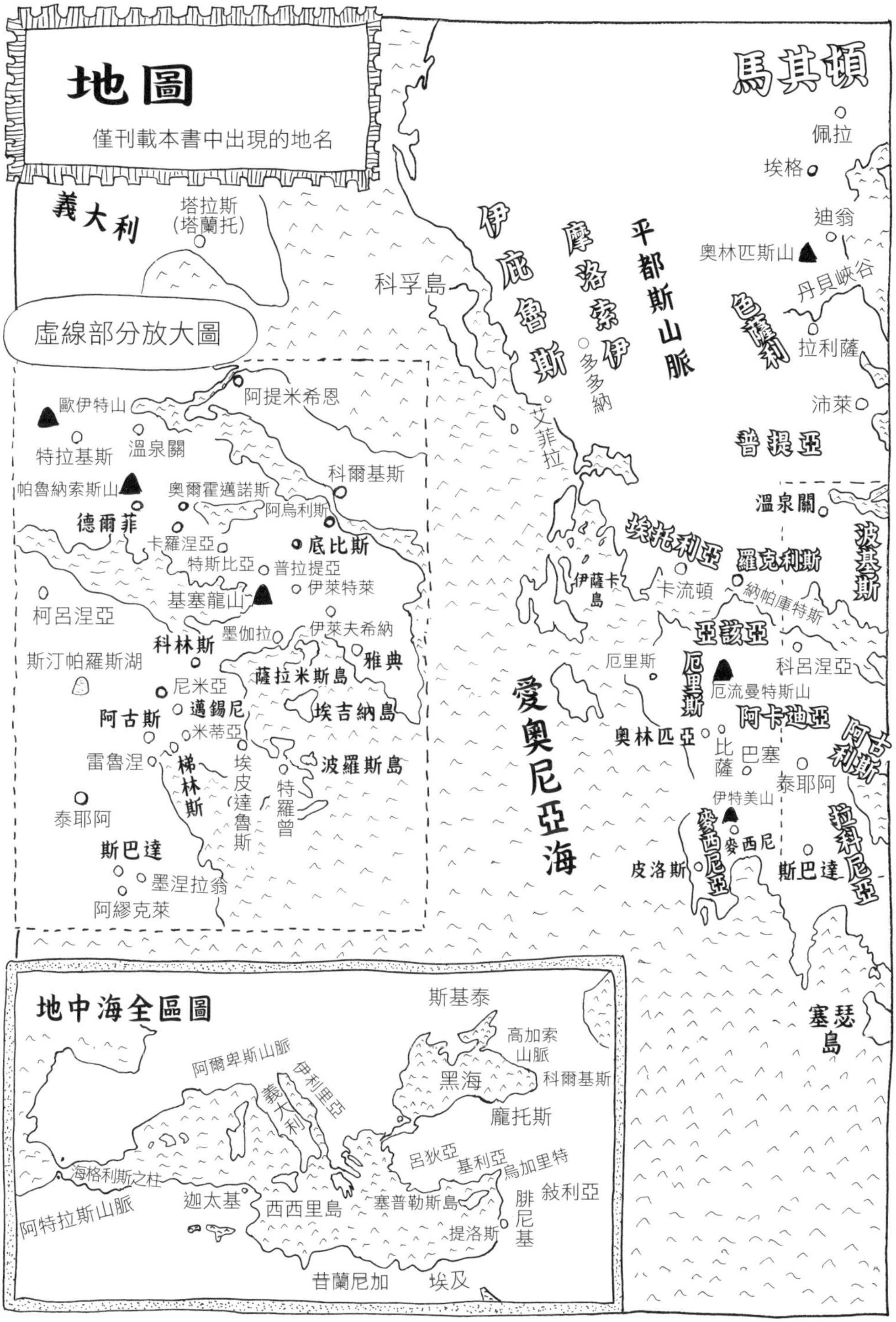
地圖
僅刊載本書中出現的地名
虛線部分放大圖
義大利
塔拉斯
(塔蘭托)
馬其頓
佩拉
埃格
迪翁
奧林匹斯山
丹貝峽谷
色薩利
拉利薩
沛萊
普提亞
伊庇魯斯
摩洛索伊
多多納
平都斯山脈
科孚島
艾菲拉
溫泉關
波基斯
埃托利亞
羅克利斯
伊薩卡島
卡流頓
納帕庫特斯
亞該亞
厄里斯
厄里斯
厄流曼特斯山
科呂涅亞
阿卡迪亞
奧林匹亞
比薩
巴塞
阿古利斯
泰耶阿
伊特美山
麥西尼亞
麥西尼
皮洛斯
斯巴達
拉科尼亞
愛奧尼亞海
塞瑟島
歐伊特山
特拉基斯
溫泉關
阿提米希恩
帕魯納索斯山
奧爾霍邁諾斯
科爾基斯
德爾菲
阿烏利斯
卡羅涅亞
底比斯
特斯比亞
普拉提亞
伊萊特萊
基塞龍山
柯呂涅亞
伊萊夫希納
墨伽拉
科林斯
雅典
薩拉米斯島
斯汀帕羅斯湖
尼米亞
阿古斯
邁錫尼
埃吉納島
米蒂亞
雷魯涅
梯林斯
埃皮達魯斯
特羅曾
波羅斯島
泰耶阿
斯巴達
墨涅拉翁
阿繆克萊
地中海全區圖
斯基泰
高加索山脈
阿爾卑斯山脈
伊利里亞
義大利
黑海
科爾基斯
龐托斯
呂狄亞
基利亞
烏加里特
海格利斯之柱
敍利亞
阿特拉斯山脈
迦太基
西西里島
塞普勒斯島
腓尼基
提洛斯
昔蘭尼加
埃及

第一章　含蓄的希臘神話

世界呢，是這樣開始的。
最初發生了卡厄斯（chaos）。
浮出
卡厄斯代表「混沌的狀態」，已經是後來時代的事情。
不明的空間
接著是蓋婭（大地）、然後是愛洛斯（愛）、塔爾塔羅斯（地獄）。
連結各種事物的力量。
愛洛斯
處在很下方
塔爾塔羅斯
蓋婭
卡厄斯
生出了
紐克斯（黑夜）
厄瑞玻斯（黑暗）
紐克斯與厄瑞玻斯結合，
埃忒耳
（天上之光）
上空澄澈的部分
生下
赫墨拉（白晝）
另一方面，蓋婭獨自生下了烏拉諾斯（天），
生下群山及蓬托斯（海原）。
對於獨立生子感到厭倦的蓋婭，和烏拉諾斯展開生育計畫，產下十二個神。
男孩子有俄刻阿諾斯（海洋、ocean的辭源）、科俄斯、克利俄斯、許伯里翁、伊阿伯特斯、克羅諾斯
女孩子有忒彌斯（律法）、瑞亞、忒伊亞、特提斯、福柏、莫涅莫緒涅（記憶）
這個時代的神稱作泰坦族（Titan）。
是Titanic（巨大的）的辭源。
接下來誕生的是這些人。
基克洛普斯
（〔Cyclops〕獨眼之意）
赫卡頓凱爾
（〔Hecatoncheir〕百臂之意）
五十個頭配一百個手臂
烏拉諾斯是拿最初生的十二個小孩作標準，所以看到這些畸形的小孩後很害怕，
失敗作
硬是把他們按回蓋婭的肚子裡。
哎呀
扭扭
呀—

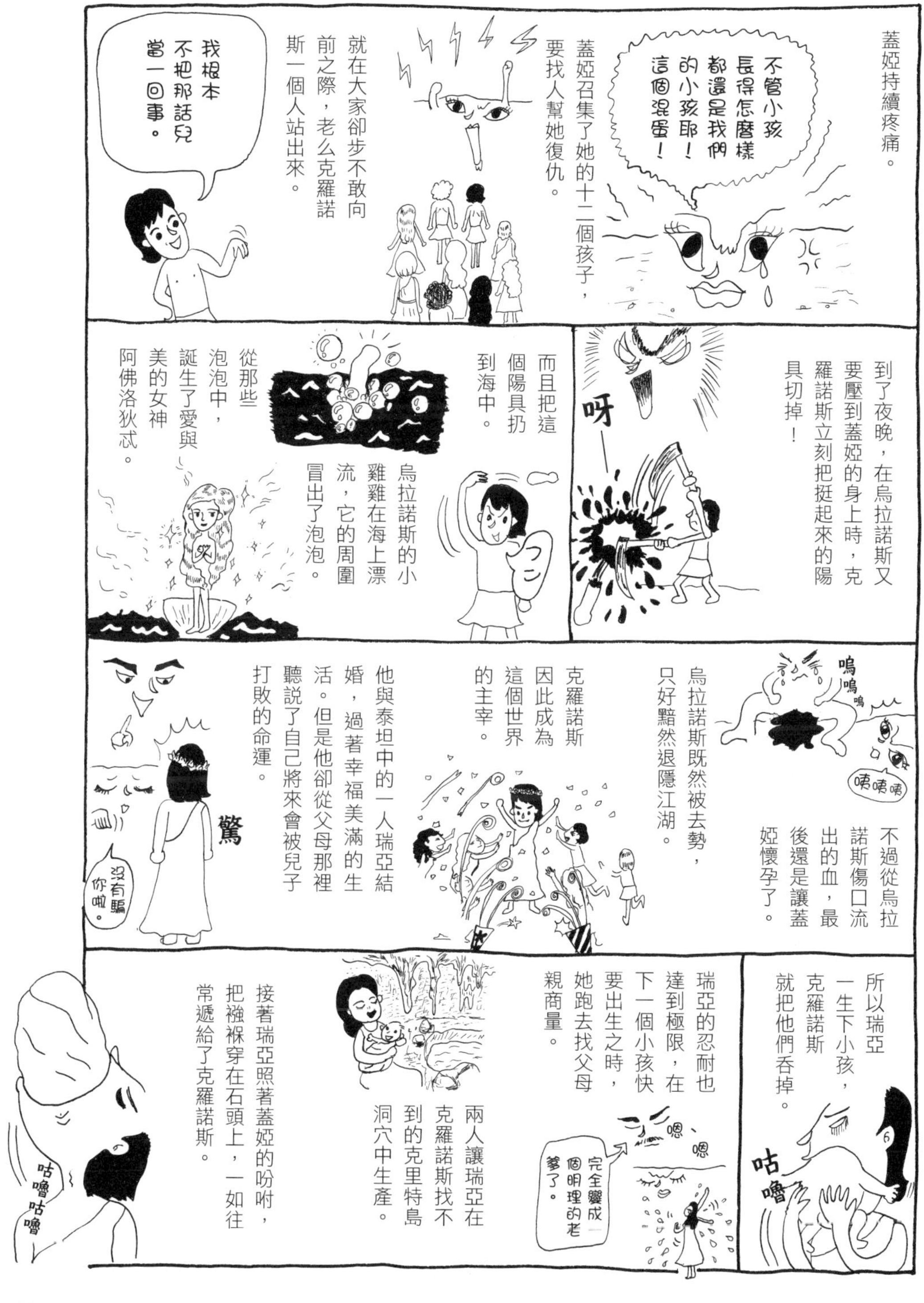
蓋婭持續疼痛。
不管小孩長得怎麼樣都還是我們的小孩耶！這個混蛋！
蓋婭召集了她的十二個孩子，要找人幫她復仇。
就在大家卻步不敢向前之際，老么克羅諾斯一個人站出來。
我根本不把那話兒當一回事。
到了夜晚，在烏拉諾斯又要壓到蓋婭的身上時，克羅諾斯立刻把挺起來的陽具切掉！
呀
而且把這個陽具扔到海中。
烏拉諾斯的小雞雞在海上漂流，它的周圍冒出了泡泡。
從那些泡泡中，誕生了愛與美的女神阿佛洛狄忒。
嗚嗚嗚
咦咦咦
不過從烏拉諾斯傷口流出的血，最後還是讓蓋婭懷孕了。
烏拉諾斯既然被去勢，只好黯然退隱江湖。
克羅諾斯因此成為這個世界的主宰。
他與泰坦中的一人瑞亞結婚，過著幸福美滿的生活。但是他卻從父母那裡聽說了自己將來會被兒子打敗的命運。
驚
沒有騙你啦。
所以瑞亞一生下小孩，克羅諾斯就把他們吞掉。
咕嚕
瑞亞的忍耐也達到極限，在下一個小孩快要出生之時，她跑去找父母親商量。
嗯、嗯
完全變成一個明理的老爹了。
兩人讓瑞亞在克羅諾斯找不到的克里特島洞穴中生產。
接著瑞亞照著蓋婭的吩咐，把襁褓穿在石頭上，一如往常遞給了克羅諾斯。
咕嚕咕嚕

瑞亞生下的小孩取名為宙斯，由寧芙們負責照顧。
寧芙
從森林或山川、河川等自然生成的精靈。擁有簡單預言的能力，非～常長壽。
不過在克羅諾斯和瑞亞忙於生小孩的期間，蓋婭、紐克斯（夜晚）及其他的泰坦們也各自找到對象生下小孩，誕生了許多的神。
要把他們全部寫出來可沒完沒了，先把故事繼續講下去。
長成有為青年的宙斯經由蓋婭的指示，前去打倒克羅諾斯。
瑞亞騙克羅諾斯讓他喝下嘔吐藥。結果——
哇啊
得墨忒爾
哈底斯
波塞冬
赫拉
維斯塔
他以往吞下的小孩及扮成宙斯的石頭一個接一個嘔出來了！
這個石頭後來放置在德爾菲作紀念。
克羅諾斯
逃亡！
呼呼呼
天呀
逃亡！
不可以這樣就掉以輕心！克羅諾斯還會再來襲擊。如果有百臂巨人和獨眼巨人做靠山的話，就能打贏他了。
因為這樣他們被拉到外面的世界來。
克羅諾斯帶著自己的兄弟泰坦們及他們的子孫，向宙斯們宣戰。
雖然這個戰爭曠日經久，不過因為百臂巨人和獨眼巨人準備好武器、
宙斯用雷霆、
喔！
亮晶晶
轟隆
轟隆
波塞冬用三叉戟、
喔
咚
吱吱吱
哈底斯有隱形盔甲、
喔喔喔
這些武器大大地發揮作用，終於得到勝利。
嘿咻

泰坦們因此被關進塔爾塔羅斯（地獄）。
然後叫百臂巨人們負責看守。
怎麼這樣利用自己的恩人啊。
之後，宙斯及哈底斯、波塞冬用抽籤決定支配權。
宙斯主宰天
耶耶
波塞冬支配海
還算可以啦
哈底斯支配冥府
唉
各自管理統治。
但過了一陣子後，蓋婭又生氣了。因為她不滿自己的孩子泰坦族被關起來。
為什麼就是不能順我的心呢！
因此，她把以前因為烏拉諾斯陽具的血、而讓自己懷孕的小孩生出，派去打倒宙斯。
巨人族（gigant）
宙斯軍團大勝！
複數型是gigantes，是giant的辭源。
不肯放棄的蓋婭接著與塔爾塔羅斯交配，把生下的堤豐送去打戰。
堤豐（Typhoeus）是颱風的辭源。
浮雕中的巨人族
壺繪中的堤豐

將這些作亂平息的宙斯及眾神們，終於得到安寧。這些戰爭讓宙斯穩固自己的地位，阻止了過去反覆發生的政權輪替，他將奧林匹斯山的山頂作為住所，開始支配這個世界。其他特別主要的神被叫做奧林匹斯十二主神，成為眾神中的菁英集團！

奧林匹斯十二主神
宙斯
（Zeus）
眾神的領導。
他擔任統整眾神的工作，照理說應該要處罰行為過分的神，不過他其實不太管事。
他的風流癖好不需要多加說明，已經是國際化的共通常識。
他的聖樹是橡樹。
赫拉
（Hera）
婚姻女神。
總之是個可憐人。
她的自我全是負面的嫉妒心、復仇心、難纏。
原本她的誕生比宙斯還早。
她在薩摩斯島及阿古斯倍受尊崇。
看到赫拉反而讓人不想結婚，她引發的事和她的職務可說是完全相反。
宙斯早期的婚姻大致是這種感覺
第一個妻子是墨提斯（〔Metis〕智慧）
生下女兒雅典娜。
宙斯與第二個妻子忒彌斯（法律）之間生下了
摩伊賴
〔命運三女神〕
荷萊
〔季節三女神〕
秩序
和平
正義
荷萊的辭源是hour
（時間）的辭源
他和第三任妻子莫涅莫緒涅（〔Mnemosyne〕記憶）之間生下
謬斯們。
帶給藝術家靈感
的九個學藝女神
謬斯是音樂、圖書館等字的辭源。
他與第四任妻子、正妻赫拉之間則生下了
埃雷圖亞
（生育）
阿瑞斯
（戰爭）
赫柏
（青春）

永遠閃亮的「天然」美少年
阿波羅（Apollo）
擔任
預言、藝術、音樂、射箭、醫術、疾病
誕生
因為宙斯而懷孕的勒托（「Leto」泰坦族的其中一個女兒）要生了。
她想找待產的地方，但因為赫拉事前下達命令，
所以到哪裡都被拒絕。
呼、呼
她到了一個剛形成的浮島，
可以啊！有神的小孩要在我這裡出生，真是蓬蓽生輝呢。
很爽快地答應了。
支持勒托的眾神們替浮島加上支撐的柱子，
讓島嶼與海底連接，從此名為德羅斯（閃耀之意）島。
嘰嘰
吱吱
嘎嘎
勒托已經要臨盆了，
但因為赫拉不讓自己的女兒埃雷圖亞（生育女神）過去幫忙，所以勒托痛苦了九天九夜還生不出來。
呼
呼
一旁的女神們再也看不下去，拜託女人的傳令使者、彩虹女神伊希斯，
快把埃雷圖亞叫來，
跟她說不管她想要財寶還是什麼都給她。
呼—呼—
想要財寶的埃雷圖亞來到德羅斯島，勒托終於順利生產了。
勒托生了一對雙胞胎
阿波羅與阿爾忒彌斯。

也有這種阿波羅像喔。
怎麼這麼可怕。
德爾菲博物館所藏
這個美麗又率真、心地善良、特別受到宙斯寵愛的阿波羅，他的另一面卻是自尊心太高，一旦情感受傷，馬上以牙還牙——
而且還多加百倍奉還，許多人因此遭到悲慘的命運。
其中有名的像是馬西亞斯（Marsyas）的故事
馬西亞斯是半人半獸神的其中一人，他有一天撿到雅典娜丟掉的笛子。
咦？
他在自學練習後，變得相當高竿。
半人半獸神（Satyros）
山野的精靈。自由快樂生活於森林中的好色之徒們。
聽到人們誇讚自己的笛聲不輸阿波羅的豎琴，馬西亞斯於是請求阿波羅跟自己比賽。
吞吞吐吐
卑躬屈膝
這個人怎麼這麼自大！
豎琴是赫耳墨斯的發明。
好啊，如果你答應輸的人隨便贏的人處置的話。
接著開始比賽了。
裁判是謬斯們。
首先是阿波羅的演奏。
謬斯們聽了陶陶然。
接下來輪到馬西亞斯演奏，
謬斯們的表情像是融化般，比聽阿波羅演奏時更為陶醉。
看到馬西亞斯的伎倆開始心急的阿波羅，
那你會像我這樣嗎！
鏘、鏘
把豎琴倒過來彈。
笛子怎麼有辦法倒過來吹。
結果阿波羅就自己判定自己「勝利」，搬出當初隨便贏家處置輸家的條件，把馬西亞斯吊在樹上、活生生地將他剝皮。
啊—
不過看來馬西亞斯平時深得人心，許多寧芙及半人半獸神都為他的死傷悲，流下了眼淚。他們流下的淚化作河川，從此稱作馬西亞斯河。
這條河現在還存在呢。

阿波羅的戀情
雖然阿波羅是以英俊為賣點，但是人好看不代表有人愛。他在希臘眾神中，可是以被甩出名。
人好看真的跟有人緣無關。
我覺得倒不如說容貌影響了在同性之間的位階……。
譬如說阿波羅跟名為達芙妮（Daphne）的女孩子，
他好噁心！
怎麼眉毛長長得那麼長又密！我沒有辦法忍受被那種眉毛覆蓋下的濕潤眼睛盯著看。
一想到要被他的手撫摸就全身起雞皮疙瘩！
她為了不要被阿波羅碰觸到，把自己的身體變成月桂樹。
啊！
但是……即使達芙妮為了不讓阿波羅碰而做到這個地步，她變成的樹還是成為阿波羅的聖樹。
哎呀
我愛你—
阿波羅愛上瑪爾貝薩這個女孩，和人類的男性伊達斯爭風吃醋，而女主角瑪爾貝薩最後說，
我還是覺得伊達斯好。
至少壽命是一樣的啊。
結果阿波羅輸給了人類。
照阿波羅自己的說法，
像我這樣的男性一出現，女性都愛死了。
我又英俊、身材又好、在眾神中是最聰明的，我還有這麼多才能。
他自己這樣想，其實實際上卻被女人覺得噁心、而且在背後被嘲笑，談戀愛根本就不順利。所以漸漸地他開始向拒絕自己的人或背叛自己的女人們，展開殘酷的報復。
我這麼了不起的人跟妳告白耶！
我這麼了不起的人耶！

看來他對自己的魅力也開始喪失自信了。
特洛伊的公主 卡珊德拉
怎麼樣都不甩阿波羅，所以
如果妳跟我交往的話，我就送給妳預言的能力。
就用禮物來利誘。
卡珊德拉原本答應，拿到了這個好處，但是
嗯，我還是沒辦法。
這個阿波羅根本是個「自戀」男。
於是又改變心意。
對不起——
為什麼！是「我」跟妳交往還加上禮物耶。
為什麼！
在神的規則中「誓言是沒辦法毀棄的」，所以阿波羅說，
可惡～妳的預言能力還是有效，
但是我要奪走妳的說服力，
妳會陷入沒有人相信妳的痛苦中！
自此以後，卡珊德拉變成說不吉利的話的女人，而被人們厭惡。
希比拉的情況是
妳想要什麼？
我想要跟這些沙子一樣多的壽命。
啊—真是丟臉。我太清楚我兒子為什麼都失敗。
他沒有幽默感嘛！根本不知道對方要什麼。
而且一被拒絕就生氣，怎麼這麼沒有紳士風度。
但是當阿波羅求愛又被拒絕時，
妳的確可以活到這些沙子的數目，
但是妳沒有跟我要求年輕。
希比拉活了九百九十年，她不停地老去，一直乾瘦到手掌般的大小才死去。
這個傢伙又異常潔癖，不能容許身上沾到一點髒東西，這也不行的！人家會跑掉！
還有這傢伙喜歡的類型也不對。他喜歡那種思春期的女孩，這個時期的女孩特別敏感，一點點小事就容易討厭別人。
要像我一樣隨和才可以嘛！

接下來
和名叫科羅尼斯的女孩的情況是
阿波羅和她正常地交往。
而且還懷了小孩看起來很幸福。
烏鴉趕快去告狀。
怒火中燒的阿波羅不分青紅皂白就把她殺了。
但是阿波羅的烏鴉僕人，目擊到科羅尼斯與男人開心談笑。
哦？
但是一段時間過後，當他回想起與科羅尼斯之間的種種，
她怎麼可能外遇呢。我怎麼那麼躁急。
他馬上就後悔了，趕快從正要燒為灰燼的科羅尼斯肚中搶救小孩。
呼—好險來得及。
這個孩子被命名為愛斯科勒皮歐斯（Asklepios），成為醫術之神。
他在民間很受歡迎喔！
另一方面烏鴉的下場是……
都是你多管閒事！
哇咧？
從這時候開始，烏鴉原本白色的羽毛就變成令人討厭的黑色了。
呷—以後看到朋友情人外遇也不要講喔。絕對會受池魚之殃！
阿波羅與男人交往倒是沒什麼問題。但是那些男人往往很短命。
當阿波羅與雅辛托斯（Hyacinthus）一起擲鐵餅時，
啊
阿波羅一時失手，鐵餅直接擊中雅辛托斯。
還有名叫奇帕里索斯（Kyparissos）的少年，因為寵物被阿波羅射殺，悲痛過度而死。
和他感情深厚的鹿
阿波羅把他們各自變成植物。
絲柏（kyparissos）
風信子
不是現在人說的風信子，是愛麗絲花。

阿波羅事件①
阿波羅竊取德爾菲

阿波羅的職務中最重要的是「預言」。他很想要有屬於自己的神諭，所以繞著希臘尋找時，喜歡上德爾菲莊嚴的地勢，射殺了原本的主人皮同（蓋婭之子，蟒蛇），當作自己的領地。

名為蟒蛇（錦蛇）的動物就是從皮同（python）來的。

阿波羅地圖
希柏里爾人的國度
↑極～北邊
他在這裡清洗殺害皮同的污穢
丹貝峽谷
佩萊
德爾菲
德羅斯

阿波羅事件②
阿波羅變成人類 奴隸！

阿波羅曾經有兩次服侍過人類。

首先是第一次。

由於宙斯蠻橫不講理，雅典娜、赫拉、波塞冬三人聯手起來叛變，但是失敗未果。阿波羅和波塞冬大大地觸怒了宙斯，所以被罰侍奉特洛伊的拉奧墨多王。

阿波羅變成養牛的，
波塞冬變成建造城堡的勞工。
特洛伊因此變成難以攻破的城。
嗯。

第二次經驗。因為阿波羅的兒子愛斯科勒皮歐斯讓人類死而復生，而被宙斯用雷劈死。阿波羅氣憤下，把怒氣轉向宙斯雷霆來源的獨眼巨人，把他們殺死。這下又惹惱了宙斯。結果這次換在佩萊王阿德美托斯底下工作。阿德美托斯王不知道阿波羅的真實身分，對他頗為親切，於是阿波羅自告奮勇當國王的月下老人（一個自己談戀愛都失敗的人竟然……），獻計幫國王延長原本應該短命的壽命。

為什麼！

如果有人可以代替你死的話，你就可以活他的壽命。
咦！

阿波羅之謎

希臘神話世界中似乎比宙斯更具代表性的阿波羅，被認為原本起源自東方、或是北方的國度。

阿波羅這個名字也不屬於希臘語系。而且不知道為什麼，阿波羅一生下來馬上就前往位於極北的傳說國度「希柏里爾人之國」，並且在那裡定居下來。他回到希臘以後，也是頻繁地造訪那裡，後來變成每個冬天都必定造訪那個地方。

他不在希臘的時候，德爾菲的工作就交給不適合工作的戴奧尼索斯。

「希柏里爾人的國度」實際情況仍是個謎。

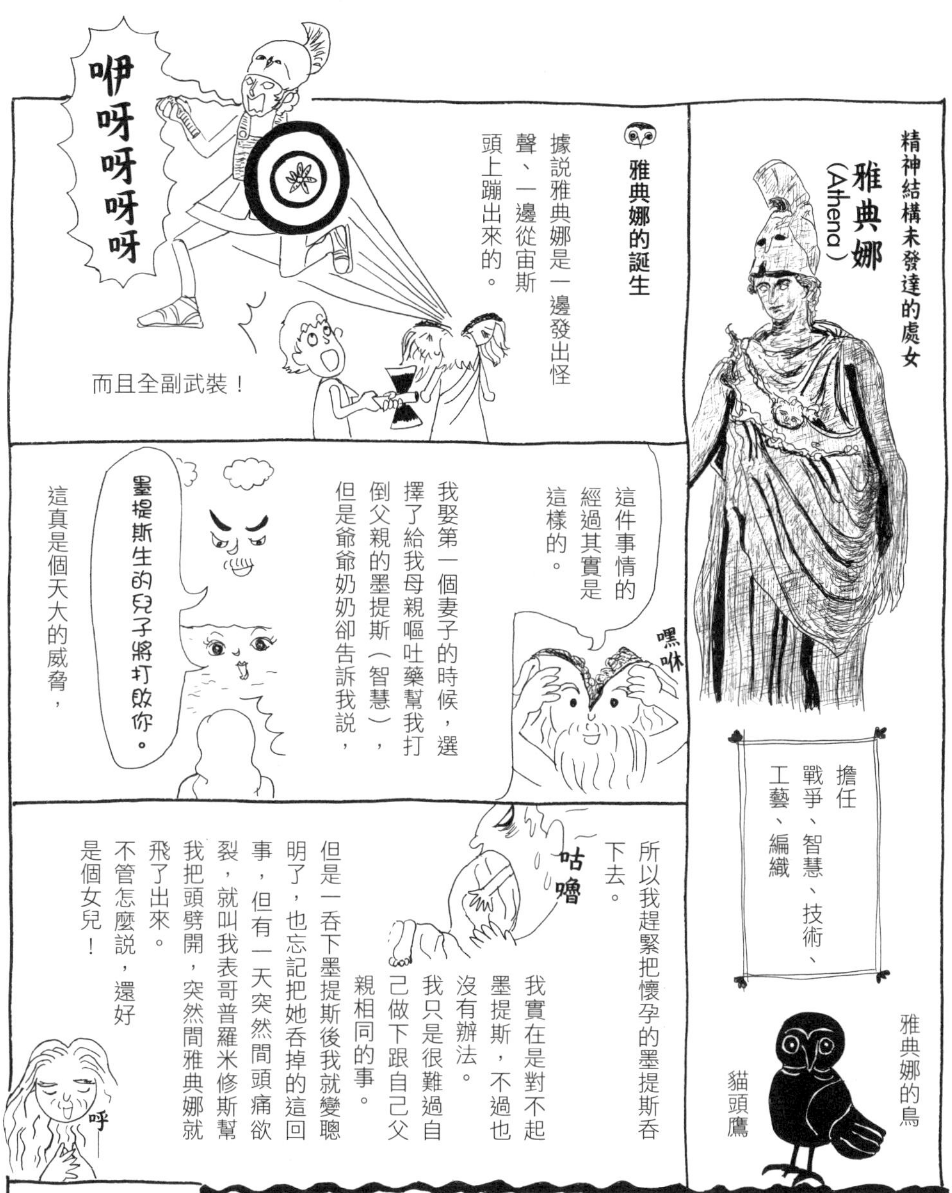
精神結構未發達的處女
雅典娜
(Athena)
擔任
戰爭、智慧、技術、
工藝、編織
雅典娜的鳥
貓頭鷹
雅典娜的誕生
據說雅典娜是一邊發出怪聲、一邊從宙斯頭上蹦出來的。
咿呀呀呀呀
而且全副武裝！
這件事情的經過其實是這樣的。
嘿咻
我娶第一個妻子的時候，選擇了給我母親嘔吐藥幫我打倒父親的墨提斯（智慧），但是爺爺奶奶卻告訴我說，
墨提斯生的兒子將打敗你。
這真是個天大的威脅，
所以我趕緊把懷孕的墨提斯吞下去。
咕嚕
我實在是對不起墨提斯，不過也沒有辦法。
我只是很難過自己做下跟自己父親相同的事。
但是一吞下墨提斯後我就變聰明了，也忘記把她吞掉的這回事，但有一天突然間頭痛欲裂，就叫我表哥普羅米修斯幫我把頭劈開，突然間雅典娜就飛了出來。
不管怎麼說，還好是個女兒！
呼

也有這種雅典娜雕像呢

收藏於奧林匹亞博物館

雅典娜的特徵

總之是個遲鈍的人。
在眾神中從未輸過的雅典娜，因為力量強而無法同情弱者的心情，總是毫不客氣地大張自己的正義。
或許因為她誕生自父親，所以雖然她是女的，卻完全站在男性立場、相當男尊女卑。
而且支持父系社會。
雅典娜比阿波羅更不苟言笑，而且毫不圓融。
「我發起的戰爭是為了獲得和平的戰爭」，雅典娜的狡辯成為古代希臘世界戰爭的藉口……。

雅典娜得到雅典！
有一次眾神們為了想當特定土地的守護神，開始展開鬥爭。
雅典娜及波塞冬都說要阿提卡的土地。
波塞冬用他的三叉戟敲地，海水之泉立刻湧出。
唰
阿提卡地區
雅典
兩人為了得到民眾支持，各自展開宣傳活動。
雅典娜拿出橄欖樹來。
啪
哇喔
人們說海水沒有用，
就請雅典娜大人當我們的守護神吧。
雅典第一代國王凱克洛普斯（Kekrops），他出生自大地。
因此雅典娜成為阿提卡的守護神。
雅典娜得子!?
有一天平時正人君子的赫淮斯托斯，不曉得為什麼看到雅典娜竟然慾火中燒。雅典娜雖然趕緊逃跑，但是那時赫淮斯托斯的精子已經沾到腳上，而且把精子抹到地面上。因此從大地誕生出小孩來。
我叫埃里克托尼奧斯
(Erichthonius)
不知道為什麼這個孩子激發了雅典娜的母愛，她很疼愛這個孩子，為了讓他成為不死之驅，施了法術後放進箱子中養育。
蠢蠢欲動
有一天，雅典娜想到要增強衛城的堡壘，在自己繁忙的期間，把箱子交給凱克洛普斯的女兒潘德洛索斯。
絕對不可以打開來看喔。
潘德洛索斯的姐妹兩人因為好奇，慫恿她打開箱子，結果，
鏘鏘
看到這個景象的三姐妹發起瘋來跳河自盡。雅典娜聽到了這個消息，震驚到滑落手中的大岩石。（這就是著名觀光景點利卡維多斯丘陵的由來）。
埃里克托尼奧斯成為不死之身的計畫雖然失敗，但是他後來繼承凱克洛普斯的王位，成為雅典的國王。

愛與美之女神
阿佛洛狄忒
（Aphrodite）
擔任
愛情與美麗之外，
還有“笑”
雖然阿佛洛狄忒給人優雅溫柔的形象，但既然是神就不可能好脾氣。她會讓瞧不起自己的人為愛瘋狂、或是做出驚人的舉動。
譬如說利姆諾斯島的女人們持續忘記供奉她的時候，
就把這些女人弄臭。
撲～鼻
就因為這樣，她們的丈夫不再覺得自己的老婆性感，
從特拉克亞帶女人回來當情婦，
成群結隊
太可惡了！
女人們一氣之下就把男人全部殺光。
就只有國王在女兒西普希比雷的幫助下逃亡。
阿佛洛狄忒自己也談了很多場戀愛。她有時也把凡人當對象，不過人的壽命也有限，往往沒有什麼好結果。
譬如說她愛上特洛伊王族的美少年安喀塞斯（Anchises）兩人開始交往，但是……。
這件事情不可以告訴任何人喔。
雖然她再三叮嚀，
但安喀塞斯就是忍不住跟朋友炫耀。
結果阿佛洛狄忒就叫宙斯把他弄成殘廢。
咿呀—

漂流的阿佛洛狄忒
阿佛洛狄忒從泡沫中出生後，乘坐著帆貝，
被海浪打到塞瑟島的岸邊，
此時愛洛斯（愛）與希美拉（憧憬）變成她的小跟班。
之後她來到賽普勒斯。
受到女神寶來們的迎接。
阿佛洛狄忒地圖
特拉克亞
特洛伊
利姆諾斯島
她在這個歡樂繁華的城鎮是娼妓們的守護神
科林斯
崇拜地
克尼德
賽普勒斯
塞瑟島
崇拜中心地
也有人說阿佛洛狄忒起源於東方。據說是起源於在巴比倫稱作依斯塔（Istal）、在腓尼基及敍利亞稱作阿斯塔特（Astarte）的女神。不知道是否是因為她是比希臘文明更為古老的女神、要向她表示敬意，奧林匹斯十二神中就只有她比宙斯輩分大。
阿佛洛狄忒主要的幾個戀愛及小孩（僅為其中一小部分）
正式的老公是
赫淮斯托斯
她和赫耳墨斯之間也生下了小孩。這個孩子是個陰陽人。
赫爾瑪佛洛狄托斯
情夫是
阿瑞斯
小孩
狄摩斯（恐慌）
赫伯斯（恐懼、逃避）
哈莫尼亞（〔Harmonia〕調和）
哈莫尼亞（harmony的辭源）以外的其他小孩都給人很灰暗的感覺。
另外她和安喀塞斯之間的小孩埃涅阿斯，在眾神的決定下成為特洛伊王室的繼承人。
等會兒再跟大家見面。

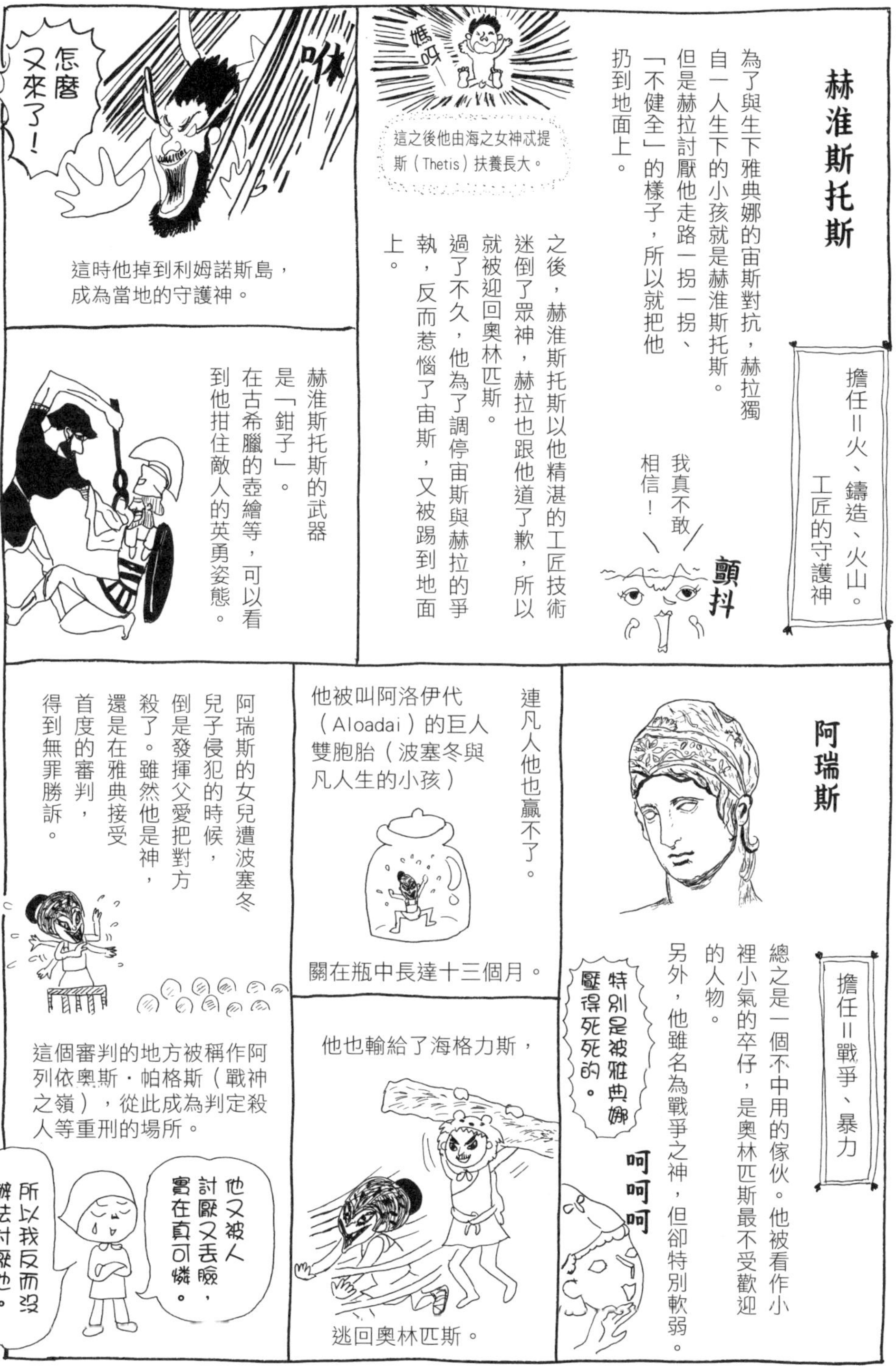
赫淮斯托斯
擔任＝火、鑄造、火山。工匠的守護神
為了與生下雅典娜的宙斯對抗，赫拉獨自一人生下的小孩就是赫淮斯托斯。
但是赫拉討厭他走路一拐一拐、「不健全」的樣子，所以就把他扔到地面上。
我真不敢相信！
顫抖
之後，赫淮斯托斯以他精湛的工匠技術迷倒了眾神，赫拉也跟他道了歉，所以就被迎回奧林匹斯。
過了不久，他為了調停宙斯與赫拉的爭執，反而惹惱了宙斯，又被踢到地面上。
媽呀—
這之後他由海之女神忒提斯（Thetis）扶養長大。
咻
怎麼又來了！
這時他掉到利姆諾斯島，成為當地的守護神。
赫淮斯托斯的武器是「鉗子」。
在古希臘的壺繪等，可以看到他拑住敵人的英勇姿態。
阿瑞斯
擔任＝戰爭、暴力
總之是一個不中用的傢伙。他被看作小裡小氣的卒仔，是奧林匹斯最不受歡迎的人物。
另外，他雖名為戰爭之神，但卻特別軟弱。
特別是被雅典娜壓得死死的。
呵呵呵
連凡人他也贏不了。
他被叫阿洛伊代（Aloadai）的巨人雙胞胎（波塞冬與凡人生的小孩）
關在瓶中長達十三個月。
他也輸給了海格力斯，
逃回奧林匹斯。
阿瑞斯的女兒遭波塞冬兒子侵犯的時候，倒是發揮父愛把對方殺了。雖然他是神，還是在雅典接受首度的審判，得到無罪勝訴。
這個審判的地方被稱作阿列依奧斯・帕格斯（戰神之嶺），從此成為判定殺人等重刑的場所。
他又被人討厭又丟臉，實在真可憐。
所以我反而沒辦法討厭他。

得墨忒爾
（Demeter）
擔任＝豐饒、穀物
得墨忒爾溺愛女兒是有名的。母女兩人行影不離、感情融洽。
有一天冥界之神哈底斯趁著得墨忒爾稍不注意之時，擄走了她的女兒柯雷。
呀
嘶
救命啊！
吱吱吱吱
柯雷在冥界稱作珀耳塞福涅（persephone）。
得墨忒爾四處尋訪愛女。
柯雷—
柯雷—
她到處向眾神詢問，
赫利厄斯（太陽）
哈底斯已經得到宙斯許可把她娶回家了。
赫卡忒（〔Hecate〕法律）
得墨忒爾一氣之下放著工作不管，從眾神眼前消失。
扮妝成女乞丐
她旅行的情景請看下一頁。
大地因此荒蕪，變成不毛之地。
蕭瑟
這下宙斯們也覺得不妙，只好把女兒還給得墨忒爾。
但是由於女兒已經吃了冥界的食物。
妳說什麼！
竟然吃下四顆石榴!?
結果女兒還是沒辦法一直待在地上，有時必須返回冥界，一年有四個月的時間得跟哈底斯一起生活。
每到這四個月，得墨忒爾就長吁短嘆、把自己關起來不工作，所以大地沒辦法長出任何東西。
這段時間就是冬天的季節。
另外還有人認為珀耳塞福涅是穀物的種子，珀耳塞福涅會在冥界是代表種子埋在土壤之中。（斯多葛派的看法）

得墨忒爾與伊萊夫希納
（Elefsina）
伊萊夫希納之後成為希臘中人們聚集的一大宗教中心，這塊土地跟得墨忒爾結緣，也是源自珀耳塞福涅被擄走的這個故事。
得墨忒爾繼續孤獨的旅行，
可惡，我不要看到那些下三濫！
當得墨忒爾到達阿提卡地區時，一個名叫米斯美的人款待了她。由於她肚子實在是太餓了，一口氣把麥粥喝下。
咕嚕咕嚕
哈哈哈
而那家人的兒子阿斯卡拉伯斯看到了大笑不已。
所以得墨忒爾就把剩下的粥灑在這個孩子身上，把他變成蜥蜴。
他變成身上都是斑點的這種蜥蜴，以後就被叫做阿斯卡拉伯。
呵
沒想到得墨忒爾還是貪吃鬼的角色。她還有其他關於吃的小故事呢。
而她接著來到伊萊夫希納。
這時她整個人疲憊不堪，在靠近井邊的石頭上坐下休息時，
吁～
正好遇到伊萊夫希納國王克雷歐斯的女兒們來汲水。她們看到疲憊的得墨忒爾覺得她很可憐，於是招待她到家中。
屋裡子包括國王及王妃等家族全員都努力取悅得墨忒爾，但她臉上仍舊是灰暗的表情。
但是在侍女依安貝不斷開黃腔之中，
女神終於破涕為笑。
啪啪
哇哈哈
恢復原本的開朗。
另外根據俄耳甫斯教的傳說，這個侍女正好懷孕，
從自己的陰部拉出小嬰兒的臉，才讓得墨忒爾笑出來的。
來看喔
溜
你要展示身體也不能太超過吧。

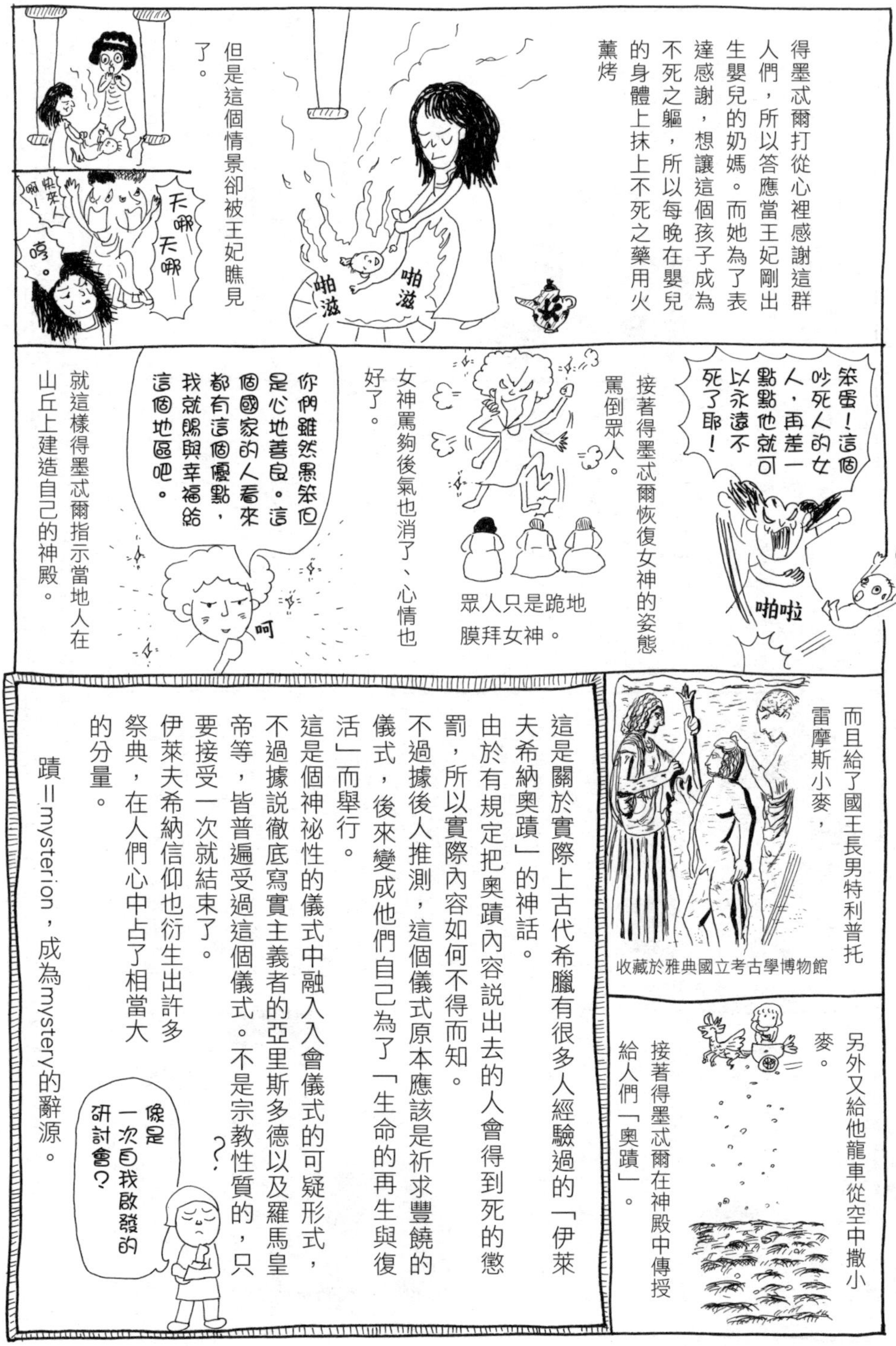
得墨忒爾打從心裡感謝這群人們，所以答應當王妃剛出生嬰兒的奶媽。而她為了表達感謝，想讓這個孩子成為不死之軀，所以每晚在嬰兒的身體上抹上不死之藥用火薰烤
啪滋
啪滋
但是這個情景卻被王妃瞧見了。
天哪天哪
來人啊！
哼。
笨蛋！這個吵死人的女人，再差一點點他就可以永遠不死了耶！
咦？
啪啦
接著得墨忒爾恢復女神的姿態罵倒眾人。
眾人只是跪地膜拜女神。
女神罵夠後氣也消了、心情也好了。
你們雖然愚笨但是心地善良。這個國家的人看來都有這個優點，我就賜與幸福給這個地區吧。
呵
就這樣得墨忒爾指示當地人在山丘上建造自己的神殿。
而且給了國王長男特利普托雷摩斯小麥，
收藏於雅典國立考古學博物館
另外又給他龍車從空中撒小麥。
接著得墨忒爾在神殿中傳授給人們「奧蹟」。
這是關於實際上古代希臘有很多人經驗過的「伊萊夫希納奧蹟」的神話。
由於有規定把奧蹟內容說出去的人會得到死的懲罰，所以實際內容如何不得而知。
不過據後人推測，這個儀式原本應該是祈求豐饒的儀式，後來變成他們自己為了「生命的再生與復活」而舉行。
這是個神祕性的儀式中融入入會儀式的可疑形式，不過據說徹底寫實主義者的亞里斯多德以及羅馬皇帝等，皆普遍受過這個儀式。不是宗教性質的，只要接受一次就結束了。
伊萊夫希納信仰也衍生出許多祭典，在人們心中占了相當大的分量。
蹟＝mysterion，成為mystery的辭源。
像是一次自我啟發的研討會？

古代希臘人心目中的No. 1
戴奧尼索斯
擔任
酒、狂熱、陶醉、藝術、戲劇
誕生
這個人的出生也有點特別。
宙斯喜歡上底比斯的公主賽墨勒，一如往常，把她的肚子弄大了
變
知道這件事的赫拉，變身成賽墨勒的奶娘，
聽說最近很多人假冒宙斯大人呢。下次宙斯大人來的時候，妳請他給妳看他在天上的姿態，證明他是真的啊。
賽墨勒在宙斯來的時候，馬上說到，
我有一個請求。
好好，妳要什麼我都答應妳。
所以她就請求要看宙斯真正的面貌。
宙斯知道這下會發生什麼悲劇，但是說出口的承諾不得不兌現，所以變回在天上時的姿態。
閃亮
在伴隨著雷電的神之光芒中，賽墨勒就被燒死了。
轟隆轟隆
吼—
宙斯在哀傷中從她肚子裡取出嬰兒，縫在自己的大腿中養育。
接著數個月後誕生的就是
戴奧尼索斯！

戴奧尼索斯的傳教

還是小嬰孩的戴奧尼索斯被交給賽墨勒的妹妹伊諾扶養。伊諾為了躲避赫拉的追殺，讓嬰兒穿上女孩子的衣服，但是馬上就被拆穿，伊諾也被赫拉逼瘋。

偷偷把戴奧尼索斯帶走的跑腿——赫耳墨斯

陶器畫的一部分
收藏於梵蒂岡博物館

真可憐，發瘋的伊諾就和兒子跳海自盡了。

但是他又被赫拉一再地弄瘋，為了脫離這一切，開始流浪的生活。

特拉克亞
弗里吉亞
底比斯

接下來戴奧尼索斯被交給寧芙扶養，平安長大的他發現釀葡萄酒的方法

也教大家怎麼釀。

這時他跟弗里吉亞的女神庫柏勒〔Cybele〕（被認為是宙斯之母瑞亞）學奧蹟，就此清醒，從此不再迷惘。他與追從他的夥伴們出發傳教，甚至去到遙遠的印度。回到希臘後，戴奧尼索斯的集團越來越壯大，即使遭迫害，他的信仰還是傳播到希臘各地。

實際上戴奧尼索斯信仰在希臘，特別受到女性崇拜。借酒忘卻平時的壓抑、陶醉於又叫又撕裂的狂亂騷動，從那裡得到靈魂的淨化。

與其說戴奧尼索斯是神，不如說是一個酒鬼。從他身上既看不到特性，也感受不到人性。又好像是沒有實體的幻影，實在是神祕。由於他和太有七情六慾的希臘眾神不同，所以被認為是外來加入的神（特拉克亞周邊），不過他的名字有記載於邁錫尼時代的文書中，可見得他的歷史還是很古老。雖然戴奧尼索斯不是奧林匹斯十二眾神，但是因為他太受眾人歡迎，而於西元前五世紀時被推上十二神之列。

雖然他也是有像「戴奧尼索斯與赫淮斯托斯的友情故事」、「德爾菲的看守人」等展現人性的小故事，不過給人很刻意的感覺。

戴奧尼索斯也是藝術之神，和阿波羅的藝術呈以下的對比。

阿波羅
理性、計算過的藝術

戴奧尼索斯
從靈魂深處發出原始吶喊的激情藝術

我不懂藝術，所以舉比較簡單明瞭的例子。
尼采大師分析到，「阿波羅＝造型藝術，戴奧尼索斯＝非造型藝術（音樂），兩個要素混雜而成的東西＝戲劇」

誕生兩次的戴奧尼索斯

俄耳甫斯教的傳說替戴奧尼索斯多加了一個災難，增加了他的神性！

▲那個傳說的大意▼

宙斯與珀耳塞福涅之間生下的小孩戴奧尼索斯，在赫拉的策略下，被泰坦神們大卸八塊後吃掉。千鈞一髮之際，雅典娜把他的心臟救出，宙斯以雷霆將泰坦們擊斃。接著宙斯吃下戴奧尼索斯的心臟，與賽墨勒交媾。接著戴奧尼索斯就以戴奧尼索斯之名重獲新生……。

其實是個根本不用搞得這麼複雜的故事。

據說從這些骨灰中誕生了人類。所以導致人類繼承了泰坦的卑賤之心、與戴奧尼索斯的神性。

俄耳甫斯教

古代希臘的狂熱分子。據說希臘神話中著名的俄耳甫斯（天才音樂家。他想要把戀人從冥界奪回，可是因為回頭看而失敗）是開山始祖。這個教派相信輪迴轉生，提倡靈魂的救贖。

戴奧尼索斯的跟班們

半人半獸神們

在古代希臘中呈現出他們低級的巨大陽具

很雄壯吧！

關於迷你陽具等一下再介紹……。

寧芙們

西勒諾斯（Silenus）

森林的精靈。老人。他們裡頭其中的一人是教育戴奧尼索斯的智者。

信女們「邁納斯」

追隨之眾

潘恩

赫耳墨斯及寧芙之間生下的小孩。潘恩出生的時候，眾人看到他的姿態都非常驚訝，就只有赫耳墨斯覺得這個小孩有趣，還帶去奧林匹斯現寶。

他總是在阿卡迪亞地區的山野遊蕩。搭訕寧芙及美少年是他的興趣，失敗的時候就自慰。他更重視的事情是午睡，一被吵起來就會大發脾氣。另外他還會引起集團恐慌。是panic的辭源。

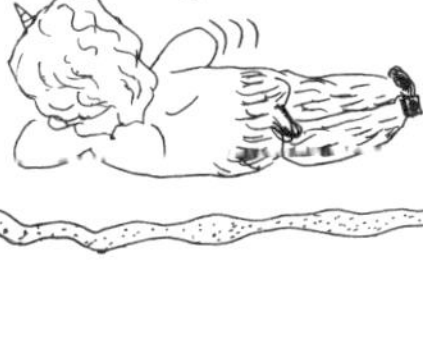
心情不好的時候做這檔事最有用了。

赫耳墨斯（Hermes）

擔任＝商業、小偷、旅行

按照古時候的傳統，他的像經常是以老頭子的樣貌呈現。

他一生下來就偷走阿波羅的神牛，這個裝傻的傢伙，一開始就做了這麼討喜的事情。他似乎沒有什麼野心，一直快樂地擔任替眾神傳令及引渡亡靈到冥界等小差事。

赫耳墨斯總是從容不迫又聰明。奧林匹斯山的眾神裡唯一不拘小節又可以開玩笑的神。從現代人的角度來看，他應該是最受歡迎的神，不過也或許是因為關於他的故事很少、看不出什麼缺點的緣故。

赫耳墨斯跟其他的神相較，比較少強暴人的紀錄，但至少也是犯下一次前科的禽獸。

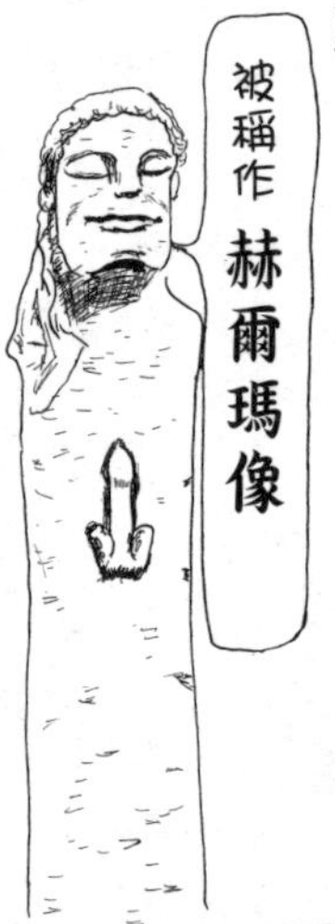

他也是旅人的守護神。他那形狀怪異的雕像就像地藏菩薩一樣被放置在街角。

其實是先有這個像，後來的人才說是赫耳墨斯神建造的。怎麼讓人覺得有些失望啊。

阿爾忒彌斯（Artemis）

擔任＝純潔、狩獵、生產

討厭男人。永遠的少女。雖然是處女，不過卻擔任生產之神。可以說是因為她過分的潔癖，帶給許多人麻煩。

收藏於羅浮宮的雕像

有著宮崎駿應該會很喜歡的少女躍動感！

赫斯提亞（Hestia）

擔任＝爐灶

邁錫尼時代，位於皇宮中心的爐灶被視為神聖的象徵。她是象徵家庭平安及和平的女神。

不知道是不是因為她掌管的事情沒什麼趣味、還是沒有人對她感興趣，竟然沒有關於她的故事。而且之後還被戴奧尼索斯搶去十二神的寶座。

波塞冬（Poseidon）

海之神。

粗線條、易怒、常常老大不高興。最不擅長溝通。在雅典娜的地方也有提到他，他跟其他神明爭土地從來沒有贏過。

大家會熟悉這個人都是多虧日本漫畫巴比倫二世的功勞吧。

但是到了邁錫尼時代，波塞冬竟然變得比宙斯更有力量。他與大地相關，經常引發地震。經過西元前十二世紀左右的一場危機後，不知道為什麼被貶為次要的角色，只能擔任海洋方面的職位。不過許多地方仍舊建有他的神殿。

他是很強啦，可是沒什麼吸引人的地方，拿來作當地的吉祥物怎麼會好看。
民眾

我們已經幫你建神殿了，就不要再生氣了吧。

也有人說這個像是宙斯，理由是如果一拿起三叉戟的話就會把臉遮住、從審美的角度來看很奇怪。但是也有人指出，如果手持雷霆的話，普通應該膝蓋會彎曲，所以波塞冬派也沒有輸喔。

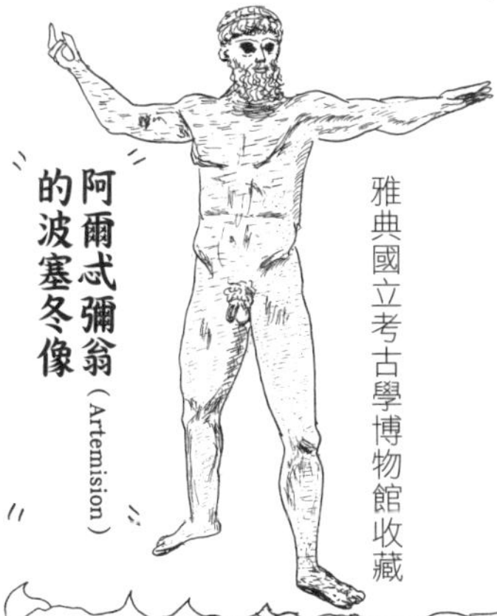

雅典國立考古學博物館收藏

阿爾忒彌翁（Artemision）的波塞冬像

我覺得是波塞冬。因為他的下半身沒有威嚴啊。或許可以說他的腰不挺、陽具也露出來，所以沒有防備，總之他的下半身太多漏洞了，給人憨頭憨腦的感覺。

據說馬也是波塞冬創造的。

他經常變成馬和得墨忒爾以馬的姿態交歡，生下了伊利昂（Areion）。

另外和美杜沙之間生下了珀伽索斯。

呵呵
等我啊。

哈底斯

冥界之主。三兄弟中被分派到最無聊的地方。也沒有進入奧林匹斯十二神中。關於他的故事也很少，而且就只有在厄里斯有他單獨的神殿。

唉
艾非拉
伊萊夫希那
厄里斯

艾非拉有稱為「冥界的入口」的神域；伊萊夫希那則有「哈底斯的洞窟」。

普羅米修斯（Prometheus）與人類的故事

宙斯的表親普羅米修斯是一個很聰明的男人。在泰坦族與奧林匹斯眾神大戰時，他有先見之明知道宙斯會打勝，邀弟弟埃庇米修斯加入宙斯的陣營。

在這場戰爭中，普羅米修斯的智慧也立下很大的功勞，所以得到宙斯的禮遇。

而且普羅米修斯還知道將宙斯導入毀滅的祕密。

所以宙斯也相當防著普羅米修斯。

怎麼覺得這傢伙比我占上風。
精神上

普羅米修斯兄弟倆是泰坦族伊阿佩特斯的兒子。

他們選擇泰坦陣營的哥哥阿特拉斯（Atlas）就被宙斯懲罰永遠背負天空。

有一次眾神為了和人類有所區別，決定要限定肉類食用的部位。普羅米修斯自告奮勇擔任分配的工作。

普羅米修斯對弱小短命的人類一直都深表同情，他是個親切的男人，平常就教導人類生活上的智慧，有次他也是想說「至少讓人可以吃到肉吧」，於是心生一計。他讓宙斯看兩塊肉，

你要哪一塊？
骨頭由看起來很好吃的肥脂包起來的肉
肉與內臟的部分由皮包住

宙斯選擇了有脂肪及骨頭的肉。

從這個時候開始人類就可以吃到好吃的部分，把骨頭拿到祭壇前焚燒。

但是普羅米修斯原本的好意反而讓人陷入困境……。

因為宙斯把人間的火取走。所以人類就算有肉也無法烤來吃，又因寒冷而衰弱，到了夜晚變成野獸的飼料。

這下我可以正大光明地找他碴了。

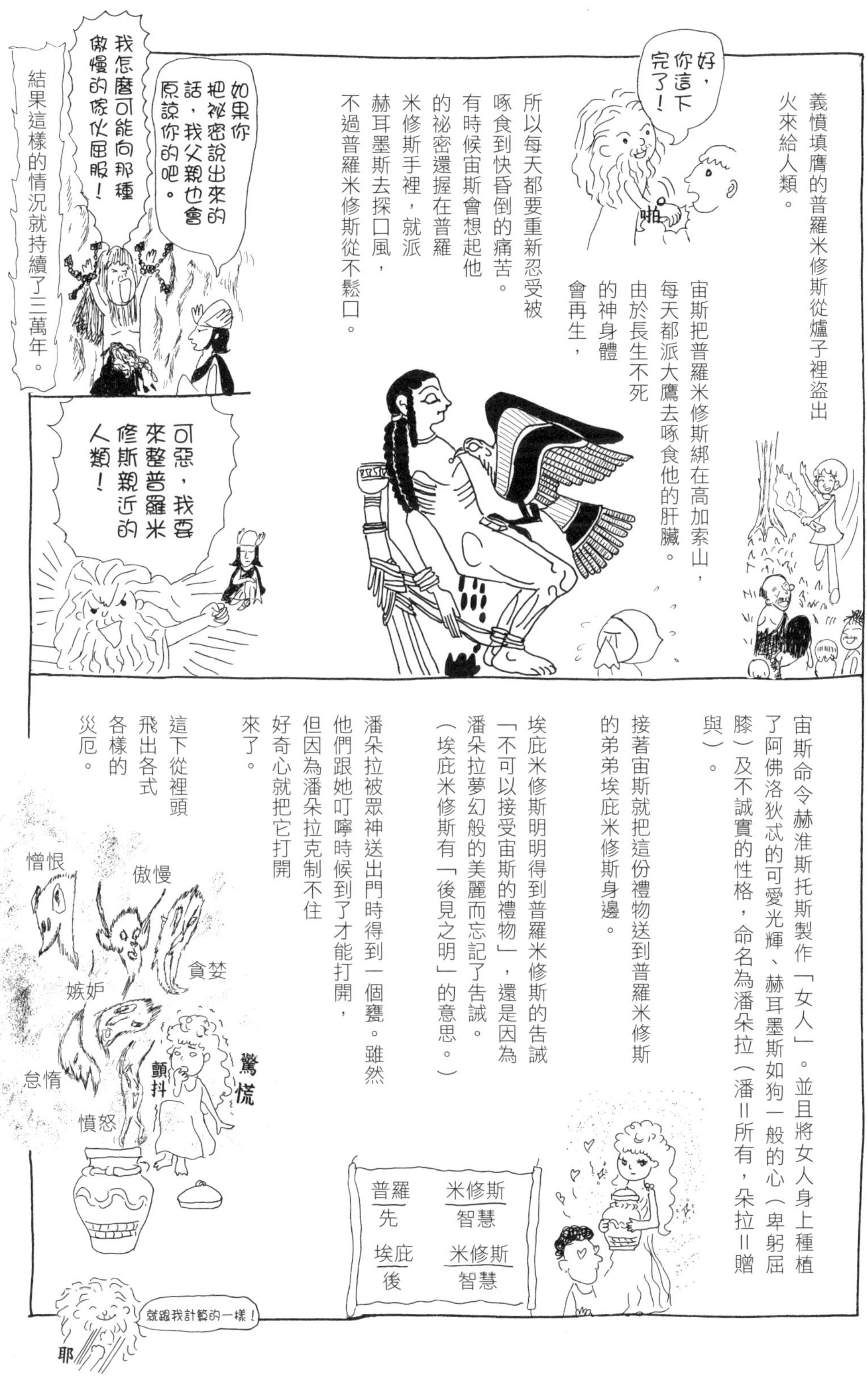
義憤填膺的普羅米修斯從爐子裡盜出火來給人類。
好，你這下完了！
啪
宙斯把普羅米修斯綁在高加索山，每天都派大鷹去啄食他的肝臟。
由於長生不死的神身體會再生，
所以每天都要重新忍受被啄食到快昏倒的痛苦。
有時候宙斯會想起他的祕密還握在普羅米修斯手裡，就派赫耳墨斯去探口風，不過普羅米修斯從不鬆口。
如果你把祕密說出來的話，我父親也會原諒你的吧。
我怎麼可能向那種傲慢的傢伙屈服！
結果這樣的情況就持續了三萬年。
可惡，我要來整普羅米修斯親近的人類！
宙斯命令赫淮斯托斯製作「女人」。並且將女人身上種植了阿佛洛狄忒的可愛光輝、赫耳墨斯如狗一般的心（卑躬屈膝）及不誠實的性格，命名為潘朵拉（潘＝所有，朵拉＝贈與）。
接著宙斯就把這份禮物送到普羅米修斯的弟弟埃庇米修斯身邊。
埃庇米修斯明明得到普羅米修斯的告誡「不可以接受宙斯的禮物」，還是因為潘朵拉夢幻般的美麗而忘記了告誡。
（埃庇米修斯有「後見之明」的意思。）
潘朵拉被眾神送出門時得到一個甕。雖然他們跟她叮嚀時候到了才能打開，但因為潘朵拉克制不住好奇心就把它打開來了。
這下從裡頭飛出各式各樣的災厄。
憎恨
傲慢
貪婪
嫉妒
怠惰
憤怒
顫抖
驚慌
普羅 先
米修斯 智慧
埃庇 後
米修斯 智慧
就跟我計算的一樣！
耶

潘朵拉急忙把蓋子蓋起來，但是所有的不幸已經全部出籠了。唯一手腳慢一步的「希望」有留在甕子裡。

由於這個事件，人間處處蔓延著悲傷痛苦，不過據說因為還有希望留著，人總算還是能活下去。

啪

這就是著名的「潘朵拉的盒子」的故事。不過，「咦？奇怪了，『還有希望留著』這句話在文法上沒有什麼問題，但從物理的角度來看不是很奇怪嗎？沒有和災厄一起飄在空中的話，希望怎麼會發生作用？」我多年來一直抱著這個疑惑，不過一般似乎是看作希望是留在人的「手頭」，這個說法還是可以接受的。

這之後，還有後續的故事說，還虧普羅米修斯這樣保護人類，人類卻被宙斯引起的洪水一掃而光。這一段就給人畫蛇添足的感覺，或許是受到周邊國家的洪水傳說影響。

因為和諾亞方舟的故事很像，在這裡就先割愛了。

再怎麼說，讓普羅米修斯三萬年的辛苦都泡湯的故事實在令人不忍卒睹。
而且潘朵拉的甕的故事也就變得毫無意義。
既然都把災厄灑出去了，根本沒有必要故意去把人類掃光啊。

這個洪水傳說中，普羅米修斯的兒子丟卡利翁（Deucalion），與埃庇米修斯與潘朵拉之間生的女兒皮拉（Pyrrha）存活下來，成為現在人類的始祖。

不過，關於人類的起源還有其他各式各樣的傳說，像是從大地出生、或是普羅米修斯用土創造出來的等等。其他有名的還有叫做赫西奧德的人所寫的人類的五個時代的（種族的）故事。

黃金的種族

克羅諾斯的時代，和神一起生活的幸福種族。

白銀的種族

小孩子的時候還好，成人以後就不學無術……。被宙斯消滅。

青銅的種族

太過喜愛暴力，發起戰爭自我滅亡。

英雄的種族

海格力斯等神話中的英雄們活躍的時代。最後還是因為戰爭滅亡。

鐵的種族

就是我們啦。每天被勞動與苦惱所壓迫，是最不幸的種族。

希臘神話的腳印

希臘神話神話會如此的迷人，可說是因為其故事性之妙與整合性高的緣故。

原始所有的國度中，人們把自然現象及無法控制的自我感情，當作是神引起的現象而穿鑿附會，而成立了神話。但和其他國家粗糙的神話故事相較，就屬希臘神話特別地精練。

而且這又再加上希臘人喜歡閒聊、是「不滿足的人們」的緣故吧。他們不厭其煩地不停地敘述，好像達文西一生不斷地描繪蒙娜麗莎一樣，把原本就存在的故事花了幾百年進行微調之中，漸漸建立起清楚的架構。

自然萬物及土地的名字也用神話說明，不管什麼東西都可以編一段故事。不會浪費資源正是希臘人的性格。

但正因如此，他們太過加油添醋，結果變得沒有辦法收拾，經常陷入俗惡的嗜好中。而且版本又不斷地增加，就好像冒險遊戲一樣，前往目標道路上的分歧點又跟新的分歧點相連接，宛如並行的世界。另外，後面模仿前面的版本有時甚至會凌駕於原本的故事之上。

神話裡頭也包含了或多或少的歷史性的真實。譬如說英雄神話裡的英雄多是棄嬰，而據說實際上古希臘也的確有不少棄嬰的情形存在。另外，關於弒子的神話也很多，實際上是基於心理上的恐懼、還是送去別人家當養子並不清楚，不過也可能真的弒子也不一定。

據說老鼠的雄鼠會把剛出生的小老鼠吃掉。

西元前八世紀時希臘開始使用文字之後，神話就以文字的形式流傳，漸漸地固定下來。不過就譬如說西元前八世紀時以文字留下的荷馬、與其一百年後出現的赫西奧德，在描述細部上也不一致。

有名的例子像是荷馬說阿佛洛狄忒是「宙斯的女兒」，赫西奧德卻說是「包圍住宙斯陽具的泡沫」。

甚至經由西元前五世紀以後的劇作家們之手，故事變成越來越濃厚的人性大戲，羅馬時代時又完成了大變身，變得更加浪漫了。

傳承神話的人們（一部分）

神話界兩大陣營

赫西奧德

波俄提亞的貧窮農民。
第一個將世界的起源體系化的的人。
本書中創世紀及潘朵拉的故事就是參考他的《神統記》及《工作與時日》。他在書中一邊講神話，一邊發了許多個人的牢騷像是「我的遺產被弟弟侵占了」等等。他非常討厭女人，所以把阿佛洛狄忒寫成那種出生方式，潘朵拉也變成胸大無腦的笨蛋。
他還寫到，「女人是把揮汗工作者收在腹中的醜惡生物」。但這或許是他的幽默感也不一定……。
西元前七世紀人。

荷馬

雙目失明的吟遊詩人。
出生於小亞細亞。
他以天才的編輯能力與驚人的記憶力、無以類比的創造力，將先人們吟詠傳唱的故事統整。
《伊利亞特》、《奧德賽》是他永垂不朽的兩大著作。即使古代希臘世界結束變成拜占庭帝國後，這兩部作品仍舊座立於學校基礎教育的中心。
由於作品的完成度太高，有人甚至懷疑是否為荷馬一人獨自創作。
西元前八世紀人。

前五世紀劇作家們

歐里庇德斯（Euripides）

這人很討厭社交。在愛說話得不得了的希臘人中，難得過著閱卷生活的人。據說他家有相當驚人的藏書。雖然有人說他討厭女人，不過他描寫女人技巧之高超，讓人不禁想問為什麼他那麼了解女人的心情。
他將自己平常氣憤的事藉著登場人物說出來紓解壓力。
他最擅長的招數是搬出神來做結尾。明明開展了細密的人性劇，最後卻抬出神來解決事情，實在是安排得太做作、令觀眾失望。
代表作品有《美狄亞》

索福克勒斯（Sophocles）

他出生於有錢又身分高貴的家庭，又得到朋友幫助參與政治，是雅典最受歡迎的人。而且他還非常地英俊。
這樣聽起來他是個沒有受過挫折又幸福的人，為什麼能描繪出那麼悲哀的人世呢？
除了他腦筋哪裡出問題外我想不到其他可能。
代表作品有《伊底帕斯王》。

埃斯庫羅斯
（Aischylos）

三人中最早的前輩。本書中普羅米修斯被鷹啄食仍不屈服的故事，就是參考他的《被縛的普羅米修斯》。他的代表作品有《奧瑞斯提亞三部曲》。描寫從阿迦門農遭殺害開始的連環復仇劇。

從這裡開始是
英雄的傳說
佩爾修斯（Perseus）的冒險
最像希臘神話的神話
阿古斯的國王阿克裡西俄斯有一天得到神諭說「你將被你的獨生女達那埃所生的男子殺死」，
所以他就把達那埃
囚禁在高塔中
宙斯原本就對美麗的達那埃虎視眈眈，
於是變成黃金雨潛入塔中。
結果達那埃
生下了兒子。
聽到這件事情的國王說
不准妳回來！
母子倆漂流到名為賽里佛斯的島嶼。
遇到漁夫同情他們，讓母子倆住下。
這個漁夫真是好人，而且沒有趁機侵犯達那埃，真令人驚訝。
佩爾修斯多虧漁夫的幫助，
順利成長為強壯的年輕人。
然而漁夫的哥哥卻覬覦達那埃。
這個男人是島上的國王
盯著
心跳
為什麼弟弟是一介草民，哥哥卻是國王呢。
國王想把達那埃弄到手，
但卻有佩爾修斯這個眼中釘存在。
國王為了趕走佩爾修斯，
大家聽著，我接下來要去比薩公主席波達米雅的婚禮。
我想要大家也獻出禮物。你們知道我要什麼嗎？

大家說，
馬
馬！
馬
馬好！
異口同聲之中，
佩爾修斯因為沒有馬，
呆掉
所以隨便說一個東西。
蛇髮女妖的頭怎樣？
眼睛一亮
那你就拿那個來給我。
於是變成這種結果。
所謂的蛇髮女妖是長相可怕的三姐妹。要想看她們一眼的人，都會因恐懼而變成石頭。
佩爾修斯在煩惱之際，
嗯—
雅典娜突然現身要助他一臂之力。
這個男人還真閒。
你好！
赫耳墨斯
兩個神囑咐佩爾修斯，
有很多步驟的，首先是這個。
先帶領他到格賴埃住的地方。
格賴埃有三個人，她們共用一顆牙齒及眼睛，個性相當謹慎。
佩爾修斯奪去她們的眼睛與牙齒。
問出持有打倒蛇髮女妖武器的寧芙們住在哪裡。
到了寧芙們的地方，輕易地得到了武器。
加油啊
有翅膀的涼鞋（能在空中飛翔）
哈底斯的盔甲（能夠隱形）
放蛇髮女妖頭顱的袋子
我們也有武器要給你。
來吧！
接著去到蛇髮女妖的巢穴。
咻—
她們姐妹中就只有美杜莎不是不死之身，你就以她為目標。
你不要看她們，就看盾牌背面的鏡子跟她們戰鬥！

這個工作非常簡單。
只不過是趁人家睡覺時偷襲。
那就是美杜莎！
ZZZ
蛇髮女妖姐妹們追過來，
天哪，到底人在哪裡？
不過還是讓他逃走了。
你這個人心胸怎麼這麼狹窄。這個最適合你了！
鏘鏘——
吼
佩爾修斯趕忙回家。
加油
等下再見。
所以就把阿特拉斯化作石頭。
變成阿特拉斯山脈。
僵硬
和美杜莎頭顱灑出鮮血同時，
巨人克律薩俄耳
飛馬珀伽索斯
飛出奇怪的東西！（美杜沙和波塞冬之間的孩子）
回家途中因為疲累，所以在阿特拉斯支撐的天空所在的樹蔭下休息。
吁
接著佩爾修斯再度起飛，來到衣索比亞的海上，
看到一個美麗女子！
佩爾修斯把美杜莎的頭顱裝進袋子裡。
披著盔甲趕緊走人。
匆匆忙忙
結果，
討厭的人類，快給我滾開！
因為阿特拉斯這麼說，
大發雷霆
一問之下，聽說這個女孩叫做安德洛米達，是衣索比亞的公主，因為她的母親卡西歐貝亞誇口，
我比海神的女兒來得漂亮。
因為她這麼說，

所以波塞冬就送來一隻大鯊魚。
嚼嚼
在害怕巨大鯊魚的恐懼下他們只好求神，結果就變成把女兒送到鯊魚身邊至今。
佩爾修斯很快地解決了問題。
僵硬
和公主兩人墜入情網。決定要結婚，
但是對安德洛米達虎視眈眈的男人們，攻了過來。
哇——
哇——
這回也是
鏘鏘——
僵硬
佩爾修斯去到皇宮，
那頭在哪裡？
奸笑
你要給你。
僵硬
之後佩爾修斯就讓漁夫當島上的國王，為了讓祖父看到自己的成就，前往阿古斯。
最後終於回到家了。
看到母親竟然逃到祭壇躲起來！
趁佩爾修斯人不在的期間，國王用他的權力要把達那埃占為己有，所以達那埃和漁夫兩人只好守在那裡。
希臘鐵律
任何逃到神域的人都不能加以傷害，這個牢不可破的規則以血之法則深植於人們的心中。所以在祭壇不能危害他人。
只要見面好好談，他一定會諒解的。
但是佩爾修斯到達阿古斯時祖父人卻不在，因為他聽說佩爾修斯要來，嚇得躲起來了。
反正有時間，佩爾修斯就去了拉里薩地方的競技大會。他參加擲鐵餅的項目。
結果這個鐵餅往觀眾的方向飛去，
直接打到一個老人的頭。
碰
這人就是阿古斯王。
阿古斯的人們認為國王既然是死於事故，希望佩爾修斯繼承王位，但他因為罪惡感而推辭了，提議跟算是表親的梯林斯王交換國家。阿古斯的領地比較大，所以這個表親二話不說就答應了。統治梯林斯的佩爾修斯擴張勢力，甚至在鄰近的邁錫尼及美蒂亞建造宮殿，統治當地。
這就是海格力斯的曾組父佩爾修斯的故事。

悲哀的美杜莎
佩爾修斯的冒險結束之後，誠實地把武器還給寧芙，把已經沒有效力的美杜莎頭獻給雅典娜。
雅典娜把美杜莎頭嵌入自己的盾牌。
接著雅典娜聽到悲傷美杜莎之死的蛇髮姐妹們哭泣的聲音，
嗯？
嗚咿咿咿
嗚咿咿咿
得到靈感而製作了笛子。
她得意地開了演奏會吹奏她的笛子，但從大家笑出來的樣子，
特別是赫拉與阿佛洛狄忒。
哈哈哈
噗
呵呵呵
呵呵呵
啪啪
啪啪
知道一吹笛子臉就會變得很醜，就丟掉了。這個笛子被馬西亞斯撿走（P16）
你們覺得雅典娜這個使壞的樣子怎樣啊？
雅典娜沒來由地整垮沒有犯過過錯、一直安分守己的美杜莎（就算因為醜而讓大家變成石頭也不是她本人的責任），人們似乎覺得不合道理，所以後來編出以下的故事。
美杜莎是姐妹中最漂亮的美少女，
特別自豪自己的頭髮，
我比雅典娜還美。
誇下這樣的海口。
甚至和波塞冬在雅典娜的神殿做下男女之事！
結果雅典娜一怒之下，把美杜莎變成和她姐妹相同的容貌，甚至替佩爾修斯準備好一切來砍下美杜莎的首級……。
但是就算有這種理由，還是無法抹去雅典娜的殘酷面。
雅典娜的惡意是不自覺的，也沒有理由及法則，陰晴不定（她只有這一面像個女人）地幫助人又欺負人。
而這點實在不愧是神啊。
其實佩爾修斯什麼力氣都沒花到！

大地母神

西元前三千到兩千年左右，大地母神的信仰從東方到歐洲各地都相當盛行。古時人們從大地生出許多東西聯想到母親的身影，自然把大地當作神來崇拜。

希臘人的祖先在來到希臘這塊土地的時候，和原本住在當地的人們交流、交戰之中，把大地母神的形象納入希臘的女神、或是淘汰、或說成可怕的怪物，不斷改變其姿態。

隨著侵略與戰爭中世界逐漸變成男性活躍、以男性為主，大地母神也和女性的立場一樣，漸漸變成花瓶角色。

被改變形象的女神們（一部分）

特洛伊戰爭中的海倫

原本是原住民的豐饒女神

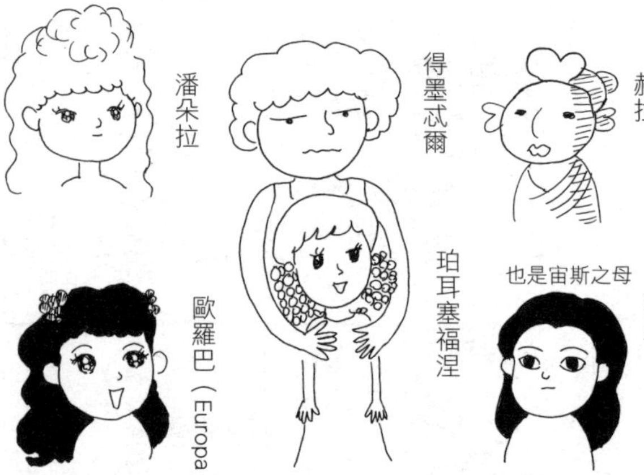
赫拉
瑞亞
也是宙斯之母
得墨忒爾
珀耳塞福涅
潘朵拉
歐羅巴（Europa）

美杜莎等蛇髮女妖姐妹

她們的圖像被拿來降妖除魔，刻在許多地方，漸漸成為建築物的滴水嘴。

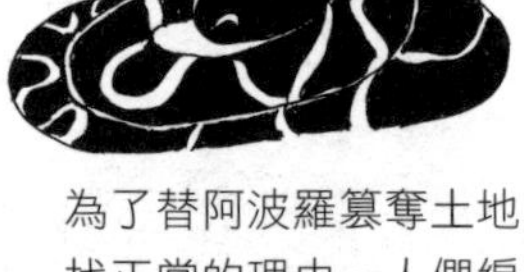
德爾菲的皮同

為了替阿波羅篡奪土地找正當的理由，人們編造了皮同企圖襲擊阿波羅之母勒托的故事。

蓋婭
（哎，這人一直就是這個樣子）

雅典娜！

她原本也是遠古原住民的神。不過卻手腳很快地加入希臘的陣營，成為欺負對方神明的急先鋒！

受害者不只有女性。

雅辛托斯、奇帕里索斯也是原住民的神。

雅辛托斯原本是植物生長的神，而且是鬍子臉的大叔。既然被阿波羅奪走地位，就變成美少年之死的故事了。

海格力斯（Heracles）的冒險

希臘神話最大的英雄！現存的陶器畫中一半是他的故事。

這個世界論誰都聽過他名字的這個人，又是宙斯和人類之間生下的小孩。
這次宙斯相中的女人非常愛她的丈夫，沒有一點可趁之機。
所以宙斯變成這女人去打戰不在家的丈夫。
轉
轉
變
親愛的我回來了！
噠噠噠
女人的名字叫做阿爾克墨涅（Alcmena）。
是佩爾修斯的孫女、邁錫尼的公主。
她的丈夫也是佩爾修斯的孫子之一、安庇托里翁。
他是梯林斯的國王，兩人是表兄妹。
在一個偶發的事故下，安庇托里翁失手導致阿爾克墨涅的父親死亡。
本來該要打牛的棒子，
打到岳丈！
嗯？
岳父大人！
給我滾！
兩人當時逃亡到底比斯。
就這樣爺爺司特涅羅斯就把佩爾修斯建造的兩座都市邁錫尼、梯林斯據為己有。
據說這類的事故實際上的確常發生，所以也常出現在神話中。
安德洛米達
佩爾修斯
艾瑞克托里翁（邁錫尼王）
阿爾凱奧斯（〔Alkaios〕梯林斯王）
司特涅羅斯（Sthenelos）
阿爾克墨涅
安庇托里翁
話說回來，假丈夫宙斯和阿爾克墨涅同寢衾後，真正的丈夫回來了。
親愛的我回來了！
噠噠噠
奇怪了，好像看過這個景象？

他們去問著名的先知提瑞西阿斯（teiresias）
你們被宙斯大人擺一道了。
喪氣
但既然是神就算了吧。
阿爾克墨涅的肚子中宙斯的種與安庇托里翁的種同時成長。
咚咚咚
咚咚咚
呀
宙斯這回似乎特別高興。
做了這樣的宣言。
這回誕生的小孩將成為佩爾修斯一族的國王。
聽到這件事情的赫拉，
咬牙切齒
這個色老頭在得意什麼！
埃雷圖亞～
快步
赫拉命令她擔任生產女神的女兒，讓懷孕七個月的司特涅羅斯的妻子生產。
什麼！
邁錫尼王
尤里修斯（Eurystheus）
做的好啊埃雷圖亞。
這之後阿爾克墨涅因為害怕赫拉的嫉妒，就把宙斯的小孩丟到路旁。
喂、喂，妳怎麼這麼消極？
受宙斯之託，雅典娜邀赫拉出門散步。
好可愛的小孩。
怎麼會把這麼可愛的小孩丟掉，人類的頭腦真是有問題。
遇到也是緣分啊。妳要不要送幸福給他？
好啊，順便餵他點奶。
晃動
然而他的咬勁太強
咬緊
咬緊
你在幹嘛！這個渾蛋！
啪

這時赫拉的母乳飛散到天空中，變成了星光大道（銀河）。這就是為什麼銀河叫做milky way。
沒想到milky是赫拉的奶。
嗯～好寫實
這個嬰孩得到赫拉的奶而成為不死之身，所以叫做海格力斯（赫拉的榮光之意）。
這個孩子已經不要緊了。不要再把他丟掉囉。
真的很對不起。
啊
赫拉為了這件事更加焦躁。她送了一隻毒蛇過去，
雙胞胎弟弟伊比克力斯
養父安庇托里翁也覺得「這個小孩將來會成大器」，寄予莫大的期望，讓海格力斯接受一流的教育。這些學科中就屬格鬥技進步最快。
哼
滾滾滾
但就只有音樂怎樣都學不來。
而且還被音樂老師每天挖苦，
你真笨耶。為什麼連這麼簡單的東西都不會？
剉頭
海格力斯被送到牧場放牛。
給我好好反省！
海格力斯拿獅子皮做成他獨創的扮裝。
鏘鏘——
結果就把老師殺了。
吵死了！這個臭老頭。
哇
他第一次闖出名號是在十八歲的時候。結束牧場勞動後，海格力斯打敗了在基塞龍山上襲擊牛群造成嚴重損害的猛獅。
這時迷上海格力斯力量的塞斯比阿（Thespiae）王送出想要勇者的種的女孩們。
與喪失童貞同時，一口氣經驗了四十九個女人的海格力斯。

之後回到底比斯的海格力斯，征討強迫底比斯朝貢的鄰國奧爾霍邁諾斯（Orchomenus）
哇～謝謝，請你娶我的女兒美格拉！
接著海格力斯也生下了小孩，過著幸福的生活。
哈
哈
耶
耶
我們不能忘記還有赫拉會從中作梗。
怎能讓你稱心如意！
被赫拉弄瘋的海格力斯把自己的小孩殺死，連弟弟的小孩也殺死了。
等他清醒時，
當然絕望到谷底。
他到塞斯比阿王那裡請求清淨血的污穢，為了知道自己今後應走的道路而前往德爾菲詢問。
希臘鐵律
殺死親人的人要請別人淨身，而且要離開原本的土地一年（關於年數有各種說法）。
德爾菲的阿波羅說，
請你完成邁錫尼的尤里修斯王給你的十項任務。
於是海格力斯的冒險就開始了。
這個完成任務的經過其實正是海格力斯故事的主要骨幹，
不過因為大部分都很無聊（主觀認為），我就簡單帶過。
首先是第一個偉業
「擊退尼米亞的猛獅」
接著是第二項
「殺掉勒尼安的海德拉」
此時他的姪子伊歐勞斯擔任他的助手。
後來用這傢伙身體的猛毒塗在箭上，製成最厲害的武器。
第三項
「活捉刻律涅嚢鹿」
因為這隻鹿是阿爾忒彌斯的，結果阿波羅跑來抗議。
為什麼是你叫我要完成任務的耶。
從這時開始和阿波羅不和。

第四項
「厄律曼托斯山上的野豬」
這項任務也是輕鬆解決，但是……
嘿咻
途中卻發生了悲劇。
他偶然遇到過去交好的波羅斯（半人馬族的一人），去他家中作客。
半人馬族
惡人伊克西翁（犯下殺死岳丈的罪）不怕死竟然愛上赫拉，企圖強暴她。宙斯為了保護赫拉，用一片雲做成赫拉的樣子，千鈞一髮之際趕上了。此時伊克西翁和雲之間生的小孩就是半人馬族。
接受豐盛的招待，心情愉快的海格力斯。
也給我酒喝唄！
不行啦，這是大家的酒不可以隨便開。
而且我有不好的預感。
喂喂，你對客人說這什麼話！
強行把酒打開。
唉——
結果酒的味道引來其他的半人馬。
聞
聞
竟然擅自打開我們重要的酒！
喂——
哇哈哈
噠噠噠噠
哈哈
我早就警告你了。
酒酣耳熱醉醺醺的海格力斯反而把半人馬們打跑。
哈哈哈。
呀
咻
咻
咻
最後甚至射出塗了海德拉劇毒的毒箭。
結果跟這場亂鬥毫無關係、以賢者而聞名的凱隆不幸被刺中。
啊
咻
嘶

由於凱隆擁有不死的特權，所以沒有死
但卻非常痛苦。
天哪，我該怎麼辦才好。
我怎麼會做這種事呢。
手足無措
手足無措
把箭拔起來～
而且波羅斯把塗著猛毒的箭拿起，
就在觀察之中，
哦～這就是海德拉的……
看得入神
不小心刺到自己。
啊──
滋
嘶
波羅斯──
這種死法好討厭啊～
倒
只能後悔莫及的海格力斯。
哇！
都是因為我吵著要喝酒才發生這種事──
第五項
「清掃奧吉亞斯的牛廄」
厄里斯王奧吉亞斯有高達三千頭牛，三十年之間卻沒有打掃過一次，牛廄發出的惡臭帶給大家很大的困擾。
這是怎樣啊──
凱隆（Cheiron）
他在野蠻粗暴的半人馬族中算是「鶴立雞群」的人。就好像把半人馬族的美德全搶過來一樣，是族中唯一仁德的賢者。他特別以教育者的身分出名。從戰術到醫術，他教給門下的學生所有領域的學問。
凱隆的弟子有愛斯科勒皮歐斯，等下會登場的帕拉墨得斯、阿基里斯、丟斯雙子、伊阿宋等等，不勝枚舉。
海格力斯想說不試不知道，
我把這裡打掃乾淨的話你可以給我一成的牛嗎？
好啊。
反正你絕對做不到的。
他挖開一條水路從河川引水，一口氣把牛糞沖乾淨，真是豪爽的海格力斯。
轟
哇哈哈

奧吉亞斯事後反悔，
怎樣，我做到了。
ㄟ，我以為你是跟我開玩笑。
海格力斯總之先算了。
可惡！
第六項「擊退斯廷法羅斯怪鳥」
此時雅典娜借給他會發出巨大聲響的玩意兒。要用這個響叮噹的東西驚動鳥群，在它們飛上天時用弓箭射下。
第七項「活捉克里特島的公牛」
這個任務也很簡單。
第八項「帶回特拉克亞王狄俄墨德斯的食人馬」
為了這項工作前往特拉克亞的海格力斯，順道前往管理佩萊城的朋友阿德美托斯的地方。
特拉克亞
佩萊
底比斯
雅典
邁錫尼
哈哈，我來了。
啊、是海格力斯啊。
啪
可以讓我進去嗎。
當然歡迎，你慢坐吧。
所以海格力斯接受了國王的款待，然而——
菜餚不會太少了點？再多拿一點來！
還有酒也是。
話說回來阿德美托斯把我丟著人跑到哪裡去啦。
還有妳們怎麼這麼死氣沉沉！款待客人怎麼可以那副愛理不理的表情。
您說得是。但是今天是阿德美托斯王后的葬禮。

這段插曲後來以擁有無私奉獻妻子的有能男人的故事流傳下去，實在令人厭煩。這個阿德美托斯王是宙斯及阿波羅都推薦的人格完美者。
但是聽說妻子要代替自己死也沒有阻止。（是有後悔和唉聲歎氣啦。）
以現代人的觀感，真的很想說「這哪裡是人格完美啊」，不過對完全蔑視女人的古代人（特別是雅典人），這種地方當然就被簡單帶過。但是還是有第一個將眼光朝向阿德美托斯王的自私而大作文章的歐里庇德斯。他的戲劇《阿爾刻提斯（妻之名）》中就充分暴露國王自私利己的性格。

然而赫拉又出來攪局了。
我怎能讓你稱心如意！
踏
她變身成亞馬遜的一人，
天哪，希波呂忒陛下要被殺了。
突然大叫出來，讓大家陷入驚恐狀態，引來亞馬遜大軍的弓箭伺候。
咦

是妳安排的對不對！
海格力斯殺了希波呂忒，打倒亞馬遜人後逃走。
希波呂忒真可憐
噠噠噠
噠噠噠

亞馬遜

據說住在黑海東方（現代亞美尼亞一帶），是力量強大、全部都是女性的戰鬥部族。

為了傳宗接代，她們和某個部族的男人們偶爾會進行集團性的一夜情。一生下男嬰就殺掉。

由於不讓右邊的乳房妨礙拉弓而切除右乳，所以被稱做亞（＝沒有）馬遜（＝乳房）。

這個民族聽起來太過夢幻，不過羅馬時代歷史家的著作中真的穿插了目擊到亞馬遜的證言。譬如說米斯里戴特戰爭（P263）時，聽說蓬托斯王國的軍隊中有混雜著女兵而且跟男人一樣作戰。（話說回來這裡並沒有提到是只有女性的軍團，而且很多古代歷史家說的話也不能相信。）

另外從中亞接連發現收納了許多兵器的女性墳墓。

之後海格力斯在回程時繞道特洛伊，
城裡愁雲慘霧。
陰沉
是怎麼回事啊？
會這樣是因為阿波羅及波塞冬替特洛伊工作，
請發薪水。
不知道這兩人是神的國王拉奧墨多不願支付約定的酬勞，
我守信用對我有什麼好處？
這傢伙平常就做這種事嗎。

阿波羅送瘟疫給這個國家，
等到疫情告一段落，這次換波塞冬從海中送怪獸來亂。
無計可施的國王詢問神諭，因為出來「把女兒獻給怪獸」的結果，所以公主海希歐涅就成了犧牲品……。
又是這套
聽到這件事的海格力斯說，
交給我吧。
咚
國王聽到海格力斯這麼可靠的話非常感動。
謝謝，你真的是大好人。全部都是我的錯你還這麼幫我。
你助我成功之時，我再把宙斯大人給我的馬送你。
宙斯把這個國王的兒子蓋尼米得帶去做奧林匹斯的斟酒者，所以給國王馬作為補償。
攫走蓋尼米得的宙斯像
收藏於奧林匹亞博物館
海格力斯輕而易舉地制服了怪物。
但是……
國王長年以來的惡性沒有這麼簡單就改得過來。
我還是不能把馬給你，這樣對宙斯大人不好意思。
這種傢伙一生都狗改不了吃屎！
怎麼這麼小氣的傢伙，給我記住！
咬牙切齒
第十項「捕捉艾狄流亞的牛」
因為這趟任務海格力斯往西方前進。
到達最西邊的海峽時，
他在兩岸立下巨大的柱子作紀念。
啪啪
位於歐洲及非洲大陸之間的直布羅陀海峽，由於兩側面向如柱子般直立的山脈，所以才誕生了這個傳說。這裡長久以來一直被稱作「海格力斯之柱」。
這時因為太熱，
唉唷，好熱、好熱。
氣死人了。

可惡，太陽這個傢伙！
咻
海格力斯竟然射太陽，看到他這麼不瞻前顧後，赫利厄斯龍心大悅。
這傢伙真好玩耶~
哈哈哈
你就搭這個渡海吧。
鏘鏘——
借給海格力斯一個超大黃金杯。
乀~這是什麼？沒有好看一點的嗎？
多虧赫利厄斯的幫忙，海格力斯順利到達目的地，任務也輕鬆完成了。
好好玩！
乘風破浪
十個命令完成後，
來，這下子都結束了吧。
不行！你打敗海德拉是得到姪子的幫忙，打掃牛廄還跟人家要錢！根本就是心術不正！
這兩個不算。
尤里修斯
尤里修斯害怕海格力斯帶回來的怪物，所以總是躲在甕中
所以又被追加兩項任務。
怎樣都講不贏人的海格力斯和音樂一樣辯論也不拿手。
我想大家都聽膩了，其實我也是……。
不過還是要繼續講下去！
第十一項「取回赫斯珀里得斯（Hesperides）園中的蘋果」
這傢伙在哪裡啊
啊~
因為不知道地方，所以到處向人詢問。
在四處探聽下，得到了可以跟海之神涅柔斯（Nereus）詢問的情報。
所以海格力斯偷襲正在睡覺的涅柔斯，把變化多端的涅柔斯綁起來逼問蘋果園所在。
噗嚕

聽説雅典的衛城博物館中收藏著變幻姿態的涅柔斯。他手中拿的是他變身成的「水、火、鳥」。
不過這個像也被説是波塞冬之子崔頓（Triton）、或是堤豐。
話説回來，海格力斯前往目的地的途中，發現到那個維護人類的普羅米修斯。
啊
海格力斯馬上射殺長久以來讓普羅米修斯受苦的鷹，但是鐵鍊再怎麼樣也打不開。
沒辦法的。除非有人願意為了我放棄不死之身。
有！有這號人物！
於是海格力斯趕緊去找凱隆。
呼
呼
呼
呼
呼
我願意！拜託！讓我交換！
接著又回到普羅米修斯的地方
呼
呼
呼
呼
吾父宙斯啊。請讓凱隆往生、讓普羅米修斯自由吧。
噹
噹
我就完成你的心願吧。
框啷
框啷
去
框啷
框啷
倒地
呼
還真忙
普羅米修斯建議説：「黃金蘋果樹四周都是怪物很麻煩，你去找人在附近的阿特拉斯替你取」，所以去拜訪阿特拉斯。
總之和好了。
對不起。
沒有啦，我也太逞意氣了。
抓頭
太好了
太好了
接著海格力斯再度返回任務。
神話都是為了方便不管前後是否連貫，被石化的事情就當沒這回事。

阿特拉斯先生啊。我先幫你撐這個石頭，你幫我取蘋果好嗎。
噢！反正我也很閒，小事一樁。
於是，
我拿回來了~
啊
不對啊，我可以逃走不是嗎？
注意到這點。
很抱歉，我很想恢復自由身。你就幫我撐天好不好？
好啊、好啊。不過你可不可以代替我一下下就好？
當然好啊。
好啦。
什麼？
對不起囉~
咻
啊~我怎麼那麼笨呢。
被容易上當的海格力斯欺騙的阿特拉斯。真是一個可愛的天真角色。
第十二項「帶回冥界的看門犬刻耳柏洛斯」
這時海格力斯接受伊萊夫希納的奧蹟，在赫耳墨斯的引導下下降到冥界。
這個時候，遇到以前一起探險的夥伴墨勒阿革洛斯（Meleager），
咦！你死了啊？
你快跟我妹妹伊阿尼拉結婚！
被拜託了這檔事。
啊
你在幹嘛？
海格力斯發現了雅典王忒修斯就把他帶走。包括看門犬也一併帶回，終於完成了十二項命令。
終於把神諭的工作完成了！
但是死纏爛打的冒險仍舊繼續下去……。
首先是把妻子美格拉託給外甥伊歐勞斯。
對美格拉來說我就只是她的惡夢而已吧。
對……。

接下來再度出發去旅行。
哈——自由自在。
海格力斯去拜訪小時候自己弓箭老師當國王的國家歐伊卡利亞（地點不明），正好那裡正在召開弓箭競技大會。
優勝者可以得到這個可愛的女孩！
小伊歐蕾
立刻提起勁來的海格力斯當然得到優勝。
啪啪啪
但是國王
我一想到你過去做下的那些事情……特別是你、你殺死小孩……
卻拒絕了海格力斯。
又來了，如果可以隨便毀約的話，人幹嘛要有約定啊。
這時唯一站在海格力斯這邊的，是他的朋友、國王的兒子伊菲托斯（Iphitus）。
父親大人，您既然公告天下就不能不守信用。
不要，不行、不行。
而且之後國王的牛被盜，還懷疑到海格力斯身上。
什麼～不是我、不是我！
這個時候也是伊菲托斯站出來說，
我知道你是無辜的。我們一起去找吧。
明明就不是我。
所以就在梯林斯城招待伊菲托斯，
我只要有你就夠了。
嗚
嗚
但是赫拉又再度施法，
去死
啊
噢……
我做了什麼！我究竟是怎麼了？
海格力斯在幾乎想放棄人生的心情下去拜訪皮洛斯請求清靜污穢。
但是卻被國王涅柔斯拒絕，只好到阿繆克萊請求幫助。
梯林斯
皮洛斯
阿繆克萊

但是不知道是不是海格力斯的罪惡感太深，他得到不明原因的疾病，
對了！去德爾菲請問神諭吧。
吁、吁
等他去到那裡，
這次不能讓你問了。
吵死了！讓開、讓開！
哇啊
咚
呼、呼
氣不過的海格力斯奪走進行神諭時重要的鼎。
等等，你在幹什麼！
天啊
呀
呼、呼
阿波羅與海格力斯爭奪黃金之鼎的圖
即使對手是阿波羅也不客氣的海格力斯。
這個主題很受工匠們歡迎，常見於陶器及雕刻上。
快住手！
閃
在宙斯的介入下兩人終於停手。
總之拜託你把神諭給我啦。我真的不知如何是好。
於是這次出來的神諭是「當呂狄亞女王翁法勒（Omphale）的奴隸三年的話，就可望痊癒」。
希臘
呂狄亞
海格力斯在那裡努力工作。
不知道是不是翁法勒的特殊癖好，海格力斯在那裡男扮女裝做針黹工作。
不壞喔。
偶爾也會被派去出差。那時的插曲中其中一個大概是這種感覺。
海格力斯在色薩利露宿，
呼嚕
呼嚕
噓～
突然間長得像猴子的二人組跑來要偷他的武器……
偷偷摸摸

喂！
嗯？
嘩
噫
馬上就把他們捉起來。
他們是一直當小偷及做些小奸小惡勾當的小惡棍兄弟。
突然間兩個猴兄弟笑了出來。
喂、喂，你們在笑什麼？
噗噗
嘻嘻
哎呀，其實我們的媽媽以前常說，
什麼人都可以偷，就是不要偷黑屁股男人的東西。我們終於曉得是怎麼一回事了。
噗
因為兩人笑得太誇張
啊～
真的那麼黑嗎？
噗嚕
噗嚕
噗嚕
噗嚕
海格力斯也跟著脫線，三個人一起不停地狂笑。
啊哈哈
哈哈哈
嘻嘻
不要再做壞事囉。
結果放走了猴崽子們。
哈哈哈
海格力斯和翁法勒之間育有一子，經過三年的侍奉期，疾病完全治癒的海格力斯，
我覺得不遵守約定是不對的。
馬上
進攻特洛伊。
接著擄走公主海希歐涅，把她送給幫助他的友人忒拉蒙（Telamon）。
據說這就是第一次特洛伊戰爭。
接下來
不守信用的傢伙還有一個！
我最喜歡這段故事了。

於是解決了「清掃牛廄」時的厄里斯王奧吉亞斯。
也有傳說指出奧林匹亞競技賽就是這個時候由海格力斯開端的。
接著海格力斯越來越亢奮，跑去皮洛斯質問為何當時不幫他洗淨污穢。
你怎麼可以對一個正在受苦的人那麼冷淡？
乒
海格力斯為了這個仇進攻皮洛斯，把國王及王子們全部殺死。這時國王最小的兒子剛好人在別國而撿回一條命。
海格力斯的報復告一段落之後，
怎麼覺得好空虛呢～
陰沉～
步履蹣跚
對了，在冥界的墨勒阿革洛斯不是要我娶他妹妹嗎！
於是去到墨勒阿革洛斯的故鄉卡利敦，迎娶伊阿尼拉。
哎呀
耶
耶
之後在宴席上慶祝時，
喔
啊
搔頭
喂喂，小心一點啊。
咦！
嘴角冒泡
咻～
倒地
這點小動作對少年來說卻是足以致死的暴力。
啊—為什麼我又殺人了。
人生又變得灰暗的海格力斯。
就算少年的父親說，
這是個意外。
原諒了海格力斯，
但他還是離開了卡利敦，帶著妻子前往表親治理的色雷斯。
歐伊特山
色雷斯
卡利敦
德爾菲
途中遇到埃烏艾諾斯河時，剛好看到渡船人，所以就讓伊阿尼拉上船。
半人馬族的一人尼索斯
啪唰啪唰
海格力斯自食其力

尼索斯是一個猥瑣的傢伙，想對伊阿尼拉動手動腳。
啊
I want you~
這個色鬼！
哎呀
噗嘶
尼索斯臨死之前說到，
我都快死了，就讓我做件好事吧！我的精子和血很特別，可以擄獲男人的心。
當妳害怕丈夫不愛妳時，就把它塗在丈夫的衣服上。
伊阿尼拉反正先把尼索斯的精子和血收進香油的瓶子中。
嗚咽——
之後兩人在色雷斯過著幸福的生活，但是⋯
對了！
我還沒有報復那個傢伙！
好、好
等一等啊！
噠噠噠
海格力斯馬上又飛奔出家門，
打倒他的弓箭老師。
踐踏
人說話就要算話！
而且把那裡的女人當做戰利品帶回色雷斯，
這當中特別可愛的伊歐蕾，
讓妻子伊阿尼拉很是焦慮。
我會被拋棄！
美女成群
無計可施的伊阿尼拉想到，
對了，我還有尼索斯的血啊
把血塗在海格力斯的衣服上。

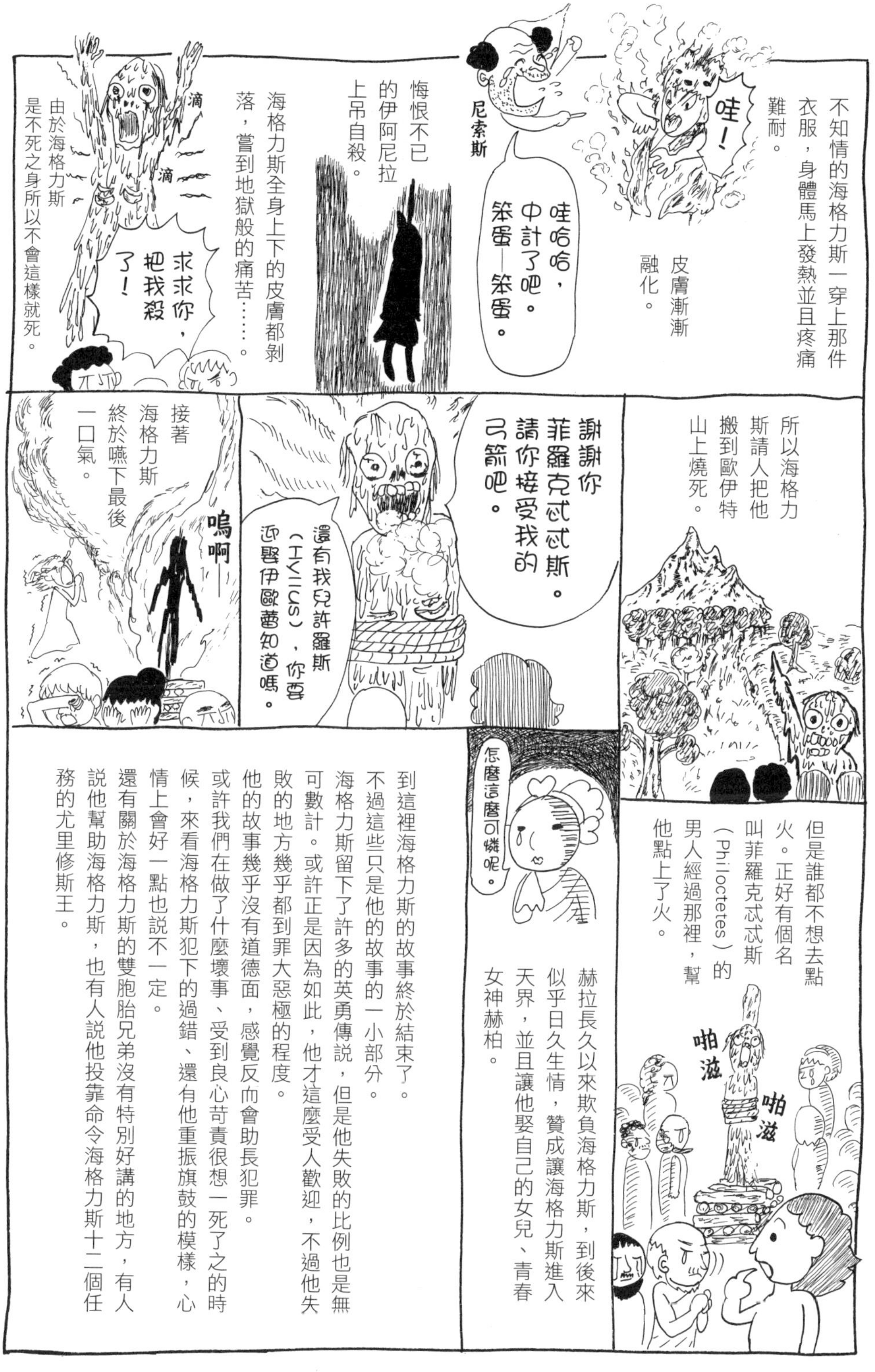
不知情的海格力斯一穿上那件衣服，身體馬上發熱並且疼痛難耐。
哇！
皮膚漸漸融化。
尼索斯
哇哈哈，中計了吧。笨蛋—笨蛋。
悔恨不已的伊阿尼拉上吊自殺。
海格力斯全身上下的皮膚都剝落，嘗到地獄般的痛苦……。
滴
滴
求求你，把我殺了！
由於海格力斯是不死之身所以不會這樣就死。
所以海格力斯請人把他搬到歐伊特山上燒死。
謝謝你菲羅克忒忒斯。請你接受我的弓箭吧。
還有我兒許羅斯（Hyllus），你要迎娶伊歐蕾知道嗎。
接著海格力斯終於嚥下最後一口氣。
嗚啊——
但是誰都不想去點火。正好有個名叫菲羅克忒忒斯（Philoctetes）的男人經過那裡，幫他點上了火。
啪滋
啪滋
怎麼這麼可憐呢。
赫拉長久以來欺負海格力斯，到後來似乎日久生情，贊成讓海格力斯進入天界，並且讓他娶自己的女兒、青春女神赫柏。
到這裡海格力斯的故事終於結束了。不過這些只是他的故事的一小部分。海格力斯留下了許多的英勇傳說，但是他失敗的比例也是無可數計。或許正是因為如此，他才這麼受人歡迎，不過他失敗的地方幾乎都到罪大惡極的程度。
他的故事幾乎沒有道德面，感覺反而會助長犯罪。
或許我們在做了什麼壞事、受到良心苛責很想一死了之的時候，來看海格力斯犯下的過錯、還有他重振旗鼓的模樣，心情上會好一點也說不一定。
還有關於海格力斯的雙胞胎兄弟沒有特別好講的地方，有人說他幫助海格力斯，也有人說他投靠命令海格力斯十二個任務的尤里修斯王。

克里特島的傳說

泰爾的公主歐羅巴長得楚楚可憐，從宙斯看上歐羅巴那刻起，開始了克里特島的傳說。
宙斯暗暗觀察了歐羅巴一段時間。
好，就利用她喜歡動物這點。
乖乖
哞～
漫步
咦。
怎麼有這麼可愛的女孩，我一定要把她弄到手！
咚
宙斯變身成美麗的牛。
怎麼有這麼可愛的牛！
哞哞～哞哞哞
哞哞哞
什麼？
你叫我坐上去嗎？
耶
哞
哞
沙沙
呀——
啪唰
啪唰
啪唰
啪唰
突然之間加速奔跑的宙斯牛。
呀——
哞——
到了克里特島後，
咚
小女孩，抱歉嚇到妳了。
歐羅巴知道宙斯的意思，也死心了。
唉……
是嗎……
歐羅巴生下三個小孩。
米諾斯（Minos）
薩爾帕冬（Sarapedon）
米諾斯（Minos）
歐羅巴是「歐洲」的詞源。

三個小孩長大成人之後，一如其他的故事，開始展開王位爭奪戰。裡頭野心最強的米諾斯煩惱該怎樣才能成為國王，心情不好對著海大叫看看。
波塞冬大人，你可以給我王位嗎——
結果，
鏘鏘
啊
好，我已經聽到你的願望了。明天我就在大家面前從海中放出牛來。
不過你要好好地將牛祭祀在我的祭壇上喔！
滋滋
非常感謝。
接著到了隔一天，
神哪，如果您認可我為王的話，請出示您的證明吧。
波塞冬遵守了約定，
啪
讓大家心服口服，米諾斯因此得到了王位。
哦～
但是到了要把牛獻上祭壇的階段時，
這隻牛真是美得令人著迷啊
米諾斯突然想把這隻牛據為己有。
論道理這個波塞冬也實在小氣。明明是神還要把自己的東西要回去。
好！我就拿別的牛代替。
他馬上拿別的牛來祭祀，當然馬上就被識破了。
這個是什麼東西！
氣憤
有氣無力～
你把我當笨蛋嗎！
去—
結果觸怒了波塞冬
讓公牛發狂。
哞—

甚至——
再多送你一個禮物。
電
波塞冬對米諾斯的妻子帕西菲施咒。
讓帕西菲無可救藥地愛上公牛。
但是公牛對人不會產生愛意。
哞
哞
等等等~
我喜歡你啊
對了，這個時候就要拜託代達羅斯。
代達羅斯（Daedalus）是雅典出生的天才工匠。是他建造了克里特島又大又美的宮殿，而且他的雕刻技術又非常高超，並且發明了許多東西，實在是多才多藝。代達羅斯可說是這個時代的達文西。
嗯——
在帕西菲哀求下，雖然覺得她的性癖不太好，
還是想說只是試試手藝，做了一尊母牛像。
哞
於是帕西菲得償宿願。
哞哞哞
接著帕西菲懷孕生下了小孩，但竟然是……
天哪，
這是波塞冬的詛咒嗎！
米諾斯恐懼戰慄，在詢問神諭後，得到要把這個半牛半人關進迷宮的指示，便命令代達羅斯建造迷宮。
這個可憐的小孩，
就叫做米諾陶諾斯（〔Minotaur〕，米諾斯之牛的意思）。
相當於神話世界的早期時，常常有牛登場。相當於歐羅巴四代前祖先的著名艾歐（Io），也是因為被宙斯愛上而遭赫拉憎恨，以公牛的姿態逃到埃及。

雅典的英雄 忒修斯傳奇

雅典王埃勾斯（Aegeus）最大的煩惱是沒有子嗣。照著世間一般的習慣，他也為了請求神諭而去德爾菲。
神諭說
回到雅典之前不要把酒袋突出的口打開。
出來這樣的提示。
酒袋？
怎麼回事啊……
由於搞不清楚神諭的意思，所以埃勾斯去到以賢者聞名的特羅曾國王庇透斯（Pittheus）。
德爾菲
雅典
科林斯
特羅曾
庇透斯聽說了神諭，
所以
總之你把這裡當自己家一樣。
啊，這是我的女兒埃特拉（Aethra）。
庇透斯把埃勾斯灌醉，
好耶！
把女兒送到埃勾斯床上。
眼睛一亮
交給妳啦。
眼睛一亮
早上起來怕尷尬的埃勾斯趕緊打道回府。
躡手躡腳
他把自己的涼鞋及劍放在巨石下，
萬一妳懷孕生下兒子、
而且這個孩子長大到可以提起這個巨石時，
就叫他把這些東西拿到我面前。還有叫他不可以告訴任何人他父親，不然一定有人會加害他。
是～
之後埃特拉懷孕生產。
生下的就是主角忒修斯。

忒修斯長成健壯勇敢的小孩。
有一天正好海格力斯來玩，當其他的孩子被海格力斯扮妝服的獅頭嚇得大哭時，就只有忒修斯跳上前去挑戰，讓海格力斯很高興。
嗅
接著忒修斯長到十六歲的時候，
好，是時候了。
就讓忒修斯自己扳開巨石，
おっ
說明了事情原委後，讓他踏上前往雅典的旅程。
忒修斯打敗的怪人物
忒修斯從特羅曾前往雅典的一路上，一個接一個打倒了給旅人添麻煩的惡棍們。
⑥
普羅庫魯司提斯（Prokrustes）
⑥到雅典前的沿途
旅館的經營者，把旅人的身體配合床的大小切斷或硬拉長的男人。
⑤伊萊夫希納喜
歡格鬥技的人
④墨伽拉
拿旅人餵食大龜的人
③庫羅姆謬翁
母豬
②科林斯峽谷
把旅人綁在兩棵松的樹枝上、用枝條的彈力將人身體撕裂的男人。
①艾皮道洛斯
使用棍棒的人
雅典
GOAL
特羅曾
START
這些惡人都是超級下三濫的人物，但似乎在視覺上很有效果，
常常可見於陶器的圖案中。
④斯金羅
②彎曲松枝的辛尼斯（Sinnis）
③母豬派亞

接著終於來到雅典的宮殿。
哇喔
此時埃勾斯娶了一個知曉魔術、名為美狄亞的女人。美狄亞聽說出現了想求見國王的年輕人，看穿忒修斯的身分，害怕危害到自己的地位。
你就跟他說，如果他打敗在馬拉松作亂的公牛就接見他。
嗯
他搞不好是刺客呢。
美狄亞希望這個年輕人要不就是逃走要不就是死，但忒修斯輕鬆地就制服了公牛。
啪
啪
這隻牛原本是米諾斯那隻發狂的公牛，海格力斯將牠捉住帶回邁錫尼後，又被野放往北邊跑，最後留在馬拉松。
接著到了跟國王會面的時刻，
這麼強的男人搞不好會危害你，下毒吧。
嗯
這個被動的國王什麼都依美狄亞。
埃特拉如果懂得替自己爭取就好了。
接下來把毒酒交到忒修斯手中……。
先來杯酒吧。
耶
我就不客氣了。
啊！
那把劍是！
不可以喝下去！
哎呀
你難道是……
父親大人您好。
大家聽好了！
我有兒子。我有繼承人了！
美狄亞就離開了。
唉

父子兩人就像為了彌補失去的時光那樣每天黏在一起，
嘿
雖然兩人過著平和安穩的日子，但是有一天忒修斯聽說了這個國家的外交問題。
這個問題就是——
以前克里特島國王的兒子來到我們國家主辦的泛雅典娜節（Panathenaic）不是嗎。
那時候他在所有的競技中都大獲全勝。
耶
耶
耶
我想他一定很志得意滿吧。他就憑著那股氣勢，幫我們把在國內到處作亂的一頭牛——就是你之前輕鬆打敗的那隻——打跑了。
唉，原本就是他們國家的牛，這也是理所當然的吧。
但是應該是去到馬拉松的克里特王子，竟然被發現死於非命。
我想應該是被忌妒他的人殺死的。
唉，總之因為這件事米諾斯就打來了。
米諾斯艦隊的強大還真不是蓋的。
我只好拚命的道歉。
幾乎是把一生該道歉的分都用完了。
磕
磕
磕
磕
磕
一直道歉的結果，變成每九年我們就要送上九個少男少女給克里特。
聽說克里特島上有叫做米諾陶諾斯的怪物，我們送去的人就是要餵給他吃的。
而那個時期又快到了。
我一想到那些被送去受死的孩子們，就好痛苦、好痛苦、好痛苦。
聽完原委的忒修斯說，
父親大人，這樣軟弱的外交怎麼可以繼續下去！我們付出的代價不是已經很夠了！就讓我混在那些犧牲者中，前去打倒怪物吧。

埃勾斯當然激烈地反對。
不行啊！
但是忒修斯意志堅定，決定跟著船出帆。
父親大人，抱歉讓您擔心。我現在張黑色的帆出發，如果我平安無事的話，回程時一定會張開閃亮的白帆的。
你答應我的喔。我到了這個年紀才知道，有兒子會讓人生多麼地豐富多采。你不要奪走我的幸福啊。
接著船到了克里特島。
與米諾斯見面。
此時站在米諾斯身旁的女兒阿里阿德涅驚於忒修斯的英俊挺拔。
這麼英俊的人怎麼可以就這樣死掉。
阿里阿德涅逮住正要被帶往迷宮的忒修斯，
請使用這綑線。
偷偷摸摸
請把這綑硬線綁在入口的地方進去，回程時循著這條線就絕對能走出來的。
我已經受不了這麼殘酷的制度了。
於是阿里阿德涅給忒修斯一根捲著紅線的棒子。
接著在又漫長又廣大的迷宮中，
和米諾陶諾斯打照面。
吼——
把他制服了。
幸虧阿里阿德涅的線，平安地從迷宮出來。
啊
你平安無事實在太好了。

真的是多虧妳的忙，謝謝。接下來我要去與妳父王交涉。
不行，我父親盛怒下會做出什麼事情不知道。
最好先回雅典，把克里特的船毀壞讓他們追不到。
忒修斯聽了深謀遠慮的阿里阿德涅的話，一行人離開了克里特島。
船歸程中經過奈克索斯島，先降帆休息。
雅典
奈克索斯
克里特
年輕氣盛與愛情的力量，加上阿里阿德涅也一道……。
一行人消除了緊張，大家很快地就進入夢鄉。
就在這時，忒修斯丟下睡夢中的阿里阿德涅逕行離去……。
——忒修斯這個沒人性的舉動究竟是為什麼？或許在原始的傳說中只有傳達他因為心生恐懼什麼的，所以「棄阿里阿德涅離去」，但這麼曖昧的說明反而刺激了人們的想像力，衍生出各式各樣的傳說。
阿里阿德涅的後續故事之中，「酒神戴奧尼索斯發現到傷心的阿里阿德涅，安慰她並和她結婚」這個說法最受歡迎，
不過這個畫蛇添足的傳說又被改編，把忒修斯拋棄的理由變成「戴奧尼索斯愛上阿里阿德涅，恐嚇忒修斯」、或是「原本阿里阿德涅就是戴奧尼索斯的女朋友」等等，衍生出替忒修斯辯解的故事。
戴奧尼索斯會結婚實在讓人不敢相信。
?
話說回來，為什麼會突然冒出戴奧尼索斯？
唉，雖然接受被拋棄的女人的戴奧尼索斯給人寬宏大量的感覺，讓人更欣賞他。
那是因為我是奈克索斯島的守護神啦！
不過另外還存在著戴奧尼索斯拜託阿爾忒彌斯把阿里阿德涅殺掉的複雜神話。

另一方面，無情無義的忒修斯要回到雅典的時候，不知道是不是為了阿里阿德涅的事情內疚、還是只是興奮過頭了，竟然忘記要張白帆。
而焦急等待忒修斯回來、每天眺望海面的父王埃勾斯看到了黑帆。
嗚啊
埃勾斯因太過悲傷而投海自盡。
因為這件事，就以他的名字為海命名。（埃勾斯之海↓愛琴海）。
有點脫線的米諾斯VS代達羅斯
講回克里特的情形，米諾斯當然是大發雷霆！而他的怒氣就往代達羅斯身上發洩。
你建造的迷宮不是誰也出不來的嗎！
代達羅斯和兒子伊卡洛斯被關進迷宮裡，不過代達羅斯收集了鳥羽毛、做出自己和兒子要用的翅膀，逃出克里特島。
伊卡洛斯被父親叮囑不能飛太高，因為黏接鳥羽的蠟會因太陽的熱溶掉。
要阻止年輕人的衝動是不可能的。
伊卡洛斯無視於父親的忠告往上飛，他的翅膀馬上支離破碎，人就往下墜落。
他墜落的地方便以他命名……。
土耳其
薩摩斯
伊卡里亞
伊卡里亞海
代達羅斯忍住悲傷，飛到西西里島。
代達羅斯
他也是一個罪犯。
代達羅斯原本在雅典以工匠的身分聲名遠播，但是他看到他的弟子、也是外甥的塔羅斯接連發明出鋸子、製陶輪、帆布等東西，在被強烈的嫉妒及恐懼驅使下，把塔羅斯從城牆上推下殺害。
在審判中被判有罪的代達羅斯，成為逃犯逃到克里特島來。
哇喔
我會被超越！
真的是哪一個傢伙都一樣壞。

因為代達羅斯的逃亡，米諾斯的怒氣這回完全從忒修斯轉移到代達羅斯身上。
可惡
你要怎麼賠償我！
跺腳
經常自己找事情生氣的典型。
米諾斯為了搜出代達羅斯，率領艦隊巡訪各國。
米諾斯的執著比大海還深……。
在他造訪的地方，
能夠把線通過這個螺貝的人我給重賞！
四處宣告。
我很了解那傢伙的個性，
那傢伙就是喜歡愛現自己的頭腦。
米諾斯的判斷是正確的。
在西西里島這裡……。
喂，代達羅斯，要把線穿過螺貝有什麼方法啊？
有才能的人到哪裡都獲得重用。
哈哈，這很簡單的。只要把線綁在螞蟻身上，把它從貝殼的小洞放進去，然後在出口的地方塗上砂糖就可以了。
西西里王招待米諾斯來城堡。
很簡單就解開了。
給我賞金吧。
國王啊，代達羅斯人在這裡吧。
那個男人是罪犯，請你把他交給我。
……
西西里王答應了米諾斯，並且設宴款待他。
接下來讓米諾斯入浴，叫侍女們澆熱水把他殺了。
滋～
米諾斯死後不知道為什麼，和他的弟弟拉達曼提斯一起當上冥界的審判官。
我可不想被這種人裁決……。

再回到忒修斯的故事來。
……雖然是要講忒修斯的故事，不過從這裡開始的故事給人畫蛇添足的感覺。
費得拉（Phaedra）與希波呂托斯
忒修斯隨同海格力斯前往亞馬遜取腰帶的時候（P52），狡詐地把女王的妹妹安提俄珀（Antiope）擄到雅典，為了奪回安提俄珀，亞馬遜的大軍攻了過來。
噠噠噠噠
好不容易把亞馬遜軍隊打跑了，但在這場戰爭中安提俄珀卻不幸身亡。
安提俄珀留下和忒修斯之間生下的兒子。
這個孩子被寄養在特羅曾。
接下來忒修斯去克里特島和米諾斯的兒子會面，雙方達成和議，
於是忒修斯娶了阿里阿德涅的妹妹費得拉。
什麼！這會不會太厚臉皮了點？
但是新嫁娘費得拉對忒修斯的兒子希波呂托斯一見鍾情。
小鹿亂撞
費得拉想盡辦法待在特羅曾，靜靜地觀察希波呂托斯，但後來她再也忍不住，
而向希波呂托斯告白。
妳的想法實在太可怕了。我不想要再看見妳。
卻被完全拒絕。
費得拉上吊自殺。
喂，冷靜一點啊！時間可以解決一切的。
而且她又在精神狂亂的狀態下，寫下「我被希波呂托斯侵犯」這個謊言的遺書。
忒修斯憎恨希波呂托斯，
波塞冬啊。請讓我兒子死吧！
你先冷靜下來啊。

嗯？
忒修斯的叫喚傳到波塞冬的耳朵裡。
好，我知道了。
迸
哇啊
希波呂托斯就墜馬身亡。
In 科林斯峽谷
但是波塞冬不會太閒了？每次都迅速回應人家。而且輕易就實現別人的願望。
後來知道真相的忒修斯，只能悔恨不已。
唉……
聽起來就像午間連續劇的劇情耶。
忒修斯和笨蛋友人的無聊騷動
有一次有個男人把忒修斯的牛群趕跑。
喂，你幹嘛！
結果…
你很帥耶！
噗？
哞？
哞？
兩人相互對峙，處於一觸即發的緊張狀態下！
於是從此變成最好的朋友。
哇哈哈
哈哈
呃，是嗎…（哞哞哞—）

這男人的名字叫做庇里托俄斯（Pirithous）。他領導色薩利一支名為拉匹特斯（Lapites）的民族。

忒修斯自此以後不知道是不是受到這個男的的不良影響、還是說他本性如此，越來越耍白痴。

有次這個白痴朋友請喝喜酒，忒修斯當然是出席了。和庇里托俄斯算是兄弟的半人馬族（同父親）也被邀請，但是酒品極差的半人馬族在席間鬧事，把結婚典禮搞得亂七八糟。女人被性騷擾、連新娘也被侵犯，到這個地步庇里托俄斯和忒修斯再也按耐不住，終於拔出劍來解決了半人馬族。

其實這個故事沒什麼大不了的，不過總之常常出現在神殿的浮雕中。

奧林匹斯宙斯神殿的山牆雕刻（一部分）
山牆是這個部分。
搓揉乳房的半人馬
女人
忒修斯
雖然這些雕刻破損得很厲害，不過卻是將半人馬族猥瑣的一面表現得很逼真的作品。而且從這些雕刻可以知道，半人馬族的造型真的很具藝術性，難怪會這麼受雕刻家歡迎。
順帶一提，其他常用於神殿雕刻的題材有「和亞馬遜的戰爭」、「巨人族與奧林匹斯眾神的戰爭」、「特洛伊的淪陷」、「海格力斯的冒險」。
都是戰爭的題材好無聊！
可以知道希臘人生活的基盤和戰爭有多密切。
接下來是忒修斯和庇里托俄斯兩人步入中年後的故事。
哎，最近好無聊啊。
應該說我們最近只守不攻不是嗎？
再這樣下去真的會變成老頭喔。
我們再像以前那樣搞點事吧。
好啊
對了！
我想起來了。聽說斯巴達有一個叫做海倫的女人，美到令人不可置信。更重要的是她可是宙斯大人的女兒呢。宙斯大人愛上公主勒達（Leda），這回變成天鵝跟勒達發生性關係喔。勒達之後跟斯巴達國王廷達柔斯（Tyndareus）結婚，一口氣生下四個小孩呢。
怎麼了？
哼

而且這四個小孩還是從蛋中出生的呢。
蛋？
嗯——那這四個小孩都是宙斯大人的孩子嗎？
不，是這樣的，
宙斯大人的精子生出的小孩
波呂克斯
海倫
廷達柔斯王精子生出的小孩
卡斯托耳
克呂泰涅斯特拉
像這樣區分父親的。
ㄟ，還真複雜啊
不過就算是手足，父親不一樣的話，會因為優越感或自卑情結而感情不睦吧。
不不，他們還是當今世上少見感情非常好的兄弟姐妹呢。特別是男孩的雙胞胎兩個到哪裡都在一起，大家給他們取了「丟斯雙子〔宙斯的兒子們（Dioskouroi）〕」的暱稱，非常受歡迎呢。
真奇怪，不是有一邊不是宙斯大人的兒子嗎。
對了，那你本來要說什麼？
海倫啦！總之她是非常驚為天人的美女喔。
我們去把那個女孩搶過來，娶神的孩子做新娘吧！
所以兩人就到斯巴達綁架了海倫。
什麼！
奇怪了？
怎麼是個小孩子！這麼小的孩子再怎麼說都不妙吧。

隨便啦。就等到她長大再說啊。不管這個了，
我們這回去搶珀耳塞福涅吧。
太久沒胡鬧的庇里托俄斯這次腎上腺素全開，忒修斯也沒辦法說NO，就把海倫托給母親埃特拉照顧，一起下冥界去了。
是啊……。
哈底斯說，
難得兩位大駕光臨，我常常聽說你們的英勇事蹟呢。
你不覺得他很親切嗎？
嗯
哈底斯和預期相反的親切，讓兩人鬆懈了警戒心。
來，請坐。
啪
啪
好。
然而這張椅子卻是讓人失去記憶的椅子。
兩人坐下去的同時，什麼都忘得一乾二淨，連自己還活著的事都忘了，只是一直呆坐在椅子上。
不要小看神！
就這樣過了四年的歲月，有一天，忒修斯面前出現一個龐然大物。
喂！回家了！
臭～
嘿咻
忒修斯從椅子上被拉起來的同時，什麼都想起來了。
接著他想把庇里托俄斯也拉起來，可是再怎麼努力也沒辦法。
因為庇里托俄斯的屁股已經黏在椅子上，一強拉大地就會晃動。
唧
不過此時忒修斯的屁股其實也黏在椅子上，所以他的肉被拉掉不少。據說正因為如此，忒修斯的子孫變成小臀的民族。
接下來——忒修斯回到雅典後，等著他的只有民眾的責難。
忒修斯
去死！白痴

這時已經是海倫被她的弟弟丟斯雙子救回之後。丟斯雙子當時為了找回海倫，在阿提卡全區搗亂。
兩人氣勢強到足以占領雅典，是一個名叫阿卡狄摩斯（Academos）的勇者告訴他們海倫的所在，這兩人才恢復原本的好青年停止作亂。
接著
我們有一個請求。
呑呑吐吐
心跳加速
請說吧。不管是要錢還是美女我們都答應。
雅典市民
你來說啦。
唉喲，我們想接受伊萊夫希納的奧蹟啦。
咚
咳
噢～
雅典人民完全變成這對可愛雙胞胎的俘虜了。
之後，丟斯雙子的其中一人卡斯托耳因為別件事遭殺害，不死之身的波呂克斯，向宙斯請求將自己的性命分一半給卡斯托耳，所以兩人隔日交替活在世上。他們真的很受希臘人們愛戴，被尊為星座的雙子座，另外＊聖艾爾摩之火也被當作是他們從天上降下的姿態。
話說回來，忒修斯不得不接受自己不被雅典需要的事實，想去投靠父親埃勾斯留下的斯基羅斯島，而拜訪了島的國王呂科墨得斯（Lycomedes）。呂科墨得斯害怕自己的國家會被奪走，忒修斯就這樣被推下斷崖而死。
也沒有朋友。

忒修斯的故事就在這傷感的結局下告終。

話說回來，忒修斯的故事中有好幾個讓人無法釋懷的地方。阿里阿德涅的故事當然是不清不楚，包括後來娶了她妹妹，還有最不清楚的就是神諭的事情！

庇透斯是不是故意陷害埃勾斯的呢？如果不喝酒的話，是不是就會在皇宮中生子？

也有書籍解釋到，「回到雅典之前喝酒的話，就會迎向悲哀的結果（＝埃勾斯之死）」。如果真是如此，那麼忒修斯就是不該出生的孩子？所以才會變得那麼白癡嗎？這個部分跟神諭發揮作用的其他故事相較，似乎不是一個有效的機制。

還是說降下意義不明的神諭、讓埃勾斯去特羅曾、又得到忒修斯正是神意的所在呢？或是說不清不楚的目的就是要刺激我們思考呢？

實際上以前德爾菲的神諭就是以曖昧出名，所以阿波羅又被稱作洛席厄司（〔Loxias〕傾斜的）。

★聖艾爾摩之火（Erasmus of Formiae）據說是颱風或雷雨、大雪等氣象異常時，船的帆柱、山頂、塔等高聳的地方會發生的放電現象之一。

阿爾戈號（Argo）的探險與美狄亞（Medea）

愛俄爾卡斯國的國王埃宋被弟弟珀利阿斯篡奪了王位。
你老了啦。
拜拜
回鄉下養老啊
奧林匹斯山
愛俄爾卡斯
（現在的沃洛斯〔Volos〕）
波奧蒂亞
雅典
埃宋有一個小嬰孩，因為害怕珀利阿斯來加害，把這個孩子託給住在佩林翁山的凱隆。
這個孩子就是主角伊阿宋。
從哥哥手中奪取王位的珀利阿斯，為了知道自己的未來而請託神諭。
神諭說「小心單腳穿涼鞋的男人」。
啥？這是什麼東西？
接下來過了一段日子後，在凱隆施與英才教育下的伊阿宋長大成人，
下山回國。
我要讓父親復位！
但是沒想到看起來骨瘦如柴的老婆婆卻異常地沉重。
嘎
嘎
途中看到有一個老婆婆站在河岸煩惱如何渡河，
於是背她過河。
伊阿宋氣喘吁吁地終於到達對岸時，老太婆的身影卻消失得無影無蹤。
奇怪？

那是什麼啊
打冷顫
這個聽起來像是鬼故事中會出現的老太婆其實是赫拉。
呵呵呵
赫拉憎恨珀利阿斯以前在她的神殿中殺人，所以前來試探將成為珀利阿斯敵人的伊阿宋。
這個人我欣賞。就來支援伊阿宋吧。
算了，不去想。
赫拉的行動模式經常從「憎恨」開始。
伊阿宋到了皇宮時，正好波塞冬神殿中在舉行儀式。
哦—
國王看到伊阿宋，
啊，好英俊的年輕人！
心動
東張
西望
嗯？
嗅～
閃閃動人
啊……
好亮眼啊～
！
抱歉我這副模樣來。剛才背一個奇怪的老婆婆，一隻涼鞋就陷入泥中不見了。
回到正題。我是埃宋的兒子。請把正統的王位繼承權還給我。
咚
你為什麼只穿一隻涼鞋？
順便來說王系圖
克瑞托斯
埃宋—伊阿宋
緹洛（Tyro）
波塞冬
珀利阿斯
愛俄爾卡斯的創始者
珀利阿斯的父親也是大人物！

王位啊——
你仗勢著年輕，閃著那亮晶晶的大眼跟我提這事，你不知道實際上當國王有多麼辛苦嗎？
吁
起身
你做得來嗎？
國王的地位可是有很多人覬覦的，你是國王的話你要怎麼對付威脅你地位的傢伙呢？
不是我，是我的父親……。
啪啪
要建預算、管理稅金等等，每天都必須下許多決斷。
而且還要防有人企圖篡位。
呃——
是我的話就會把這種人派去遙遠的國度做困難的任務。
對了，譬如說叫他去取傳說在科爾基斯的金羊毛，這樣一來他一定回不來的。
珀利阿斯聽完馬上說到，
噢，你回答得太好了。
那麼我就聽從你的意見吧。好，你去把金羊毛給我取回來！
伊阿宋聽了珀利阿斯強詞奪理的論調，雖然覺得「沒有見過這種狡辯，要怎麼反駁都可以」不想搭理他，但漸漸地心生冒險心，而且下定決心不賣弄詭辯、身體力行顯示王者的實力。
科爾基斯的金羊毛
波奧蒂亞王阿塔馬涅的兩個小孩菲利塞斯（男孩）及赫勒（女孩）快被繼母伊諾滅口之際，突然間出現黃金羊載著兩人飛走。赫勒途中從羊身上滑落墜海，只有菲利塞斯平安抵達科爾基斯，在科爾基斯國王埃尼忒斯保護下度過一生。
最後黃金羊被獻給神當牲禮，而金羊毛則被（　）埃尼忒斯視為至寶派龍守護，在那個時代是無人不知無人不曉的著名寶物。
黑海
科爾基斯（現在喬治亞的黑海東南岸）
愛俄爾卡斯
特洛伊（赫勒落海的地方後來被稱為赫勒斯滂海峽）

伊阿宋馬上招集願意一起去科爾基斯的成員。加上赫拉的支援，一下子就聚集了五十位英雄豪傑。
父親
路上小心啊。
阿爾戈斯
一行人搭乘的船，船首是用自古以來以宙斯神諭之地遠近馳名的多多納（Dodona）的橡木所建造的（雅典娜的贈禮）。而船名則是取自建造這艘船的著名工匠阿爾戈斯之名，名為阿爾戈號。
好，出發囉！
墨勒阿革洛斯
伊菲托斯
(p58)
北風包里亞斯（Boreas）的雙胞胎兒子卡萊斯（Calais）和澤特斯（Zetes）
丟斯雙子
海格力斯
海勒斯（Hylas）
奧吉亞斯
(p50)
忒拉蒙
我父親太過分了。我要替這邊助勢。
阿卡斯托斯（珀利阿斯的兒子）
俄耳甫斯
佩琉斯（Peleus）阿基里斯的父親
阿德美托斯(p52)
一行人先是來到利姆諾斯島。這是一個只有女人的島（理由請看P23）
歡迎光臨
心花怒放
在這裡被想要子嗣的女人們熱情款待，一行人沉醉於溫柔鄉中。由於生活太過舒服，竟然就這樣過了一年。
愛俄爾卡斯
利姆諾斯
看來她們身上的臭味是治好了。
海格力斯看到大家玩物喪志—
喂，我們究竟為了什麼出航的啊！
聽到海格力斯話，大家都清醒過來，挺起腰桿準備出發。此時伊阿宋對女王西普希比雷說—
這趟旅行結束後我們結婚吧。
當然伊阿宋並沒有遵守約定。
特拉克亞
基濟科斯
利姆諾斯
接下來來到基濟科斯王的島上
這裡的人們非常親切。招待阿爾戈號的一行人豐盛的食物，不僅如此，還提供他們許多儲糧。

但離開島後一行人遇到大風暴，黑暗之中飄流到某個島嶼。他們被島上的人襲擊而展開一場大戰，當然最後是阿爾戈軍勝利。
但一看屍體時，竟然是基濟科斯王！
原來是因為暴風害他們被吹回基濟科斯王的島。島上的人也萬萬沒想到他們會再折回來，以為是趁著黑夜襲來的海盜所以刀劍相向。
阿爾戈軍團為了這個失誤非常沮喪，但還是張帆出發。
陰沉
特拉克亞
博斯普魯斯海峽
（Bosporus）
菲紐斯王的國家
希俄斯
利姆諾斯
基濟科斯
接下來來到希俄斯。在這裡被海格力斯帶來的美少年海勒斯，被分派到汲水的工作，但正因為他的俊美，而被泉中的寧芙們拉到水裡去了。
海格力斯尋著海勒斯的呼聲展開搜索，於是漸漸地深入森林中。阿爾戈號的一行人一直等待兩人回來，但是北風包里亞斯的雙胞胎兒子卡萊斯和澤特斯等不及，說服大家要「趕快出發」，結果就開船走掉了。
沙
沙
一行人為了拋下海格力斯而備受良心苛責。
但是這麼一來食糧就不會減少得那麼快了啊
與此同時，海格力斯發現自己被拋棄了，心靈大受傷害，自食其力離開島嶼，回去完成尤里西斯派給他的任務。
不會吧……
沙沙沙
可惡～
啪唰啪唰
接著抵達位於色雷斯的菲紐斯（Phineus）王的國家。聽說菲紐斯王原本得到了預言的能力，但因為他把知道的事情都一清二楚地告訴別人，結果招來神怒，變成了瞽者。
預言不可以不隱諱啊！

甚至還送來名為哈耳庇埃（Harpies）的怪鳥。
哈耳庇埃把國王的食物全數搶盡。
嘻
住手
啪啪
啄啄
而且吃完之後還會留下腐臭的味道，所以連鳥吃剩的殘渣都沒辦法吃。
但是我知道這天會來臨的。
嗚咽
北風包里亞斯的雙胞胎兒子將解救我的困境！
於是包里亞斯的兩個兒子卡萊斯和澤特斯用食物吸引哈耳庇埃，待她們上鉤後揮劍伺候。
他們正要追趕哈耳庇埃時，彩虹女神伊希斯出現了。
不可以砍傷宙斯大人的使者。
她們已經不會再回到島上來了。
所以就放了哈耳庇埃一馬。
菲紐斯為了表達他的感謝，告訴一行人怎麼去到科爾基斯、還有途中遇到難通過的地方時該如何化解。
你們再稍微往前走★就會到達大岩石互相拍打的地方。
碰
碰
碰
碰
★他指的是博斯普魯斯海峽。
照平常的方式通過的話，船一定會被擠扁，所以要先放這隻鴿子飛過，當岩石互相拍打的同時，趕緊開船全速駛過。

照著菲紐斯的方法，船平安無事地通過。
天哪
碰
之後通過普羅米修斯被鷹啄食的地方。
嗚啊
呀
好可憐啊。
我們也無能為力啊。
阿爾戈號視而不見。
此時由於大岩石彼此碰撞得太過激烈所以傾倒了。
咻
咻
從此人們得以平安地航海通過。
終於到達了科爾基斯，和國王埃尼忒斯會面。國王懶洋洋地說，
好啊，你要就拿去啊。
不過要幫我做一件事。
但是國王說的工作，是要吐火的牛耕田、播下龍的牙齒，相當地麻煩。伊阿宋心不甘情不願地答應了。
而這裡不能忘記赫拉的幫助！赫拉拜託阿佛洛狄忒讓國王的女兒美狄亞愛上伊阿宋。
心動
美狄亞精通草藥，傳說是個女巫。美狄亞用沾到普羅米修斯流下的血的草製作草藥，拿給伊阿宋。
伊阿宋大人，明天請把這個藥塗在身體上再去工作吧。
塗上這個藥後就不會被火灼傷了。也請把藥塗在盾牌及盔甲上。
到了隔天—
沒什麼大不了的嘛！
哈哈哈
多虧美狄亞的藥，伊阿宋輕鬆地耕了田。

接下來伊阿宋把從埃尼忒斯交給他的龍牙播下後，從田中生出戰士們。
波
波
波
他們朝著伊阿宋走來，他再度照著美狄亞的指示，
朝戰士們之間丟石頭。
叩叩叩
結果戰士們開始互相猜忌，自己打起來了。
好痛！
是你打我的嗎！
打到最後剩下一個戰士，伊阿宋把他斬了，
於是全軍覆沒。
看到這個景況的科爾基斯王，怒氣沖天回到皇宮。
氣得倒頭睡
氣鼓鼓
美狄亞說──
我父王是很可怕的男人。
明天他一定會取你們的性命的。你們今晚一定要逃走才行。
接著帶領伊阿宋到金羊毛的地方。
一如傳說，有一隻龍在看守金羊毛。
美狄亞唸著咒語一邊燃起草藥接近龍，
龍立刻進入夢鄉，輕易地把羊毛弄到手。
我替你做了這些事，也沒辦法待在我的國家了，請把我帶去你的國家吧。
當然好啊。
噠噠噠
接下來一行人趁著黑夜趕緊出航。
平時黏著美狄亞的弟弟也跟著來。
隔天早晨，
金羊毛沒了，阿爾戈號消失無影，美狄亞不見人影，怒上心頭的科爾基斯王乘著自己的艦隊展開追擊！
你說什麼！
哼──

國王的怒氣驚人，一下子就追到阿爾戈號。
等等！
阿爾戈號上所有的人都心想這下死路一條的時候，美狄亞出現在船尾，突然間拿刀子朝向自己的弟弟。
接著把弟弟的手腳切斷投進海中。
啪
啪
啪
科爾基斯艦隊為了把遺體撿起而停下，趁著這個空檔阿爾戈號得以逃脫成功。
呆住
希臘鐵律
在希臘的世界中，好好埋葬遺體被視做神的法律。就算是戰爭中也要禮貌地互相交換遺體。
之後一行人遭遇到暴風雨，還有去洗淨美狄亞的罪孽等等，回程的路上也是多災多難。
這之中發生的事件中就讓我挑兩件介紹吧。
①通過以媚惑的歌聲迫使旅人自殺的海魔女塞倫所在地時，俄耳甫斯的歌聲及豎琴的琴音抵消海魔女的歌聲，救了大家一命。
叮叮咚咚
海魔女塞倫（Sirens）是靜默（silence）的辭源。十九世紀初法國人發明了發出像要把耳膜刺破聲音的機械，不知道為什麼他們竟然用這些歌后的名字替這個機械命名。
（《希臘．羅馬古典》，馬克隆〔Michael Macrone〕著，甲斐明子、大津哲子譯，創元社）
②阿爾戈號停泊於派阿克人的島時，從科爾基斯來的追兵要求國王交出金羊毛與美狄亞。
島的國王說，
如果美狄亞還沒結婚就還屬於父親，那我會把人交出來。
所以——
伊阿宋就和美狄亞正式地結婚。
接著一行人終於回到愛俄爾卡斯，但是阿爾戈號回來得太遲，
伊阿宋的父親已經被珀利阿斯逼死了。
看到悲慟不已的伊阿宋，
你起來啊
我這一切的努力究竟是為什麼…
美狄亞獨自前往皇宮。

美狄亞假扮成普通的旅人，說要教國王返老還童的祕訣，混進皇宮中。她在珀利阿斯使用老山羊實際操演。
首先把藥草放進鍋中。
來，您看到了吧。
跳出
請您一定要試試看。
把山羊頭砍斷。
丟進鍋中。
唸咒語。
珀利阿斯完全被這個魔術迷惑住，叫他的女兒們照著這個方法做。
哎呀，我忘記把一樣藥草加進去了。
クツクツ
結果珀利阿斯就被這個計謀殺死。但是美狄亞的手段讓愛俄爾卡斯太過害怕，伊阿宋及美狄亞反而被趕出愛俄爾卡斯。
愛俄爾卡斯的王位就由參與阿爾戈號冒險的珀利阿斯之子阿卡斯托斯所繼承。此時為了珀利阿斯舉行葬禮競技，北風包里亞斯的雙胞胎兒子也參加了競技，得到了優勝。
正當他們陶醉於勝利之時……
那件事實在太令我傷心了。聽說是你們提議要把我丟下不管的對不對？
咦？
天哪！是海格力斯！
卡萊斯和澤特斯就在這裡命喪黃泉。
另一方面，伊阿宋與美狄亞逃到科林斯落腳，生下兩個小孩，過著平穩安定的生活。美狄亞人又美又聰明、還深具藥草知識，從平民百姓到鄰近的國王都來向她請求指點，相當受人尊敬。
但是，美狄亞的幸福卻沒有持續下去。科林斯王的女兒葛拉烏克愛上伊阿宋，而她的父王也相當欣賞他，他們無視於美狄亞的存在撮合這段姻緣，最後訂下了婚約。
從這裡開始的故事發展參照歐里庇德斯的《美狄亞》。
等等，這是怎麼一回事！這個吃裡扒外的男人！

而且科林斯王還命令美狄亞離開科林斯。
悲傷、憤怒、絕望情緒下眼前一片黑暗的美狄亞，將所有的情緒向著伊阿宋一傾而出。
面對美狄亞的質問，伊阿宋的說法是——
又來了。妳老是說為了我拋下自己的國家、為我做了什麼，好像在施恩一樣。
妳還不是多虧我才有今天的生活。要不是我，妳怎麼有辦法從那個蠻荒的地方到這個美好的希臘來，而且還得到名聲呢。
我可沒有喜歡上那個女人喔。這次是我人生的大好機會，妳為什麼就不願意祝福我呢。
我想過好的生活啊。我再也受不了這麼沒出息下去了。人一窮朋友也會跑光耶。
啊——妳看妳，這也是妳的壞習慣。為什麼老是要負面思考呢？給妳一個建議，不要老是那種思考模式。這樣妳不可能會幸福喔。妳個性這麼激烈極端是會吃虧的。
我已經拿到足夠的錢讓妳過生活了。妳看我能做的也都做了。其他的男人根本不會理這麼多。
伊阿宋的台詞全部選自歐里庇德斯的《美狄亞》
說完這些自私到極點的話後，伊阿宋人就走了。就在美狄亞的心已經冷了半截時，他們的老朋友、雅典王埃勾斯前來拜訪。
哎呀，美狄亞，妳好嗎。
國王今天怎麼有空來。
話說回來，妳臉色怎麼不太好？
嗯，其實是因為……
唉——我很想要有小孩，這幾天去一趟德爾菲回來，但神諭說什麼酒袋的口什麼的，我搞不清楚。
所以現在正要去問我特羅曾的朋友。
妳說什麼！怎麼有這麼不忠誠的男人。這個傢伙軟弱無能，自己一個人什麼都做不成，根本還敢說這種話！
把這種男人忘了，來雅典吧。
再見
……
他那麼想要小孩……。

小孩…
美狄亞決定要對伊阿宋這個卑劣的男人展開復仇……。
首先她和伊阿宋再度見面。
先前我因為太過悲傷，所以說話比較超過，真是對不起。
沒有啦，妳的心情我也了解。
讓他放心。
為了表示我不再留戀心情、也為了表示祝賀，請把這個送給新娘吧。
美狄亞遞出一件美麗的新娘禮服。
在皇宮中葛拉烏克的手一通過禮服袖子，突然間整個人燒起來了。
天啊
燃燒
想要救女兒的國王也一起被燒死。
燃燒
伊阿宋跑去找美狄亞算帳。
可惡，這個美狄亞！
但是映入伊阿宋眼簾的卻是—
什麼！
美狄亞，住手！
妳知道自己在幹什麼嗎！
你說的對。我比誰都愛這兩個孩子。但是我想讓你痛苦的心情勝過對他們的愛。
你奪走了我的一切，但是你這個人一無所有。我要從你身上奪走什麼好呢。區區一個葛拉烏克死了，你也無動於衷吧。
妳忘了自己有多麼細心呵護這兩個孩子長大的嗎。

所以我要奪走唯一能從你身上奪走的東西。
刺——
住手！
濺血
看來沒有我出場的份啦。
美狄亞無視於啞口無言的伊阿宋，駕著龍車逃走。
怎麼突然跑出一輛龍車？很掃興耶。
這個事件後伊阿宋整個人形如空殼，在各國間漫無目的地遊走，
到哪裡都吹噓阿爾戈號的英勇事蹟，遭人唾棄。
接著有一天伊阿宋走到在愛俄爾卡斯老舊腐朽的阿爾戈號，就在回想起輝煌的昔日當下，船桅掉下來把他砸死。
碰

另一方面，美狄亞之後的人生也並不壞。雖然因為忒修斯的事情而無法待在雅典，不過最後還是回到科爾基斯平凡地度過一生。

而且還有人替美狄亞創造美好的結局，傳說她死後，在極樂淨土（Elysian＝英雄們的天國，菁英〔elite〕的辭源）與阿基里斯結婚，過著幸福快樂的生活。

不過關於美狄亞與伊阿宋的故事版本之多，甚至比阿里阿德涅還多。像是殺死弟弟那一段情節，也有其他常見的版本說她殺死的不是自己的小弟，而是追逐阿爾戈號的司令官、她已經成人的弟弟（這個版本大大地降低美狄亞的殘酷性）。

另外也有版本說美狄亞及伊阿宋把金羊毛交給珀利阿斯後，兩人一起治理愛俄爾卡斯，結局皆大歡喜。

關於弒子的事件也有各式各樣的傳說，不過（被認為是）歐里庇德斯原創的這個戲劇性傳說是最大的主流。在古代其他的主流說法還有，「為了讓自己的孩子長生不死，私授奧蹟之中，不小心發生意外令小孩死亡」。其他也有「科林斯人把小孩殺死，散播美狄亞殺子的謠言」等傳說。看來美狄亞這個存在，大大地憾動了一向瞧不起「外國人」、「女人」的希臘人人心。

和美狄亞相較之下，應該是主角的伊阿宋，卻是一個沒有任何稱得上英雄行動的平庸男子（好的地方只有最初的志氣），隨著時代變遷，漸漸變成無關痛癢的角色……。

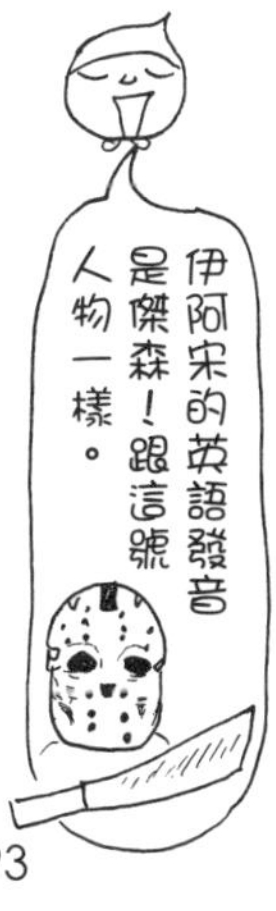
伊阿宋的英語發音是傑森！跟這號人物一樣。

底比斯皇家故事

關於底比斯建國的故事
這個故事就從公主歐羅巴被宙斯擄走後的泰爾皇宮開始。
非常疼愛歐羅巴的泰爾國王，叫他的四個兒子去尋找歐羅巴。
找到之前不准給我回來。
波伊尼克斯（Phoenix）
卡德摩斯（Cadmus）
西利克斯（Cilix）
塔索斯（Thassos）
呃——
四個兄弟分別開始搜索，其中的三人一下子就累了，很早就放棄尋找。但是又不能回國，於是在他們經過的地方建國。
塔索斯島
他們的名字留在他們建立的國名中。
西利西亞
波伊尼克斯在父親過世後回到故鄉。
泰爾
波伊尼基亞 腓尼基 拉丁名波埃尼
只有卡德摩斯一個人堅持不放棄，但怎麼找就是找不到，於是去請託神諭。
德爾菲
嗯嗯
他率眾走了一陣子後，果然如神諭所說的遇到一頭牛。
懶洋洋～
哞——
啊！
嗅
哞——
你會遇到諾拉的牛，你要跟著那隻牛走，在牛停下來休息的地方建國。
就是這麼回事。
咦？那歐羅巴人呢？
他隨著牛的步伐，
哞哞
哞
一行人安心停下來休息。
我們去取水來。
但因為去找水的家臣遲遲不回來，
所以去尋找他們。
真是的，他們搞什麼啊！

沒想到遇見了龍！
吼
天哪
卡德摩斯率眾撲殺龍。
沒想到還蠻弱的嘛！
但是等他一回神，家臣全部都死了。
我該怎麼辦才好！
這時雅典娜現身，
把龍的牙齒拔起來種在大地上。
卡德摩斯照著雅典娜的指示，
從地面生出了士兵！
蹦
你把石頭往他們之間丟過去。
是——
之後士兵開始互鬥，與前面阿爾戈號遇到的情形一樣。
科爾基斯的龍牙原本也是來自這隻龍的牙。
就在士兵互相砍殺、剩下最後五個人的時候，
喂！你們快住手！
這五個士兵就成為卡德摩斯的手下。
他們叫作史巴托（〔Spartoi〕被種植之人）。
這一族成為底比斯貴族的祖先。據說身上有矛形的痣。
不過這裡有個大發雷霆的男人。
可惡，竟敢殺死我的兒子！我要詛咒你！
這隻龍是阿瑞斯的兒子。
所以卡德摩斯不得不服侍阿瑞斯八年。
他當僕人的期間，史巴托們展開建國的工作。
阿瑞斯很滿意卡德摩斯的工作，就讓他迎娶阿佛洛狄忒的女兒哈莫尼亞。
這是人類第一次娶到十二神的孩子！

雖然得到了眾神的祝福，卡德摩斯及哈莫尼亞的子孫卻都遭到不幸。
伊諾是阿爾戈號的故事中提到黃金羊那一段時、企圖殺死小孩的繼母；但另一方面她又是袒護戴奧尼索斯的親切阿姨。可以說是呈現出人各種面相的一人。
卡德摩斯
哈莫尼亞
塞墨勒（燒死）
伊諾（發瘋、弒子、殺外甥、殺繼子未遂）
阿高厄（〔Agaue〕發瘋、弒子）
奧托諾（Autonoe）
波呂多羅斯（Polydoros）只有這個人平安無事
戴奧尼索斯（發瘋、流浪、迫害）
墨利克爾忒斯（Melicertes）
墨利克爾忒斯（被母親伊諾殺害）
勒阿爾科斯（被父親殺害）
彭修斯（〔Pentheus〕被母親及阿姨們大卸八塊）
阿克泰翁（〔Actaeon〕被愛犬咬死）
拉布達科斯（〔Labdacus〕被戴奧尼索斯的信徒大卸八塊）
拉伊奧斯（Laius）
子孫的不幸讓卡德摩斯和哈莫尼亞覺得世間無常而出門旅行，最後他們變成蛇，被宙斯送到極樂淨土之野。
咦？這個結尾很突然耶。為什麼會變成這樣？
卡德摩斯在希臘神話中是個難得沒有殺人、行為中規中矩的人物，然而卻是這種下場，實在可憐。
伊底帕斯王（Oedipus）
接下來是世界上屬一屬二的可憐國王伊底帕斯的故事。
卡德摩斯皇家靠著唯一存活的波呂多羅斯（參考上圖），勉強維持下來，但是到了他的孫子拉伊奧斯的時候，卻被史巴托的後裔們握住政權只好奔走他鄉。到他們死後，拉伊奧斯才得以回到國內奪回王位。
拉伊奧斯聽信了神諭說「你將被你的兒子殺死」，
把他丟到荒郊野外餵野獸去！
而且刺穿這個嬰孩的腳踝讓他不能動。
奉命行事的牧羊人要把小孩抱去基塞龍山裡丟掉的時候，
等等！
你把小孩給我，我有地方可以給。
和牧羊人一起住在國境的科林斯的養牛人既然這樣開口，就把小孩轉交出去。
哈，幫助別人心情真好啊。

養牛人把小孩交給一直沒有子嗣的科林斯王。
怎麼有人這麼殘酷！
國王皇后欣然地迎接這個孩子。而這個孩子被取名為伊底帕斯（腫脹的腳），健健康康地長大成人。
長得俊美、擅長各種運動項目的伊底帕斯是大家讚賞羨慕的目標。
眾星捧月
眾星捧月
看來他被刺穿的腳踝已經痊癒了。
但是他的一個同學卻說，
不過你好可憐，不是國王真正的小孩。
咦？
哎呀，沒什麼！我什麼都不知道喔。
唉喲喲
充滿優越感
他去問母親——
你說這什麼話！怎麼可能會有這種事呢。
伊底帕斯非常地煩惱，
我長得也不像他們了。
一旦開始起疑就胡思亂想、容易煩惱的典型。
他去到德爾菲。
我是父王跟母后的孩子嗎？
得到的答案是——
你將殺死你的父親、跟你的母親有染。
令人不寒而慄的結果。
伊底帕斯受到很大的打擊，也忘記最初的煩惱。
咚
我已經不能回科林斯了。
他懷抱著沉重的心情離開德爾菲。
另一方面，伊底帕斯真正的故鄉底比斯，此時正出現斯芬克斯（Sphinx），帶給人們莫大的恐懼。
因為如果過路的人回答不出謎語的答案，就會被吃掉。
咚隆
又來了！突然之間冒出怪物＆謎語。給其實沉重的劇情增加脫線的感覺。
拉伊奧斯也不理會國內最厲害的預言者提瑞西阿斯的勸阻，逕自去德爾菲請託神諭。
我要去德爾菲
不管誰說什麼，
就是要去德爾菲。

結果拉伊奧斯發了瘋似地駕著馬車往德爾菲狂奔時，
嘿呀
有氣無力
伊底帕斯迎面而來……。
臭小子，讓開！
這個老頭怎麼這麼不客氣。
吵死了，你才給我讓開呢！
囂張的小子！
啪
怨恨
怨恨
唰
伊底帕斯就把拉伊奧斯殺了。氣頭上又把跟隨拉伊奧斯的手下全部殺光。
吁—吁—
只有一個人僥倖逃走。
噠
之後伊底帕斯徘徊流浪後，
往多利斯(Daulis)
往德爾菲
殺害拉伊奧斯的地點
長途跋涉
到達底比斯。
底比斯
底比斯中人們都在講斯芬克斯的事情。
嗯？
皇宮方面對這件事似乎也相當困擾，貼出布告說「打倒斯芬克斯的人可以得到王位、迎娶王妃」。
伊底帕斯聽了後心想，這可是神給捨棄科林斯王位的自己的大好機會啊！馬上前往斯芬克斯所在的山丘。
接著
早上四隻腳、中午兩隻腳、晚上三隻腳走路的動物是什麼啊？
斯芬克斯問伊底帕斯這個在現代實在是太過有名的謎語！
答案是人類！
呃
於是斯芬克斯跳進谷裡自殺。
討厭，真不甘心—
這個故事的所有主要人物都是欠缺思考&電光石火的行動力。

王妃約卡斯塔的哥哥克雷翁
這位旅人，實在是太謝謝你了。我想或許治理國家不容易，但是我會從旁輔助你，請你接掌這個國家吧。
於是這個國家在希臘神話中很難得地遵守約定，真的把王位交給這個來路不明的男人。
她已經是歐巴桑了，還是請你多多關照。
哎呀，沒有沒有…。
接著伊底帕斯就跟母親結婚了。
耶—耶—耶—
當上國王的伊底帕斯，以他聰明的才智將國家治理得很好。民眾也說「從來沒有遇過這麼好的國王」，打從心底讚揚伊底帕斯。他和約卡斯塔之間也生了孩子，過著和平安穩的日子……。
但是
有一天卻突然開始流行瘟疫。
國內就如同人間地獄，看到民眾痛苦掙扎、大量死亡的景象，伊底帕斯認為事不容緩，趕緊派克雷翁去德爾菲。
索福克勒斯的最高傑作《伊底帕斯王》從這裡開始。
接下來神諭的內容是—
是。「殺害前王的犯人在底比斯。如果處罰了這個人，災禍馬上就能平息。」
什麼！為什麼之前都放著不理呢。
好，解開斯芬克斯謎語的我，這次就來尋找犯人吧。
伊底帕斯從克雷翁那裡聽來當時的詳細情形，於是召集民眾，高聲宣布要搜尋殺死拉伊奧斯的犯人。
大家請聽好。這次的災禍是起因於沒有逮捕殺死前王的凶手！
我會用盡各種手段，必定讓真相大白。
如果犯人自己出來自首的話，我就將他流放不再追究。但是如果他不出來自首，抱著僥倖心態厚臉皮地照常生活的話，我會向神祈求讓他遭到意想不到的不幸、過著絕望到谷底的悽慘人生。

他找來預言者提瑞西阿斯。
為什麼我找你這麼多次你都不肯來。我需要你的力量。請你一定要協助我！
不要。請讓我回去。
但是不管伊底帕斯怎麼好聲好氣，提瑞西阿斯就是嚴峻地拒絕伊底帕斯的請求。
你聽好了，你不要以為真相可以帶來幸福。快停止搜尋犯人吧。
你說什麼！從剛才開始就像個小姑娘一樣吊人胃口，是不是你就是犯人啊。
動怒
好啊，那我告訴你，你找到眼睛脫窗的犯人其實就是你自己。
什麼？你說這什麼話，這個瞎子！
你才是瞎子咧。
接下來伊底帕斯以為全部都是克雷翁的陰謀。
你是犯人吧。是不是你叫提瑞西阿斯演出那個三流劇碼的！
啥？你怎麼會這麼想？說我想要王位？我對那種東西可沒興趣。
我可是很滿足現在這個輕鬆職位喔。
在他們爭論之中，王妃約卡斯塔走來——
唰——
為什麼神諭還有預言者都淨說些無聊的話呢。都是因為前王把神諭信以為真，說什麼會被自己的兒子殺死才會變成這樣……。結果呢，他卻是在前往德爾菲的途中的三叉路上被盜匪襲擊，才丟了性命的。
咦，妳說三叉路！
是啊。等一下目擊者就會過來，你可以問他詳情啊。
這個男人自從你當國王以後，突然身體狀況不好離開王室的工作，人在偏遠的地方養生，所以要來會多花一點時間……。

就在伊底帕斯的心中開始烏雲密布的這時，科林斯派來的使者正好抵達。
我奉命前來傳達科林斯王過世的消息……。
雖然這件事情非常突然，但我必須請您回去科林斯繼承王位。
不行。母親人還健在。
咦？這是為什麼呢？
過去神諭說我「將弒父與母親有染」。父親的事情沒有說中，但母親的事情還說不準啊。
噢…伊底帕斯大人，我不知道您一直在煩惱這件事……
您並不是他們的親生骨肉。
如果我早點跟您說明就好了。
咦！
是的。就是我從基塞龍山上把您抱回科林斯的，所以我說的話決定不會錯。
把刺在您腳踝上的針拔掉的也是我呢。
嘿嘿
等等，為什麼我的腳踝會被插針？
呃，這我就不知道了。這要問把您交給我、在拉伊奧斯王手下工作的牧羊人才知道吧。
什麼，你說拉伊奧斯？是這裡的拉伊奧斯王嗎？
是的，我曾經跟那個牧羊人一起生活一段時間。
臉紅
伊底帕斯大人，是不是可以不要再追究了。
嗟嗟嗟嗟
國王，目擊者人已經到了。

噢，國王，正好。就是這個男人把您交給我的。
啊！
你好嗎？
於是所有的真相都大白了……。
約卡斯塔上吊身亡，伊底帕斯用針刺瞎了自己的雙眼，
伊底帕斯自己宣判自己流放他鄉。
原來我真的是瞎子啊
稍微偏離主題——
預言者提瑞西阿斯的故事
在伊底帕斯的故事中稍微露臉的提瑞西阿斯，其實也是個命運乖舛的人。
他在海格力斯的故事中也有穿插一角喔。
提瑞西阿斯原本是平凡的牧羊人。
有一天他在基塞龍山上，一如往常地趕著羊群。
發現了一對交尾的蛇。
扭扭
他立即反射性地把母蛇打死。
好噁心！
啪
呀
結果突然變成女人。
啊
變
之後他以女人的姿態生活，可是九年後他又遇到正在交尾的蛇，同樣地因為打從心裡覺得噁心，所以就—
天哪—
這次提瑞西阿斯打死的是公蛇，所以他又恢復男兒身了。
然而此時在奧林匹斯山上，宙斯和赫拉又開始爭論不休了。說到他們爭議什麼，其實是「男性和女性在性高潮的時候，哪邊得到比較大的快樂呢」的這個無聊話題。
一定是男人嘛。你們在什麼時候都是占盡便宜！
呱啦
呱啦

所以他們就去問有當過男人也有當過女人的提瑞西阿斯。結果——
女人比男人爽九倍。
提瑞西阿斯不加思索地回答。
赫拉聽了之後勃然大怒，
你怎麼可以亂說話！
就把提瑞西阿斯變成瞎子。
宙斯心裡覺得很抱歉，於是給提瑞西阿斯預言的力量及七個世代的長壽。但是——
預言的力量有什麼用！只不過是蠱惑人心罷了。我也不需要長生！還得比別人多看七倍人世間的醜惡。
哪裡好了
聽說提瑞西阿斯一生都這樣發牢騷。
伊底帕斯的下場——
伊底帕斯在柯隆納斯
眾所周知的伊底帕斯王的故事其實還有後續。以一個故事的架構來說，到前面提到的地方為止應該是最有戲劇張力的，不過還是稍微提一下後續的故事……。
伊底帕斯判自己流放，但是因為克雷翁說——
請您先回到皇宮冷靜一下吧。
在過了幾天後，伊底帕斯變得害怕在瞎眼的狀態下去到其他陌生的地方。
原本就不是我的錯啊。
我殺人是出於正當防衛，現在眼也瞎了，也被罰夠了。不，還是被罰得過重了呢。
母親的事情我之前也不知情，哪有辦法預防呢。
結果伊底帕斯就在皇宮中拖過好幾年。
他的兒子們以他被詛咒的命運為恥，瞧不起他們的父親，
接著到了某一天，
這是什麼肉！
呸
咚
因為兒子們不像以往給他味美的肩胛肉而是腰部的肉，所以他就氣瘋了。
你們竟敢這樣對待你們的父親！你們最好互相殘殺。
我們在這裡，笨蛋！
噗哧

克雷翁也嫌伊底帕斯礙眼，
你這人還真是輸不起。
自己說出的話要自己承擔啊。
就把伊底帕斯趕走了。
伊底帕斯在女兒安提戈涅（Antigone）的陪伴下尋找可以安定的住所。
接著來到雅典郊外名為柯隆納斯的地方。
這裡正是我度過最後晚年的地方啊。
雅典王忒修斯深深地同情伊底帕斯，承諾保護他的安全。
我也是吃過苦頭……
但不像您那般辛苦。
另一方面在底比斯，伊底帕斯的兩個兒子決定每年輪流交替王位。第一年由哥哥波呂涅克斯（Polyneices）、第二年由弟弟埃忒奧克洛斯（Eteoclus）當國王，原本以為會順利下去，但到了第三年時—
當國王很舒服耶，我不讓給你了。
由於埃忒奧克洛斯完全掌握住軍事大權，波呂涅克斯來不及抗議就被流放了。
天呀
氣憤的波呂涅克斯前往阿古斯，成為那裡國王的女婿，著手進行奪取底比斯的計畫。
阿古斯軍隊的動靜傳到了底比斯，埃忒奧克洛斯焦急地請託神諭。結果得到的神諭是—
伊底帕斯之體可以為當地帶來祝福。
這個消息也傳到人在阿爾戈斯的波呂涅克斯的耳朵裡，突然間伊底帕斯變成搶手貨。
請回到底比斯來吧。
父親啊，請到我的地方來吧。

你們在我痛苦的時候耍那種陰險的伎倆，還敢來求我！
我要留在這裡。
這塊土地才是值得得到祝福的國家。
伊底帕斯當然拒絕，把兒子們趕回國。
接著當雷霆大作時，伊底帕斯曉得自己的死期已經到來，和忒修斯一起進入柯隆納斯的森林中。
伊底帕斯對人們說——
請你們回去不要回頭看。
過了一段時間後人們忍不住回頭，只看到忒修斯一個人的身影……。
伊底帕斯的最後就只有忒修斯知道。

所以到這裡伊底帕斯王的故事就結束了。

關於伊底帕斯也有各式各樣的傳說，古老的傳說中說，伊底帕斯的四個小孩不是約卡斯塔所生，而是再娶的妻子生下的。荷馬的書中也有幾行提到伊底帕斯的最後死於戰爭，看不出有挖掉眼睛的樣子。看來隨著時代變遷，伊底帕斯的人生被描繪得越來越悲慘。

本書提到的後續故事，據說是索福克勒斯以自己出身地、柯隆納斯流傳的傳說為藍本而寫成的。（而且還是在他八十歲高齡以後！因為腰肉而發飆的部分取自其他的傳記）。

不過伊底帕斯啊，你怎麼變得那樣凡夫俗子呢。

原本就是率直，隨著年紀增長又多加了彆扭與任性……。

最初的《伊底帕斯王》中被神諭的陷阱擺布的伊底帕斯實在太令人動容，像是他衝動殺人、以為自己只是殺死一個普通老頭子而沒有絲毫罪惡感的時候，讓人不禁感到一股深深的悲哀。但是這個故事的後續《伊底帕斯在柯隆納斯》中，完全暴露出伊底帕斯醜惡老頭的一面（完全發揮拉伊奧斯DNA的力量！），感覺把名作《伊底帕斯王》也給毀了。這完全是我個人的看法。實際上也有人稱讚《伊底帕斯在柯隆納斯》是凌駕《伊底帕斯王》的最高傑作。

底比斯的故事還要再提一下。

人上了年紀還真可怕。

之後的底比斯——
攻陷底比斯的七將
伊底帕斯死後，善良的安提戈涅這回擔心她的哥哥們而回到底比斯。
我一定要阻止他們戰爭！
噠噠噠
正好這個時候哥哥波呂涅克斯、和代表阿爾戈斯的七位名將率領遠征軍，往底比斯挺進。
底比斯
科林斯
阿古斯
尼米亞
耶
耶
耶
耶
來講一件這七將在途中發生的事。
他們口渴而繞到尼米亞，
正好遇到一個在帶小孩的女人，於是向她詢問泉水的所在。
而這個看起來平凡不過的女子，其實是本書中登場多次的利姆諾斯島女王西普希比雷。
她的一生充滿起伏波折，實在都可以當故事的主角。
衝浪
西普希比雷幫助父親逃跑的事在一段時間後被發現，差一點被島上的女人們凌遲而逃出利姆諾斯島。之後被海盜抓住賣給尼米亞王，結果變成幫國王帶小孩。
西普希比雷把王子奧菲爾忒斯
放在芹菜上，帶著七將去找泉水。
你等我一下下喔。
然而才不過數分鐘的時間，
嘶—嘶
嬰兒卻被毒蛇咬死。
西普希比雷怪自己運氣太壞害死小嬰孩，
七將們也覺得非常地過意不去……。
七將們把蛇殺死憑弔小嬰孩，為了慰靈而舉辦競技大會。
而國王也看在七將的面子上原諒西普希比雷。
呼～

這段故事也是選自索福克勒斯的《安提戈涅》

被詛咒的家族
坦塔羅斯(Tantalus)家族的故事

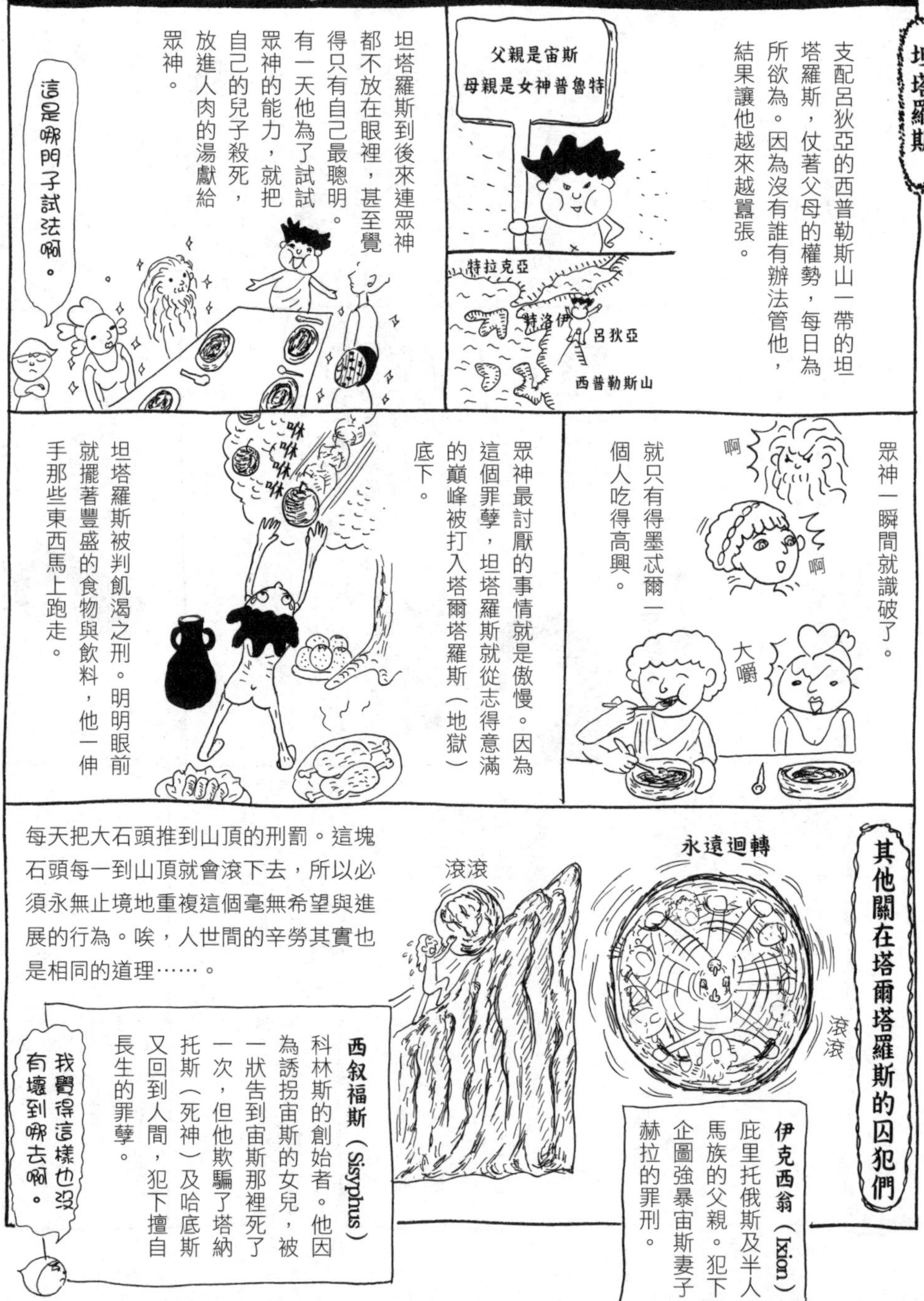
坦塔羅斯
支配呂狄亞的西普勒斯山一帶的坦塔羅斯，仗著父母的權勢，每日為所欲為。因為沒有誰有辦法管他，結果讓他越來越囂張。
父親是宙斯
母親是女神普魯特
特拉克亞
特洛伊
呂狄亞
西普勒斯山
坦塔羅斯到後來連眾神都不放在眼裡，甚至覺得只有自己最聰明。有一天他為了試試眾神的能力，就把自己的兒子殺死，放進人肉的湯獻給眾神。
這是哪門子試法啊。
眾神一瞬間就識破了。
啊
啊
就只有得墨忒爾一個人吃得高興。
大嚼
眾神最討厭的事情就是傲慢。因為這個罪孽，坦塔羅斯就從志得意滿的巔峰被打入塔爾塔羅斯（地獄）底下。
咻咻咻咻
坦塔羅斯被判飢渴之刑。明明眼前就擺著豐盛的食物與飲料，他一伸手那些東西馬上跑走。
其他關在塔爾塔羅斯的囚犯們
永遠迴轉
滾滾
伊克西翁（Ixion）
庇里托俄斯及半人馬族的父親。犯下企圖強暴宙斯妻子赫拉的罪刑。
滾滾
西敘福斯（Sisyphus）
科林斯的創始者。他因為誘拐宙斯的女兒，被一狀告到宙斯那裡死了一次，但他欺騙了塔納托斯（死神）及哈底斯又回到人間，犯下擅自長生的罪孽。
每天把大石頭推到山頂的刑罰。這塊石頭每一到山頂就會滾下去，所以必須永無止境地重複這個毫無希望與進展的行為。唉，人世間的辛勞其實也是相同的道理……。
我覺得這樣也沒有壞到哪去啊。

佩洛普斯
接下來眾神把被切成肉片的少年還原。
因為得墨忒爾吃掉的部分是肩膀，所以少年的肩膀就用象牙補起來。
對不起喔
據說因為這樣，從此他的子孫就都是白皙的肩膀。
這個少年的名字叫做佩洛普斯。他因為這個事件得到眾神的同情，在眾神守護下漸漸成長。特別是波塞冬對這個美少年一頭熱。
波塞冬非常疼愛佩洛普斯，並且給他上等的馬及戰車。
哇～
而此時比薩正在進行戰車競賽的消息，成為人們之間的熱門話題。
特拉克亞
呂狄亞
科林斯
比薩
這個競賽是由比薩王歐諾瑪斯（Oenomaus）所主辦，冠軍可以得到國王以美麗著稱的女兒。競賽的方式乍看之下對挑戰者有利。規則是挑戰者首先要載著公主從比薩出發。這段時間中，國王在宙斯神殿好整以暇祭祀貢品後才隨後追趕。如果可以逃過國王的追趕、抵達位於科林斯峽谷的波塞冬神殿的話，就算挑戰者勝利。
席波達米雅公主（Hippodamia）
比薩
這段距離很長喔。開車也要三小時呢。
但是如果被國王追上的話，挑戰者將當場斃命。
歐諾瑪斯的父親是阿瑞斯。
佩洛普斯也被這個傳言吸引而來到比薩。在那裡見到了席波達米雅，
好，我一定要挑戰！
喔喔喔喔
報名參加比賽。
他靠著從父親那裡得來的馬及武器，已經連勝十二場殺死了這些人。
看，這些是我的收藏品。
正是由於他是阿瑞斯的兒子，相當嗜血！
席波達米雅也對佩洛普斯一見鍾情。
嗅—
好帥的人。

所以席波達米雅就去拜託國王的御用車夫莫特勒斯（Myrtilus）在國王的戰車上動手腳，她暗示如果國王輸了，她將把一半的國土及自己的身體獻給莫特勒斯，讓他點頭答應。
事成後再拒絕他不就得了。
接下來開始競賽！由於莫特勒斯在歐諾瑪斯王的戰車上動了手腳，戰車跑到一半時四分五裂！
塵土飛揚
救命啊—
歐諾瑪斯王就這樣喪命。
他斷氣前詛咒了莫特勒斯。
是莫特勒斯害我的吧。
呃
天哪，父王怎麼會過世呢！
佩洛普斯向悲傷嘆息的席波達米雅求婚，並且在歐諾瑪斯王的葬禮上舉辦競技大會。
哇
哇
耶
耶
喔
哇
妳父親喜歡競技，應該會得到安慰吧。
據說這就是奧運的起源。
接著過了不久，有一天他們駕著馬車出門時，
哈哈
莫特勒斯趁著佩洛普斯取汲水的空檔想要侵犯席波達米雅。
妳不是答應過我了嗎。
喂！
你在幹嘛。
呀—
莫特勒斯把一切事情全盤托出。
接著三人又坐上了馬車……。
突然間佩洛普斯把莫特勒斯推下懸崖。
咚
呀—
莫特勒斯在墜海將死之際立下詛咒。
給佩洛普斯的子子孫孫降下災禍吧！
莫特勒斯看起來是個小卒仔，但其實他是赫耳墨斯的兒子，詛咒的力量自然也是神準。
佩洛普斯的人生又再度落下了陰影。他犯下了殺人之罪，而且又知道自己是作弊得勝後，非常失落。
原本靠著波塞冬大人給我的戰車我也是勝券在握的。
對不起～

佩洛普斯之後將他悲傷的心情全部轉移到工作上，以比薩為據點，一連征服了鄰國，統治了整個半島。
所以這個半島之後就叫做伯羅奔尼撒（〔Peloponnesos〕佩洛普斯之島）。
他和席波達米雅之間生下六個小孩，但另一方面又養了情婦。
恩恩愛愛
可惡…
但是這個情婦卻早死。於是佩洛普斯把他跟情婦之間的小孩克里西波斯接來宮中生活……。
哼，他還真得寵啊。
而此時正好底比斯國王拉伊奧斯逃出國內亡命比薩。
年輕時的拉伊奧斯
拉伊奧斯雖然親切地教克里西波斯駕戰車的方法等等，但他實在無法按耐對這個美少年的慾望，有一天便侵犯了克里西波斯。接下來過了一段時間後，某一天早晨，克里西波斯被發現氣絕身亡。
有人說克里西波斯是因為受不了拉伊奧斯的性侵害所以自殺，也有人說是被席波達米雅、或是她的兒子們殺死的，總之眾說紛紜。
不妙啊
之後拉伊奧斯從比薩溜走回到底比斯，席波達米雅和她的孩子們被追究克里西波斯的死亡的責任，被趕出比薩皇宮。
給我滾
唉，原本這是我的家耶。
阿特柔斯及塞厄斯提斯
接下來故事要轉到佩洛普斯和席波達米雅之間生的兒子阿特柔斯及塞厄斯提斯身上。
塞厄斯提斯（Thyestes）
阿特柔斯（Atreus）
他們離開比薩之後，這對兄弟被請到邁錫尼。在邁錫尼，命令海格力斯完成十二項冒險的尤里修斯被殺死，
海格力斯的兒子許羅斯替父親報仇。
由於尤里修斯沒有後代，國王的寶座沒有人繼承，人們請到的神諭是說：「讓佩洛普斯之子當王」，所以兩人才被請到邁錫尼。

兄弟兩人展開了一段王位之爭，最後是阿特柔斯當上國王。
耶—
耶—
耶—
耶—
不過塞厄斯提斯和阿特柔斯的妻子之間有姦情，而這事後來被阿特柔斯知道了。
可惡！我要讓你知道小看我會是什麼下場！
氣得牙癢癢
阿特柔斯假意對塞厄斯提斯說「我們和好吧」，招待塞厄斯提斯一家人大開宴席。
接下來對著吃完飯的塞厄斯提斯說—
我今天是用這種肉來料理呢。
鏘鏘
又來了！
那是塞厄斯提斯的三個兒子。
塞厄斯提斯詛咒阿特柔斯後逃走。
作風殘忍的這個男人當然也報復了自己的妻子。
啊—
塞厄斯提斯想要報復哥哥而請託神諭，得到的結果是：「跟自己的女兒交媾，讓她生下兒子」，他就照著神諭實行……。
怎麼這麼亂七八糟，根本無法收拾嘛。
於是生下名為埃吉斯托斯（Aegisthus）的小孩。
嗚哇—
埃吉斯托斯長大成人後殺死阿特柔斯，塞厄斯提斯成為邁錫尼的國王。
但是這回又換成阿特柔斯的兒子阿伽門農（Agamemnon）來奪取王位。
天啊—
塞厄斯提斯父子
唉—夠了吧，這瘋狂的家族。
話說回來，這種格局狹小、糾纏不清的家庭悲劇也叫作神話嗎？阿伽門農也是一個可怕的男人，但是跟他的上代比較起來還算是小兒科。先到這裡告一段落吧！
待續

特洛伊戰爭

特洛伊

以仁君著稱、子嗣眾多的國王普里阿摩斯（Priamos）所統治的特洛伊城中，現在正要誕生一個新的生命。

摁摁

在生產前，王妃赫卡貝夢見自己生下燃燒的柴薪，

熊熊

而這個火焰把城鎮燒得一乾二淨。

她請人為她解夢——

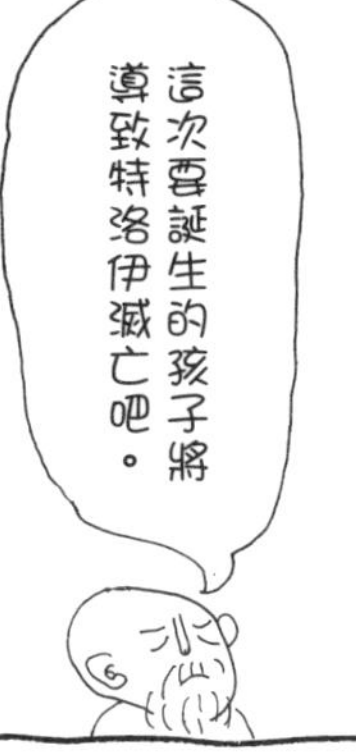
這次要誕生的孩子將導致特洛伊滅亡吧。

所以孩子生下後，他們只好忍痛命令出入皇宮的牧羊人把嬰兒帶去丟棄。

但是這個牧羊人沒有把嬰兒丟掉，而是留在自己身邊扶養，

這也是神話故事固定的發展哪。

這個名叫帕裡斯（Paris）的孩子長大後幫忙牧羊的工作……。

帕裡斯也擅長打鬥，有次他把山上的強盜全部趕走，而得到亞歷山大（〔Alexander〕守護者）的名號。

邁錫尼

取代塞厄斯提斯父子治理邁錫尼的阿伽門農沒有重蹈上代的覆轍，和弟弟感情融洽。而他也沒有因為塞厄斯提斯＆埃吉斯托斯殺死自己的父親就殘酷地報復，只有將他們父子倆流放處分，不知道是不是坦塔羅斯一族的隔代遺傳，還算是正經的人物。而且阿伽門農天生具有優越的領導能力，所以其他國家也是對他心悅臣服，於是邁錫尼變成希臘中最強的國家。

真是美好的兄弟情誼，雖然完全比不上丟斯雙子。

然而他的弟弟墨涅拉俄斯（Menelaus）卻愛上斯巴達的美女海倫而向她求婚。

但此時海倫的美麗震驚全天下，想要爭奪海倫的對手可說是無以數計。
嗯—
海倫的養父廷達柔斯知道不管選誰都會惹來麻煩，所以一直在拖延海倫的婚事。
不過伊薩卡島的國王奧德修斯（Odysseus）出來調停—
不管誰被選中，為了避免爭端，我們來立誓吧。
①不管誰被選中都不發脾氣。
②如果有人威脅到他們兩人的結婚生活，大家要團結起來將那人打倒。
大家都表贊同。
好耶—
耶
接下來海倫選擇墨涅拉俄斯，他成為斯巴達的女婿。
而這個人則娶了海倫的姐姐克呂泰涅斯特拉。
嗚
佩琉斯的結婚典禮
另一方面在這裡，有一個讓宙斯及波塞冬神魂顛倒、美麗又溫柔的海之女神忒提斯結婚的幸福男人。
他的名字叫做佩琉斯。
他能和忒提斯結婚的經過是這樣的……。
祖護人類的神普羅米修斯和宙斯和好後的對話—
對了，你以前說會讓我毀滅的祕密是什麼啊？
噢，你說那件事情啊。就是不要和海之女神忒提斯來往啊。
因為她生下的小孩一定會凌駕父親之上。
抓癢
這個情報令一直想要得到忒提斯的宙斯傷心得要死。他一想到忒提斯要成為別人的，就非常坐立不安，所以決定一定要將忒提斯許配給他認可的男人！
太窮酸相的男人也不可以，話說回來，長得太好看的男人又教人生氣。
嗯—

所以宙斯找來他的傳令使者赫耳墨斯。
父親大人
咻
有這麼一個剛剛好的人物呢。
真的嗎
怎麼有這種笨蛋傢伙！這種不懂得控制局勢的傢伙真的是我的孫子嗎？
是的，不論男子氣概還是英雄事蹟，全都正好不上不下。
DATA
佩琉斯
◎血統
宙斯之子的埃伊納島國王埃阿科斯（Aeacus）的兒子。
兄弟是忒拉蒙（一個英勇的勇者）
◎主要的戰績
參加阿爾戈號的冒險。
參與海格力斯攻特洛伊城。
佩琉斯在人生最緊鑼密鼓的思春期時，兄弟三人玩擲鐵餅之際，手勢一個不慎，打死他的小弟，讓他父親懷疑他有殺人企圖而被懲罰。
啊
呀
之後他逃到普提亞，得到當地國王的賞識，娶了公主為妻。但是在他獵野豬的時候，原本要射野豬的矛又飛向國王，結果國王一命嗚呼，佩琉斯又被趕走。
啊
刺
之後佩琉斯去到愛俄爾卡斯（P90），但國王阿卡斯托斯的妻子跑來勾引他，他一拒絕，那個女人把他妻子逼得去自殺，他自己也被國王棄置山中。
這好。他也沒有好到讓人著迷，又小小地受到女人歡迎，也不會太沒面子。
不愧是赫耳墨斯。就決定這個男人吧！
遵命
接著是宙斯及眾神全部出場的盛大結婚典禮。
不過其實宙斯還有另外一個目的。因為人類的人口增加太多，他想要掀起大戰爭對人類實行裁員政策。
所以宙斯故意不宴請紛爭的女神伊莉絲（Eris）。
可惡！就只有我沒被邀請！
哈哈
哈哈
哈哈
伊莉絲很生氣，就故意丟了一顆蘋果進會場。
呵呵呵
砰
耶耶耶
哈哈
給最美麗的人
上面貼著這個紙條。

三個女神赫拉、雅典娜、阿佛洛狄忒都說這顆蘋果是要給自己的。
啪
啪
啪
三人對宙斯說，
請選出可以得到這顆蘋果的人！
逼宙斯下決定。
哎呀，不行不行，我一定會選赫拉的嘛。你們去找一個公正的人來選不是比較好？
哎呀♡
妳們看，那裡有個美得不輸神明的牧童。就讓那個年輕人來決定吧。
咻
所以三人就站到帕裡斯面前。
請從我們之中選出最美麗的人。
抱歉突然麻煩你，不過這是宙斯大人的命令，就拜託你啦。
為什麼！為什麼突然要問我。
帕裡斯以不管選了誰都不可以生氣為條件，接受了這項要求。
妳們真的要說到做到喔。
每個女神都私底下悄悄收買帕裡斯。
你如果選我的話，從今以後你百戰百勝。
選我的話，讓你當小亞細亞一帶的國王喔。
選我的話，我給你世界第一的美女。
帕裡斯選擇的是阿佛洛狄忒。
如果對全世界的男人做問卷調查的話，應該會得到這樣的結果吧。
不知道帕裡斯是沒有權力慾還是笨蛋，還是說他真的公平裁判，不管怎麼說，從這裡可以看到帕裡斯日後成為大人物的潛能。
美女
小亞細亞王
不敗

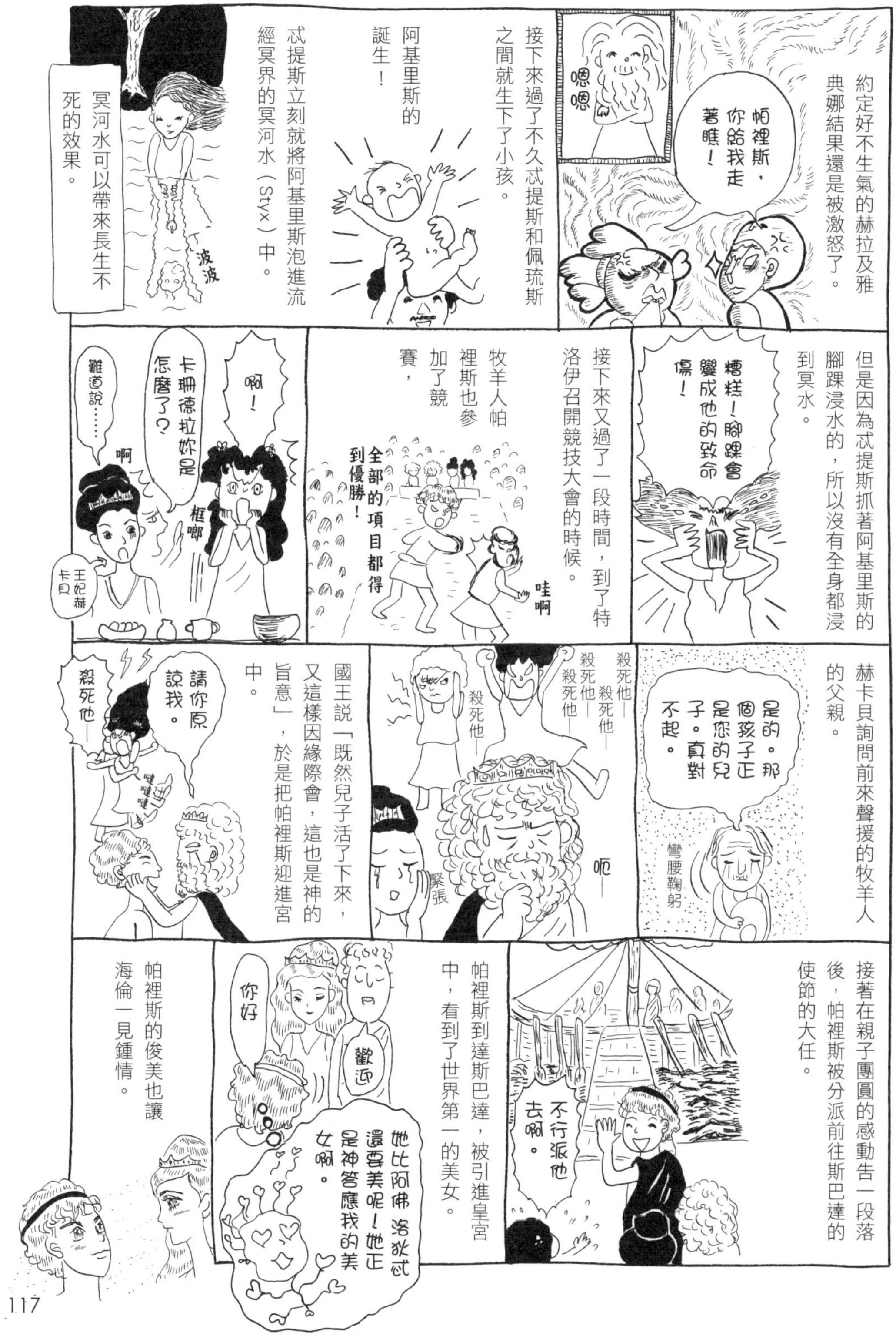
約定好不生氣的赫拉及雅典娜結果還是被激怒了。
帕裡斯，你給我走著瞧！
恩恩
接下來過了不久忒提斯和佩琉斯之間就生下了小孩。
阿基里斯的誕生！
忒提斯立刻就將阿基里斯泡進流經冥界的冥河水（Styx）中。
波波
冥河水可以帶來長生不死的效果。
但是因為忒提斯抓著阿基里斯的腳踝浸水的，所以沒有全身都浸到冥水。
糟糕！腳踝會變成他的致命傷！
接下來又過了一段時間，到了特洛伊召開競技大會的時候。
牧羊人帕裡斯也參加了競賽，
全部的項目都得到優勝！
哇啊
啊！
卡珊德拉妳是怎麼了？
框啷
啊
難道說……
王妃赫卡貝
赫卡貝詢問前來聲援的牧羊人的父親。
是的。那個孩子正是您的兒子。真對不起。
彎腰鞠躬
殺死他—殺死他—殺死他—殺死他—
呃—
緊張
國王說「既然兒子活了下來，又這樣因緣際會，這也是神的旨意」，於是把帕裡斯迎進宮中。
請你原諒我。
殺死他—
嗤嗤嗤
接著在親子團圓的感動告一段落後，帕裡斯被分派前往斯巴達的使節的大任。
不行派他去啊。
帕裡斯到達斯巴達，被引進皇宮中，看到了世界第一的美女。
你好
歡迎
她比阿佛洛狄忒還要美呢！她正是神答應我的美女啊。
帕裡斯的俊美也讓海倫一見鍾情。

斯巴達王墨涅拉俄斯完全沒有注意到兩人之間暗潮洶湧，熱情款待了帕裡斯，
哇哈哈
而且正好因為祖父的葬禮而要前往克里特島。
很抱歉沒辦法款待你。
不、不
墨涅拉俄斯兄弟的母親是米諾斯的孫女。
話說回來這個墨涅拉俄斯也真是的，一個俊男來了，還沒有一點危機感！
他是對男女之事笨拙又不敏感的大少爺。
趁著這個機會，帕裡斯就誘拐了海倫，
回到特洛伊。
特洛伊王室一家紛紛指責把海倫帶回的帕裡斯。特別是知道分寸的長男赫克托爾（Hector）。
你的腦袋裡究竟在想什麼啊！
怒
但是普里阿摩斯卻說—
哎呀，我小時候也被海格力斯奪去姐姐海希歐涅。這下子扯平了。
什麼？你搬出那麼久以前的故事來幹嘛。而且跟斯巴達也無關啊！
反正那個刺眼的希臘遲早會跟我們宣戰的。
哼
普里阿摩斯王因為以前丟棄帕裡斯的內疚，而對他特別放任。
另一方面，這個情形當然讓阿伽門農怒上心頭。
竟然用這種方式背叛希臘人的款待。
還真讓我大開眼界啊
嗚哇
接著他召集了過去海倫的求婚者們。
現在正是證明當時誓言的時候了。
而且這裡也有一個正在哭泣的女人。
帕裡斯牧羊人時代的戀人寧芙歐伊諾涅。
連個分手的招呼也沒有，我就這樣被抹滅。
颯
大家陸續聚集而來，但是卻不見奧德修斯。
喂喂，為什麼自己提案的傢伙現在卻不來。

所以就派深得大家信賴的帕拉米狄斯（Palamedes）大老遠前往伊薩卡島。
伊薩卡島
邁錫尼
奧德修斯因為剛得子、和妻子之間的婚姻生活也是甜蜜美好，實在是很不想打戰，一聽說帕拉米狄斯來了，
就裝瘋賣傻往田裡灑鹽。
喔吼
但是帕拉米狄斯突然間把奧德修斯的兒子……
咻
抓住
接得好啊，但是殿下您沒辦法成為名演員哪。
噗噗
所以奧德修斯只好出席了。
可惡——這個帕拉米狄斯竟然害我出醜！
奧德修斯（被憎恨的人）有著赫耳墨斯的血統，所以以足智多謀著稱。讓海格力斯背負偷牛罪名事件（P58）的真正犯人，就是奧德修斯的祖父。
我很欣賞他呢。
奧德修斯一見到阿伽門農就說，
喂喂，怎麼沒看到阿基里斯，希臘屬一屬二的強者不在有什麼搞頭。
馬上抱怨。
我這個人是不輕易行動啦，但是真的要做時一定要做到萬全的準備。
閃亮
阿基里斯因為母親忒提斯不想讓他去特洛伊，所以被安排在斯基羅斯的呂科墨得斯皇宮中受保護。為了不被人發現，男扮女裝混在公主們中。
請多指教。
都包在我身上。
呂科墨得斯是殺死忒修斯的人。
如果讓他去特洛伊的話，就不可能活著回來了。
忒提斯
得到這個情報的奧德修斯假扮成商人混入城中，打開裝著美麗布疋及首飾的布包。
嘻嘻

奧德修斯其實在布包中也混雜劍及武器，就如同他計畫的，只有一個人拿起劍來把玩。
好啦，被我找到了吧。
嘿
所以全希臘的英雄都匯集到港口來。總帥是阿伽門農。
好，迎戰吧！
但是不知道為何，竟然連續好幾天沒有吹起一絲風，一群人被困住無法出發。
靜──
照希臘遠征隊專屬的占卜師卡爾卡斯（Calchas）的說法──
汝射死阿爾忒彌斯大人的鹿，女神非常生氣。
神諭說如果把女兒伊菲革涅亞（Iphigeneia）獻給神做祭品的話，就會開始吹風。
啥？你說什麼蠢話！世界上哪有父母要讓女兒遭到那種下場的。
但是接下來幾天後，阿伽門農再也忍受不住大夥兒的焦躁，
可惡──已經沒有其他方法了。
跟我女兒說讓她嫁給阿基里斯，趕快叫她過來！
阿伽門農的妻子克呂泰涅斯特拉──聽說是跟有名的阿基里斯的婚事，欣喜若狂地帶著女兒伊菲革涅亞到來。
結果──
天哪
你知道你在幹什麼嗎！
但是伊菲革涅亞一聽說實情，答應成為祭品。
自己站上了祭壇。
接著開始刮風了。
咻──
啊⋯⋯
這段故事似乎真得讓希臘人相當悲傷，還創作出「阿爾忒彌斯在大刀落下前，讓鹿跟伊菲革涅亞瞬間交換，解救了這個高尚的少女」這個不協調的故事，廣為流傳。在那個故事中，伊菲革涅亞以阿爾忒彌斯神殿的巫女長生。
犧牲奉獻的伊菲革涅亞在希臘人之中大受歡迎！

希臘軍的主要參加國及大將
參加人數約十萬人！
船隻約1013艘！
美特涅
菲洛克忒忒斯
七艘
普提亞
阿基里斯
五十艘
伊薩卡島
奧德修斯
十二艘
羅克利斯
小埃阿斯
四十艘
個頭不高的是小埃阿斯
出發地
利斯港
雅典
墨涅斯修斯
五十艘
邁錫尼
阿伽門農
一百艘
薩拉米斯
埃阿斯
十二艘
阿古斯
狄俄墨得斯
八十艘
斯巴達
墨涅拉俄斯
六十艘
皮洛斯
涅斯托耳
七十艘
其他還有羅德斯島（九艘）、克里特島（八十艘）等等
在到達特洛伊之前，還發生了許多狀況。
其中之一是弓箭名人菲洛克忒忒斯（Philoctetes）被棄置在利姆諾斯島上。
因為他被毒蛇咬到，傷口化膿發出非常刺鼻的臭味。
而且他忍痛的樣子也讓大家心情沉重。
我們把他留下吧。
嗯
大家聽到了這句話放下心來，趁菲洛克忒忒斯睡著時出發。
不知道是不是因為利姆諾斯島上火山硫磺的味道給人太強烈的印象，似乎關於臭味的故事特別多。
一行人來到特洛伊，馬上開戰。
雙方你來我往，難分勝負。
這時，阿基里斯與特洛伊王室的長子赫克托爾各自展現壓倒性地力量，令敵軍畏懼。
不過……。
奧德修斯實在是一個不死心的男人，他一直找機會報復戳破自己演技的帕拉米狄斯。
帕拉米狄斯是想出優越戰術的智多星、也有發明的長才，創作出一些遊戲娛樂大家，相當受到歡迎。
耶耶
耶耶
可惡。真無趣，有我一個智囊就夠了。
所以奧德修斯設下了一個陷阱。他在帳棚裡藏錢，偽造了一封信，把信不著痕跡地掉在大家集合的場所。

咦？
信中寫到
帕拉米狄斯殿下謝謝您一直以來提供的情報。依照往例以錢作為微薄的謝禮。
什麼！
大夥兒搜索帕拉米狄斯的帳棚，自然是跑出錢來。
我什麼都不知道啊
帕拉米狄斯被處刑，被石頭打死。
活該。
嘻嘻
帕拉米狄斯的弟弟為了把這個殘酷的對待通知家鄉，
可惡。
把事情經過刻在船槳上流放到海上。
沙沙—
荷馬的《伊利亞德》就是從這裡開始的。
特洛伊鄰近的城鎮克律塞島的阿波羅神殿神官，請求將自己的女兒歸還。
我已經準備好錢了，請您答應我的請求。
哎，就這樣中間經過拉拉雜雜一堆事，從戰爭開始後進入第十年。
這之間希臘軍團把一直沒辦法攻下特洛伊城的鬱悶，藉由攻打鄰近城鎮洩憤。
已經把那個女孩據為己有的阿伽門農—
不行。
冷淡
完全不加理會。
阿波羅見狀非常生氣！
吼
對我的神官竟敢是這種態度。
給我嚐點厲害！
一下子瘟疫蔓延，許多人因而死亡。
占卜師顫抖地說
把阿波羅神官的女兒還回去，災害就可望平息。
什麼，又是我的錯嗎！為什麼老是找上我！我可是犧牲了女兒了耶。為什麼所有的事情都要我來承擔！
阿基里斯在旁說，
哎呀，你之後再搶一些更好的女人來不就得了。
氣得顫抖
他好意安慰，但是…

火冒三丈
喂，阿基里斯，你不要說得事不關己。我知道了，我就把他女兒還回去。
不過你搶來的女人全部要給我。就讓你嚐嚐得到的東西被拿走的滋味！
你這個人講話怎麼那麼小里小氣啊！
我拼死拼活得來的戰利品，你都已經占了最好的部分，現在又要來搶我這一點甜頭嗎！
兩人開始互罵，老將涅斯托耳（Nestor）出來圓場。
好了、好了
涅斯托耳是被海格力斯消滅的皮洛斯王室中唯一的生還者。雖然他常說「那個時代真是美好」，把過去的事情掛在嘴邊聽得人耳朵都長繭，不過卻是深得眾人信賴的好爺爺。
但是阿基里斯的怒氣並沒有因此平息。
我知道了。女人全部給你。
但是我不再出戰。原本我就沒有義務要參與這場戰爭！因為你們兄弟的事情才來的耶，竟然敢這樣對待我。
嗟嗟嗟
可惡！
阿基里斯實在是氣憤不過，離開希臘軍對著大海嚎哭。
我恨阿伽門農，我也恨袖手旁觀阿伽門農目中無人的大夥兒。他們最好要知道沒有我他們就贏不了！
母親忒提斯啊，宙斯啊，請讓希臘軍遭遇悽慘的狀況。請讓他們悔不當初吧！
宙斯大人——
嗟嗟嗟
好好，我知道了。
接下來特洛伊軍、希臘兩軍在平原對峙！
這個時候赫克托爾提案說到
這次的戰爭是帕裡斯和墨涅拉俄斯的問題，就讓他們兩人決鬥，由勝敗決定海倫的歸屬。我們不要再繼續這個沒有意義的戰爭吧。
雙方都贊成這個提案，於是兩人的決鬥開始了。

決鬥是墨涅拉俄斯占優勢。就在正要解決帕裡斯之時，
噫
阿佛洛狄忒把四周用雲霧覆蓋，從戰場帶走了帕裡斯。
耶
帕裡斯人離開了戰場，於是阿伽門農宣布我方勝利。
結果雅典娜出來攪局。
我要把特洛伊擊垮到體無完膚。
怎麼能讓你們和平解決。
砰
雅典娜變身成特洛伊軍的士兵。
你去射墨涅拉俄斯嘛，會成為大英雄的喔。
嘰嘰喳喳
她調唆士兵張開弓箭。
啪啪
咻
好痛。
怎麼這麼卑鄙！
噗噗
咦！
所以兩軍又開始大戰了。
希臘軍的猛將狄俄墨得斯（Diomedes）正要砍殺特洛伊的將領埃涅阿斯（Aeneas）之時
狄俄墨得斯
框
噫
埃涅阿斯的母親阿佛洛狄忒出場，
住手！
抱著埃涅阿斯逃走。
咻
呵
然而這個狄俄墨得斯卻是個一點也不懼怕神的男人。
他毫不客氣地砍向女神。
唰
好過分！
滑落
阿佛洛狄忒逃回奧林匹斯。
哈哈
妳工作的地方不是戰場啊。
嗚哇
唉呀
此時阿波羅在地面上
噢
保護了埃涅阿斯。

狄俄墨得斯也是毫不在意。
看招
嗯？
阿波羅躲過狄俄墨得斯三次攻擊，到第四次時——
少得意忘形了！神和你可不一樣——
阿波羅大分貝地出聲訓斥，狄俄墨得斯這下才知道害怕，不敢再追擊。
倒退三步
發抖
阿波羅對阿瑞斯說
狄俄墨得斯太傲慢了。你去教訓他。
好，終於輪到我出場啦！
但是狄俄墨得斯背後有雅典娜撐腰。
下腹被刺傷的阿瑞斯發出可與一萬名士兵相匹敵的悲鳴，
噗
唰
嗚哇
嗚哇
逃走了。
阿瑞斯回到奧林匹斯向宙斯抱怨，
你算老幾啊。
一下子偏那邊、一下子偏這邊，還敢來哭訴。
你真的是奧林匹斯最讓人討厭的傢伙。動不動就要跟人吵架或打戰。你跟赫拉真的是同一個模子出來的。一講到赫拉……。
（以下省略）
不但傷口被抹鹽，還得聽宙斯無止無盡的報怨。
另一方面，在戰場上也發生了這樣的事情。
兩人互道自己的出身，知道彼此的祖父交情匪淺。於是兩人突然快速地萌生友情，彼此交換武器。
你下次一定要來我家坐坐喔。
以後也要保・持・聯・絡啊。
啪
……

另外赫克托爾和希臘軍的埃阿斯（Aias）決鬥的時候，兩人武力不分軒輕，從早開始打了一天都分不出勝負。最後沒辦法兩軍傳令要兩人停戰。
因為赫克托爾的活躍，再加上宙斯聽了海之女神忒提斯的願望，戰況開始對希臘不利。希臘這邊不但一直處於劣勢，士兵們的士氣也不斷低落。連阿伽門農都說
還是打道回府算了。
唉—
這個時候兩人為了表示對對手力量的敬意，互相交換禮物。
你真是厲害。
沒有啦，你才厲害。
這點禮物代表我向你效法的敬意，請收下。
這是我一點小意思，請收下。
…………
果然還是要有阿基里斯在才行。
那個男人不在的話……。
嗯—
呃，我也正想要跟他道歉。
我那時真是吃錯藥了。
阿伽門農也準備禮物給阿基里斯。
不只這些呢。我再加上我的女兒，還有作為嫁妝的七塊領土。
奧德修斯及埃阿斯們傳達阿伽門農的心意，
喂
才不是財寶和女人的問題呢。我就是討厭阿伽門農！
呸
卻被阿基里斯回拒。
帕特羅克洛斯一出現在戰場上，特洛伊軍以為是阿基里斯出現，大家都害怕地逃跑。
真有趣！
接下來希臘軍陷入更加艱困的窘境。特洛伊軍甚至進軍到希臘軍停泊的港口。阿基里斯從小到大的摯友帕特羅克洛斯（Patroclus）不忍見這個景況，向阿基里斯借裝備去打仗。
你一定要答應我一件事。你只要在船上趕跑敵人就好。
你沒有那麼強，所以不可以乘勝追擊。
得意忘形的帕特羅克洛斯忘記阿基里斯的忠告，燃起攻下特洛伊城的野心。
呀—
呀—
呀—
由我來解決你們吧。
噠噠噠

但馬上就被赫克托爾——打敗。
好弱。
啪啪
聽道這個消息的阿基里斯，
悲慟不已。
阿基里斯像是被鬼神附身似地，衝鋒陷陣尋找赫克托爾。
阿基里斯因為對特洛伊的憎恨而再度回到戰場上……。
等等！
這個可怕的阿基里斯卻是由軟弱的埃涅阿斯前去挑戰。
像埃涅阿斯這種角色根本不是阿基里斯的對手，在一旁觀看、屬於希臘陣營的波塞冬，散出霧來救走埃涅阿斯。
這個傢伙是特洛伊王室唯一的血脈。這是某次眾神之間決定的事情（ㄇㄌㄥ）。真是會惹麻煩的傢伙！
為什麼要我擔任這種吃力不討好的工作……碎碎念
飛
消失
這傢伙真是得到神的寵愛啊
接下來阿基里斯終於找到赫克托爾，替帕特羅克洛斯報仇。
請把我的遺體還給我的父母親。
管你的，笨蛋！
咚
接著把赫克托爾的屍體拖在地上跑。
嗚哇
嗚哇
阿基里斯返回陣營。
他將帕特羅克洛斯火葬，並立了墓碑。
嗚哇
嗚哇

阿基里斯為了弔慰帕特羅克洛斯召開競技大會，逼著戰鬥到筋疲力竭的眾人參加。
累癱
吁吁
吁吁
好耶、好耶
哈哈
獎品是掠奪來的財寶
就算大家全都累到睡著，阿基里斯的悲傷還是無法平息，又拖著赫克托爾的屍首曳地。
嗚哇
嗚哇哇哇哇
帕特羅克洛斯—
帕特羅克洛斯—
噠噠噠
噠噠噠
即使回到陣營中，仍舊因為過度亢奮而無法入睡。
神經緊繃
神經緊繃
這時特洛伊王普里阿摩斯在一個隨從的陪伴下出現。
CHU
阿基里斯啊，請你回想起苦苦等待你回家的父親的心情吧。我的心情也和你父親一樣。如果你的父親知道你的遺體遭到這種對待，他會如何地傷心欲絕呢。
如果你同情這個兒子被你殺死、可憐悽慘的老人，就請你把我兒子的遺體還給我好嗎。
這些財寶也全部獻給你。
阿基里斯見到這個老人孤零零地來求他，又想到自己失去帕特羅克洛斯、這個人失去兒子，同樣承受著失去重要的人的悲傷，不禁嚎啕大哭。
嗚哇—
我當然會把遺體還給你！我們現在正承受著一樣的痛苦。能夠理解這種痛苦的就只有你我啊
阿基里斯甚至清淨了遺體、放進馬車，招待了普里阿摩斯。
請舉行您兒子的葬禮。
這段時間讓雙方停戰吧。
接下來赫克托爾的葬禮莊嚴地舉行。
到這裡，荷馬的《伊利亞德》也結束了。

接下來戰爭
再度開始。
人品高尚的普里阿摩斯人緣極佳，各國陸續前來聲援特洛伊。譬如說黎明女神厄俄斯（Eos）的兒子、衣索匹亞的國王門農（Memnon）。
但是門農也被阿基里斯殺死。
他們↑↓也大受歡迎，常用於陶器畫的主題呢！
門農的母親厄俄斯悲嘆失去兒子，終日哭泣。
據說朝露就是她的眼淚。
接下來是亞馬遜的女王潘塞西莉亞（Penthesilea）。她在雅典失誤射死安提俄珀（P75的事件），那時她請普里阿摩斯幫她洗淨污穢，所以感念恩義聲援特洛伊。她也是戰爭中被阿基里斯殺死的其中一人。
據說阿基里斯殺死潘塞西莉亞的剎那，才發現她的美麗，頓時墜入情網。
而且阿基里斯悲嘆潘塞西莉亞之死、落下男兒眼淚時，我方的一個人笑了出來，結果被阿基里斯活活揍死。
這個萬夫莫敵的阿基里斯終於有倒下來的時候。
因為他的弱點腳踝被射中了。
而且還是——
刺
倒下
經由帕裡斯之手。
埃阿斯和奧德修斯把他的遺體搬回希臘陣營中。
嗚哇
嗚哇
嗚哇
嗚哇
回到陣營中的兩人開始爭奪阿基里斯的武器。
我是阿基里斯摯友的表弟。而且也是我背他的屍體回來的耶。
阿伽門農替普里阿摩斯說話，
是奧德修斯跑路所以遺體才有辦法搬回來。奧德修斯的功勞比較大。
大家也都同意了這個說法。結果武器就歸奧德修斯所有。
嘻嘻

埃阿斯的祖譜
埃阿科斯
忒拉蒙
佩琉斯
埃阿斯
阿基里斯
埃阿斯生氣地喝悶酒。
竟然這樣對待屢建戰功的我！奧德修斯這人只會靠詭計陷害人罷了……。
這時雅典娜登場！
這傢伙以前拒絕過我的幫助。
妳不用幫我幫別人吧。
愣住
自以為自己了不起。
而且還對我的奧德修斯那種態度。我就讓他發瘋來教訓他吧。
被雅典娜施法弄瘋的埃阿斯把希臘軍重要的糧食——羊群全部砍殺。因為發狂的他的眼中，羊群看起來就像奧德修斯和阿伽門農。
雅典娜一讓他恢復神智——
啊！
埃阿斯驚訝於自己的舉動的同時，心中充滿強烈的後悔及羞恥，便自殺了。
索福克勒斯也以這個故事為題材寫下悲劇。
這個事件也是受畫師們歡迎的題目。
劇情繼續發展。希臘軍的占卜師替希臘軍的未來作占卜——
現在躲在伊達山、普里阿摩斯的其中一個兒子赫勒諾斯（Helenus），會告訴我們如何攻陷特洛伊。而且他也精通預言呢。
赫勒諾斯馬上就被希臘軍抓住。
他因為討厭戰爭而自己把自己關起來。
好，我知道了。讓我告訴你們吧。
要攻陷特洛伊需要以下的東西！
①海格力斯的箭
②佩洛普斯的骨頭
③人在斯基羅斯島的阿基里斯之子涅俄普托勒摩斯（Neoptolemus）的參戰
④位於特洛伊城內雅典娜神殿中的古像帕拉狄昂（Palladion）
有這些東西的話你們就會打贏的。

怎麼說，幹嘛不一開始就幫他治療啊。

菲洛克忒忒斯馬上就上戰場，一拉開弓箭就射死了許多特洛伊兵。
呀
嗚
也射中了帕裡斯。
啊
帕裡斯因為箭上海德拉的毒，全身像是燃燒般地疼痛，他想起以前得到的神諭。
「性命有危險的時候，就只有歐伊諾涅能幫你吧。」
拖著身體
帕裡斯被運到人在伊達山的歐伊諾涅的地方，
但是她對以前被拋棄的事仍舊心懷怨恨而拒絕為帕裡斯治療。
哼
美男子帕裡斯就這樣氣絕身亡。
咦…
帕裡斯一死歐伊諾涅馬上後悔大哭。她來到帕裡斯被火葬的地方，跳進火堆中。
接著
奧德修斯及狄俄墨得斯為了盜取攻破特洛伊最後的條件、帕拉狄昂，扮裝成乞丐混進特洛伊城。
看樣子相當喜歡扮裝的奧德修斯
真有趣
他們在城中探頭探腦的樣子被海倫發現，但是她不但沒有通知特洛伊兵，還替他們帶路。
帕拉狄昂得手後奧德修斯回到陣營，向大家宣布醞釀已久的作戰計畫。
所以終於輪到木馬的登場了。

帕拉狄昂

特洛伊創建時從天上掉下來的像。據說是宙斯掉的。特洛伊人堅信只要有這個像，城鎮就不會滅亡。也有傳說記載，這個像的形象取自雅典娜唯一的女性朋友。（而且雅典娜還失手把那人殺死）。

希臘軍製作了一架巨大的木馬，讓裡頭埋伏了五十個士兵，設置在海岸，把希臘軍艦移到附近的島上。
決定守在城中抗戰的特洛伊兵們，早上起來發現不見希臘船艦。他們膽顫心驚地出城，也沒有看到希臘軍人影，被眼前奇怪的木馬嚇了一跳。
這是什麼玩意啊？
上面寫到「獻給雅典娜」耶。
普里阿摩斯也走出來看木馬，大家大傷腦筋的時候，士兵抓到一個希臘人。
請救救我！我從希臘軍營逃出來的，他們差點把我拿去當牲品……。
這個木馬是什麼？
是的。希臘軍戰到筋疲力竭決定撤兵，但是他們偷走帕拉狄昂，害怕招來雅典娜大人的怒氣……。
結果我方陣營的占卜師說「製作木馬就能平息雅典娜大人的怒氣」，所以……。
但是為什麼要造這麼大一隻。
是為了不被搬進特洛伊城。
因為占卜說如果木馬入城的話，雅典娜大人又會站到特洛伊那邊。
這個男人因為演技好，被奧德修斯分配這個任務，當他說的話讓人們信以為真之時，
這個理由太奇怪了。大家眼睛怎麼不睜亮點！這種莫名奇妙的故事哪裡有什麼說服力。
阿波羅的神官拉奧孔（Laocoön）站出來給大家當頭棒喝。
卡珊德拉也出來說話
對啊、對啊
然而在那瞬間從海中卻突然出現一隻大蛇絞殺拉奧孔一家人。
呀—
是這個人做的好事。
呵呵呵

關於拉奧孔被蛇殺死的理由，有人說是因為他在神域跟妻子交媾，引來阿波羅的怒氣……。但是怎麼說都是站在特洛伊這邊的阿波羅，應該不會笨到挑這種時候教訓拉奧孔，不過這尊西元前一世紀前塑造的拉奧孔像，是根據這個傳說所做、非常官能性的作品。
梵蒂岡博物館藏
看到拉奧孔之死，這一來使得普里阿摩斯更加相信木馬效力，將木馬引進城中。
不可以拉進來啊。
嘎啦嘎啦
特洛伊人以為戰爭結束而歡天喜地，大開宴席慶祝。
長達十年的戰爭累積下來的壓力，全都發洩在這場慶功宴上，大家發狂似地喝酒，整晚狂歡嬉鬧。
接著等到疲累的特洛伊人睡下，四周安靜下來之時——
咻
嘎拉
奧德修斯一行人陸續從木馬中出來。
在城牆外的希臘軍收到信號湧進城中。
希臘軍團砍向沒有防備的特洛伊人們，掀起一片腥風血雨。
特洛伊人的家園被燒毀，男人被殺死，女人被強暴。
普里阿摩斯王躲在宙斯的祭壇下，但是——
發抖
抖
抖
涅俄普托勒摩斯卻破壞神的禁忌將他殺死。
吁
吁

卡珊德拉也躲在雅典娜的祭壇，但還是被小埃阿斯強暴。
嘻嘻
終於登場了—
之後成為阿伽門農的俘虜……。
王妃赫卡貝歸奧德修斯，但之後跳海自盡。
也有一個唐突的傳說說她變成狗……。
特洛伊王室中年紀最輕、公主波琉克賽涅被當作給阿基里斯的祭品殺死。
另外赫克托爾還在襁褓中的幼子，也被涅俄普托勒摩斯丟下城牆，
赫克托爾的妻子安德洛瑪克（Andromache）也成為涅俄普托勒摩斯囊中物。
海倫跟她的新任丈夫（帕裡斯的弟弟）同房當下正好墨涅拉俄斯闖入。
墨涅拉俄斯沒有殺死海倫，結果將她帶回。
可惡！
特洛伊王室的男人中，在這場人間地獄中存活下來的有埃涅阿斯。
父親安喀塞斯
他在母親阿佛洛狄忒的保護下逃出特洛伊，在新的土地上建國。
羅馬人選擇這個被眾神愛護的男人做自己的祖先，而創作了埃涅阿斯建國的傳說。
另外一個王子赫勒諾斯也因告訴希臘軍特洛伊的攻城法，成為涅俄普托勒摩斯的家臣而活了下來。
嘿嘿嘿 哎呀，大家好。
抓頭
希臘軍將特洛伊變成人間地獄的殘酷，讓原本替希臘撐腰的眾神也受不了。
雅典娜特別憤怒小埃阿斯褻瀆了自己的神域，在米科諾斯島附近吹起強風，讓許多船隻翻覆。
船上所有的人都溺死了，這個罪魁禍首小埃阿斯卻以旺盛的生命力游到岩石。
我贏過神啦—
他發出的歡呼之聲傳到波塞冬耳裡，波塞冬馬上用三叉戟把岩石擊碎。
呀
小埃阿斯的命運也到此為止。最後溺斃死亡。

特洛伊戰爭後大家的下落

國王們的歸國及奧德賽

被奧德修斯設下陷阱害死的帕拉米狄斯的父親納烏普里歐斯（Nauplios）看到兒子捎來的槳大為狂怒，一個人一步一腳印地展開對希臘軍的報復行動。
他趁著各國國王打戰不在家鄉之時，一國一國拜訪。
聽說妳丈夫在特洛伊玩遍女人喔。
還虧妳乖乖地看家，妳真是可憐啊……。
到處挑撥離間。
接下來當希臘大軍要回國的時候，他站在正下方有大岩礁的海岬下點起火炬，讓人以為是燈塔。因此有許多希臘船艦被誤導而觸礁沉沒。
這裡喔、這裡喔。
海浪拍擊
就像這樣發生了各種狀況，幸運從戰爭中生還的士兵們，也幾乎沒辦法再踏上家鄉的土地。
阿伽門農
不在邁錫尼的十年間，妻子克呂泰涅斯特拉從未忘記他對女兒伊菲革涅亞做下的事。
結果她和同樣憎恨阿特柔斯一族到極點的埃吉斯托斯（P112）意氣相投。不知不覺中成為戀人……。
接著好不容易回國的阿伽門農，就在回國當天在浴室被殺死。
好爽啊！
另外可憐的卡珊德拉也慘遭毒手。
妳就給我死吧。
之後阿伽門農的兒子奧瑞斯泰亞（Oresteia）說要「替父親復仇」，殺死克呂泰涅斯特拉和埃吉斯托斯。
血腥的復仇再度重演！

性格陰沉的青年
奧瑞斯泰亞

奧瑞斯泰亞也相當受希臘人歡迎！他殺死母親後的苦惱與內心糾葛的故事，是劇作家們喜好的題材，而且希臘全國到處都設有奧瑞斯泰亞「洗淨血腥的地方」、「咬斷手指的地方」、或是「開始錯亂的地方」等觀光景點。

墨涅拉俄斯和海倫

海倫真是個占便宜的人。墨涅拉俄斯和海倫的船被海流沖到埃及。他們在那裡一起度過了七年的時間，建立起夫妻間深厚的感情，兩人回到斯巴達後過著感情融洽、幸福美滿的生活。

是嗎。
哈哈
呵呵

關於海倫的其他傳說，還有太多讓人覺得太過離譜的故事。像是歐里庇德斯的《海倫》中，就說帕裡斯從斯巴達誘拐的是「由雲幻化的海倫」，真的海倫人一直在埃及。歐里庇德斯是以西元前六世紀詩人斯特西科羅斯（Stesichorus）的詩為藍本，創作出這個夢幻般的故事。

據說這個詩人將海倫的不貞寫成詩後變成瞎子，把寫好的詩唱出來後又再度恢復視力。

阿基里斯的兒子涅俄普托勒摩斯

涅俄普托勒摩斯在赫克托爾的妻子安德洛瑪克及赫勒諾斯的隨行下回國後，在伊庇魯斯建立王國。接下來和海倫的女兒結婚。之後他在德爾菲因為在宙斯祭壇前殺死特洛伊王的事情被神官們交相指責，結果一言不和被殺死。

他和安德洛瑪克之間生下三個小孩，其中的一人摩洛索斯（Molossos）繼承父親建立的王國，那個王國因此就被稱為摩洛索伊。安德洛瑪克在涅俄普托勒摩斯死後跟赫勒諾斯結婚。而在赫勒諾斯死後，她和其中一個兒子貝加摩斯（Pergamos）航行到小亞細亞，建立了貝加蒙王國。

伊庇魯斯
德爾菲
雅典
伯羅奔尼撒半島

特洛伊
貝加蒙王國

結果（沒有預料到）她是故事裡頭生命力最強盛的人。

老將涅斯托耳

和神怒無緣的涅斯托耳最早回到家鄉皮洛斯，平安度過餘生。

狄俄墨得斯

不畏懼神、神也沒辦法憎恨的這個交運的狄俄墨得斯也平安地回到阿古斯，但是他的妻子在納烏普里歐斯的調唆下另外結交情夫，狄俄墨得斯因此被趕出國內。之後他到達義大利，成為丹尼亞（Daunia）的國王。

奧德修斯
從這裡開始是荷馬的《奧德賽》
有一個男人漂流到派阿克人（Phaiacia）的島上。
第一個發現這個陌生人的是島上的公主娜烏西卡（Nausicaa），她好心收留這個男人，奉為嘉賓款待。
在宴席上，這個男人說
我是伊薩卡的奧德修斯。
他道出自己的名字，並且娓娓道出特洛伊戰爭後自己漫長無止盡的旅行。
在回國的途中……。
首先我們遇到大風暴，漂流到食蓮人（lotos eater）的國度。那裡的人給我們的蓮子實在是不可思議，一吃下去就會喪失記憶、陷入恍惚的狀態，而且不停地吃下去。我的部下有好幾個人吃下了蓮子全都上癮了，只好硬將他們拖上船。
大嚼
唉，之後我犯了一個懊悔不已的失誤。當我們飄到另一個島上尋找食物時，找到一個裡頭有許多羊的洞窟。
但是那是獨眼巨人的洞穴。
咦？
巨人把我的夥伴們一個接一個吃掉。
大啖
大啖
所以我假裝順從替他倒酒，讓他酒醉睡著。
接著刺瞎他的眼睛。
這也是受歡迎的陶器畫題材
我們抱著羊的腹部逃走。
正心想讓我們輕易逃脫時，
我父波塞冬啊，請報復奪去我眼睛光明的傢伙！
什麼，波塞冬？沒想到他竟然是波塞冬大人的兒子！我們要乘船航行的人竟然跟海神結怨……。
之後波塞冬大人在我們所到之處都一定颳起風暴，結果我們不得不持續著不知何時會結束的航行。
噠 噠 噠 噠

接下來我們到達的是風神埃俄羅斯（Aeolus）的島。埃俄羅斯是個非常親切的人，他不但款待了我們，還在我們要出港時把惡風收集到袋子中。
之後你們只要順著風航行就可以順利回家了。
這個你自己管好。
幸虧埃俄羅斯的幫助，船航行了十天後，來到可以望見伊薩卡島的地方。但是我因為太過高興而失去警戒心，竟然不小心睡著了。
才不過一會兒時間，我的夥伴們就把袋子打開。突然間又捲起暴風，一下子我們又被吹回埃俄羅斯的島。
埃俄羅斯也不想理睬我們。
你們已經被神遺棄了，我再也不想幫助你們。
哼
對不起，我們看你很珍惜這個袋子，還以為是什麼寶藏。
真是的！
接下來去到巨人島。
在這裡除了我搭乘的船以外全部的船都沉沒了。
接著到達的埃阿亞（Aeaea）島上有一個名叫喀耳刻（Circe）的女巫。喀耳刻讓來到島上的人吃下混著魔法草藥的料理，以把人變成動物為嗜好。
啊，動物真可愛。
我在吃料理之前吃下赫耳墨斯大人給我的藥草所以沒事。
是這個人的主意
謝啦
接著
把我的夥伴變回來！
小鹿亂撞
興奮
喀耳刻不知道為什麼突然喜歡上我，對我百依百順。而且還用最高等級的方式款待我們，結果我們竟然就留在島上過了一年。我和喀耳刻之間也有了孩子……。
我不能再這樣下去。
我的妻子珀涅羅珀（Penelope）一個人在家鄉不知道有多麼寂寞……。

在我終於下定決心要回家的時候，喀耳刻建議我去見預言者提瑞西阿斯，所以我下到冥界。問完提瑞西阿斯今後該注意的事項，我正打算要走的時候，噢，過去的戰友們一個接一個出現了。
……
裡頭竟然也有阿伽門農，讓我嚇了一大跳。
那個賤人，竟然背叛我。
你也要小心不要被妻子在枕邊砍了你的頭。
英雄阿基里斯
死好苦又好寂寞啊。比起當個英雄絢爛但短命，
還不如當個平凡但長壽的農夫。奧德修斯啊，活著比什麼都好啊。
接著是埃阿斯……。我跟他之間過去有些過節……。
他全身充滿怨氣，只是愣愣地站在那裡。
噫
你還在生氣嗎。但是你的死與我無關啊。
他沒有說半句話就消失了。
微光
我知道了……。
接著再度開始航行後，我們來到海魔女塞倫的島嶼。其他夥伴照著喀耳刻的建議在耳朵裡灌蠟，
我實在太想聽塞倫的歌聲，叫大夥兒把我綁在船桅上、不管發生什麼事都不可以解開。塞倫的歌聲實在是太媚惑、美得如夢一般，讓人覺得活在世上沒什麼意思。所以我發起狂來想把繩索解開，不過多虧繩子綁得夠緊沒有鬆開，平安無事地度過了。那時我很怨恨夥伴們，但現在一想真的很感謝他們。
接下來去到有名叫斯庫拉（Scylla）及卡流布德斯的怪物所在的地方。
美希納海峽
卡流布德斯
斯庫拉
喀耳刻曾說
通過卡流布德斯的的附近大家都會死，斯庫拉的地方的話有六個人的性命會被奪走。
因為她這樣交代我，所以……

這實在是痛苦的抉擇。但是比起全員喪命，不如犧牲六個人，所以我選擇通過斯庫拉。
啪擦
喀拉
嘎啦
我討厭這種故事！
好萊塢電影（&電視）裡的總統，也像這樣常常面臨為難的抉擇、做和奧德修斯相同的決定，看了實在令人不快！
下一個到達的是特利那基耶（Trinakie）島。這裡是有很多牛的島。
我們被告誡不可以吃太陽神赫利厄斯的牛，但是…
啊！
嚼嚼
啪滋啪滋
總之慌慌張張地趕快開船離開。
途中一陣雷直接打中我們的船。
閃光
謝謝幫忙。
小事一樁。
船就沉了。
我抓住船桅的一角，漂流到名叫卡呂普索（Calypso）的寧芙獨自居住的俄吉吉亞島上。卡呂普索實在太照顧我，結果在島上一待就是待了八年。
卡呂普索在希臘文中是「奉獻者」的意思。
但是我思鄉的心情及對妻子珀涅羅珀的愛從未消失。
我一鬱鬱寡歡，
海浪拍擊聲
卡呂普索一把鼻涕一把眼淚地幫我準備了小筏。
接下來我又出海了，但是波塞冬大人又吹起暴風，船於是翻覆。
接著我就漂流到這個島上來……。
奧德修斯的故事說完後，大家都流下了眼淚，
國王送了一整船的寶物給奧德修斯，送他出航。
我這一生都不會忘記你的恩情的。
緊緊抓住

據說特利那基耶是現在的西西里島

到達伊薩卡島時奧德修斯還在睡夢中，派阿克人不想把他吵醒，輕輕將他放下，
安靜地往自己的島嶼航行。
但是這個人還在生氣……
竟敢幫助奧德修斯，這個混蛋——
就把派阿克人的船變成石頭。
梆
嗚~
而且還把派阿克人的城鎮用高山圍起，把人們關在島上。
據說派阿克人的島是現在的科孚島。
奧德修斯對派阿克人的犧牲完全不知情，自睡夢中甦醒。
我是不是又來到奇怪的地方啦！
東張西望
東張西望
他忐忑不安之時，雅典娜出現了，告訴他所在。
這裡是伊薩卡呢。
真的嗎~
現在你的家被珀涅羅珀的求婚者占領，情況相當不妙。
所以你最好還不要表明身分。
變
於是把奧德修斯變身成乞丐。
髒兮兮
就如同雅典娜所說，奧德修斯的宮殿被將近五十個男人占領。
他們心想反正國王不在，每天喝酒胡鬧。
在希臘世界中，作為招待客人的禮節有一個不成文的規定，在客人自己開口說要回去之前都必須要繼續招待。
珀涅羅珀想盡辦法拖延他們的求婚。
等我把公公的衣服做好就決定結婚對象。
什麼跟什麼。妳裝模作樣啊。
接著她每天織衣、每晚再偷偷拆掉。
勤奮工作
勤奮工作
但是馬上就被拆穿，處境越來越艱難。
他們的兒子忒勒瑪科斯（Telemachus）展開尋父的旅程……。
伊薩卡島
斯巴達
斯皮洛
我不知道。
聽說人還活著。

奧德修斯先去見過去的忠臣、養豬的猷梅爾斯（Eumaeus）。他忠實地守著奧德修斯的牧場。
汪汪
喂——
汪汪
汪汪
你好，你是旅人吧。
捶
而且猷梅爾斯似毫不在意奧德修斯髒兮兮的外表，用最好的佳餚款待他。
天哪！他竟然把肉最好的部分給我，自己卻吃難吃的部分！
肥嫩
希臘神話中真的常常出現分肉的故事。而這也最引起我共鳴的地方。
並且在這個時候，在雅典娜的引導下，兒子忒勒瑪科斯結束旅行來到養豬人的地方。
抱緊
奧德修斯只向忒勒瑪科斯表明身分，說出他的計畫。
接著他前往皇宮試探情況……。
這裏就是皇宮了。
入口坐著奧德修斯的愛犬阿爾戈斯。雖然這隻狗已經高齡，還是馬上注意到奧德修斯，不知是牠太過高興心臟一下子跳太快，還是因為完成使命的安心感，結束了生命。
呼呼
呼嚕呼嚕
阿爾戈斯啊——
阿爾戈斯、阿爾戈斯、阿爾戈斯——
皇宮中正如雅典娜及養豬人所說，求婚者們當自己家一樣繼續大開宴席。
哈哈哈
哈哈哈
他們閒得沒事做，還來取笑化裝成乞丐的奧德修斯。
好臭
哈哈哈
妻子珀涅羅珀對待乞丐一樣很溫柔。
你經過了一段漫長的旅行嗎？我很想聽你的故事。
是…
放心了。
過去的僕人中也有好幾個正眼也不瞧一眼。
咚
擋路！
是嗎。原來這傢伙對底下的人是這種態度。
仆倒
在珀涅羅珀的指示下，奧德修斯的奶媽幫他洗腳，結果…
啊
這個傷是！你、你是奧德…
噓

接下來珀涅羅珀說──
大家，我知道該下決定了。我的丈夫已經不會回來了吧。
現在就讓我決定結婚的對象。
噢…
這是我丈夫的弓箭，誰能用它射過這十二個斧頭的洞穴我就嫁給他。
好耶──
求婚者們各各卯足了勁來挑戰，但論誰都沒辦法張開弓來。
奇怪
接著奧德修斯說
我也可以試試看嗎？
他站出來參加挑戰。
咻
你們這群傢伙趁我不在的時候，竟然把我家搞亂成這副模樣。
忒勒瑪科斯！把珀涅羅珀帶到別間房間。
回復原來的姿態。
你難道是⋯⋯
之後奧德修斯大肆殺戮，將求婚者及態度惡劣的僕人們全部殺死。
事情結束後大家團圓在一起，
不過就只有珀涅羅珀一個人態度冷靜。
奶媽啊，妳請我的丈夫把我們的床搬來這裡讓他休息吧。
結果──
哈哈哈，不愧是我的妻子。警戒心真是高。那個床不可能搬得動的吧。
咦。那，你真的是我的丈夫。
那個床是把橄欖樹砍倒就地做成的。
親愛的，我想用這棵樹。
之後再配合床的位置建造了房間。
之後奧德修斯平定求婚者們親族的叛亂，讓伊薩卡恢復和平。

……到這裡是荷馬的《奧德賽》，不過還有奇怪的後續傳說。

像是「奧德修斯和喀耳刻之間生下的兒子忒勒戈諾斯（Telegonus）前來伊薩卡尋找父親，但不知道奧德修斯是自己父親把他殺了…」，又再度展開神話千篇一律的情節發展。之後又是這種唐突的結局，讓人不禁想說不要以為故事奇特就好。索福克勒斯以這個傳說為題材，寫下《傷心的奧德修斯》這個悲劇（已散失）。

珀涅羅珀
忒勒戈諾斯
和
結婚
忒勒瑪科斯
喀耳刻
和
結婚

不過也有人認為，從荷馬讓奧德修斯在派阿克人島上自己敘述十年間的辛勞，就可以斷定怪物們怎樣又怎樣的經過全部都是「奧德修斯捏造的故事」。因為「大家都知道奧德修斯是天生的說謊大師，珀涅羅珀的藉口中可以想見這傢伙總是滿口胡言」。

八首敘事詩

據說從特洛伊戰爭前的混亂狀況到奧德修斯歸國為止的故事，全部由八首敘事詩來敘述，形成環環相扣的連鎖。但除了荷馬的兩首作品之外，早在古時就已散失，現在我們閱讀不到那些作品，不過可以從實際上閱讀過那些史詩、將其要約的古人書籍中，知道大致的內容。

①《庫普利亞》（〔Kypria〕庫普利斯〈阿佛洛狄忒〉的別名之詩）
從宙斯的減少人口計畫開始到戰爭中途。

②《伊利亞德》（〔Ilias〕《伊利昂記》）
從阿基里斯與阿伽門農吵架到赫克托爾的葬禮為止。
「伊利昂（伊利歐斯）」是什麼？是特洛伊的別名，狹義代表特洛伊的「城」。

③《埃西俄丕斯》（〔Aethiopis〕衣索比亞之詩）
從阿基里斯打敗門農、亞馬遜女王開始到阿基里斯之死等等。

④小伊利亞德
從埃阿斯之死到木馬的計策。

⑤伊利昂的失陷
內容如標題

⑥歸國
國王們歸國後的故事

⑦《奧德賽》（奧德修斯之詩）
奧德修斯的歸國

⑧《忒勒戈尼亞》（〔Telegonia〕忒勒戈尼斯之詩）
奧德修斯之後的下場。
這些故事中也有互相重複的。

另外荷馬的作品中除了主流的故事之外，還穿插了不少迷你神話。（譬如說利用老將涅斯托耳提起當年勇的形式）。

據說底比斯王室的故事也在三首敘事詩中被提到。

當知道說以前讀過的某個獨立的故事是源自這些史詩時，還真有點興奮呢。
還有一點無關緊要的就是，我很驚訝裡頭竟然充滿著殘酷不人道的描述。但是，並沒有色情！

第二章 含蓄的古代希臘史

最初的希臘人
西元前二十世紀左右，現在希臘人的祖先進入了希臘。關於這個時期，就像蒙上一層面紗般模糊不清，**我真的不清楚！**但是我想就順著各家學者們的推測，勉強&粗略地追溯這段歷史。
雖然不確定是哪裡的民族，總之有一個大集團。
為了方便，稱為「印歐民族」的人們。
西元前三千年後葉，他們不知道為什麼一起開始移動。這個集團被細分成兩個集團，一個往東、一個往西。
這之中又有一群人決定定居在巴爾幹半島、甚至是底下的伯羅奔尼撒半島。
蜂擁而來
而那裡原本就住著人，他們種植果樹，遵奉大地為母神，過著安居樂業的生活。
為什麼會又選擇這塊都是山地、土壤又貧脊的土地？
或許還會有更好的土地啦，但是走回頭路又得越過山脈實在麻煩死了！
我是為了橄欖樹及葡萄啊。
橄欖樹在貧脊的土地上努力生根，是充滿生命力的樹木。除了作為能量來源的用途之外，不但可以做肥皂，也可以滋潤肌膚，實在是人類的好朋友啊。
印歐語族
古代稱作亞利安（Aryan）族、原本講同樣語言的集團（僅止於假設）。
英語、波斯語、希臘語、拉丁語、俄語、梵語、德語、法語、荷蘭語等等，據說原本是從同一個語言分化而來。從很多單字上都可以看出這些語言的類似性。
關於他們原本的居住地，有帕米爾高原、裏海北岸高原地帶、波蘭等等說法。
宙斯這個名字則是從印歐語族共通的語言、代表天空之意的〔dyeus〕而來。
譬如
「母親」這個字
mētēr（希臘語）
mother（英語）
mutter（德語）
māter（拉丁語）
也有人認為這些人當初定居下來的情況，反映在宙斯征服克羅諾斯及大地母神的故事中。
嗯？

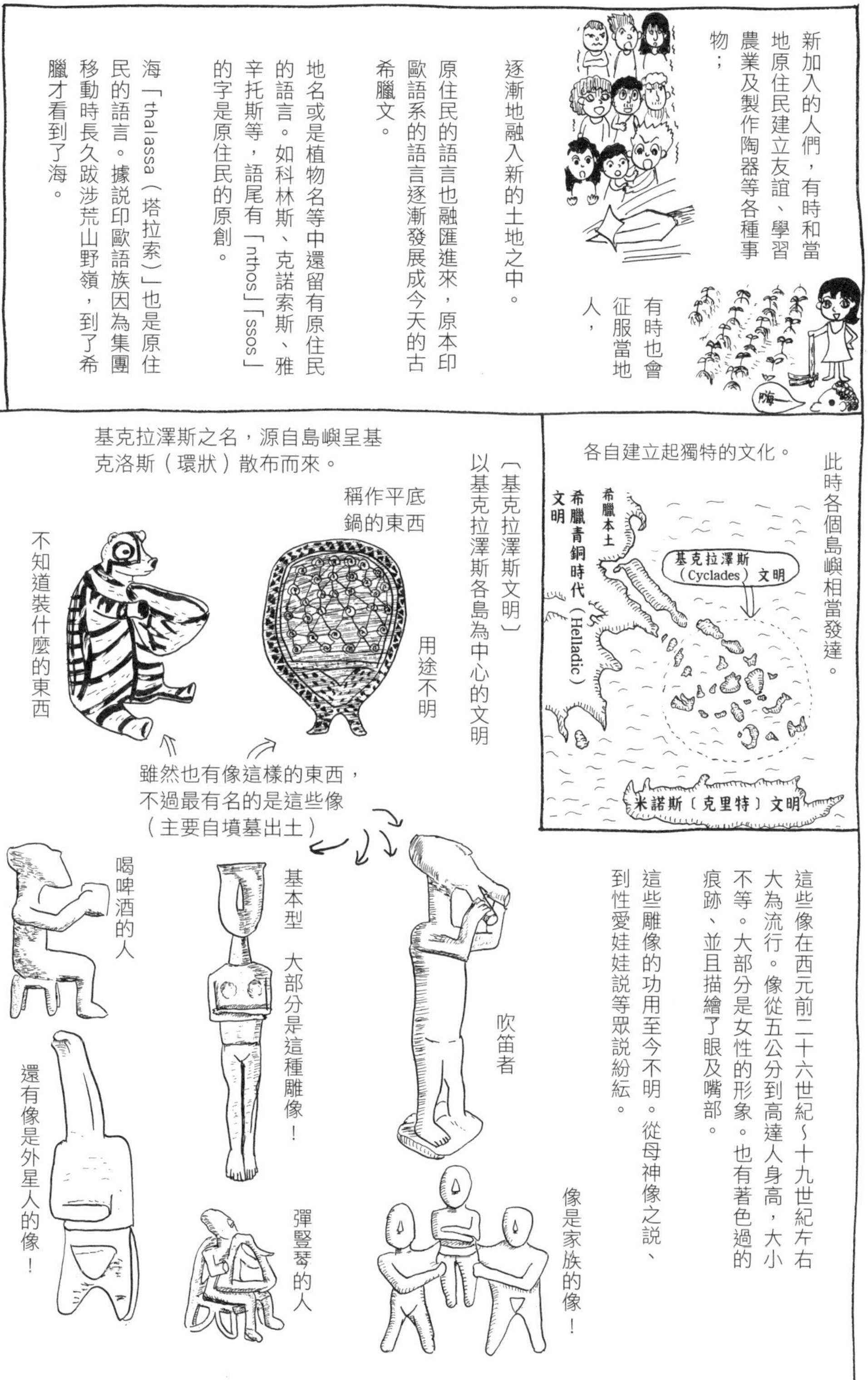
新加入的人們，有時和當地原住民建立友誼、學習農業及製作陶器等各種事物；
有時也會征服當地人，
嗨—
逐漸地融入新的土地之中。
原住民的語言也融匯進來，原本印歐語系的語言逐漸發展成今天的古希臘文。
地名或是植物名等中還留有原住民的語言。如科林斯、克諾索斯、雅辛托斯等，語尾有「nthos」「ssos」的字是原住民的原創。
海「thalassa（塔拉索）」也是原住民的語言。據說印歐語族因為集團移動時長久跋涉荒山野嶺，到了希臘才看到了海。
此時各個島嶼相當發達。
各自建立起獨特的文化。
希臘本土
希臘青銅時代（Helladic）文明
基克拉澤斯（Cyclades）文明
米諾斯〔克里特〕文明
〔基克拉澤斯文明〕
以基克拉澤斯各島為中心的文明
基克拉澤斯之名，源自島嶼呈基克洛斯（環狀）散布而來。
稱作平底鍋的東西
用途不明
不知道裝什麼的東西
雖然也有像這樣的東西，不過最有名的是這些像（主要自墳墓出土）
這些像在西元前二十六世紀～十九世紀左右大為流行。像從五公分到高達人身高，大小不等。大部分是女性的形象。也有著色過的痕跡、並且描繪了眼及嘴部。
這些雕像的功用至今不明。從母神像之說、到性愛娃娃說等眾說紛紜。
吹笛者
基本型　大部分是這種雕像！
喝啤酒的人
像是家族的像！
彈豎琴的人
還有像是外星人的像！

米諾斯（克里特）文明

當時最有勢力的克里特島上，在幾個地方皆建造了大型宮殿（西元前二十世紀左右）

幾個宮殿各自獨立，（類似）國王（的當權者），各自管理。

每一個宮殿都沒有城牆、沒有防禦設施，一片和平景象。
克諾索斯
(Knossos)
費斯托斯
(Phaistos)
馬利亞
(Malia)

一場地震讓所有的宮殿毀於一夕之間，但是他們又再度重建了更加華麗的宮殿（西元前十八世紀左右）。全部都是設有許多房間的巨大宮殿。

最大的克諾索斯宮殿裡的房間數目高達1500以上！也有樓高到四五層樓的地方。

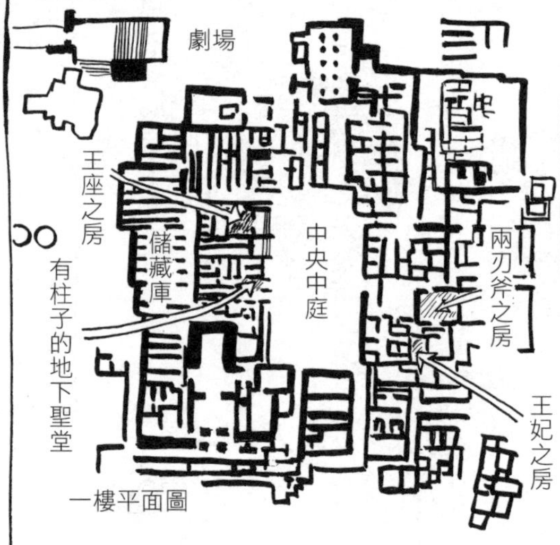
劇場
王座之房
儲藏庫
有柱子的地下聖堂
中央中庭
兩刃斧之房
王妃之房
一樓平面圖

Anna Menorinou 製作的復原圖

謎雲重重的米諾斯文明

首先米諾斯人是什麼種族並不清楚。因為從棺木中挖出多個種族的遺體，沒有辦法斷定其出身地。而最常見的說法是認為他們來自小亞細亞。另外從各處村落中有挖出西元前三千年左右埃及的石製容器，所以也不能排除埃及的可能性。

總之可以確定不是印歐語族。

雖然神話中腓尼基出身的歐羅巴是克里特島的始祖。

但是卻不清楚任何一任「國王」的名字。

據說神話中的米諾斯王的「米諾斯」之名並不是人名，而是表示「國王」權威的職務名。

另外「米諾斯」這個地名，也可見於希臘本土及西西里亞島等地，這或許也正代表了當時克里特的勢力之大。

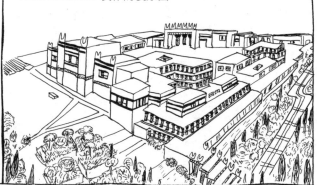

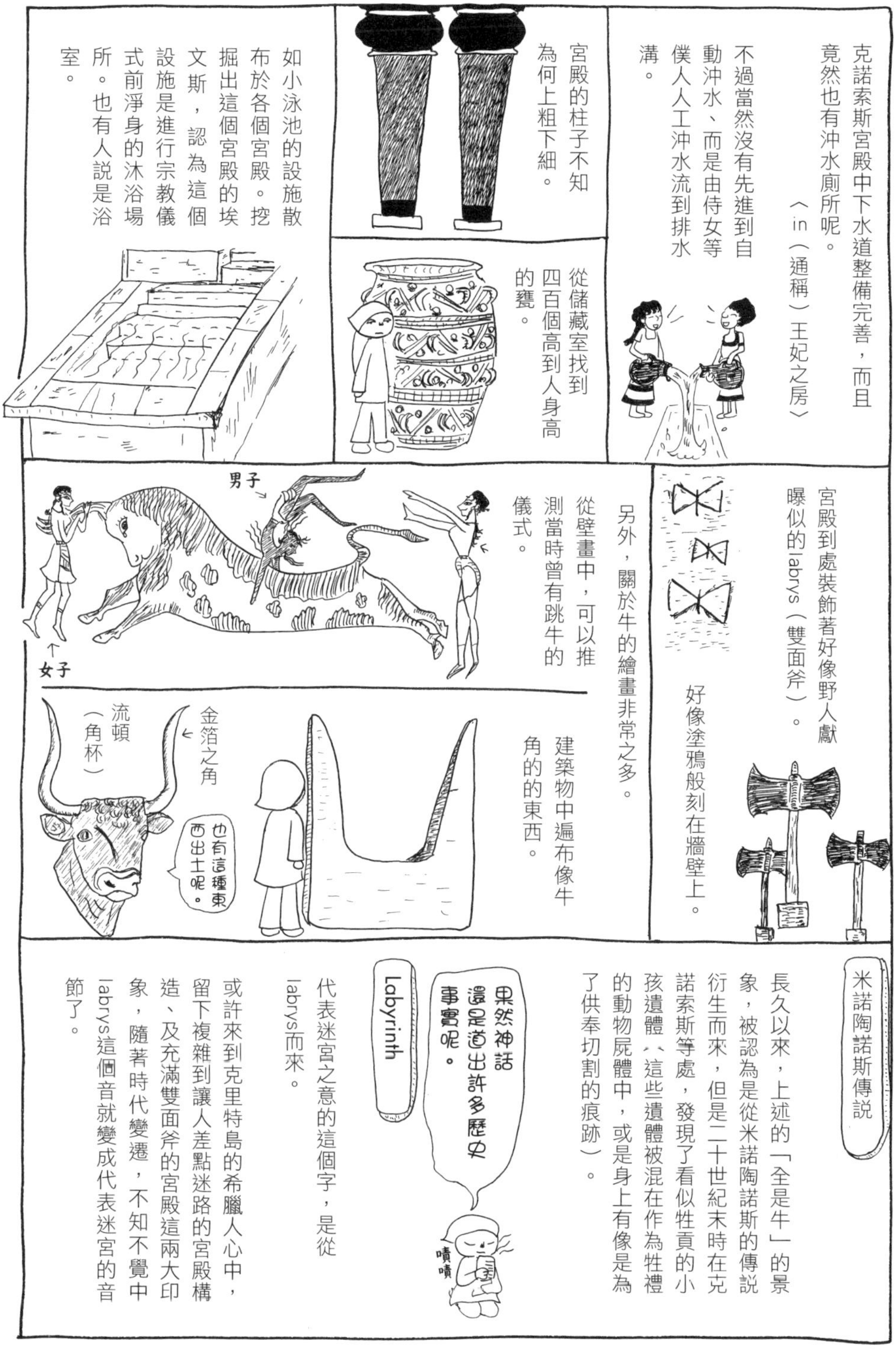

克諾索斯宮殿中下水道整備完善，而且竟然也有沖水廁所呢。
〈in（通稱）王妃之房〉
不過當然沒有先進到自動沖水、而是由侍女等僕人人工沖水流到排水溝。
宮殿的柱子不知為何上粗下細。
從儲藏室找到四百個高到人身高的甕。
如小泳池的設施散布於各個宮殿。挖掘出這個宮殿的埃文斯，認為這個設施是進行宗教儀式前淨身的沐浴場所。也有人說是浴室。
宮殿到處裝飾著好像野人獻曝似的labrys（雙面斧）。
好像塗鴉般刻在牆壁上。
另外，關於牛的繪畫非常之多。
從壁畫中，可以推測當時曾有跳牛的儀式。
男子
女子
建築物中遍布像牛角的的東西。
也有這種東西出土呢。
金箔之角
流頓（角杯）
米諾陶諾斯傳說
長久以來，上述的「全是牛」的景象，被認為是從米諾陶諾斯的傳說衍生而來，但是二十世紀末時在克諾索斯等處，發現了看似牲貢的小孩遺體（這些遺體被混在作為牲禮的動物屍體中，或是身上有像是為了供奉切割的痕跡）。
果然神話還是道出許多歷史事實呢。
嘖嘖
Labyrinth
代表迷宮之意的這個字，是從labrys而來。
或許來到克里特島的希臘人心中，留下複雜到讓人差點迷路的宮殿構造、及充滿雙面斧的宮殿這兩大印象，隨著時代變遷，不知不覺中labrys這個音就變成代表迷宮的音節了。

從小地方也可以看出他們建造宮殿的用心。費斯托斯宮殿中大階梯的正中央微微地加高。據説如此一來，在人的眼中，階梯看起來會比實際上要來得寬闊。

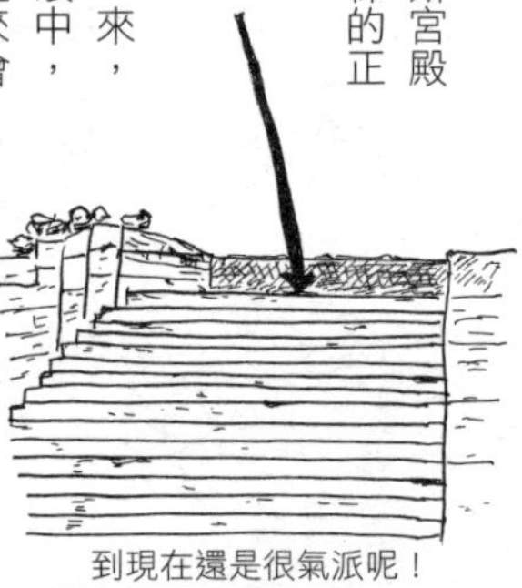

甚至還加上了一點梯度，讓下雨時不會積水。

到現在還是很氣派呢！

克里特島是經由貿易而繁榮。克里特島人似乎擅長將輸入的原料加工。

他們在古代東方世界也常常露臉，在埃及（喜克索斯時代的首都阿瓦利斯）、黎凡特（Levant）地區（敘利亞、巴基斯坦一帶）都有發現克里特風格的壁畫。

埃文斯發現米諾斯文明

將克里特島獨特的文明、以神話中的國王米諾斯王之名取為米諾斯文明（米諾斯的＝Minoan文明）的，是1900年挖掘出克諾索斯神殿的英國考古學家埃文斯。原本埃文斯就是一個喜歡觀察古錢等精細物品的人，他是為了尋找刻著圖畫及文字的小石頭而來到克里特島。

阿瑟・埃文斯（〔Arthur Evans〕1851~1941）

大小小於一元銅板

觀察這些細細碎碎的東西是他最大的幸福。

早在埃文斯挖掘出克諾索斯的十年以前，當地一名名叫米諾斯的人（雖然沒有什麼大不了，湊巧是這個名字）挖掘出十個甕，一時成為大新聞，不過土耳其政府又把那些甕埋回去，維持原樣。之後埃文斯買下了那塊土地，自掏腰包展開挖掘工作（他出生於大資產家，是個大少爺啦）。

開挖不久後，馬上發現到許多上有文字的黏土泥板。接下來隔不到多久，就完整地挖出這個傳說中如迷宮般的大宮殿！連修復作業都是全部自費。

崩坍的危險性高、必須要立刻補強；又必須讓好幾個階梯看起來立體，
還有預算的問題。

所以就用水泥來修補了！

不過他的修補工作卻飽受批評。「摻雜太多維多利亞的風格」、「廉價品」、「根本不是復原是改造」等等的批評接連不斷。

之後埃文斯由於太過執著於米諾斯文明，甚至漸漸偏向「希臘的各個都市都在克里特島的統治下」等極端的學說，而且不給批評他學說的人工作，變成濫用職權騷擾的偏激分子……。

邁錫尼（Mikenes）文明

在希臘本土，新移民的希臘人也建立了國家，（類似）國王（的存在）各自管理各自的土地（西元前十七世紀左右）

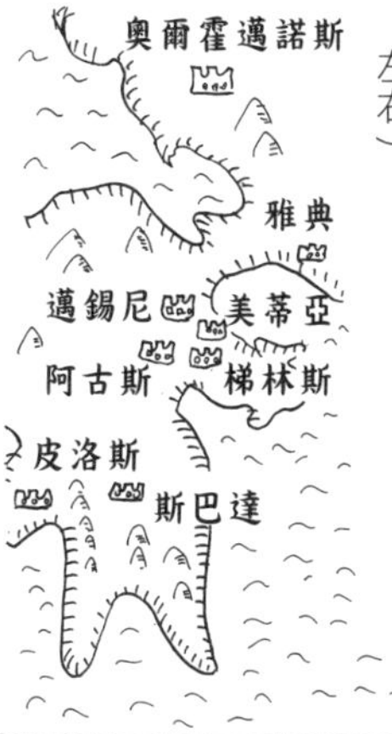

奧爾霍邁諾斯
雅典
邁錫尼
美蒂亞
阿古斯
梯林斯
皮洛斯
斯巴達

考古學家為了方便，將這個時代的希臘文明以當時繁榮的中堅國家來命名，於是稱作邁錫尼文化、或是邁錫尼文明。

此時開始貿易、向海外拓展。

因為這個土地貧脊的地方，不得不依賴國外的穀類。所以把多到剩出來的橄欖油及葡萄酒、或是陶器等拿到國外交換穀物回來。

從這個時期開始可以嗅出暴力的味道。不知希臘人是為了逼迫原住民完全向他們屈服、還是顯現海盜風格的貿易，他們的墳墓中可以看到武器作為陪葬品。（這時的武器還是從克里特島輸入的舶來品，不過之後希臘人自行製造武器。）

邁錫尼文明原創的武器

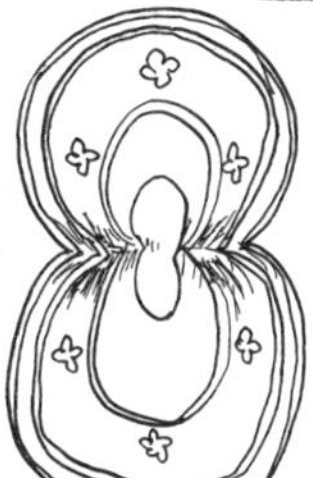

八字型盾

可以遮掩整個身體

用野豬牙製成的盔甲

在荷馬的書中也有出現

原本墳墓是挖成圓環的地方埋葬遺體（西元前十七～十六世紀）

通稱圓頂墓（tholos）

變成這種形狀的墳墓。Tholos是「圓形建築物」之意。

（西元前十六世紀以後）

大事件

西元前1628年費拉島發生火山爆發！

= 噴發前
= 現在

島的上半部沉沒

這個可怕的自然災害也帶給周邊島嶼莫大的災害（克里特島北側的海中也有發現到火山灰），想必一定令當時的人們非常震驚，這個費拉島也是至今無法斷定是否真實存在過的亞特蘭提斯（Atlantis）的其中一個候選。

亞特蘭提斯傳說

柏拉圖晚年的著作《克里特亞斯》、《提邁尤斯》中提到的傳說中的大陸。這個理想又美好的國度沒有持續下去，最後因為傲慢之罪，被神引發大洪水及大地震，而沉入海底。

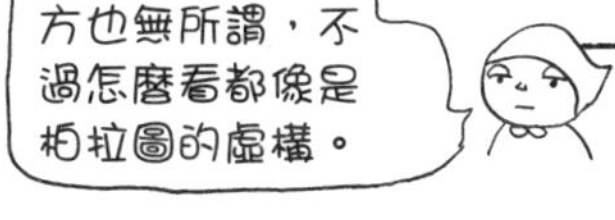

曾經有這樣的地方也無所謂，不過怎麼看都像是柏拉圖的虛構。

阿克羅提利遺跡（Ancient Akrotiri）的挖掘
1967年希臘考古學家馬利特那斯以他不屈不撓的毅力，將當時被火山灰完全掩埋的城鎮整個挖掘出來了。
（能挖的都挖了的馬利特那斯最後死於挖掘現場）。
不過幸虧鎮上全部的人在火山爆發前逃出島嶼，所以無人死傷（據説之前頻頻出現預兆警示）。
由富裕人家形成的城鎮。
房子兩三層樓高。
沒有皇宮。
也有些地方平安地保存了壁畫，可以從壁畫中窺見當時自由的風氣及快樂的生活。
漁師之圖（出土自「西之家」）
超有名的拳擊圖
畫中的人跟真人一樣高。
和真人等高的繪畫起源自費拉島，之後影響克里特島等地。也有人認為費拉島是克里特島的一部分、或是在克里特的統治下，
但是許多證據顯示費拉島是獨立存在的國家，有其獨特的歷史足跡。
不過兩地也有許多類似的圖像
藍猴之圖
也有藍貓的畫，流行藍色
阿克羅提利
克諾索斯
然而這些猴子圖在最初的修復工作中，被修復成少年的姿態。
在埃文斯過世後，從碎片中找到猴子的尾巴及鼻子的部分，才還原成原貌。
繪畫的復原工作還真是隨便……。
女性（女神官？）之圖
阿克羅提利
克諾索斯
兩地有許多繪畫相似，也或許是因為自阿克羅提利逃難的民眾，大量湧進克諾索斯的緣故。
從克諾索斯也找到了這種東西。
這個時代的女人們，似乎擔任神明祭祀等重要的職位。
通稱蛇女神之像

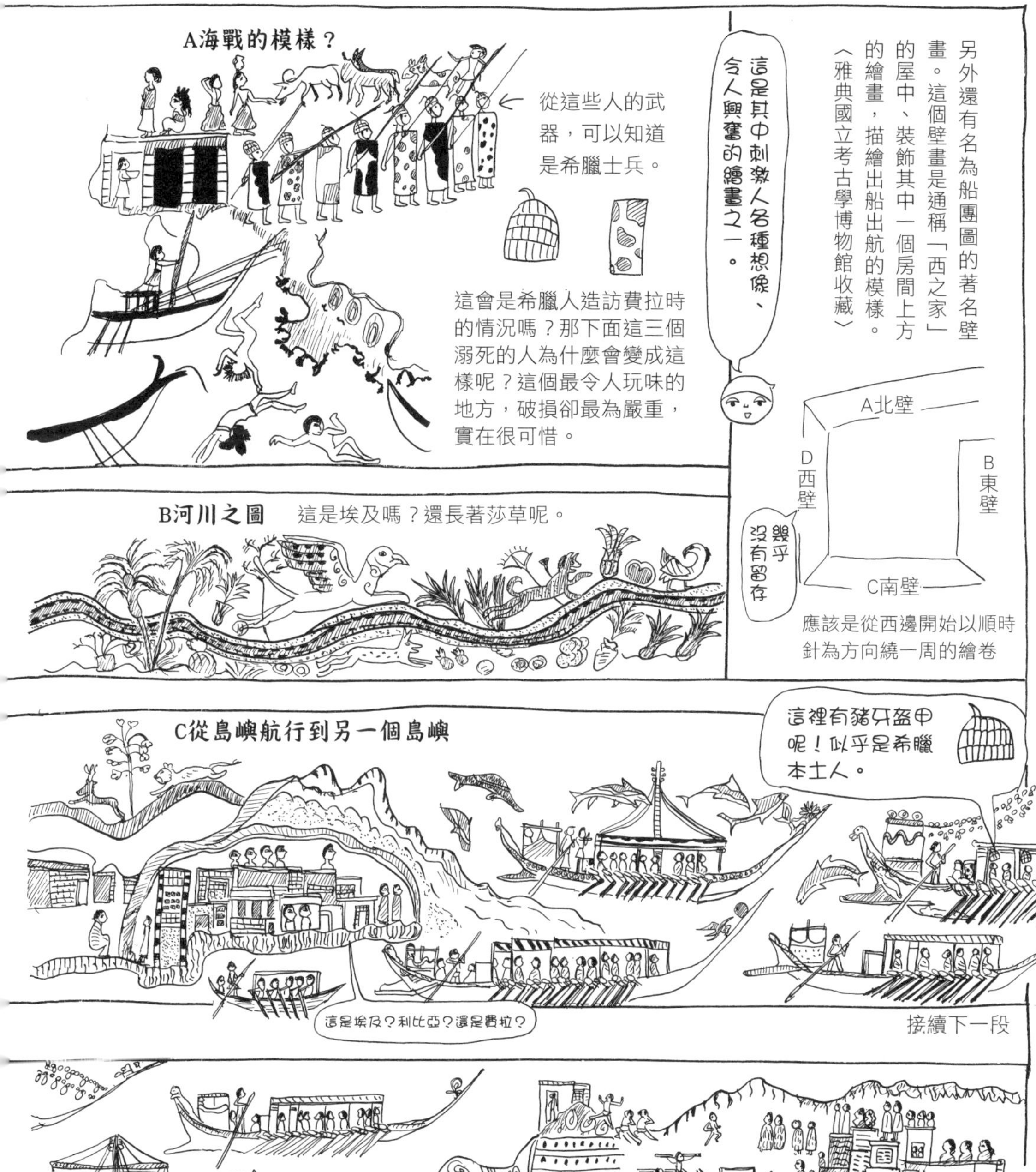
A海戰的模樣？
從這些人的武器，可以知道是希臘士兵。
這會是希臘人造訪費拉時的情況嗎？那下面這三個溺死的人為什麼會變成這樣呢？這個最令人玩味的地方，破損卻最為嚴重，實在很可惜。
這是其中刺激人各種想像、令人興奮的繪畫之一。
另外還有名為船團圖的著名壁畫。這個壁畫是通稱「西之家」的屋中、裝飾其中一個房間上方的繪畫，描繪出船出航的模樣。
〈雅典國立考古學博物館收藏〉
A北壁
B東壁
C南壁
D西壁
幾乎沒有留存
應該是從西邊開始以順時針為方向繞一周的繪卷
B河川之圖
這是埃及嗎？還長著莎草呢。
C從島嶼航行到另一個島嶼
這裡有豬牙盔甲呢！似乎是希臘本土人。
這是埃及？利比亞？還是費拉？
接續下一段

據說這部分代表費拉島的人們跟其他的國家交易的情形。
而關於他們貿易對象的國家則是眾說紛紜沒有定論。

這裏有牛角耶！
是克里特？還是費拉？

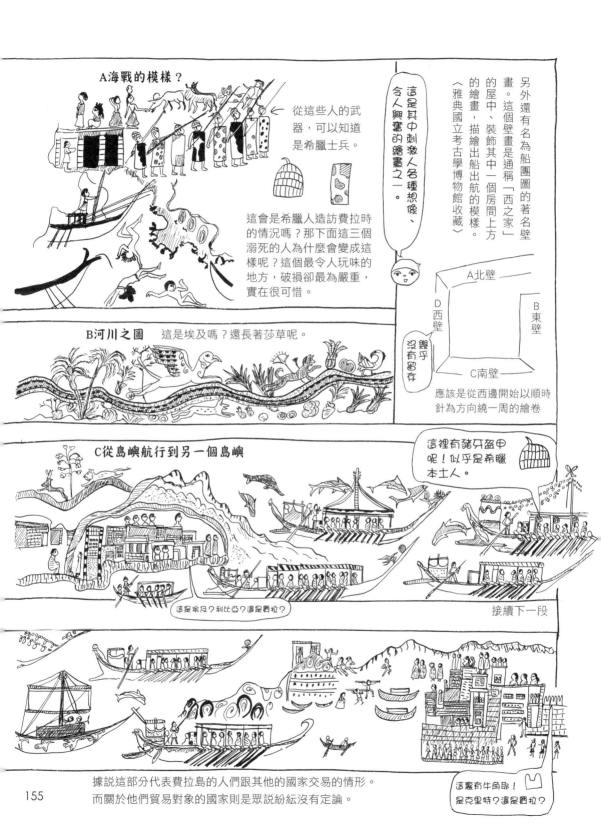

米諾斯文明的結束

希臘本土各地皆建造了氣派宮殿的西元前十五世紀左右，邁錫尼文明的人們強大到征服了克里特島。克里特島上的宮殿遭到焚毀，幾乎消失殆盡。

希臘人只保留了克諾索斯的宮殿，他們將這個宮殿加以改造作為自己的居所。

匡

希臘人在征服克里特島的前前後後，都受到米諾斯文明的影響。首先希臘人學到了文字。

克里特獨自發展了改良自圖畫文字的文字（為了方便被稱作「線性文字A」。是埃文斯乏味的命名），而希臘人又將克里特發明的文字稍作改變，放進自己的語言（「線性文字B」↑同樣是埃文斯的命名）。這種文字是一部分的公務人員在製作類似會計報告書等公務文書時使用。

這種文字也有傳播到希臘本土。

挖掘到線性文字B的國家

奧爾霍邁諾斯
底比斯
這裡出土最多！挖出將進一千片的文字。
伊萊夫納
雅典
邁錫尼
梯林斯
皮洛斯

線性文字B一共有87個文字。是由表意文字及類似日文平假名的音節文字所組成。

破解文字①

線性文字B在1952年由英國人麥可・文特理斯（Michael Ventris）破解。寫有線性文字B的黏土板，先是由埃文斯於克諾索斯發現，接著在希臘本土也由其他的考古學者大量挖掘出來。克里特至上主義的埃文斯，只提出「兩個種類的文字─線性文字A與B皆是克里特的語言，線性文字B是線性文字A進化後的版本」的想法，沒有進一步探究。

之後好幾個人挑戰解讀線性文字B也都失敗，是文特理斯在「旁人無法想像的辛勤研究」最後，發現到線性文字B是古希臘文（聽起來似乎是理所當然的事情，但在當時大家想都沒想到）。

聽說文特理斯自幼就擅長語言學，不過他的正職是建築家，所以解讀文字其實是他的業餘專長。實在太厲害了！破解出線性文字B的四年之後，文特理斯死於交通事故。享年三十四歲，英年早逝。

看起來誠實可靠的文特理斯先生

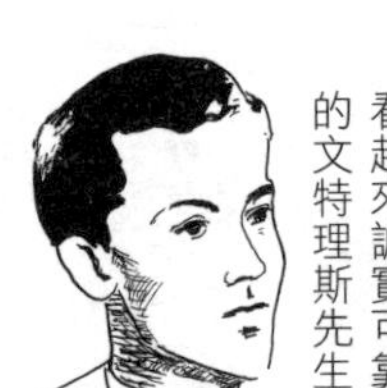

（1922～1956）

不像羅塞塔石碑旁邊還有譯文，解讀線性文字B完全是在沒有線索的狀態下。破解的順序是從入手的所有資料開始，找出經常出現的字，接著分析所有變形的單字，分類、作表格、決定發音、比對、比對、再比對……。對、對不起，對我來說實在太難了。想了解請自行參考《解讀線性文字B》（《The Decipherment of Linear B》，John Chadwick著）這本書吧。

另外希臘宮殿的牆壁，也像費拉及克里特一樣用繪畫來裝飾。
邁錫尼出土
這個也是受到克里特的影響

宮殿中是以有這種火爐的大客廳（大殿〔Megaron〕）為中心建造，是邁錫尼文明的原創。又稱作大殿式樣。

在海外的評價

邁錫尼文明時代的希臘也常常在國外的歷史記載中露臉，就譬如埃及。位於阿蒙霍特普三世葬祭殿雕像的台座上，邁錫尼、克諾索斯的名字就以貿易國刻在位於考姆赫坦的阿蒙霍特普三世葬祭殿雕像的台座上，可看到邁錫尼、克諾索斯因為與埃及貿易往來而榜上有名。

另外在西臺人的文書中，也發現到「Ahhiyawa」這個名詞，有人認為這個名詞應該是指希臘人（因為希臘人的稱謂中有一個是亞該亞人，跟Ahhiyawa這個音很類似）。西臺人雖然看不起這個「Ahhiyawa」，不過似乎這是個麻煩的對手，為了不要惹惱他們，西臺人還是稱呼他們「兄弟」，留下語氣相當禮貌的信件。但是，這個「亞該亞＝Ahhiyawa」的說法，也因「地理位置不合」，而有不少反對意見。

破解文字②

多虧破解線性文字B，歷史也有新的發現。解讀出的內容讓埃文斯的「克里特統治希臘之說」完全消失，了解到邁錫尼文明的希臘人成為希臘世界新領袖的這個事實。另外線性文字B還告訴我們邁錫尼社會的經濟狀況、社會機構、有什麼樣的人存在。

但是由於線性文字B幾乎用在事務文書，就好像除此之外沒有作用似的，連一封信也沒有，所以並不知道各個都市的所在地。而且一個都市也只有挖掘出那個年度的資料，使得甚至有人認為這些是謄寫到正式文書（莎草紙）之前的草稿。

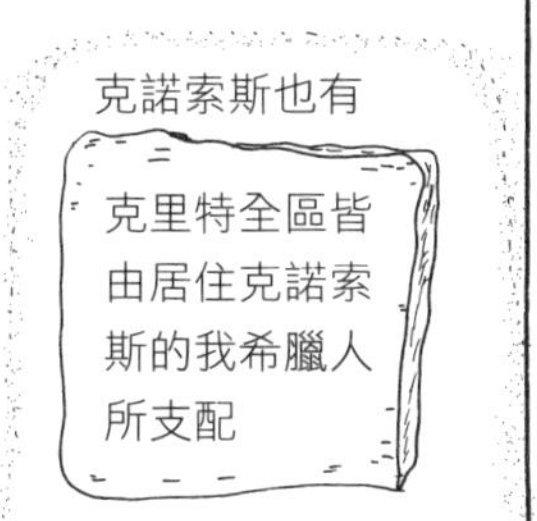
克諾索斯也有
克里特全區皆由居住克諾索斯的我希臘人所支配

出土這個語氣月中無人的黏土泥板。

但是，還是謎團

到現在，線性文字A還是沒有被破解。而且雖然從費斯托斯宮殿（Phaistos）挖掘出刻有圖畫文字的圓盤，但這也不是克里特的圖畫文字（線性文字A原本的型態），而且在任何國家都沒有找到相似的文字，可說是世界上獨一無二的特例。

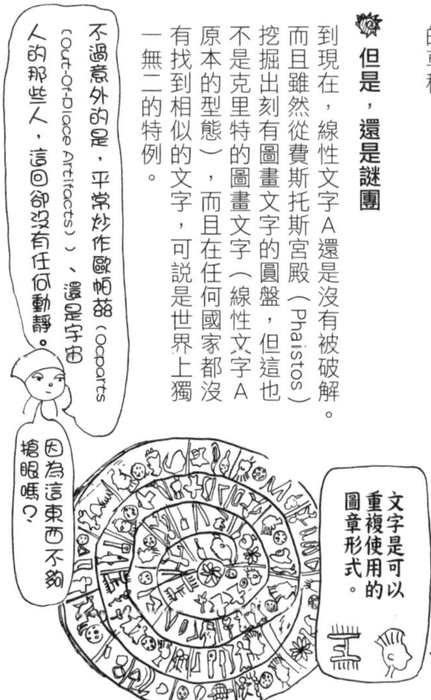
文字是可以重複使用的圖章形式。
不過意外的是，平常炒作歐帕茲（Ooparts〔Out-Of-Place Artifacts〕）、還是宇宙人的那些人，這回卻沒有任何動靜。
因為這東西不夠搶眼嗎？

邁錫尼文明原本發展順利，但到了西元前十三世紀後葉左右，開始飄盪出一股不穩定的氛圍。有些地方開始建築城牆、建造地下儲水槽、準備防禦工事。

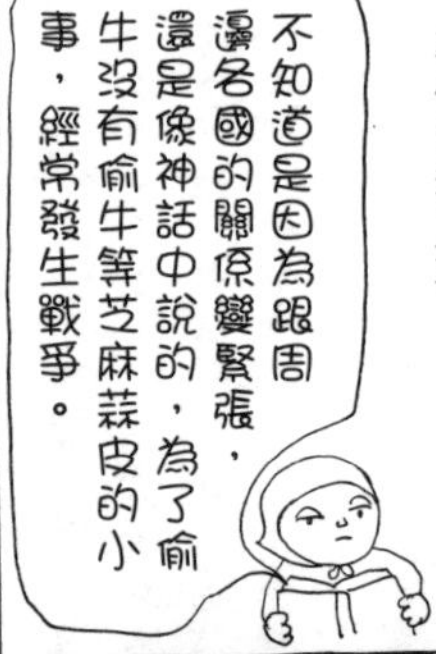
不知道是因為跟周邊各國的關係變緊張，還是像神話中說的，為了偷牛沒有偷牛等芝麻蒜皮的小事，經常發生戰爭。

壁畫中人物都長得很好看
邁錫尼出土
My favorite壺

獨眼巨人式城牆

後世的希臘人，說這個由巨石組合而成的城牆是神話中常出現的獨眼巨人建造的。神話中獨眼巨人分成三個種類。第一組蓋婭的三個兒子，第二組是奧德修斯故事中遇到的波塞冬的兒子，最後一組則是這些建造城牆的巨人（7人），傳說是梯林斯王從呂基亞帶回來的。而也有人推測實際上可能真的從現在土耳其帶回建築師回希臘也不一定。還有人指稱這個城牆與西臺首都哈圖沙城相當類似。

發現邁錫尼文明—神話的都市變成現實—

施里曼—在現今土耳其的希沙利克（Hissarlik）山丘發現了都市遺跡，而得到「挖掘出傳說中都市特洛伊」的世界性名聲的男人——找的新尋寶目標，正是特洛伊爭戰對手的總帥、阿伽門農的城市。

雖然關於阿伽門農的城市，自古以來就相傳是邁錫尼，做為現在邁錫尼觀光特色的獅子門也已經出土，不過即使已經有人早一步進行考古調查，卻是施里曼第一個展開挖掘工作。

把古書上的一字一句都當作是神的啟示的施里曼，相信西元二世紀的旅人、保薩尼阿斯（Pausanias）寫下的導覽書中「阿伽門農的墳墓在城牆中」的這句話，即使他被充滿成見的學者們嘲笑「按照往例，城內不可能有墳墓」，仍舊信心十足地到處挖掘，最後正如保薩尼阿斯所說，從城內挖出墳墓。

甚至在挖出墳墓之後，還挖出了梯林斯的宮殿、奧爾霍邁諾斯的圓頂墓，使得邁錫尼時代的樣貌清楚浮現。另外一九三九年美國考古學者布列根則發現了皮洛斯的宮殿（通稱涅斯托耳宮）。

皮洛斯長久以來，因為荷馬詩中吟詠「有許多沙灘的皮洛斯」，所以一直被認為是位於海岸沿岸、現在被稱作皮洛斯的地方（就連古代人也是這樣認為）。但是從距這裡十七公里遠、尋找有許多圓頂墓的丘陵時，恰巧發現建築物裸露出的一部分，進而開挖。沒想到竟然成為發現宮殿的契機。

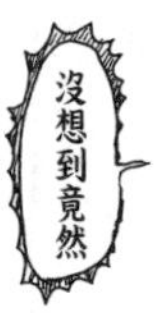
沒想到竟然

海因里希・施里曼

（Heinrich Schliemann）小記

海因里希・施里曼

1822～1900出生於德國一個貧窮的家庭

我第一次閱讀施里曼自己寫下的自傳《對古代的熱情》時，不禁全身顫動。

書中提到他在八歲的時候，從父親買給他的書中看到特洛伊城淪陷的震撼圖畫，從此相信「這絕對不是故事是現實」，並且下定決心「自己一定要發現特洛伊，證明它的存在」，為了這個目的他成為大富豪，四十歲的時候從商界引退，把所有的財產都投進特洛伊的挖掘工作，而且真正的特洛伊還真的出現了呢！聽起來真的是夢想成真哪！比起書店裡那種買了都會不好意思的自我啟發書，施里曼的自傳更是讓人燃起鬥志的名著呢。

但是很多人說他的自傳充滿謊言杜撰。

在施里曼展開挖掘工作的時候——

不可能挖出來的嘛。這個什麼都不懂的外行人！
哈哈哈
呵呵呵
噗噗

也有人指出這個面具的鬍子有被改造。

施里曼硬說是阿伽門農黃金面具的出土品。

黃金！

實際上比阿伽門農的時代早四個世紀（墳墓本身也是）。

但是究竟是施里曼去動手腳的、還是那個時代的人的改造就不得而知了。

也有這種圓臉男。

雖然施里曼的確是個固執己見的人、一挖到什麼寶物馬上就聯想到荷馬史詩裡的登場人物、而且毛毛躁躁小孩子脾氣，不過他這個人說話算話，有時也相當爽快。

施里曼是個令人相當愉快的人物。他雖然特立獨行，不過經常坦率地接納真實。
埃及考古學之父—佩特裡

施里曼被學術圈的人們相當看不起，就算在他成功挖出遺跡之後，瞧不起他的人在施里曼死後也是一直說他的壞話。

根本是無憑無據的挖掘。
他非常有可能竄改了紀錄和出土品。
他為了挖出舊東西，把找到的新東西立刻破壞。

如果是關於挖掘的批評也就算了，有人甚至為了證明施里曼杜撰的程度，搬出他的私生活及日記，瑣碎地調查他的不在場證明。（David・A・Traill，《施里曼──黃金及假造的特洛伊》，青木書店）
他說在白宮與總統會面、
經歷舊金山大火等，
天哪──
全部都是謊言！
甚至關於施里曼挖掘特洛伊的動機，
他說八歲看到什麼書的也都是杜撰！如果是小時候開始的夢想的話，為什麼在結束公司之後，還要再花兩年旅行？如果真的那麼熱切期望的話，應該早就開始挖掘了。
也這樣分析。
這個人不懂「猶豫」的心理嗎！
應該說本人都這麼講了，有什麼關係。有什麼好計較的！
話說回來，正是由於施里曼的完美主義、超過常識的精力，使得他周圍的人都被搞得疲憊不堪。
來介紹其中幾個有名的軼事……。
最廣為人知的是他的外語學習術。
他用自己獨特的學習方式精通二十二國語言。而且他還能完美流暢地說出其中的十國語言，實在是太厲害了。他花在一種語言的時間是六個星期。
施里曼的學習法是
徹底做好朗誦及作文及強記！
據說是這樣。
在他還很貧窮的時代。
總之他用大到不行的音量閱讀文章。
I play tennis
I play
施里曼也曾經因為閱讀音量太大而被趕出公寓。
又開始了。
另外他還因為覺得有人的目光比較有效，僱用「只看著」自己朗誦的人。
天哪，真受不了這種氣氛。
他每天寫作文，拿給老師訂正後，又用大到不行的聲音朗誦、強記。
這個人一到國外就用那國的語言寫日記。

施里曼非常小氣

他在環球旅行之時，在物價便宜的印度也只坐次等的交通工具，

他變成有錢人以後的軼事——

不管什麼都一定討價還價。

當從希沙利克挖掘出價值不斐的阿波羅浮雕辭，原本土地的所有人法蘭克・卡爾文特也應該有一半的所有權，但是

公定價沒有多少錢啦。
是嗎？

施里曼用這種藉口讓法蘭克死心，給人家的錢還不夠塞牙縫。

這個法蘭克正是讓施里曼發現「希沙利克山丘是特洛伊入口」、得到世界性名聲的人，實在忘恩負義啊……。

但是施里曼的小氣也讓他錯失挖掘出克里特島的克諾索斯宮殿的良機。

在米諾斯發現十個甕之後（P152），施里曼在要簽契約的時候，

聽說這塊土地有兩千五百棵橄欖樹，但自己下去數的結果卻只有八百八十八棵，結果就放棄購買了。

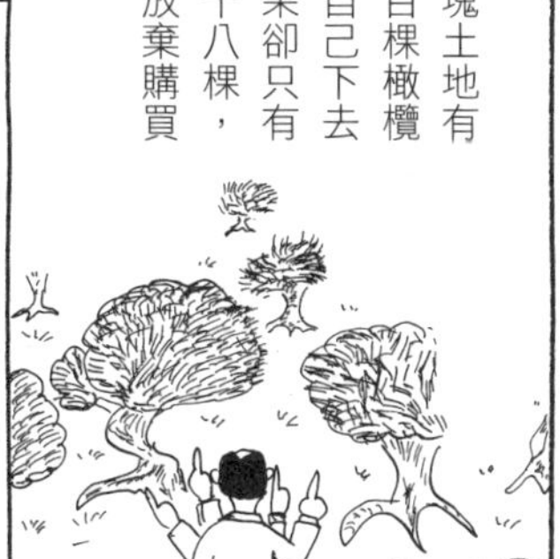

靜不下來的人

完全是工作狂的施里曼，在家裡讀書的時候、寫字的時候也站著不坐下。

振筆疾書
嗅
匆忙
匆忙
匆忙
匆忙
嚼嚼

他不管人到哪裡或是發生什麼狀況，都絕對實行自己獨特的養生法——「早上必定海水浴」。

他對自己的家人也是從用錢到體重、都一一檢查支配。

沒有降到75kg以下就不見面！
掉頭
唉——

施里曼最後死於耳朵的疾病，但也是因為在德國動過大手術後，沒有馬上回到位於雅典的家，工作狂的個性讓他想一次把事情處理完，在酷寒中動來動去的緣故。在慶祝聖誕節的拿坡里街上倒下的施里曼，不知是不是因為他衣著寒酸被認為是窮人，在被醫院拒收之中也延遲了急救。

不要欺負我喔。
眨眼

不管關於施里曼不好的傳言再多，他的豐功偉業和值得敬愛的奇行光芒都不會消失的吧。對吧。對吧。

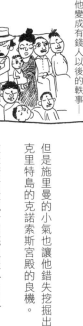

危機！接著是黑暗時代

繁榮鼎盛的邁錫尼文明也在西元前十二世紀時結束。除了雅典以外的各國宮殿相繼遭到破壞、焚毀。希臘人口也迅速銳減（有人說降到十分之一）。雖然也是有人留下來重建城都，但許多人都放棄自己的國家，及早避難。也有人隱居在巔危的山頂。從這時開始的混亂時代就被稱作黑暗時代。

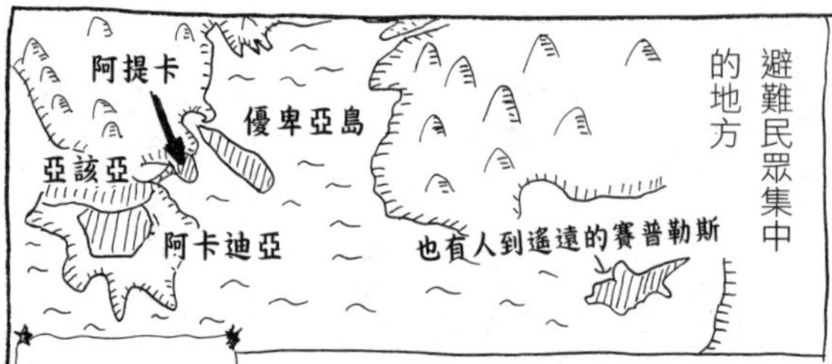
避難民眾集中的地方
阿提卡
優卑亞島
亞該亞
阿卡迪亞
也有人到遙遠的賽普勒斯

為什麼只有克諾索斯例外呢？

埃文斯斷定克諾索斯的線性文字B文書是西元前十四世紀之物以後，克諾索斯的大破壞就被認為是比希臘本土早兩百年的前十四世紀。但是，被認為是西元前十二世紀之物的皮洛斯黏土泥板，從文法及文字來看，年代和克諾索斯的並無二致，所以也有人提出意見說，應該把克諾索斯文書的年代往後修正到「西元前十二世紀」。

斷定文物年代的方式，據說是跟周邊出土的文物比對後來決定的。在埃文斯的年代斷定中擔當一角的，是一起出土的埃及遺物。

接著是希臘人的一支、名為多利安人（Dorians）的集團南下（這群人以往居住在北西部，過著單調的畜牧生活）。

嘿咻嘿咻
嘿咻嘿咻

在那前後，逃難的邁錫尼文明的希臘人，渡海前往小亞細亞建國。

今天的土耳其

希臘人的方言大致上被分為愛奧尼亞（Ionian）、愛奧利斯（Aioleis）、多利安人這三個族群。
據說可以由這些方言來推測當時集團移動的情形。
更細密的方言區分如下。

愛奧尼亞
愛奧利斯
多利安
西北希臘
利姆諾斯
色薩利方言
愛奧利斯方言
維奧蒂亞方言
萊斯沃斯島
西北希臘方言
希俄斯島
愛奧尼亞方言
阿提卡方言
薩摩斯島
阿卡迪亞方言
多利安方言
美洛斯
費拉
多利安方言
羅德斯多利安方言
克里特多利安方言
※前輩（前20世紀）
・愛奧尼亞
・阿提卡
接近
・愛奧利斯
・阿卡迪亞
※晚輩（前12或11世紀）
・多利安
・西北希臘
※前輩晚輩交雜（或許）
・色薩利　・維奧蒂亞

究竟發生了什麼事？

沒有人知道這個時期究竟發生了什麼事情。

雖然從皮洛斯的線性文字B文書中知道在海岸設置監視兵，另外可以在科林斯峽谷看到大型防護壁障的痕跡，讓人感受到軍事緊繃的情勢，但是並不清楚敵軍的身分。總之是個謎團。關於敵軍身分有許多說法，不論哪一個都各有長短。現在還沒有哪一個說法能讓萬人信服。

學說1　內亂說

被壓抑已久的民眾終於受不了王室、拿起武器來暴動的學說。

之後的時代不見王政、爾後誕生民主政治等原因，用這個學說來解釋的話可以讓人信服。

但是各地民眾不約而同一起暴動也實在不可思議。

吱
難道就像「第一百隻猴子」，人們的情緒相互共鳴、一起發起行動嗎？

是某一個國家先開始、旁邊的國家跟著效法；還是說各國的民眾暗地建立起祕密連絡網絡，策劃了縝密的計畫呢？

就像這群人一樣

這是晉作
龍馬
這個是畫西鄉殿下

這種事情真的有可能發生嗎？

神話訴說了許多史實嗎？

神話的末了，納烏普里歐斯的小小找麻煩行動（P136）奏效，各國國王被趕出自己的國家、或是被殺等，充滿了不穩定的內亂氛圍。神話中國王們的庇護所也是賽普勒斯等等，和實際上避難民眾逃亡的場所相符。

另外，雖然不是神話，不過西元前五世紀的冷靜的歷史學家修昔底德（Thukydides）在書中寫到「國王們長期參與特洛伊戰爭不在國內，幾乎所有的城市都發生內亂」。

第一百隻猴子

「有次一隻猴子在洗香芋。結果一群猴子跟著模仿，在超過一百隻的時候（為了描述方便找的臨界點），和第一隻猴子相距遙遠的猴子正和牠做相同的動作」，這是以這個故事（虛構）來做譬喻，說明情感及意識在超過某個臨界點後，會影響到全國、甚至是全世界規模的程度。提倡這個理論的是萊爾·華特森（（Lyall Watson）生物學家）。

學說2　多利安人破壞說

多利安人南下之時，破壞希臘人前輩的村落、摧殘了伯羅奔尼撒的學說。

這個學說在五十年前還是定論。

因為從民族的移動情形來看，前輩希臘人被多利安人像洋菜一樣擠出希臘、逃到其他地方避難，是一般最容易推測的看法。

但是在新的證據出土後，知道其實不是那麼一回事。從出土品顯示，從黑暗時代開始的一百年的時間，文化並沒有斷層。因為自皇宮與聚落等重建的遺跡中，仍舊發現了和邁錫尼時代相同的土器。

因此這個學說也不再被採信了。

修昔底德也在書中寫到：「特洛伊淪陷的80年後，多利安人占領伯羅奔尼撒」。

神話告訴我們更多訊息嗎？

在神話中多利安人與海格力斯的後裔一同南下到伯羅奔尼撒，並在當地定居了下來。

▲海格力斯後裔的回歸▼

由於命令海格力斯去完成十二項艱鉅任務的邁錫尼王尤里修斯，虐待海格力斯的兒子們，所以他們往北方逃命。而且後來海格力斯的兒子們想盡辦法回到伯羅奔尼撒，因為神諭說「三代後可望回歸」，於是放棄嘗試，最後終於在子孫第三代時得到多利安人的協助，攻打伯羅奔尼撒，一償宿願！

第三代有三個兄弟，各自將土地瓜分占領。

忒墨諾斯
Temenos
阿里斯托瑪科斯
(Aristodemus)
阿古斯
麥西尼
斯巴達
克雷斯龐特斯
有很多版本，總算是整合起來了。

據說這是邁錫尼時代與本土文化無緣、又沒有神話的多利安人強行加進自己的創始神話中的。也有人認為赫拉和海格力斯的不睦，象徵原住民與多利安人的對立。

知名的多利安人的國家（城邦）
墨伽拉
科林斯
阿古斯
埃皮達魯斯
斯巴達

不知是否因人口過多，在爭戰告一段落後，多利安人中也有一部分渡過愛琴海往西遷移（10世紀左右）。

學說3 海之民

這個時代，發生了就連超級大國西臺及烏加里特（Ugrt）、賽普勒斯等也都滅亡的大事件。關於引發這個事件的人犯，埃及的壁畫中列舉了五個民族的名字。

希臘
西臺
賽普勒斯
烏加里特

在埃及學學者、馬斯貝羅的提倡下，這些人後來被稱作「海之民」。

海之民們

這個大雜燴的民族部隊消滅了前述的三個國家，甚至到達埃及（埃及人好不容易把他們打敗）。

而會不會是這個意氣風發的集團在襲擊西臺前後、順道踏上希臘，以海盜的方式侵入希臘呢？

但是這個學說還是留下了一個疑問。因為要這群海盜耐心地一個一個襲擊像分成小袋裝的希臘王國，又要每場必勝將各國消滅實在是件困難的事。

而且海之民沒有定居下來，只是到處搗亂完、拍拍屁股又往下一個地方去，這種類似白蟻的行動也太不可思議了吧。

太忙碌了！
被害災區

而且話說回來，海之民本身就是一個謎中之謎。只有埃及的壁畫中顯示他們的存在，讓人毫無頭緒。海之民是否真實存在、他們的目的、是什麼民族等等引發許多討論，但討論不出結果來。何況也有人說希臘人也是海之民的一員呢。

狡猾

埃及象形文字中寫的五個民族中，其中一個是「Denyen」，有人認為這與「Danaoi」（達奈人＝荷馬史詩中可見的希臘人通稱之一）有關。

其他還有各種說法，像是在梯林斯發現大地震後的痕跡，所以一般也認為天災的發生及民眾的不滿，加上海之民等外部民族的遷徙，還有多利安人出頭，這些複雜的原因互相交錯造成了黑暗時代。

各個王國的破壞程度也不盡相同。

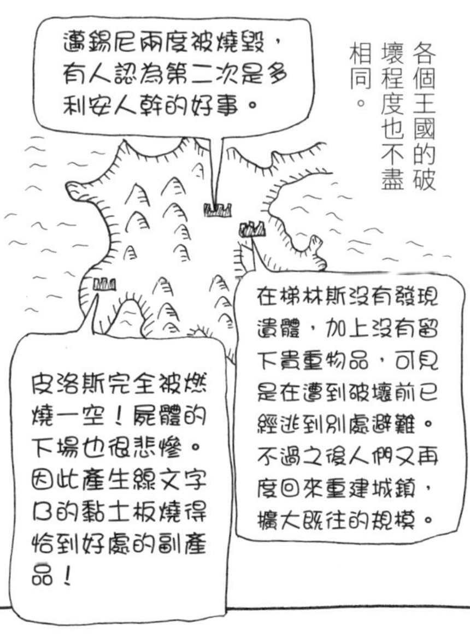
邁錫尼兩度被燒毀，有人認為第二次是多利安人幹的好事。
在梯林斯沒有發現遺體，加上沒有留下貴重物品，可見是在遭到破壞前已經逃到別處避難。不過之後人們又再度回來重建城鎮，擴大既往的規模。
皮洛斯完全被燃燒一空！屍體的下場也很悲慘。因此產生線文字B的黏土板燒得恰到好處的副產品！

這裡以及下面要提的城邦發生階段，是古希臘世界引人遐思的最後部分。

之後在發明字母字母後，歷史得到明白的陳述，人們的動向被字母清楚地記錄下來，ㄟ，就變得很像近代那樣啦。

而且後來的時代再也看不到像邁錫尼、克里特時代、巨匠小島功（代表作品《鬍子與巨乳》）那樣的壁畫，實在是非常可惜。

真的曾經發生過特洛伊戰爭嗎？

施里曼在希沙利克丘陵戲劇性地找到遺跡，但是並沒有關鍵性的證據證明這個遺跡就是特洛伊。另外遺跡的第七市（西元前十二世紀左右的建築）可以確定是遭到火災焚毀，但除了希臘神話外沒有證據證明是希臘人所為。

但是古代的許多歷史學家，都對特洛伊戰爭的發生不抱持任何疑問。另外從希沙利克也挖掘出邁錫尼看來，似乎兩地曾經有交流。

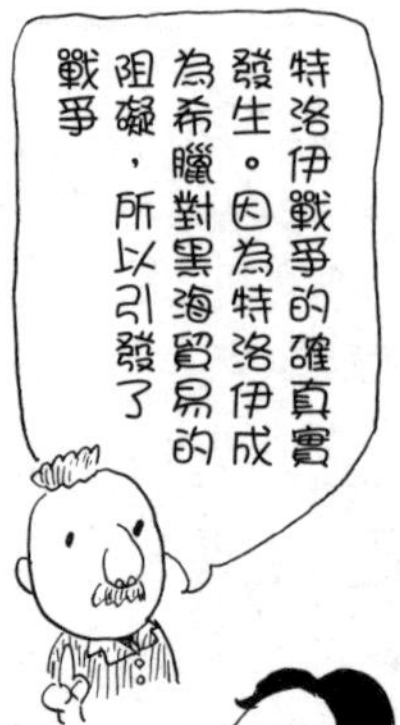
特洛伊戰爭的確真實發生。因為特洛伊成為希臘對黑海貿易的阻礙，所以引發了戰爭

特洛伊戰爭是希臘各國賭上國家存亡的最後一把大賭注。

——等等，現代肯定特洛伊戰爭存在的人很多。

但是——

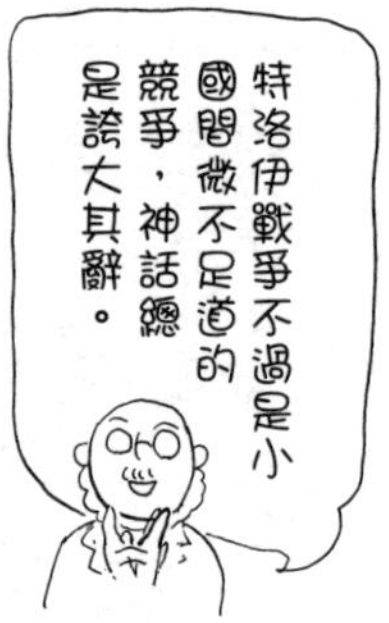
特洛伊戰爭不過是小國間微不足道的競爭，神話總是誇大其辭。

也有人完全否定特洛伊戰爭。因為關於特洛伊這個國家，除了神話以外沒有任何紀錄。

唯一在西臺的文書中有描述到一個很像是特洛伊的國家，裡頭寫到「比爾薩這國的亞力山大和西臺締結條約」的紀錄中，有人指出「比爾薩」與特洛伊的別名「伊利昂」、「亞力山大」與帕裡斯的別名「亞歷山大」發音相似，但是沒有辦法當作充足的證據。

而且很多人否認的原因，也是由於施里曼挖掘到的希沙利克遺跡小得令人失望。但是最近（1993年）發現到類似包圍遺跡的大外牆（城溝？）。如果這真的是城的外牆的話，遺跡的總面積將是現在的五倍，更加接近神話中的特洛伊形象。

今後還會繼續調查下去呢。

生活與閱讀

Eberhard Zangger所寫的《甦醒的特洛伊戰爭》（大修館書店）、《從天降下的洪水》（新潮社）的兩本書中，以近乎偽科學的手法，展開探索特洛伊戰爭的嶄新學說。書中將特洛伊當作超級大國，特洛伊戰爭是世界大戰等級，也說明了黑暗時代、海之民及亞特蘭提斯傳說，實在精采好看！

破壞之後才有新生！

從黑暗時代到城邦興起！

大危機之後經過兩百年的西元前十世紀左右，人們終於再度得到安定的生活。他們建立起與邁錫尼文明完全不一樣的新世界。

在各地誇耀自己血統的人（為了方便，以下稱呼他們為貴族）成為權力中心，建立起比邁錫尼各王國更加細分單位的共同體「城邦」。

這些人是誰？是拉著黑暗時代人們逃出各國的領袖的後代嗎、還是邁錫尼文明時期的名門，或是破壞邁錫尼王朝的革命之徒呢？不知道他們的特殊性是哪裡有說服力，不過總之是群自豪自己血統的人們（或許就是他們創造神話、讓自己沾上英雄的血統）。而且他們也擁有大片土地。

城邦

也有人翻譯成都市國家，不過除了雅典跟斯巴達之外，其他地方都沒有到達稱得上國家的規模。稱得上是都市的，也只有科林斯、阿古斯等少數地區。普通一個城邦大約五千人左右，從最少的以數百人為單位、到最高超過二十萬人的雅典（巔峰期），人數差距甚大，據說一共有將近八百個左右的城邦。另外除了城邦這個計算單位外，還有範圍更廣，類似聯邦的存在（色薩利、維奧蒂亞、波基斯）。

柏拉圖老師描述城邦
就像一群擠在池塘的青蛙一樣。
就像這樣的景況。

各個城邦的成立、政治形態等也是各異其趣。

也有保存王政的城邦（漸漸變成花瓶般的存在，除了一部分之外逐漸消失）。

許多可以稱為平民百姓的普通人們，雖然比不上貴族，不過還是擁有土地，在經濟上也相當獨立。即使是以貴族為中心決定事情，但在會議中也是會徵求平民的同意，而且平民還能在會議中表示意見呢。

平民也擁有兩三個奴隸。

話雖如此，平民在貴族面前還是抬不起頭來。
閃亮
閃亮
因為只有貴族能去打仗啊。
城邦之間早就開始小規模的競爭（戰爭對他們來說是家常便飯），能夠備齊武器裝備的貴族可以率先上戰場，貴族擴大了土地、帶回戰利品、讓城邦更加繁榮。同時他們也增加了自己的財富。
閃亮
刺眼
怎麼有辦法跟這些人平起平坐呢？
國家的重建更加加快腳步，貿易也再度興起！
另外各個城邦的人口也慢慢增加，在原本的土地上待不下去的人們又去尋找別的土地，開始了殖民風潮！
這些殖民都市在內心裡都把母國認定為故鄉，不過實際上卻是完全獨立於母國的政權。現代都市的起源及名稱很多都是源自希臘的殖民市。譬如說「馬賽」、「拿坡里」、「尼斯」就是從希臘人的「馬薩利亞」、「尼亞波里斯」、「尼西亞」而來。
你去了吧。
都去遍啦。
為了要堵住對手腓尼基，這邊也有建立城邦
尼西亞
馬薩利亞
尼亞波里斯
塔拉斯（塔蘭托）
奇美
庫洛頓
格拉
昔拉庫薩
希諾佩（Sinope）
拜占庭
成為之後拜占庭帝國的首都（現在的伊斯坦堡）
●希臘人只有為主要的殖民市取名
從西元前750年開始到西元二世紀之間
昔蘭尼（Cyrene）
諾克拉提斯（Naukratis）

字母
只有公務人員才懂得使用、困難艱澀的線性文字B隨著大危機的發生而消失，但西元前八世紀後葉又發明出新的文字。這個新的文字是希臘人和腓尼基人貿易之中，看到腓尼基的文字，稍作改變而創造出來的。
腓尼基人的母音沒有文字，所以想到將腓尼基文字中、希臘沒有的發音當作母音，略做一些更動。
據說創造字母是一個默默無名者的功勞。
這回的文字只要記住二十幾個文字、就可以表示所有音節的簡單又萬能的文字。所以一下子就普及到各地。順帶一提，神話中敘述從腓尼基來到希臘的底比斯王卡德摩斯（P94）教導人民文字，講起來這段故事還相當忠於史實呢。
正好在這時，荷馬也出道了，多虧有文字的存在，荷馬的作品才能流傳下來！
據後人推測，荷馬的作品是他吟唱的時候由旁人做筆記寫下，不過真相如何不得而知。
振筆疾書
振筆疾書
神殿也一個接一個建造完成。
初期的
男子氣概
多利安式
優美
愛奧尼亞
華麗
科林斯
這待會兒再提。
希臘神殿中既沒有經典古籍、也沒有奇怪的權力。簡單大方、主要是用來祭祀神明的地方。也有供奉著戰爭中使用的武器裝備等等。
自我認同
由於希臘人與外國人接觸的機會變多，希臘各地開始產生強烈的民族意識。他們開始稱自己的土地為「Hellas」、稱自己為「Hellenes」。而且希臘人以外的人種都稱為「野蠻人（Barbaroi）」、瞧不起其他民族。
希臘（Hellas）魂
同樣的語言、同樣的神話
我聽不懂他們在說什麼啊
聽起來就像barbar嘛。
希臘是外國人擅自稱呼他們的名詞，是從拉丁文「Graecia」而來。據說是從維奧蒂亞地方的一個部族「Graeoi」，這些人前往義大利半島殖民時，跟原住民說
我們是Graeoi。
你好
而這也成為稱呼希臘全體的方式。

另外，德爾菲也以全希臘的神諭所之姿，迅速地聲名大噪。因為各個城邦都前去詢問國家規模的問題，
我該去哪邊殖民才好呢？
我跟哪裡打仗能贏呢？
各地的詢問讓德爾菲一躍而成情報中心、一直站在某種程度能夠掌握世界情勢的地位，因為這個緣故，所以神諭也多多少少能說中吧。
戰爭的勝負從國家的規模大致可以判斷。
即使說錯了，之後總有辦法自圓其說的。
德爾菲的營運方式是和周邊各國結盟、合作進行（鄰保同盟）。同盟內的爭執往往也導致戰爭。

四大競技祭典

接著作為全希臘的活動，展開全國性的體育競技大會。

地峽（Isthmia）競技祭典（規模第二大）

每兩年舉行

主辦國　科林斯　主神　波塞冬

由來　因為照顧戴奧尼索斯而被赫拉逼瘋的伊諾，抱著兒子墨利克爾忒跳海自盡，此時墨利克爾忒的遺體由海豚搬運到科林斯海邊。見到墨利克爾忒遺體的科林斯王西敍福斯，慎重地將他埋葬，並且為了追悼墨利克爾忒之死而舉辦競技大會。

獎品　松枝冠

皮松競技祭典（規模第三大）

每四年舉行

主辦國　德爾菲的鄰保同盟

主神　阿波羅

由來　感傷大蛇皮同之死，為了平息蓋婭的怒氣，阿波羅所召開的競技大會。

獎品　月桂冠

原本配合音樂之神阿波羅、只是一個音樂競技會，不知道是不是被奧林匹亞競技祭典影響，也開始舉辦體育競賽。

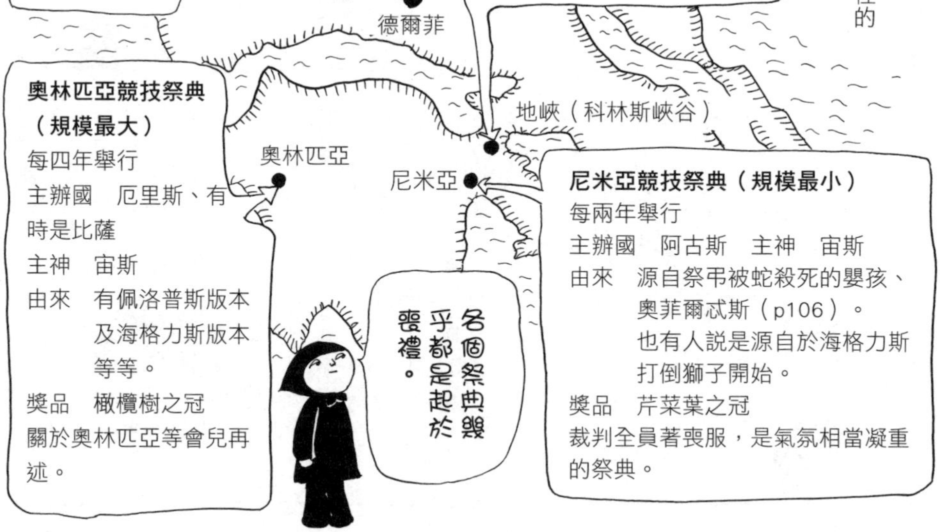
德爾菲
地峽（科林斯峽谷）
奧林匹亞
尼米亞
各個祭典幾乎都是起於喪禮。

奧林匹亞競技祭典（規模最大）

每四年舉行

主辦國　厄里斯、有時是比薩

主神　宙斯

由來　有佩洛普斯版本及海格力斯版本等等。

獎品　橄欖樹之冠

關於奧林匹亞等會兒再述。

尼米亞競技祭典（規模最小）

每兩年舉行

主辦國　阿古斯　主神　宙斯

由來　源自祭弔被蛇殺死的嬰孩、奧菲爾忒斯（p106）。也有人說是源自於海格力斯打倒獅子開始。

獎品　芹菜葉之冠

裁判全員著喪服，是氣氛相當凝重的祭典。

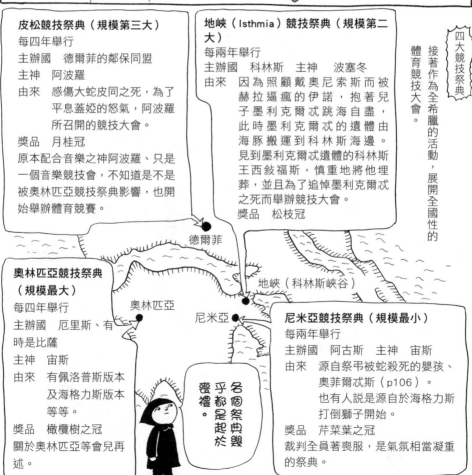

平民興起

從以貴族為主體的階段漸漸地進入新的階段。

原本只有貴族參加的戰爭，此時平民也大量地加入（西元前七世紀開始）。

過去是個人對個人決鬥，

輕裝備
騎士之間一決勝負

此時變成集團像一個大針山般向前挺進、相互衝突的團體戰。

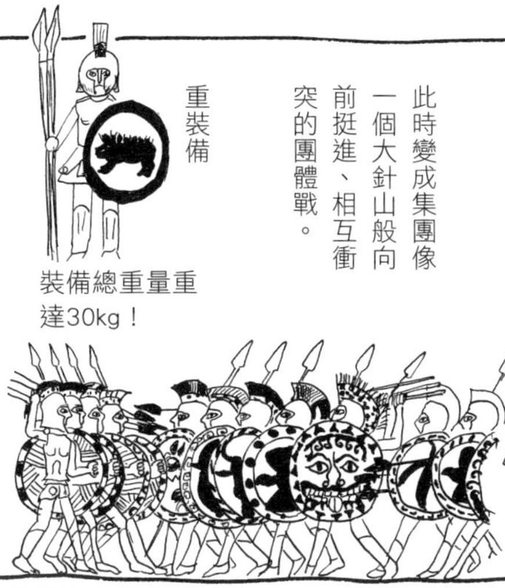
重裝備
裝備總重量重達30kg！

也有人說最初是從阿古斯開始。

是因為平民大量加入戰爭形成這種戰術、還是先研發這種戰術後才開始需要平民，這個問題就像「先有雞還是先有蛋」一樣至今無解。

實際上在平民中，也有人因為貿易等方式，累積了不輸貴族的財富，而且武器裝備的開發也更為先進，價錢降到公民也可以買得起的程度。於是平民也開始參加戰爭，漸漸地與貴族平起平坐、勇於說出自己的意見。

埋怨平民興起的貴族之詩
by泰奧格尼斯（Theognis）

過去粗俗、身穿破爛碎布的傢伙們，現在擁有權力、變成高尚的身分；不久之前還被尊為高貴身分的人們，現在變成低賤的身分。

要生在這種世界還不如死了算了！

專制君主風潮到來！

誇耀自己的血統、瞧不起平民的貴族令人生厭。

於是，出現了利用平民及貴族間反目成仇來討好平民博取人氣、鑽出齊頭式的貴族社會企圖奪得獨裁政權的傢伙（這些人被譯為「君主專制／僭主」）。

各個城邦陸續地出現君主專制。

發生專制君主的城邦（前7～6世紀）

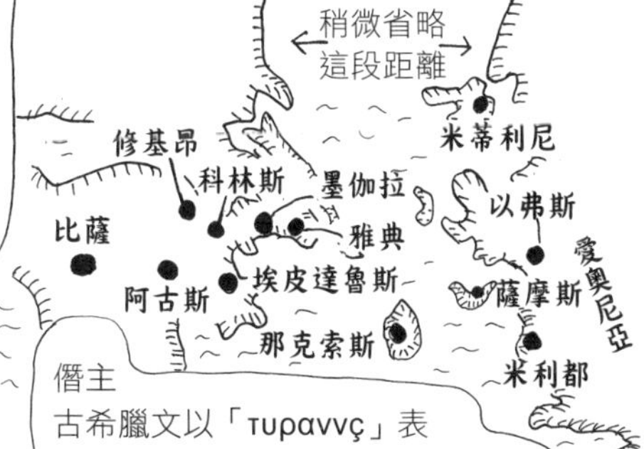
稍微省略這段距離
米蒂利尼
修基昂
科林斯
墨伽拉
以弗斯
比薩
雅典
愛奧尼亞
阿古斯
埃皮達魯斯
薩摩斯
那克索斯
米利都

僭主
古希臘文以「τυρανvς」表示，英語則是「tyrant」，之後這個名詞變成用來形容「暴君」。

索福克勒斯的《伊底帕斯王》的正式名稱也是《僭主伊底帕斯》。
© CAPCOM

各個城邦的名人

列舉西元前八～六世紀代表性的城邦及名人模樣……。

首先是薩摩斯

黑暗時代過後的希臘中，愛奧尼亞大大地領先各城邦！

受惠於良好的天然環境，又或許是與東方各國頻繁的交流、移民不受拘束的環境培養出自由的精神，薩摩斯接連孕育出荷馬與眾多知名的哲學家。

泰勒斯也是出生自愛奧尼亞的米勒托斯。

萬物皆由水形成

呂狄亞王國發明的貨幣（西元前七世紀左右），也是愛奧尼亞率先引進。之後雖然愛奧尼亞受到呂狄亞管轄，但是呂狄亞是替希臘撐腰的，所以幾乎是當愛奧尼亞的金主，使得愛奧尼亞更加繁榮。

我們就將焦點集中在代表愛奧尼亞的薩摩斯島上！

專制君主波利克拉特斯（Polycrates）（西元前？～522左右）

原本他只是一個平凡的人，後來在兄弟三人同心協力下，獲得薩摩斯的政權。之後，他殺死兄弟中的一人，把另一人流放，

獨占了權力！

波利克拉特斯以大艦隊進行海盜活動。用搶奪來的財物讓薩摩斯富裕。

在這個人的領導下薩摩斯迎向全盛期。

讓希羅多德驚訝的「巨大赫拉神殿」、「防波堤」、「歐帕里諾斯（Eupalinos）的水道」就是波利克拉特斯時代建造的。

希羅多德提供的波利克拉特斯小故事

他在做這些海盜行為的時候，曾經假裝不知情襲擊友好國家的船隻。而且之後還將奪得的物品奉還，而大多時候人家會原諒他。

他會這麼做

一旦被奪走的東西如果失而復得的話，人們會感到幸福，反而會感謝我呢。

據說是為了這個理由

而且波利克拉特斯還把反叛分子借給波斯軍當援軍，並且拜託波斯王岡比西斯——

請你不要讓他們活著回來。

這樣的內容。

還真是個陰險的人哪。

波利克拉特斯的朋友、埃及法老阿馬西斯看見波利克拉特斯勢如破竹的氣勢，

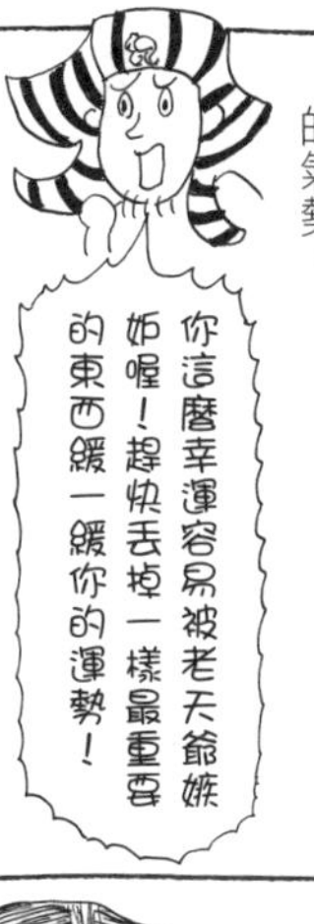
你這麼幸運容易被老天爺嫉妒喔！趕快丟掉一樣最重要的東西緩一緩你的運勢！

如此提案道。波利克拉特斯聽信阿馬西斯的建議，把他最珍藏的祖母綠印章丟進海中，但是幾天後，那個印章又從某個漁夫獻給波利克拉特斯的魚腹中跑出來。

自己調節好運壞運根本就不可能嘛。
就像童話故事一樣的軼事對吧。

悽慘到我說不出口啊。

波利克拉特斯最後是被波斯總督設下的陷阱暗殺身亡。

這位也是薩摩斯人**畢達哥拉斯**（Pythagoras）**大先師**（生卒年？）

他是一個非常神秘的人。與其說是「數學家」，倒不如說是神秘學家。

第一位稱自己是哲學家（熱愛知識者＝philosophia）的人物。

他看不慣波利克拉特斯違背倫常的行為，三十歲開始離開薩摩斯到處旅行。在他六十歲左右的時候，在義大利的克羅頓（現在的克羅托內）創立教團，提倡靈魂不滅、輪迴轉世。

畢達哥拉斯教派以嚴格並且神秘的戒律出名。

譬如

不可以吃蠶豆、也不可以觸碰或講出蠶豆二字！
不可以剝麵包！

關於畢達哥拉斯教派徹底排斥蠶豆的理由有各種推測，不過我最喜歡的說法是「單純因為畢達哥拉斯對蠶豆過敏，大家也就跟著避諱」。

他們吃素而且菜色儉樸。當然不行吃肉。

拍拍手
拍拍手
拍拍手
拍拍手
拍拍手

他們說青菜沒有靈魂，所以吃下去沒有關係。

教團的人，放棄財產也放棄在學術上有所發現的名譽。所有的發現及教條皆屬教團所有，冠上畢達哥拉斯之名。

像是著名的「勾股定理」，據說也不是畢達哥拉斯本人的發現，而是在他死後由弟子們所發現的。

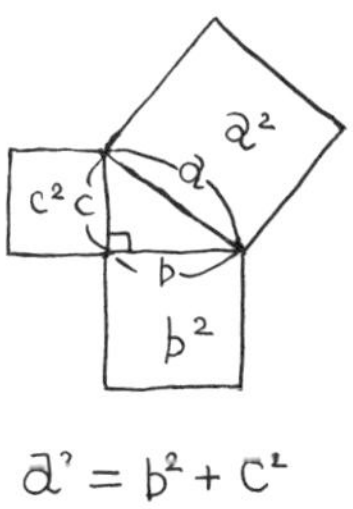
a^2
b^2
c^2
a
b
c

$$a^2 = b^2 + c^2$$

畢達哥拉斯學派也因主張這個世上所有的東西都由數字組合而成、讓每一個數字都有意義而聞名。

他們並且相信數學、音樂與天文學能夠淨化靈魂，特別探索這些領域的學問。

畢達哥拉斯教派特別重視友情。

畢達哥拉斯的最後，與一個被教團拒絕入會而心生怨恨的男子有關。

《跑吧，美樂斯》（by太宰治）就是以畢達哥拉斯教派的男性們為題材。

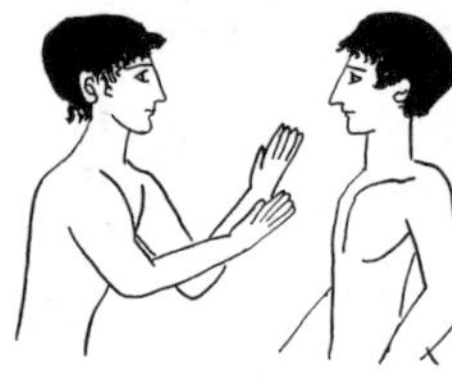

暴君是昔拉庫薩的僭主狄奧尼修斯一世

男子煽動民眾對教團的集會場所放火。畢達哥拉斯原本要逃走，但因為無法踐踏途中經過的一個豆田，結果被捕。

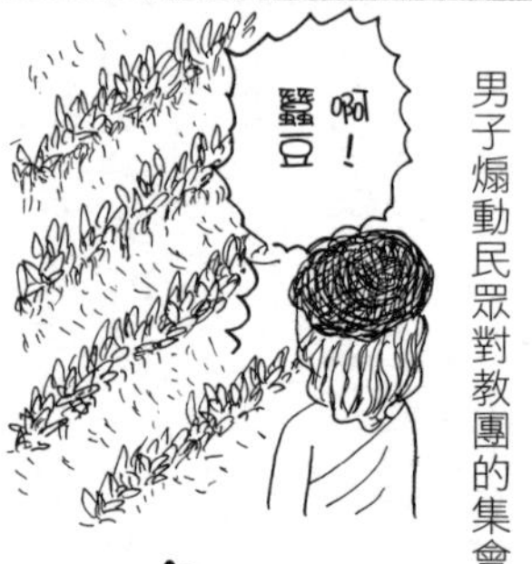
啊！蠶豆

✽畢達哥拉斯老師小檔案
高180公分的巨大身材。在六十歲結婚、生下七個小孩等等，據說是個超級健康的人。

另外這個人也是

伊索老大（西元前620？～564？）

還有什麼比這個人的名字更有名的呢？

伊索原本是奴隸，運用天生的機智得到自由，他出現在各地到處演講，不過他的一生並不清楚（據說最後在德爾菲被殺）。在伊索死後，他的故事又被摻雜埃及等國的故事，總括這些故事的就被稱作伊索寓言了。

米蒂利尼（Mytilene）（萊斯沃斯（Lesbos）島的一個城邦）

愛奧尼亞地區女性地位很高，似乎男女相當平等。在這種背景下，就出現像莎孚（Sapphô）這樣的女人。

莎孚（西元前600左右～？）

她因為讓島名成為女同性戀一詞的詞源而著名。

女同性戀（Lesbian）＝原本是「萊斯沃斯風格」之意

莎孚為少女開設藝術學校，終生擔任教導詩作及音樂的教職，但在莎孚死後，有人指出從她的詩中可以窺見對少女們的愛意，而被貼上女同性戀的標籤（不過據說她的最後是被年輕男人甩掉、從懸崖跳下自盡……）。

不知道是不是因為女同性戀帶來的負面形象，萊斯沃斯不管是在希臘時代、羅馬時代還是之後的時代，一直給人色情國度的印象。就像某個世代以上的日本人心中「瑞典是性愛自由的地方」一樣，負面印象根深蒂固。

肉香
散發
唉
我也剛好吊車尾擠進這個世代。

科林斯
在希臘本土，科林斯因陶器的輸出而在經濟上大幅領先其他地區。
君主專制佩利安朵羅斯
（〔Periandros〕西元前665～585）
他寫下警世詩歌、及帶領科林斯邁向鼎盛期而被選為七賢人之一，但由於他的私生活被希羅多德曝光，給人相當負面的印象。
譬如說這樣的故事——
佩利安朵羅斯聽信側室對正妻的毀謗，把身懷六甲的妻子活活踢死。
後來也將側室殺死。
另外不知道是他的嗜好還是由愛產生的後悔之意，竟然
屍姦妻子的遺體。
之後因為神諭指稱他妻子的亡靈說
好冷——
就召集鎮上的女人們，叫她們脫去衣物、赤裸身體，
他把這些收集來的衣服火化，只為了送衣服給陰間的妻子保暖。
後來又因為不想讓人知道他死後會被埋葬在哪裡，所以就做了以下的事情……。
首先佩利安朵羅斯叫來兩個男人，指定一條路，命令他們將在那條路上遇到的男人殺死埋葬，
接著又找來四個男人，命令他們把先前的兩個男人殺掉。
後來又找來更多的人，命令他們把先前的四個男人殺死。
就按照這樣的順序，佩利安朵羅斯去到最初交代二人組的那條路上被殺死。
聽起來還真是厲害的自殺方法啊。
佩利安朵羅斯的警世詩歌
民主制將戰勝君主專制
沉默是金
裡頭有這類內容。
咦！他自己不就是君主專制！
這是感想？

由於詩歌的內容和佩利安朵羅斯本人的形象差距甚遠，所以也有人說寫詩的佩利安朵羅斯和君主專制的佩利安朵羅斯並非同一人。

斯巴達的世界

斯巴達過於奇特的生活型態，自當時開始就受人注目。關於他們的生活，就全部仰賴普魯塔克（Plutarchus）的《英雄傳〈來古格士（Lycurgus）〉》來介紹吧！

① 男人的一生
身為斯巴達市的公民，最重要的責任就是培養出強壯的戰士！他們生活的所有重心都朝著這個目標。
首先嬰兒一生下來就由長老判定是否能生存。如果被判定沒有活下來的資格，就會被丟到塔克托斯山中。
嬰孩會被丟到山腳下名為「阿波特塔」的洞穴中。
男孩子從七歲開始離開父母身邊過集團生活。每天為了成為戰士接受嚴格的訓練。斯巴達最重視體育。從小灌輸忍耐與節制、小心謹慎的觀念。
吁
吁
吁
吁
理光頭
打赤膊
赤腳
跳舞與唱歌也是必修科目。
據說對戰場上的集體行動有幫助。
是嗎？
閱讀寫字只要會最基本的就可以了。
從十二歲開始每年會被配給一塊布。衣服就只有那塊布。
唉，這夠嗎……
這群正在成長發育中的人也只能得到少許食物，常常被迫處於飢餓狀態。
好想吃點什麼
好想吃……
好想吃
這樣做是為了讓他們習慣戰爭下沒有食物的狀態，激發他們偷竊食物。偷竊被認為可以培養暫時的行動力及狡猾。
不過如果被發現就會受到非常嚴酷的懲罰。
人贓俱獲被懲罰不是基於道德的理由，而是被斥責技術太差被抓到。
啪
啪
另外少給食物也是基於美容的理由。因為斯巴達人相信瘦的狀態可以促進成長，而且怕太胖的話，多餘的肉會壓迫骨骼成長……。
再加上多餘的肉會妨礙塑造美麗容顏的工程。

斯巴達男性二十歲出道當軍人。年滿二十歲的男子加入大人之間接受正式的訓練及過軍營生活。

頭髮被允許留長。

長髮可以讓美麗的人看起來更美、而且可以替醜八怪遮醜，是相當方便的髮型。

斯巴達人也大概在這個時期結婚。

但是妻子的地方都是得趁夜晚悄悄地去，而且必須返回軍營。

東張
西望

不過多虧這種通婚制度讓夫妻之間保持小別勝新婚的良好關係。
普魯塔克
而且單次性交通常程度激烈，生出來的小孩也一定很健康吧。
色諾芬（Xenophon）西元前五～四世紀歷史學家

如果一直單身未婚的話，就會受到大家嘲笑。像是不准觀看祭典、嚴冬中被迫赤裸步行等等，常常被找麻煩。

還會被迫唱這種歌。

我到了這個年紀還沒辦法結婚，真是大笨蛋。
哈哈

到了三十歲終於可以離開軍營生活和家人一起生活。而且可以出席民眾大會。

但是即使到了這個階段也不被允許一家團圓共進晚餐。晚餐叫做「共同會食」，要和夥伴們（約十五個人為一個單位）一起吃。大家帶著被指派的食物、吃著一樣的食物，所以晚餐也是培養平等意識、同儕意識的訓練之一！

另外這個團體也不是為了要和同輩的人和樂相處而設計，裡頭交雜著各個世代的人。

在這裡必須學會有節制的對話，也就是禮節。

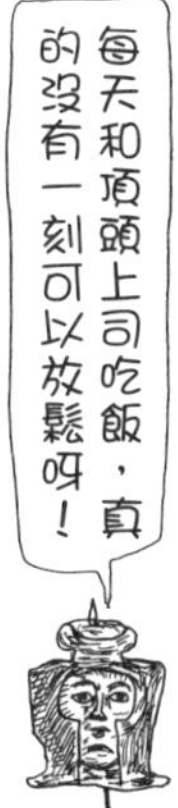
每天和頂頭上司吃飯，真的沒有一刻可以放鬆呀！

這個共同會食的目的，也是為了防範因為暴飲暴食而變得不健康、及私下養成奢侈習性。甚至晚餐完回家路上也是沒有半點燈火、得摸黑回家，這也是訓練的一環。

這種生活一直持續到六十歲為止。幸運從戰場生還、活到六十歲以上的人還有可能被選為長老會的成員。跟日本一樣是年功序列制。除了單身的人以外，越上年紀越能受到大家尊敬。

沉默是美德

廢話、長篇大論在斯巴達根本就不可能。他們認為話越少越好，充滿敏銳機智的對話才受認同。

② 女性的生活
斯巴達的女性因為是生育戰士的重要公民之一而受到尊敬。比起雅典來，斯巴達還相當地男女平等。
不只是平等，女人的生活也跟男性一樣嚴格，一樣是「城邦的一個零件」。
女人最重要的任務當然是生下優秀的戰士。為了這個目的，女人每天都要體育訓練。
而且是打赤膊呢！
斯巴達人相信這樣就可以生下強壯的小孩、也可以減少生產時的痛苦。
另外為了讓女人擺脱女性的嬌弱、羞恥心、自我意識等，在祭典中必須和男性一樣赤裸出場。
光著身體唱歌跳舞。
在眾多的男性面前……。
ㄟ—斯巴達的女人該不會被騙了吧！
普魯塔克的意見是
沒有任何淫穢的地方！很健康的。
咳
雖然他這麼說，
但之後
男性看了女性的裸體祭典來選擇他們的新娘。
振筆疾書
轉頭
卻接下去這種說法。
你還是用有色眼光看待這件事嘛！
接下來是結婚儀式。這裡又有另一個奇怪的習俗。
新娘被剃光頭，穿著男性的衣服，在屋內等待即將成為她丈夫的人。
然後丈夫進屋內來把新娘搶走，刻意演出象徵劇碼。
搶奪新娘或許是古時暴力奪取女性的習慣，但讓妻子變裝的這種性別倒錯究竟又是為了什麼呢。
另外對「相中」的男人，還會以生育好戰士為理由將妻子借給對方。

③ 成立背景
斯巴達會產生這個將全部精力投注在培養戰士上的獨特系統，也是有其歷史淵源。西元前十世紀左右，居住於拉科尼亞大區的一個區塊的斯巴達人祖先，將周邊區域納入統治。
亞該亞大區
阿古利斯大區
阿卡迪亞大區
尼里斯大區
阿古斯
拉科尼亞大區
麥西尼亞大區
麥西尼
斯巴達
阿謬克萊
斯巴達的領土
賽瑟島
被斯巴達壓制的南部土地的人們分為
佩里歐科伊
被譯為「周邊居民」。他們有義務上戰場，卻沒有參政權。
黑勞士（黑勞特）
奴隸
不知道究竟是以什麼為基準導致他們境遇不同。一派說法是同族的多利安人當作佩里歐科伊，前輩希臘人則被當作黑勞士。
接著斯巴達看上泰戈特斯山脈東邊的肥沃土地麥西尼亞，並且占為己有，將當地一部分人當成佩里歐科伊，其餘大部分都當作黑勞士使喚（西元前8世紀）。
希臘的奴隸中再也沒有比這群人受到更殘酷的待遇。
唰
啊
在軍事訓練為名目下，黑勞士被當作獵物狙殺，被迫過著與死比鄰而居的生活。
麥西尼亞
泰戈特斯山脈
拉科尼亞
麥西尼亞人還是照往常耕種自己的土地，但一半的收穫得交給斯巴達。
當然這種非人道的對待讓人難以忍受。麥西尼亞人常常發動叛變，但最後都被鎮壓。這是一段長久且激烈反抗的歷史。
這時的經驗讓斯巴達市民戒慎恐懼，
所以想說要變得更強壯啊！
於是開始斯巴達對強大的異常執著。因為必須壓制的黑勞士人數是斯巴達公民的十倍。而多虧黑勞士的存在，斯巴達人才能從勞動解放，得到可以專心發展軍事的環境，而且這些訓練還是為了管理黑勞士！越來越往這條矛盾的方向發展……。
其實黑勞士才是斯巴達的枷鎖啊！

④ 斯巴達的政治
要決定事情時，首先要經由名為長老會的機構討論。
世襲
國王
阿吉斯
（Agis）
國王
愛烏流封
（Eurypon）
選舉
28位長老（六十歲以上）任期是長老安心的終身制！
長老會　共30人
接著詢問選民大會意見。
長老會
提出議題
選民大會
30歲以上
全斯巴達的公民
選民大會討論後表示意見。
長老會
提出贊成反對
選民大會
長老會也有否決權。
NO！
選民大會
所以雖然人民可以反映民意，但掌握實權的還是長老會。
但是從這個初期階段開始經過一個世紀以上，形成名為埃福羅斯（Ephorus）的官職。
選民大會
經由選舉選出的
五人
（30歲以上）
任期一年

監督官埃福羅斯是監視國王及長老會是否濫權的職務。
從此確立三權鼎立的構造。
埃福羅斯
經常監視
&否決
選舉
長老會
議題
否決
選民大會
而這之中隨著公民力量增強，埃福羅斯也逐漸握有主導權。
埃福羅斯甚至有可讓國王入獄的權力呢。

斯巴達的兩大王室

這也是斯巴達不可思議特色的其中一個。

希羅多德在書中寫道「斯巴達人說第一代國王的雙胞胎兒子一同繼承王位」，不過現代學家紛紛否定這個說法，大多數認為「多利安人南下時，一同來到當地的幾個部族聯合起來，但因為此時發生一些糾紛，最後成立了兩個王室」。

國王受到公民尊敬，是得到注目的主角，但是沒有實權。

不過話說回來，國王必須要主持祭典，是軍事最高指揮官，也被交派需要付責任的工作。

奠定斯巴達國政、教育、生活型態等基礎的，是一位名為「來古格士」的立法家，他創立的制度就稱為來古格士體制。

⑤傳說中的男人、來古格士（Lycurgus）

除了先前舉的例子以外，據說是來古格士施行的政策有——

為了不讓人們見錢眼開，他把貨幣鑄成沉重的鐵串。

據說一姆納（六十萬日幣）等於145kg。

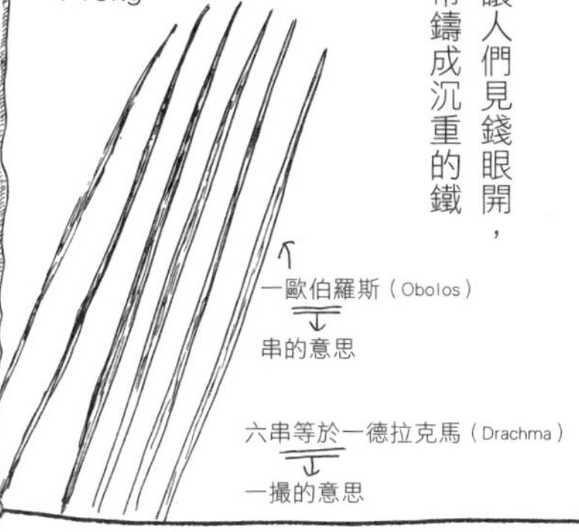
一歐伯羅斯（Obolos）
串的意思
六串等於一德拉克馬（Drachma）
一撮的意思

希臘的貨幣單位

歐伯羅斯（最小單位）
1德拉克馬（＝6歐伯羅斯）
1姆納（＝100德拉克馬）
1克蘭頓（＝60姆納）

這種分法或許有點亂來，這本書是取各派說法，擅自決定一歐伯羅斯等於一千日幣。另外，據說一德拉克馬是一個家族一天的伙食費或是一個技術熟練的工匠一天的薪水。

這種錢拿去國外也會被嘲笑，

所以除了斯巴達以外沒有地方可用。

噗噗——
哈哈
那是什麼？錢嗎？

而且來古格士怕外國的奢侈和蠱毒傳到國內，實行小規模的鎖國政策、截斷外國的情報。

就這樣斯巴達公民的嗜好變成只有鍛鍊身體、增強體魄，斯巴達的軍事變得越來越強大。不過來古格士不是只有施行嚴格的政策，他另外重新編整土地的登記、將土地平等地重新分配給全部公民，也有給人民甜頭。

來古格士禁止將這類規定文字化。

這些規定有些就像金錢上的契約，會隨著時代而改變，

重要的是從經年累月的訓練中自然地領會，如此才會真正地刻畫在內心深處。

據說是因為這個原因。

來古格士是哪個時代的人並不清楚，是否真是存在也遭人質疑。不過學者們大致共同的看法是「就算真有其人，這樣的體制需要經過一步步階段來完成，不可能所有的政策都由來古格士一個人包辦。」

⑥成為伯羅奔尼撒半島的老大！

如此徹底埋頭於培養戰士計畫的斯巴達軍隊，漸漸成為讓其他城邦畏懼的存在。

據說染血的紅色斗篷是為了製造恐怖的效果。

斯巴達沒有建造城牆也是為了展現他們的自信。

我們最堅固的城牆就是我們的戰士。
來古格士

而對於沒有華麗的建築物、只有「人」做為財產的斯巴達，修昔底德下了著名的正確預言！

「假以時日，當建築物只留下礎石的部分，人們造訪斯巴達時會以為過去傳說的名聲是虛構；一造訪雅典會高估當時的實力。」

我們和阿古斯之間是有時贏有時輸的宿敵。
斯巴達好幾次慘輸給泰耶阿，最後才終於得勝。曾經有好幾次自備腳鐐要去俘虜泰耶阿人，反而落到自己被銬住的下場。

話說回來，斯巴達竟然也不是百戰百勝、意外地吃了**許多敗仗**。

從對泰耶阿的戰爭勝利開始，斯巴達不知道是不是覺得獲得的土地和奴隸已經夠多了，外交政策轉換為和敵國締結同盟。

除了亞該亞和阿古斯以外，也和其他的城邦締結盟約。

接著建立了一個大同盟。（歷史學家們稱之為「伯羅奔尼撒同盟」，當時叫做「拉塞達埃蒙（Lacedaemon）人和其同盟國」）

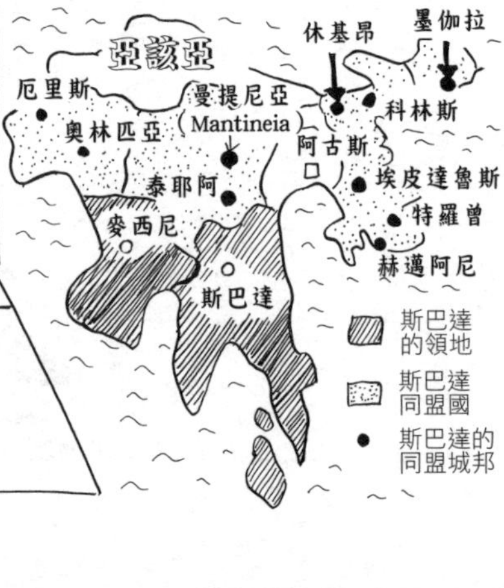
亞該亞
厄里斯
奧林匹亞
曼提尼亞（Mantineia）
休基昂
墨伽拉
科林斯
阿古斯
泰耶阿
埃皮達魯斯
特羅曾
麥西尼
赫邁阿尼
斯巴達
斯巴達的領地
斯巴達同盟國
斯巴達的同盟城邦

斯巴達

斯巴達的正式名稱為「拉塞達埃蒙人之國」。

斯巴達人這種稱謂，相當於美國人、英國人等稱法。

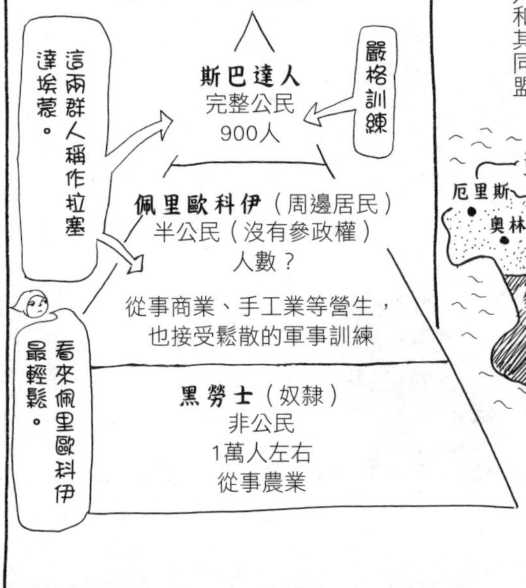
斯巴達人
完整公民
900人
嚴格訓練
佩里歐科伊（周邊居民）
半公民（沒有參政權）
人數？
從事商業、手工業等營生，
也接受鬆散的軍事訓練
黑勞士（奴隸）
非公民
1萬人左右
從事農業
這兩群人稱作拉塞達埃蒙。
看來佩里歐科伊最輕鬆。

雅典

—前往民主政治的道路—

雅典市經歷邁錫尼時代的大危機下唯一生存的老字號城邦。也有傳說說忒修斯統一了整個阿提卡、廢止王政，不過實際上應該是以下的情形。

雅典人最大的驕傲是，他們是「土生土長」的當地人。自大地誕生出蛇姿態的國王的神話，也是其象徵。希羅多德就相信雅典人是早於希臘人的原住民的國家（現代的學者完全否認這個說法）。
凱克洛普斯（P22）
在大危機之後，大批人從伯羅奔尼撒半島湧進阿提卡，這替邁錫尼時代不受注目的雅典帶來繁榮。
修昔底德說
阿提卡因為是塊貧瘠的大地、當地的人民都一樣窮困，所以是個和平的地方
因此邁錫尼時代避難的民眾才會集中到這裡來。
雅典最後的國王過世的時候，由於他沒有留下子嗣，所以其中一個逃難國、皮洛斯王國的國王就被推舉為雅典王。
傳說中，這個來自皮洛斯王室的第二位國王、庫朵羅斯（kodros）阻止了多利安人的入侵。
不是自詡土生土長嗎，為什麼是一個客座的繼承王位？
因為他在戰爭中立下功勞。
算了，神話中大部分是這類故事……。
經過是這樣的！
多利安人在德爾菲得到神諭。
只要不要殺雅典王就可以得到阿提卡。
德爾菲的一個男子將這個情報告訴雅典。
糟糕了！
所以庫朵羅斯王變裝成乞丐，故意挑釁來到雅典的多利安人。
庫朵羅斯就如自己所想的被殺，讓多利安人放棄占領阿提卡。
多利安人沒有辦法，只好南下到伯羅奔尼撒半島。
真是個傳說味道重的故事。

之後，庫朵羅斯的兩個兒子互相爭奪政權，彼此不睦。又再加上人口增加過多，其中一個王子帶著志願者，前往愛奧尼亞殖民。

這就是愛奧尼亞的大遷徙（P162）。

另一個王子雖然成為雅典的國王，結果決定廢止王政。

誰有辦法繼承我那偉大的父親呢。

國王的工作主要分成三種。

- 神事（祭典）執政官（Basileus）
- 政治執政官（Archon）
- 軍事執政官（Polemarch）

※Basileus是國王的意思

我就是擔任這個職位喔。

〔皮洛斯王室的系譜〕

美蘭特斯 — 庫朵羅斯 — 涅柔斯（到愛奧尼亞）／美頓（成為雅典王）

據說是涅柔斯（P58）的後裔

雖然傳說中是國王自願辭去王位，不過這也與此時在阿提卡的貴族團結一致集結到雅典來有關（稱做「集住」）。有人認為此舉威脅到國王的地位。

天哪
雅典

阿雷奧帕古斯（Areopagus）評議會

從一年執政官任期畢業後，接下來便成為阿雷奧帕古斯的成員。到死為止都可以維持這個身分。也是由阿雷奧帕古斯評議會來選出執政官，結果還是監督政治兼裁判。簡而言之，這個校友會才是最高的權力機構。

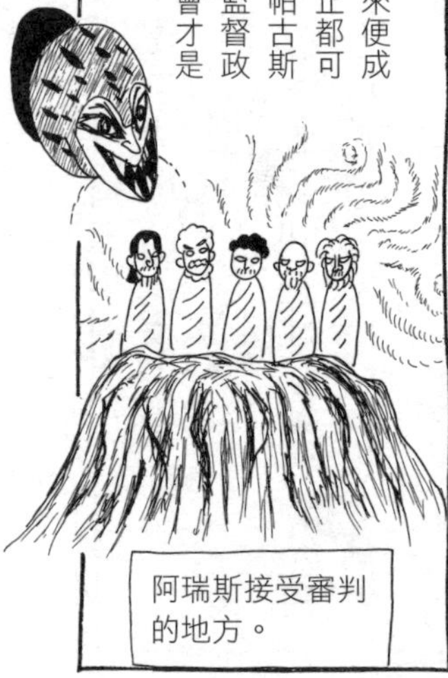

阿瑞斯接受審判的地方。

剛開始只有皮洛斯王室擔任這個職位，之後也開放給貴族，職位增加到九個。

最初的任期是終身制，後來演變成十年、甚至到一年，越來越短，變成貴族互相輪流接掌政權的寶座。

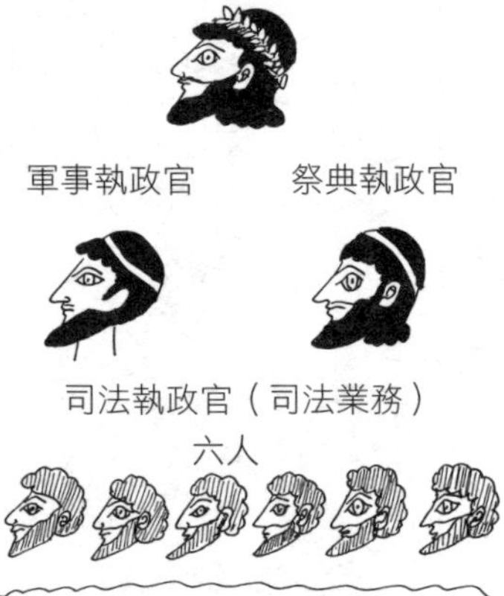
主席執政官
軍事執政官
祭典執政官
司法執政官（司法業務）
六人

這些職位總稱為執政官。

挑戰者——奎隆

不知是否是因希臘各地流行君主專制，雅典也出現了名為奎隆的男人試圖建立獨裁政權！

他先是占領衛城。

馬上就失敗了。

之後逃到神殿求庇護，還是被殺死。

這是第一個政治事件（西元前632年）

奎隆曾在奧林匹亞競技賽中獲得優勝！由於他的這個成就，自以為「抓住民眾的心」，才做出這種不理智的行為。

也是因為準備不充分。事情變成這個地步實在遺憾。世界上很多事都是不試不知道，真的！

德拉古（Draco）的法典（西元前628年）

到了這個時代，法律首次文字化。

以往貴族們都是參考律法及習俗等，進行政治及審判。

遭到許多人唾棄，

沒有一個規範很困擾耶，難道就任由你們自由心證裁決嗎！

所以貴族們也不得不妥協。

而擔任改革的是名為德拉古的人，這部法典據說是以血寫而成，可見得懲罰也非常嚴酷。程度輕微的偷竊也和殺人罪一樣全部處以死刑。

德拉古曰，

偷竊不論大小、不管偷什麼，都應該被判死刑。雖然還有比偷竊更罪孽深重的罪（譬如殺人），但是沒有比死刑更重的刑罰，刑罰相同也是沒辦法的事。

其他的城邦也將法律成文化。

在克里特島的德列羅斯出土的碑文

上面寫著「曾經當上宇宙職的人不應連任」，內容讓人感到民主精神的萌芽。另外這個古物上首先出現「城邦」這個字，所以非常寶貴。

宇宙職——據推測應該是擁有裁判權的職務。

救世主梭倫（Solon）登場
到了這個時期，雅典的問題已經堆積成山了。
有錢人和窮人的貧富差距越來越大。
窮人向有錢人借錢，背負債務，窮人用農作物還債，不夠抵債時，只好拿自己的身體抵債。
許多人因此被當成奴隸販賣。
而梭倫拯救了這些人的境遇。
梭倫（西元前640~560左右）繼承了皮洛斯王室的血統。不過皮洛斯王室在梭倫的時代已經沒落。他為了幫助家計開始做貿易，從那時開始到各國增廣見聞。在爭奪薩拉米斯島主權、對墨伽拉的戰爭中一舉成名，被選為首席執政官。
梭倫雖然夾在貴族及平民之間，
貴族
以家世背景、血統為後盾，主張自己的權利。
平民
抗議「原本土地的分配就不公平」，要求重新分配土地。
兩方委託梭倫當協調人。
不過卻摸索出一條道路，訂定新的法律。
借錢時禁止將自己的身體抵押！
接著他將被販賣為奴隸的人全數贖回，讓他們的債一筆勾銷。土地也還給原所有者。
但此舉卻引來貴族的大噓聲。
我們是借錢出去的人反而吃大虧耶。
而且連平民也不滿意，
你說要重新分配土地不是嗎！
平民也不管債務一筆勾銷這樣的大恩惠，不斷提出新的要求。
梭倫在這之後—
唉—麻煩死了。
出國繼續他最喜歡的旅行，在各國間遊走。
據柏拉圖與普魯塔克的說法，此時梭倫從埃及及賽斯的神官那裡聽說亞特蘭提斯的傳說。梭倫自己也是個詩人，想要寫下關於亞特蘭提斯的著述，但由於故事架構過大、再加上他也一把年紀不堪負荷，計畫也因此受挫。傳達亞特蘭提斯傳說的工作就由梭倫後裔的柏拉圖繼承。梭倫在旅行中還是活到很大的歲數，據說最後客死於賽普勒斯。

梭倫另外還訂定了其他許多的法律（德拉古的法律只有保留關於殺人的刑罰）。

他把公民的財產分為四個等級，根據等級決定公務。

財產則以農作物的生產量來計算（簡單來說就是以土地大小來決定）。全民都可以參加選民大會與審判（民眾法庭）。

乍看之下他訂定了階級分明的法律，不過因為這樣的制度，名分（家世）不再有特權，可以說是一個很大的進步。

	公務	戰爭時的工作
一級公民 有錢人階級	執政官、將軍等大任	將軍、騎兵
二級公民 買得起馬的階級	執政官、將軍等大任	將軍、騎兵
三級公民 農民階級 擁有少許土地	下層公職	重裝步兵
四級公民 雇工階級	無	輕裝步兵及艦隊槳手

雅典經常樹立黨派引起紛爭，不過梭倫卻禁止在紛爭時站在中立的立場。

世上最不可取的就是旁觀與保身！
把自己的安全擺在第一位、既不幫助拚命努力的人只是在一旁等著事情結束，這種人不配有參政權！要表明自己的立場才行！

梭倫也禁止在喪禮上表現出像是彩排過的刻意悲傷（這裡應該是指禁止專業的孝女白琴吧）。

另外還明文規定從他國逃亡到雅典的人公民權，像這樣，就連「咦，這是法律該管的事嗎？」的領域，梭倫都一股腦地將自己平常感受到的憤怒加入法律中。

實在是丟人現眼！

梭倫與克伊蘇斯（Croesus）① 梭倫旅行手記

我訪問呂狄亞王國的時候，晉見很喜歡希臘的有錢人克伊蘇斯王。克伊蘇斯王一直拿出自己的寶物獻寶，像是為了炫耀自己多有錢，

在你認識的人之中誰最幸福呢？

就用這副臉詢問我。

我就

是雅典一個名叫特洛斯的男人。
他心地善良而且家族和樂、擁有不虞匱乏的財產，而且他在戰場上也相當活躍，最後在戰場上以最名譽的形式迎接死亡。
嗯—

這樣回答。

焦躁
什麼，那樣的平凡人不算！
還有別人吧。你再仔細想想！
結果——
請交給我們來辦。
筵席結束後，母親去找她的兒子們，發現兩人如沉睡般死於神殿中……。
阿古斯人建造他們的雕像供奉在德爾菲。
他們在眾人的祝福中、死於榮耀。」
所以我又舉出名為克雷歐比斯與比頓的這兩個阿古斯人兄弟的例子。
「有一天，他們的母親必須出席赫拉的祭典，但是她要搭乘的牛跑去吃草一直沒有回來，這名母親相當著急。
焦急
焦急
這名母親不但平安無事地抵達神殿，
嘎啦嘎啦
還因大家稱讚她的兒子而滿心喜悅。
接著她向赫拉祈禱。
您已經將最高的榮譽賜給我的兒子們了！
這聽起來怎麼像是鬼故事啊。應該說他們是過勞死吧……。
那我呢？為什麼我不在幸福的人當中呢？
哎呀～我自己不小心說出口了！真難為情～
我又犯了老毛病，說到「人活著的時候不知道幸福不幸福。就算一時爬上幸福的巔峰，下一秒可能就是地獄，命運會怎麼改變沒有人曉得。活著的時候的幸福應該叫做〔幸運〕。人死後才知道那個人幸福不幸福不是嗎？」我一展開我的演說，國王就不高興叫我退下。
待續
希臘七賢人
梭倫也被選為古希臘七賢人之一。選定七賢人的經過是這樣的……。
科斯島的漁夫發現黃金鼎。
嘎。
他向德爾菲請託神諭問該如何處置。
讓給最賢能的人！
於是漁夫去到泰勒斯的地方。泰勒斯說
別這樣——我怎麼會是腦筋最好的人呢！
哎呀～
推舉畢亞斯。
就這樣黃金鼎被推來讓去，
哎呀呀
天哪——
恐怖
結果又回到泰勒斯的地方。

最後黃金鼎被奉在德爾菲解決了這件事情。圍繞這個黃金鼎的人們就被稱為七賢人……。
這七個賢人是活在西元前六世紀的人們
畢達戈斯（萊斯沃斯島的米蒂利尼）
克留勃羅斯（羅德斯島的林德斯）
梭倫
泰勒斯（Thalēs）（米利都）
勃呂安德（科林斯）
契羅（斯巴達）
畢亞斯（普里恩）
這些成員隨記述者不同而有些出入。
還有這樣的軼事！
這群人有一天集合到德爾菲來參拜。
這時他們受德爾菲的神官所託，在神殿中寫下格言。
他們各自在神殿的前屋及入口等處書寫。
避免極端
了解自己
然而就只有畢亞斯不寫。大家擔心他是怎麼一回事，
發呆—
我現在沒有那個心情，什麼都想不出來。
大家都以為畢亞斯在開玩笑。
又來了～你明明就很想寫。
我真的不想寫啦。
我知道，我知道！
奸笑
奸笑
你在裝模作樣吧～
他不管說什麼都不被當一回事，
我知道了啦，我寫就沒事吧！寫就寫嘛！
大部分的人是惡人
唰
唰
氣憤
繃著臉
啪
啪
啞口無言
選自Luciano De Crescenzo《話說希臘哲學史》

君主專制庇西特拉圖（Peisistratus）

梭倫退隱後，名為庇西特拉圖的男人樹立了獨裁政權成為雅典首次的君主專制。

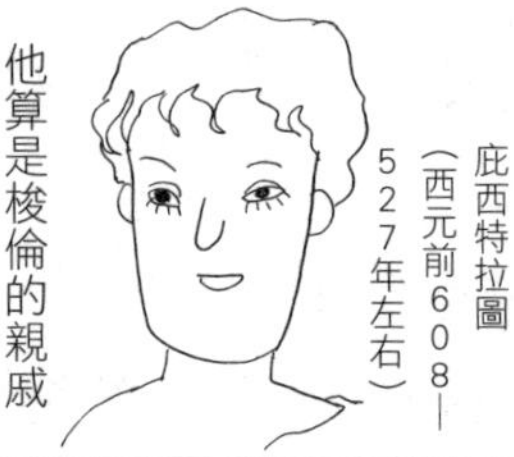

庇西特拉圖（西元前608－527年左右）
他算是梭倫的親戚

庇西特拉圖先是成為奪回薩拉米斯島的最高司令官（軍事執政官），因此聲名大噪。

阿提卡
雅典
薩拉米斯
墨伽拉
墨伽里斯

雅典和鄰國墨伽拉一直為了薩拉米斯的主權爭執不下（梭倫的時代也是一樣）。

而且此時兩大貴族勢力持續鬥爭，平民對戰亂不休的現況相當厭膩。庇西特拉圖就是以平民對貴族的反感為後盾，打出叛亂牌。

就這樣，庇西特拉圖成功得到僭主寶座，這之中曾經有兩次遭到流放。

這個人最了不起的地方就是完全不放棄也不失意，一共挑戰了三次僭主的寶座。而且還是花了長達十五年的時間呢！

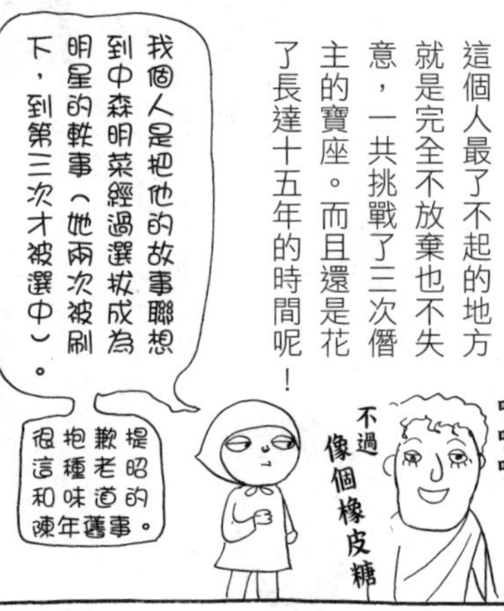

嘿嘿嘿
不過像個橡皮糖
我個人是把他的故事聯想到中森明菜經過選拔成為明星的軼事（她兩次被刷下，到第三次才被選中）。
很抱歉提這種老昭和味道的陳年舊事。

〔第一次〕
庇西特拉圖自己弄傷自己，在市集上對著民眾說，

我被政敵迫害了。

他自導自演的戲碼博得公民們的同情，成功地拉攏護衛兵。他以這支武力占領了雅典衛城，奪得政權！

但是五年後，貴族們相互結盟，又將庇西特拉圖趕走。

是嗎。

〔第二次〕
庇西特拉圖娶了把他趕走的貴族裡的其中一人、阿爾刻邁翁家的女兒，因此又奪回了君主專制的地位。

但是阿爾刻邁翁家族以骯髒污穢的家族知名（關於他們稍後再述），庇西特拉圖不想留下有阿爾刻邁翁血統的子孫，和他的妻子「不正常性交」，這件事被拆穿，他的岳父大怒，庇西特拉圖又再度被流放。

這是希羅多德提供的軼事，連夫妻間的房事都會被公開，我真是同情這對夫婦啊。而且還被流傳了2500年……。

〔第三次〕
這次他拉攏其他城邦的勢力，入主雅典。他拚死也要得到君主專制的寶座！

我又回來囉～

咦，那是指……

這個人花了這麼多力氣得到君主專制的位置，不過他做的事情都是讓公民歡天喜地的德政。

充實文藝

莎草紙書

庇西特拉圖下令將荷馬的《伊利亞德》、《奧德賽》全部統整，製作定本。

另外他還命令蒐集散落的神話，善加編輯後發行。

@輕微程度的捏造

庇西特拉圖也稍微參與製作這些書籍的工程。

《奧德賽》中，奧德修斯下到冥界的地方，加進「發現到忒修斯」這句原本沒有的句子，另外他還把「忒修斯變心喜歡上其他的女人、拋棄阿里阿德涅」這一段刪掉。

這都是為了雅典的形象唷～

毅然實行祭典

把泛雅典娜節

辦得更為盛大！

自古以來就是慶祝雅典娜女神誕生的節日。包括每四年舉辦一次的大祭典及隔一年舉辦一次的迷你祭典（約八月左右舉辦）。

我最喜歡排場了♡

AND——

開始戴奧尼索斯節（Dionysia）

是接連孕育出永垂不朽的悲劇作品的戲劇比賽的大娛樂節（每年早春必定舉辦）。原本是名為愛勒烏特萊（Eleutherae）城鎮當地的祭典，後來庇西特拉圖併吞這個城鎮時把當地習俗帶到雅典。

順帶一提，關於戴奧尼索斯的祭典另外還有兩個。

其中一個是抬著巨大陽具的大遊行，看起來是個歡樂的慶典。

面具

獎勵農業

我要借錢和土地給願意努力的人！

他向借款人收受農作物的十分之一，滋潤了國庫。

建造巨大神殿

計畫在自古以來被視作重要場所、位於雅典東南的宙斯神域建造大神殿，並且著手進行。

總之就是越大越華麗越好喔

另外把市集視作公共場所、進行整備工作的也是從他開始。

真的很大！

現代的姿態

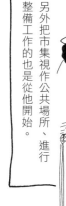

戲劇的起源——

戴奧尼索斯節

最初並沒有戲劇存在，從合唱團唱出故事的餘興節目開始。

合唱團由五十名左右的普通公民組成。

據說戲劇起始於泰斯庇斯（thespis）將演員導入合唱開始（西元前520年左右）。

原本是以合唱為主體，只不過在歌曲與歌曲之間穿插一些台詞，所以只有一個演員登場。

這當中演員逐漸占據越來越大的比例。

埃斯庫羅斯把合唱的部分減至三分之一，除了把演員提拔為主體外，也增加一名演員導入對話。到了索福克勒斯時演員已經增加至三人。另外劇作家也擔任演出，剛開始甚至兼任演員。

演員只有男性。使用面具一人擔任多角。

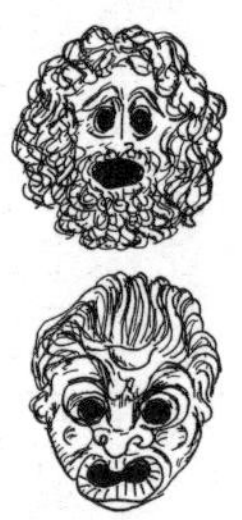

大戴奧尼索斯節的日程大概七天，喜劇占一天，上演五名作家的五部劇作。悲劇上演三天，三名作家平均擔任一天。一天中一個劇作家上演四部劇（三部喜劇加一部薩杜羅斯〔Satyros〕劇）

薩杜羅斯劇
給觀眾喘息的搞笑劇。合唱團會扮成半人半獸的模樣。

比賽的評審是由嚴謹的抽選所選出的十位公民擔任，從這十位投的票中抽走五票，最後的五票決定獎落誰家。

當然被取走的票中也很可能反而是落敗者的名字，但總之就是這種評審法。（不知道是不是就是因為這樣，《伊底帕斯王》、《美狄亞》都只有拿到二、三名。）

山羊之歌

悲劇在希臘文中是Tragoidia（英文Tragedy的辭源），原本意思是公山羊（Tragos）之歌。悲劇跟山羊有牽扯，究竟是因為獲勝的獎品是山羊，還是因為披著山羊皮歌唱等，有許多說法，不過「開演時在以山羊祭品的儀式中羊發出的悲痛叫聲」這個說法最令人心服口服（個人見解）。喜劇（Comedy）則是希臘文κώμη（村落）加上ᾠδή（歌）而來，是歡樂熱鬧之歌的意思。

從此時開始雅典在貿易上也獲得盈餘，成為希臘海上貿易的第一把交椅。

阿提卡的陶器大受歡迎！壓制科林斯的陶器獨占市場。

雅典整體的好景氣正好與庇西特拉圖疊合，
庇西特拉圖得以從容不迫地實行他的善政。
這個時代稱作雅典的黃金時代。

嘴角揚起古風微笑的柯蕾像
庫羅斯像在這個時候也是被大量製造，
供奉在神殿中。

古風（archaic）

代表「最初」的這個字總之就是老舊的意思。後人用古風時期、古典時期等來區分希臘美術史。
古風時期（西元前七～五世紀）
古典時期（西元前五～四世紀）
古希臘時期（西元前四～一世紀）

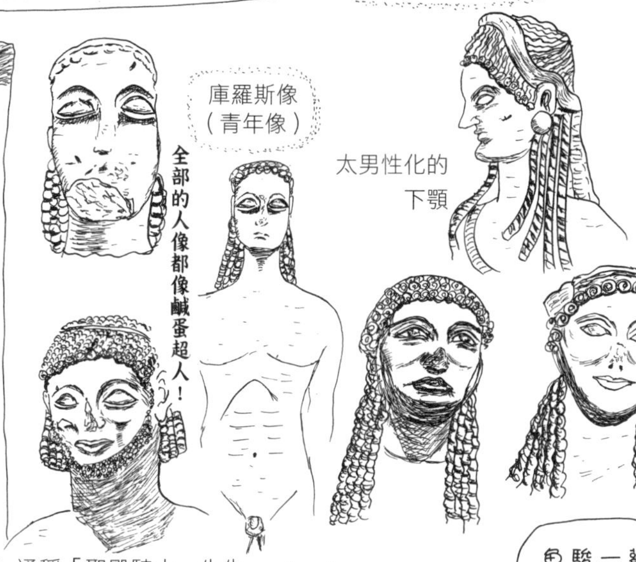
柯蕾像（少女像）
庫羅斯像（青年像）
全部的人像都像鹹蛋超人！
太男性化的下顎
看起來心懷鬼胎、奸詐狡猾的臉
通稱「聖殿騎士」先生

他們對少女的審美觀絕對跟日本人不一樣。如果是宮崎駿一定把他們炒魷魚吧。

好消息！在希臘陽具小被視為美德呢！雕像也是做小尊的！

亞里斯托芬
（Aristophanes）
鍛鍊你的身體吧，如此一來氣色不但可以變好，而且上半身也會更加緊實，**陽具跟著纖細**，就會變成能言善道呢。

亞里斯多德
陽具大的人生殖力弱！因為精子的移動距離很長，精子跑到一半就冷卻下來了！迷你尺寸反而能馬上運送新鮮的精子呢。
迷你鳥萬歲！

有人說這個時代的大流行：謎樣的微笑——古風微笑，起始於一個雕刻家的失誤。

啊～超過了。

我希望這個說法
永遠不要被推翻。

僭主（？）暗殺事件
庇西特拉圖一死，就由他的兒子希庇亞斯（Hippias）繼承地位。希庇亞斯遵循父親的善政，和平治理雅典。但是他的執政正好過了第十年時，卻突然爆發了他弟弟希帕爾戈斯的暗殺事件！
暗殺事件的梗概
有一天，希帕爾戈斯遇到了一個非常俊美的青年，馬上墜入愛河。
哇—
哈莫狄奧斯（Harmodius）
但是這名俊美青年已經有戀人了。
老頭阿里斯托吉頓（Aristogiton）
我才不把希帕爾戈斯放在眼裡呢。
在這個時代是非常常見的關係
希帕爾戈斯因為被拒絕而憤懣，對哈莫狄奧斯的家族權力騷擾！他安排哈莫狄奧斯的妹妹擔任節慶要職，讓她滿心歡喜，
就是妳了！
但到了當天…
什麼？妳說什麼我不懂。
晴天霹靂
哈莫狄奧斯和阿里斯托吉頓怒上心頭，決定殺死希帕爾戈斯。
怎麼為了一件事情就……
他們為了確保自身的安全，以打倒君主專制為名目，召集同夥，打算把哥哥希庇亞斯也一起殺掉。就在泛雅典節正在舉辦當下，預備好武器準備行動。
但真正行動時情況卻一發不可收拾，他們在快要自暴自棄的狀況下好不容易暗殺了希帕爾戈斯。
刺
噫—
可惡—
包含主謀二人在內，暗殺集團全被嚴刑逼供，最後都被殺死。
而事件明明起於類似八卦雜誌的愛恨情仇，這兩個人卻被塑造成勇於打倒君主專制的英雄，還替他們塑像紀念，一直受到讚揚。
這座像後來被波斯軍隊帶走，爾後亞歷山大大帝在蘇薩的皇宮中發現這座雕像，又重回雅典。不過雅典已經製作了兩組複製的雕像，於是市集上便並列了兩組雕像。現在那兩組雕像都已失傳，模仿複製的羅馬時代的雕像現存於拿坡里的博物館中。
但是雖然希帕爾戈斯是個惹人厭的傢伙，被夢中情人討厭又被殺死實在是太可憐了。

克里斯提尼——將民主政治一軍

先前的那兩人惹起的打倒君主專制計畫，結果卻演變成誕生出真正的暴君。

希庇亞斯受到弟弟被暗殺的衝擊，開始對民眾產生不信任感，完全變成一隻瘋狗。

他把看起來可疑的公民一個接一個殺死。

三年間將雅典染成恐怖血腥的鮮紅色，而讓這一切結束的是——

「新希望——克里斯提尼」

他出身自雅典屬一屬二的名門世家、富豪阿爾刻邁翁家族。

阿爾刻邁翁家以其雄厚的財力，二話不說拿錢出來重建德爾菲的阿波羅神殿，而和德爾菲關係非比尋常，他們也利用了這層關係。阿爾刻邁翁家叫德爾菲一再給對德爾菲言聽計從的斯巴達這樣的神諭。

阿波羅命令你們打倒雅典的君主專制。

斯巴達輕易地上鉤，向雅典進軍。

就這樣希庇亞斯也走到窮途末路，逃亡到波斯。

給我記住！

建設到一半停擺的宙斯神殿，被視為君主專制的象徵而被擱置。

名門望族阿爾刻邁翁家族

阿爾刻邁翁家是以財富出名，不過按照希羅多德的說法，他們的財富源自呂狄亞王國的克伊蘇斯王。有一次他為了感謝阿爾刻邁翁家熱情款待替自己取神諭回來的手下，把阿爾刻邁翁請到宮中。克伊蘇斯王一說隨便拿多少砂金走都可以，阿爾刻邁翁馬上抓起砂金往衣服及靴子等可以塞得下的地方拚命塞，最後甚至還把嘴巴塞得滿口都是砂金。看到阿爾刻邁翁這副拚命三郎模樣，克伊蘇斯王龍心大悅！據說還因此賞賜阿爾刻邁翁更多財寶。

如果是日本的故事的話，這種貪得無饜的人一定會受到淒慘的懲罰……。我還真搞不懂這地方的人腦袋在想什麼。

他一定是選最大竹簍的人。

被詛咒的一家

阿爾刻邁翁家的人把逃到神殿的人殺死、犯下在希臘絕對不被容許的罪（P185殺害奎隆），而被驅逐出雅典，不過他們靠著可以到處灑錢的財力，又被雅典公民請回去。但是他們破壞律法的那件事深深烙印在雅典公民們的心中，後來人們看待他們的眼光就變成「阿爾刻邁翁＝骯髒的血」，帶有輕微的歧視意識。

接下來，克里斯提尼向選民大會提出讓貴族政治徹底崩解的關鍵性議案，並且讓議案通過。而那個議案使得以往經由血統劃分的部族完全消失。

以往雅典及阿提卡的人們由血緣集團分成四個部族。

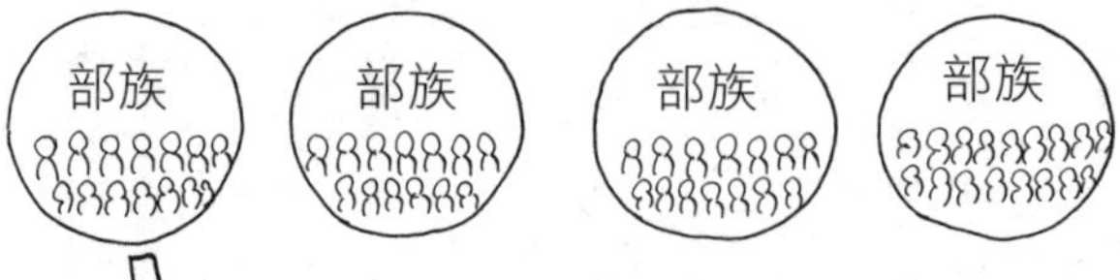
部族
部族
部族
部族

部族是這樣構成的

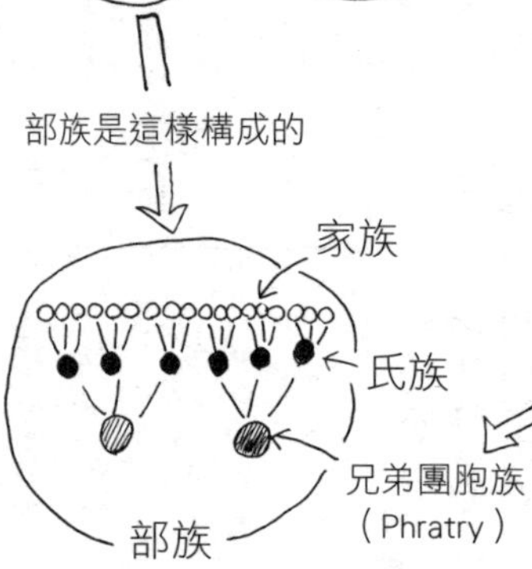
家族
氏族
兄弟團胞族
（Phratry）
部族

簡而言之就是親戚擺第一、家族名聲擺第一的主義。

中心是這裡！
這個兄弟團胞族握有很大的權力。如果被這裡盯上的話不但沒有工作、還會被剝奪公民權，所以大家都不得不對他們小心翼翼。

克里斯提尼的改革

首先把阿提卡全區分成三部分

內陸區
市區
海岸區

再把這三個部分分成十個區域。

海岸區
內陸區
市區

從這三個部分各挑出一個區域。

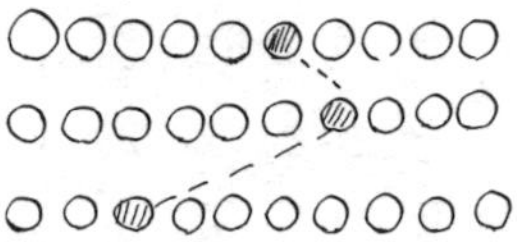

這三個區域合起來作為一個部族。

由人為區分十個部族，分解了原有的血緣集團，得以取走貴族恣意濫用權勢的場所（就像經由把握有權力的不良集團換到其他班級讓他們孤立，奪走他們的權力一樣）。
這個方式乍看之下不是什麼亮眼的改革（而且就像在算數學公式一樣不好懂），不過卻是將原有世界徹底破壞後重獲新生的大革命呢！

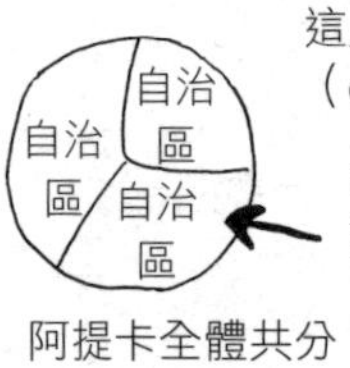
自治區
自治區
自治區

這又是從好幾個自治區（demos）組合而成。

表面上公民登記在這裡進行

阿提卡全體共分成139個自治區

不過很可惜的是，並沒有辦法完全將中心的兄弟團胞族斬草除根，雖然還是在這裡讓公民登記，不過漸漸地失去權力。

另外克里斯提尼也是新建立起「五百人議會」的人。五百人議會正如其名，是從一個部族選出五十個代表、一共五百人組成的議會，而代表則是由各個部族依抽籤選出。

代表任期一年，不需擔當重任。這是一個主要準備選民大會、另外處理選民大會進行、祭典、外交的機關，後來成為處理雅典行政的地方。

但是比起克里斯提尼首創的十部族制及五百人議會，更加有名的卻是他的**「陶片放逐制」**。

這個制度是將「可能成為僭主」流放的制度。每一年一度決定要不要實行，如果決定要實行，就由公民們寫下「可能成為僭主」的名字，如果一個人得到了六千票，這個人就會被驅逐出雅典十年（關於投票的數目及方式有各派說法）。

寫有名字的陶片

聽起來是個相當殘酷嚴苛的法令，不過這也是因為希庇亞斯時代的恐怖記憶，讓人們害怕雅典的權力又過度集中在某一個人身上。

不過不可思議的是，關於克里斯提尼，只有將焦點放在他輝煌的政績上，他本人的性格等卻完全沒有紀錄，晚年也是個謎團。

哎呀，不過不管是在哪個世界，一個人死皮賴臉一直霸著最高權力的寶座的話，肯定不會有什麼好事。不管是政治還是演藝圈、公司還是打工的世界，什麼都一樣……。

這麼一想，陶片放逐制還算是一個很好的制度，但是一想到實際上被流放時的悲涼，就教人不忍。而且只是光憑「有可能成為」這樣假設性的理由！

被排除在集團之外是很痛苦的。

譬如在班上突然被所有的女學生忽視，要分小組的時候找不到人一組，朋友的生日會就只有自己沒有被邀請……等等，陶片放逐制的規模可是比這種排擠還要大上百倍、痛苦也自然是多上百倍的吧（唉~我又想起我的小學時代，心情沉重）。這個國家規模的排擠光是想像就讓人不禁打冷顫！

不過我的同情似乎完全是搞不清楚狀況，令人意外的是，被放逐的人一點也沒有失意喪志，反而幾乎都很強勢！不但沒有意志消沉被逼到絕望的深淵，反而滿懷希望，想辦法要回到雅典而不斷自我推薦，而且做好隨時可以回到雅典的準備。

所以說這個制度並不是打從心底要叫公民選出他們討厭的人，有時是為了化解公民對有人望的人的忌妒心，或者有時候則是政敵之間互相扯後腿等，利用了這個制度。

不管克里斯提尼最初的志向到哪裡去，這個制度才真的是該被陶片放逐呀。

妳的結論根本是自以為是！
這篇文章也該被陶片放逐！

波希戰爭

呂狄亞王國的崩解

就在希臘本土的雅典、斯巴達等各自走向各自的道路時，位於小亞細亞的城邦卻受到亞洲政治情勢變化的波及。原本不過是美蒂亞王國旗下的一個小王國波斯突然叛亂，對美蒂亞王國刀劍相向，反而征服了美蒂亞。

眼見波斯氣勢如虹，呂狄亞的克伊蘇斯王也感到危機感，

這種時候就要依靠德爾菲！
!

但是神諭卻說，

只要動兵的話就會消滅大國吧。

克伊蘇斯聽了滿心歡喜，充滿自信地出兵波斯。結果輸得一蹋糊塗。

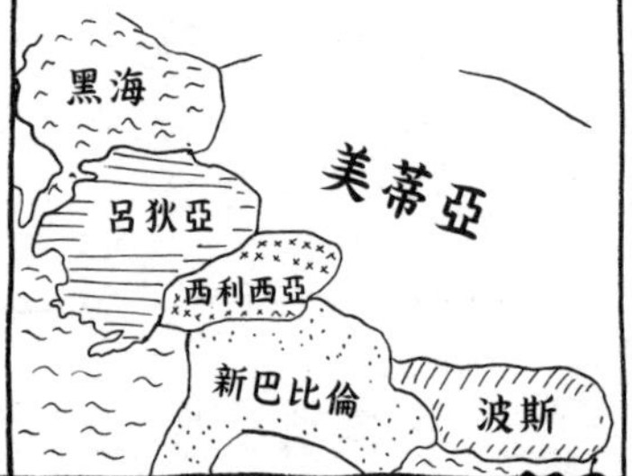

黑海
呂狄亞
美蒂亞
西利西亞
新巴比倫
波斯

而德爾菲的藉口是——

抱怨什麼？我不是說中了嗎！大國呂狄亞不就被消滅了。
我可是連波斯的波字都還沒說出口哩。沒有問清楚哪邊會被消滅的人是誰啊！
你說啊！
奸笑
奸笑

怎麼又像小學生吵架一樣……。克伊蘇斯可是比希臘的任何城邦都花錢在德爾菲身上耶，對這個最慷慨的金主卻是這種對待。

餘興故事 梭倫與克伊蘇斯② 顛沛流離的克伊蘇斯王

梭倫啊，我那時聽完你說的話，心想「這個人一點服務精神也沒有、又自以為是，只是想把人辯倒的臭老頭」，還因此對你心生殺意，但是當我變成波斯王居魯士的階下囚、就要被處以火刑而腳邊的柴薪都被點燃時，在被煙嗆得快無法呼吸中突然想起你的幸福論。

那時我終於百分之百地了解你說的話了！我哭喊你的名字三次

結果——奇蹟出現了！

波斯王居魯士看到我如發狂般嚎哭的樣子，過來問我為什麼哭，我就把你和我之間的對話告訴了他。結果沒想到居魯士因此取消我的死刑。我想他聽了也有所感吧。之後我將人生獻給還我一命的居魯士，我作為他的心腹好友、建言者，一直在他身邊服務。

我學你不去吹捧居魯士，有時刻意說些不中聽的話，不過居魯士到我死之前都很善待我呢。

梭倫啊，和你相遇真是我人生的瑰寶啊。

謝謝你喚醒了愚昧的我。

愛奧尼亞叛亂
如果呂狄亞是愛奧尼亞公司的上司，那麼呂狄亞被消滅在環境上並沒有特別劇烈的改變。
在呂狄亞手下，愛奧尼亞可以自由工作，稍微有點業績就得到過分的讚美，
加班辛苦啦。要不要去喝一杯啊。
咻
答答答
而且非常慷慨。
給我最上等的牛前胸肉，要十人份喔。
這個給你們搭計程車回家。
愛奧尼亞的城邦也遭到跟呂狄亞王國相同的命運，被波斯帝國併吞。
真的嗎，我沒有想到！
還有呢，還有呢。
對屬下說的話感興趣，用心聆聽。
但是新上司波斯卻是——
呸
對我們完全不感興趣，一副乖乖給我做完事的臉。
他好像不信任我們，連小地方都要一一檢查，好無聊喔。
唉——好懷念呂狄亞上司啊！他真的是讓我們快樂工作的人呢。
愛奧尼亞就像這樣感嘆局勢的變化。
克伊蘇斯王喜愛希臘是人人皆知，以建築物來說，他在薩爾狄斯建造希臘神殿，捐給艾菲索斯的阿爾忒彌斯神殿一百二十七根圓柱。而且也捐許多錢重建德爾菲的阿波羅神殿。

希羅多德（西元前五世紀人）

他是出生於在哈利卡納蘇斯的記者＆娛樂大師。他太過有名的著作《歷史》，就是原原本本傳達波希戰爭的著作（不僅如此，還給人「咦，這種地方也寫！」過於瑣碎的感覺）。

特徵＝總之馬上就偏離主題。而脫離主題正是他的精髓！

特別是講到色情＆黃色故事時，他的文筆最是傳神精采。總之他沒有把聽來的故事中有趣的部分全講完就誓不罷休。

克伊蘇斯和梭倫之間的軼事也是希羅多德介紹的，不過以年代來說，這兩人幾乎不可能有接觸。所以把這樣結局完美的故事看作是希羅多德的「創作」準沒錯。這些軼事應該是將阿古斯兄弟等當時當紅的名人、和當時人們對幸福的看法交織在一起而編織出來的。

我的名字是「赫拉的贈禮」的意思喔。

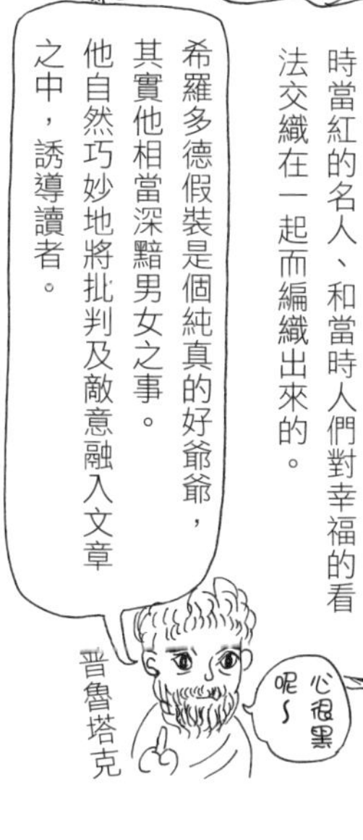
希羅多德假裝是個純真的好爺爺，其實他相當深黯男女之事。他自然巧妙地將批判及敵意融入文章之中，誘導讀者。
心很黑呢～
普魯塔克

米利都決定實行諂媚波斯大作戰，被讚頌為「愛奧尼亞之花」而隆盛一時。
這個米利都的僭主亞里斯達哥拉斯（Aristagoras）是一個野心人士。
炯炯
炯炯
他為了更討波斯歡心——
為了讓波斯大人更加繁榮，就讓我盡一份心力吧。
亞里斯達哥拉斯首先藉口「為了波斯，想拿下那克索斯島」。
那克索斯土地肥沃，是一個好島嶼。只要能夠拿下那克索斯島，就能引發骨牌效應，將基克拉澤斯島也納入統治。
亞細亞
那克索斯島
伯羅奔尼撒
由於當時那克索斯處於內亂的混亂狀態，波斯認為可以很輕鬆地征服這個島嶼。
好啊。
你就去試試看。
這個大膽的提案順利通過，米利都從波斯手中借到兩百艘船及士兵。
接下來亞里斯達哥拉斯又向愛奧尼亞的各城邦高聲疾呼，召集了一個大遠征部隊，意氣風發地挺進那克索斯。
但是經過四個月的戰爭後，結果卻是以失敗告終。
唉……
結局失敗
亞里斯達哥拉斯心想，
不妙！這下我得背負龐大的債務了。
這樣下去我會被炒魷魚。
他在被不安及恐懼驅使之下，最後——
好，既然事到如今，
我就對波斯發動全面戰爭！
突然轉向極端。
他又再度呼籲愛奧尼亞的各個城邦，
為什麼你們對這種附庸生活不抱任何懷疑呢？
他想借用希臘本土的力量，首先拜訪斯巴達。
但是斯巴達國王克萊奧梅尼（Cleomenes）一聽說從愛奧尼亞海岸到波斯首都蘇薩要花三個多月的時間，
哎唷，我沒辦法啦。

亞里斯達哥拉斯沒有就此放棄。
我出十塔蘭頓（約三億六千萬日幣）。不，五十塔蘭頓！
可惡！這個小鬼！
但是斯巴達王八歲的女兒戈爾歌出現，
父親大人，我們走吧。這樣下去您會被收買的。
哦
她的一句話使交易立即結束。
接下來亞里斯達哥拉斯又到雅典、在三萬公民聚集的選民大會中大演講。
波斯軍超弱的！而且波斯的資源很豐富呢！
愛奧尼亞是你們的同胞。
他的演說很成功。雅典派了二十艘船援助愛奧尼亞！
從這個例子我們可以知道，欺騙一個集團比欺騙一個人簡單多了。
希羅多德
接下來亞里斯達哥拉斯展開叛亂，但想當然是大慘敗。
引發戰爭的罪魁禍首亞里斯達哥拉斯，一看到戰況不利於己，戰爭中途就馬上逃往色雷斯。
唉，不過他就在色雷斯被殺了。
在這場戰爭中，米利都的男子大部分都被殺害。俊美的青年被處以宮刑、被迫成為宦官，漂亮的女人們則被送入波斯王的後宮中。
愛奧尼亞的叛亂，可以說是一個貪婪又膚淺的男人的戲言，搞得大家團團轉。
但是這件事日後卻發展成把希臘捲入大戰爭中。
波斯王大流士對突然跑出來多管閒事的雅典非常生氣。
你們倒是說說看我哪裡得罪你們！
怎樣！
波斯王太過惱火，
要手下在每頓飯時
都要說——
國王啊，請想起雅典的事情……
我知道！
就是不要忘記心有未甘的心情。

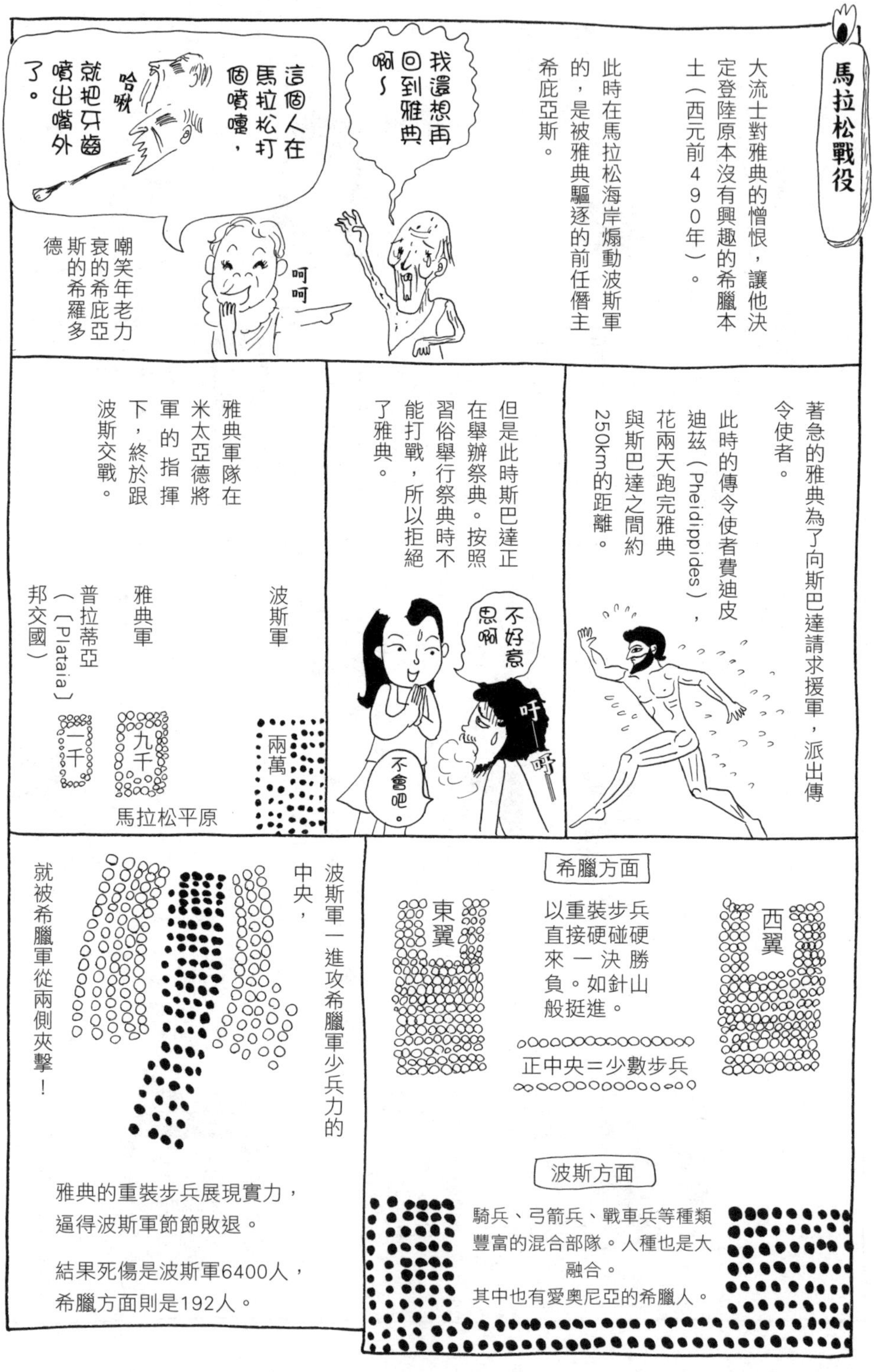
馬拉松戰役
大流士對雅典的憎恨，讓他決定登陸原本沒有興趣的希臘本土（西元前490年）。
此時在馬拉松海岸煽動波斯軍的，是被雅典驅逐的前任僭主希庇亞斯。
我還想再回到雅典啊～
呵呵
這個人在馬拉松打個噴嚏，就把牙齒噴出嘴外了。
哈啾
嘲笑年老力衰的希庇亞斯的希羅多德
著急的雅典為了向斯巴達請求援軍，派出傳令使者。
此時的傳令使者費迪皮迪茲（Pheidippides），花兩天跑完雅典與斯巴達之間約250km的距離。
但是此時斯巴達正在舉辦祭典。按照習俗舉行祭典時不能打戰，所以拒絕了雅典。
不好意思啊
呼
呼
不會吧。
雅典軍隊在米太亞德將軍的指揮下，終於跟波斯交戰。
波斯軍
兩萬
雅典軍
九千
普拉蒂亞（〔Plataia〕邦交國）
一千
馬拉松平原
希臘方面
以重裝步兵直接硬碰硬來一決勝負。如針山般挺進。
西翼
東翼
正中央＝少數步兵
波斯方面
騎兵、弓箭兵、戰車兵等種類豐富的混合部隊。人種也是大融合。
其中也有愛奧尼亞的希臘人。
波斯軍一進攻希臘軍少兵力的中央，
就被希臘軍從兩側夾擊！
雅典的重裝步兵展現實力，逼得波斯軍節節敗退。
結果死傷是波斯軍6400人，希臘方面則是192人。

「勝利！勝利！」

此時為了通知雅典勝利的消息，傳令使者從馬拉松跑了約40km的距離到達雅典，結果因過度虛脱而棄絕身亡，而衍生出馬拉松競賽的這個有名的故事。但是這段故事起自羅馬時代以後的作家的手筆，所以也有人認為是從派到斯巴達的傳令使者費迪皮迪茲的故事移花接木而來。

雅典軍並沒有沉醉於勝利中，他們加快腳步回到雅典，準備迎接隔日波斯的來襲。

希臘軍
馬拉松
波斯軍
雅典
天哪
舒尼恩岬

結果想藉由繞道舒尼恩岬來攻打雅典的波斯軍比雅典軍慢了一步，大流士只好不甘願地撤兵。

哼

這個時候斯巴達軍才慢吞吞地來到雅典。

雅典，你們真是厲害耶。
呃……

斯巴達軍盛讚雅典一番後回國。

地米斯托克利（Themistocles）與薩拉米斯海戰

當然對波斯的這場勝利，讓雅典欣喜若狂、舉辦慶典大肆慶祝。畫家們描繪馬拉松戰役勝利的繪畫，裝飾在市集的柱廊上，並且在德爾菲建造了紀念的寶庫。

但是有一個男人獨醒於雅典的狂歡中，冷靜地判斷不能對波斯掉以輕心。

而這個男人的名字就叫地米斯托克利。

雅典
薩拉米斯

此時正好雅典人在勞里厄姆（Laurium）發現到礦脈，得到一大筆進帳。

接連而來的幸運讓雅典公民更是陶陶然，眾人的意見逐漸傾向將錢平分給公民們。但此時就只有地米斯托克利説

作出在大家的幸福上潑冷水的發言……。

我們買船吧。

地米斯托克利（西元前528～462年）

並不是出生在好人家的地米斯托克利，他最大的武器是功名心重。

他把雅典公民們的名字全部背下，打招呼時還會一一叫出名字等等。他進行的功成名就活動也沒有白費心血，後來他得到執政官的職務、也參與了馬拉松戰役。

那時他對在馬拉松戰役中非常活躍的米太亞德將軍嫉妒得要死。

人們對米太亞德的盛讚害我睡不著。
緊繃
緊繃

地米斯托克利嚐著忌妒的苦果，輕易地就把自己封閉起來，不過由於他天生的野心，很快地又站到眾人面前，企圖挽回頹勢。

地米斯托克利先不搬出波斯的名字，用眼前的敵國、埃及納，來説服大家備戰，總算將買船的議案通過。

因此雅典先前賺的錢全數用在強化海軍上，變成擁有兩百艘三層划槳戰船的城邦。

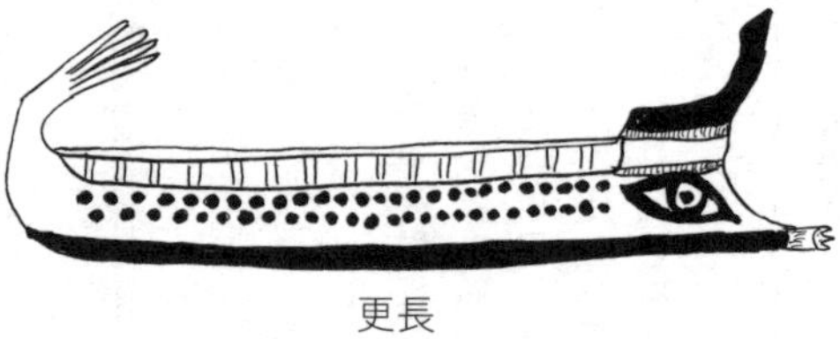
更長

三層划槳戰船

起初是科林斯開發的戰船。可乘坐兩百人的船中，一百八十人在分成三段的座位上划船。

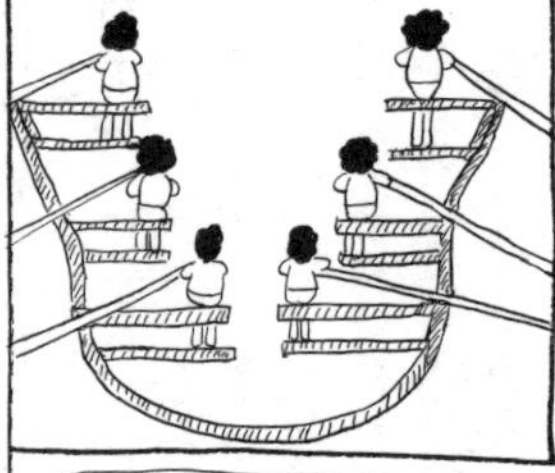

接著，波斯對雅典的憎恨更是與日俱增。

大流士過世了，他的遺志由兒子澤克西斯所繼承。澤克西斯率領超過二十萬以上的大軍、超過千艘的船隻（近年的推測），從蘇薩啟程（西元前481年）。為了這場戰爭，波斯毫不惜金錢及時間等成本。

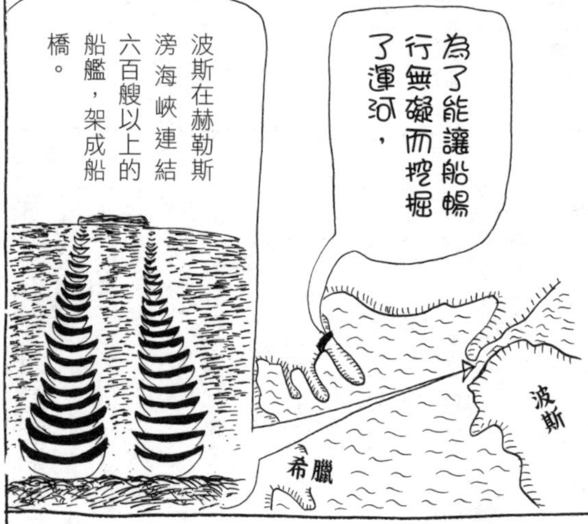
為了能讓船暢行無礙而挖掘了運河，
波斯
希臘

波斯在赫勒斯滂海峽連結六百艘以上的船艦，架成船橋。

希羅多德提供的澤克西斯小故事

① 他在赫勒斯滂海峽架橋的時候，起先是用普通的繩索等架設，但是橋卻被暴風吹壞。此時澤克西斯把監工的人全部砍頭，還鞭笞海洋三百下。

這個陰險的鹽水混蛋！
咻
咻
啪
啪
還把腳銬也丟進海中。

② 兒子們全被派上戰場的呂狄亞的有錢人，請求澤克西斯「可不可以放過我的長子」。但澤克西斯把那個長子碎屍後騎馬通過屍塊之間。

哼

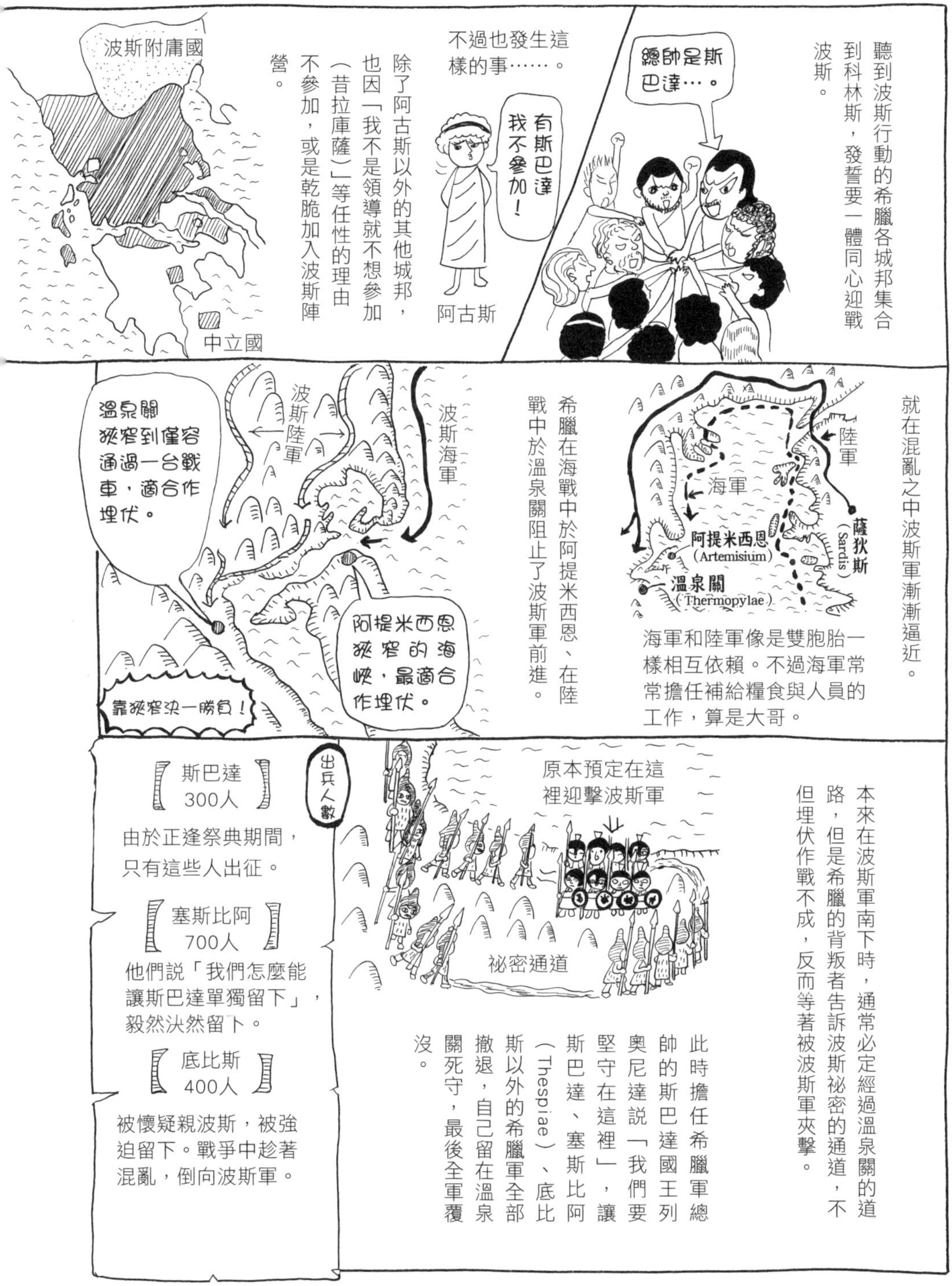
聽到波斯行動的希臘各城邦集合到科林斯，發誓要一體同心迎戰波斯。
總帥是斯巴達…。
不過也發生這樣的事……。
有斯巴達我不參加！
阿古斯
除了阿古斯以外的其他城邦，也因「我不是領導就不想參加（昔拉庫薩）」等任性的理由不參加，或是乾脆加入波斯陣營。
波斯附庸國
中立國
就在混亂之中波斯軍漸漸逼近。
陸軍
海軍
薩狄斯
（Sardis）
阿提米西恩
（Artemisium）
溫泉關
（Thermopylae）
海軍和陸軍像是雙胞胎一樣相互依賴。不過海軍常常擔任補給糧食與人員的工作，算是大哥。
希臘在海戰中於阿提米西恩、在陸戰中於溫泉關阻止了波斯軍前進。
波斯海軍
波斯陸軍
溫泉關狹窄到僅容通過一台戰車，適合作埋伏。
阿提米西恩狹窄的海峽，最適合作埋伏。
靠狹窄決一勝負！
本來在波斯軍南下時，通常必定經過溫泉關的道路，但是希臘的背叛者告訴波斯祕密的通道，不但埋伏作戰不成，反而等著被波斯軍夾擊。
原本預定在這裡迎擊波斯軍
祕密通道
此時擔任希臘軍總帥的斯巴達國王列奧尼達說「我們要堅守在這裡」，讓斯巴達、塞斯比阿（Thespiae）、底比斯以外的希臘軍全部撤退，自己留在溫泉關死守，最後全軍覆沒。
出兵人數
斯巴達
300人
由於正逢祭典期間，只有這些人出征。
塞斯比阿
700人
他們說「我們怎麼能讓斯巴達單獨留下」，毅然決然留下。
底比斯
400人
被懷疑親波斯，被強迫留下。戰爭中趁著混亂，倒向波斯軍。

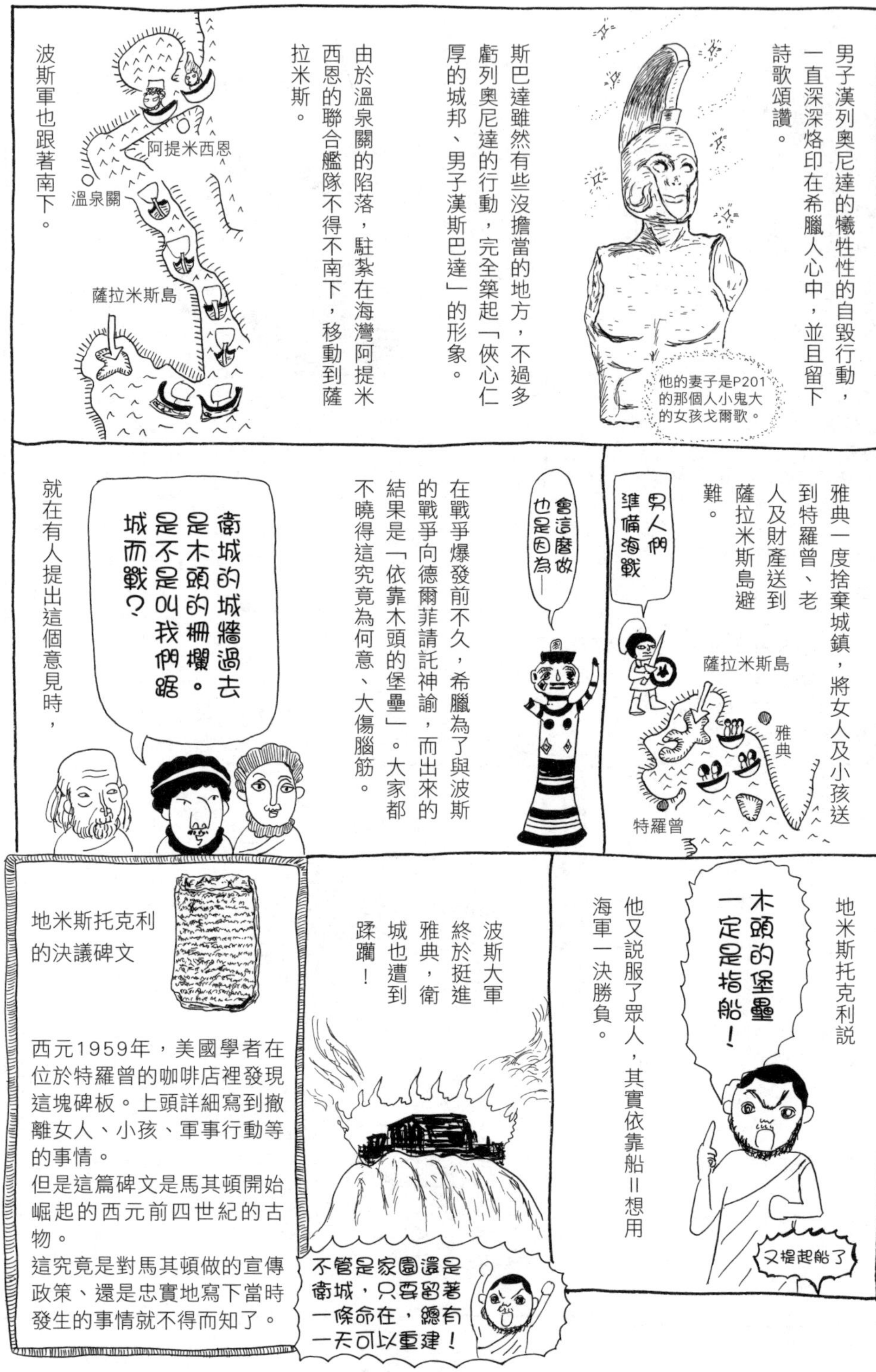
男子漢列奧尼達的犧牲性的自毀行動，一直深深烙印在希臘人心中，並且留下詩歌頌讚。
他的妻子是P201的那個人小鬼大的女孩戈爾歌。
斯巴達雖然有些沒擔當的地方，不過多虧列奧尼達的行動，完全築起「俠心仁厚的城邦、男子漢斯巴達」的形象。
由於溫泉關的陷落，駐紮在海灣阿提米西恩的聯合艦隊不得不南下，移動到薩拉米斯。
阿提米西恩
溫泉關
薩拉米斯島
波斯軍也跟著南下。
雅典一度捨棄城鎮，將女人及小孩送到特羅曾、老人及財產送到薩拉米斯島避難。
男人們準備海戰
薩拉米斯島
雅典
特羅曾
會這麼做也是因為——
在戰爭爆發前不久，希臘為了與波斯的戰爭向德爾菲請託神諭，而出來的結果是「依靠木頭的堡壘」。大家都不曉得這究竟為何意、大傷腦筋。
衛城的城牆過去是木頭的柵欄。是不是叫我們踞城而戰？
就在有人提出這個意見時，
地米斯托克利說
木頭的堡壘一定是指船！
他又說服了眾人，其實依靠船＝想用海軍一決勝負。
又提起船了
波斯大軍終於挺進雅典，衛城也遭到蹂躪！
不管是家園還是衛城，只要留著一條命在，總有一天可以重建！
地米斯托克利的決議碑文
西元1959年，美國學者在位於特羅曾的咖啡店裡發現這塊碑板。上頭詳細寫到撤離女人、小孩、軍事行動等的事情。
但是這篇碑文是馬其頓開始崛起的西元前四世紀的古物。
這究竟是對馬其頓做的宣傳政策、還是忠實地寫下當時發生的事情就不得而知了。

地米斯托克利在薩拉米斯也不得不說服「想在科林斯地峽等波斯軍」的希臘聯合軍。
如果在地峽的話，到後來會演變到不得不在大海上作戰，如此一來，反而會對船隻多的波斯有利。
船隻少的我方想要打勝的話，只有把波斯引進像薩拉米斯灣一樣狹窄的水路才行！
但是波斯艦隊一直不肯進入灣中，戰情呈膠著狀態。
可惡！怎麼都不照我的計畫發展呢！
希臘軍
薩拉米斯灣
波斯軍
所以地米斯托克利派自己的奴隸潛入波斯陣營，讓他散播以下的謠言。
現在在薩拉米斯灣的希臘軍嚇得渾身發抖。想要逃走的人還有想歸順波斯的人多得是呢。
斯金諾斯
趁現在攻擊希臘的話，他們內部一定會起內鬨，很輕易地就可以制服希臘了。
中了圈套的波斯軍進入海灣。
波斯船
行進速度快，但因船隻輕巧不耐高浪，不堅固。據推測此時波斯的船已經減少到400~600艘。
狹小的海灣中，無法靈活運作的波斯船艦一被堅固的希臘船碰撞，馬上亂了陣腳，兩百隻船被擊沉（希臘方面四十艘）、許多船被俘虜（西元前480年）。
希臘船
堅硬的船首可穿破波斯船。總計380艘。
澤克西斯在薩拉米斯的對岸，眼睜睜地看著自己的艦隊沉沒。
什麼！
因為他人在岩石山上，從高處監視戰況，給士兵們的表現打分數。
澤克西斯留下陸軍，帶著六萬名士兵撤退。
可惡，輸給距離了！
因為薩拉米斯灣的大勝而重振士氣的希臘聯合軍，也打敗了留下來的波斯軍，除去波斯的威脅。
普拉蒂亞之戰
米克利（Mycale）之戰
這裡是海戰
兩地的戰役很神奇的都在同一天勝利（西元前479年）

提洛同盟

希臘接連戰勝、位於小亞細亞的各個城邦也逐漸重獲自由的西元前477年，各地為了抵抗波斯的威脅而建立了同盟。

不管是在薩拉米斯海戰的活躍、無數的英勇事蹟在加上國力等所有面向上，都稱得上是希臘第一把交椅的雅典，在全部城邦的同意下，被捧上盟主的寶座。

加盟國

到西元425年為止，共有260個城邦加盟

同盟條約

①各城邦有義務出艦隊及士兵，或是錢（金）

②各城邦各有一票的投票權。每票權利同等。

③維護各城邦自治權，不互相侵犯。

出艦隊的只有萊斯沃斯、希俄斯、薩摩斯而已，其他的國家幾乎沒有能力出兵，都拿錢出來依賴雅典海軍。收集來的錢被收進位於提洛島的阿波羅神殿的金庫中，那裡成為了同盟的本部，所以這個同盟就被稱作提洛同盟（後世學者取的名稱）。

斯巴達的伯羅奔尼撒同盟還是一樣繼續存在，到後來演變成提洛同盟與伯羅奔尼撒同盟之間開始相互對抗，朝雅典及斯巴達的兩極化發展。

接著講回地米斯托克利……

薩拉米斯海戰後還是老樣子海洋&船癖的地米斯托克利，想到要把雅典與海連結。

他擬定了「把派瑞斯（Piraeus）港與雅典用城牆連結，讓雅典城要塞化」的計畫，首先著手於建造雅典城的堡壘。

斯巴達出來阻止

如果波斯再來的話，要塞會被利用的喔。
假裝擔心
哼，我才不要雅典變得更強呢！

地米斯托克利親自前往斯巴達，假裝和斯巴達協商爭取時間、讓要塞完成。

斯巴達又被騙了。

國與國之間的關係中，要有對等的儲備才有可能建立起公平的立場。已經有其他國家擁有要塞了，各個城邦如果要對等，要不就都建造要塞、要不就把現有的要塞全部毀壞。
哦！他的說法跟現代保有核武的國家說的藉口一模一樣耶！

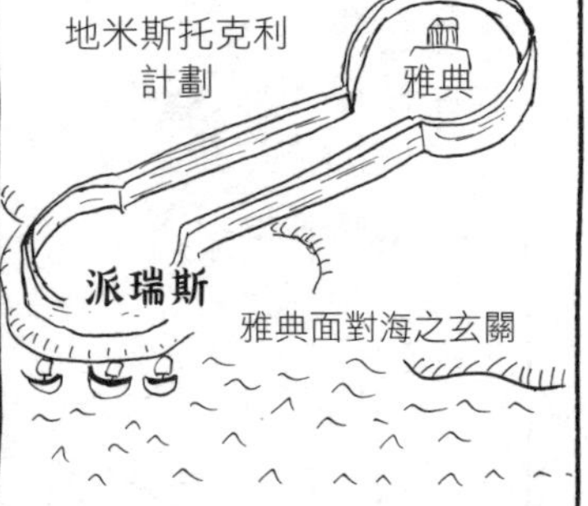
地米斯托克利計劃
雅典
派瑞斯
雅典面對海之玄關

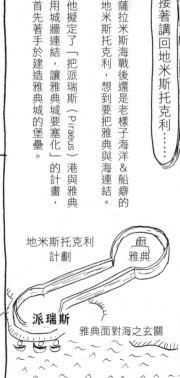

不過這個以卓越的先見之明保衛希臘全體、為了雅典鞠躬盡瘁的地米斯托克利，最後從雅典公民那裡得到的，卻是太過殘酷的對待——陶片放逐。雅典的人們嫉妒心強，他們看到一個成就非凡的人不會就此罷休。

戰爭結束後，地米斯托克利過了幾年風光的日子，但是後來被眾人誣賴中飽私囊而受到放逐處分。在希臘各地漂泊的地米斯托克利，最後落腳的地方竟然是——波斯。

好例子
呀
呀
呀

奧林匹亞大會時，眾人不顧競技，目光全在地米斯托克利身上。

據說波斯王在睡到一半時跳起來，

地米斯托克利終於到我的手中了！

如此忘情大喊，可見他高興的程度。

波斯王佩服地米斯托克利的勇氣與膽量，提拔他為馬格涅西亞的首長。據說地米斯托克利在那裡受人崇敬、過了一段舒適的晚年生活，但當他被命令討伐希臘時，為了不想讓自己過去輝煌的戰果蒙上陰影而自我了斷。

由普魯塔克所提供——

地米斯托克利語錄

薩拉米斯海戰後，地米斯托克利成為名符其實的名士，他的身邊開始聚集從前瞧不起他、或是嗤之以鼻的人們。不過地米斯托克利早已洞見雅典人的陰晴不定——

你真是太受人歡迎又受人敬仰啊。
哼，這種情況怎麼可能永遠持續下去呢。對雅典人來說，我不過是懸鈴木。他們在天候惡劣的時候就趕快跑到樹下避難，天氣一好轉，他們馬上拔樹葉又砍樹枝，根本不把人當一回事。

另外當他在會議中一時性急，還沒打招呼就開始演說時，

喂、喂，就算是短距離賽跑，先偷跑的人也是會被處鞭刑的喔。
呵

被人嘲笑，所以他說

對啊，不過自己沒有注意到起跑信號的人當然會落人後啊。

哎，到這裡地米斯托克利講的話還能理解，但是譬如說他跟友人在走路時，發現路上掉著值錢的東西，

別偷喔。你又不是地米斯托克利。

諸如此類，他也常常說些讓人不愉快的話。

普魯塔克

（西元一世紀人）

他的代表作《英雄傳》，將當時的知名人物充滿高低起伏的一生，以比希羅多德更具洞察&深意&輕鬆詼諧的方式撰寫而成，實在是一本內容深厚又珍貴的書。普魯塔克自己年輕的時候是旅人，中年期在羅馬當哈德良大帝等人的家庭教師，晚年成為德爾菲的最高神官等，過了相當精采豐富的一生。

雅典，邁向壯大的道路。
接替地米斯托克利之後，出生於名門貴族的客蒙（Kimon）成為雅典的主角！
客蒙是馬拉松戰役中立下最多戰功的將軍、米太亞德的兒子。他趕跑了殘留在希臘各地、死纏爛打的波斯軍，而且在許多戰爭中大獲全勝，並且讓位於小亞細亞的城邦，從波斯的控管下重獲自由。在如此輝煌的英勇事蹟下，再加上客蒙天生的寬容、貴族獨有的優雅、穩健，使得他廣受雅典公民的歡迎。
但是
斯巴達好帥。
他們真是男人中的男人啊。
我們和斯巴達當好朋友吧。
他卻有過分偏袒斯巴達的地方，
客蒙太喜歡斯巴達，還把小孩子的名字取名為「拉塞達埃摩尼歐斯」。
而且對雅典貴族到現在還擁有勢力的情況，
民主化？
不是很夠民主了嗎。
也袖手旁觀。
由於客蒙這樣的態度，而被希望將雅典導向平等的人們疏遠，而且還受到等同於雞蛋裡挑骨頭的告發。
推動民主化的男人們
艾菲爾忒斯
伯里克利（Pericles）
告發內容
這是在雅典與塔索斯島之間起紛爭，客蒙前往鎮壓時發生的事情。客蒙雖然立下擴增領土又獲得對岸金山的大功，卻被人指責：你都打到那裡了，為什麼不攻打眼前的馬其頓？你是不是收受馬其頓的賄賂？等等，受到嚴厲的批判。
馬其頓
塔索斯島
客蒙獲判無罪。
那時正逢斯巴達發生大地震，發生了「沒有倒塌的建築物只有五棟」這樣前所未有的大災情。趁著這個機會，黑勞士發動叛變。
我們已經忍無可忍了！
袒護斯巴達的客蒙聽到這件事，真是坐立難安，
我現在沒有幫助斯巴達就不是男子漢！
他不顧眾人的反對，率領四千名士兵前往救援。

而在雅典，慶幸客蒙出遠門的民主人士艾菲爾忒斯及伯里克利，向選民大會提出要讓民主化的大絆腳石、阿雷奧帕古斯評議會喪失權力的提案。
NO MORE貴族政治的堡壘！
而這個提案是要讓貴族以往擁有的權力，下放到五百人評議會及民眾裁判所。而這個法案順利通過，阿雷奧帕古斯評議會變得只剩下裁決殺人等重罪的工作、變成一個普通的法院。
貴族們頹喪黯然
但是因為這件事而招來貴族怨恨的改革派領袖艾菲爾忒斯卻遭到暗殺。
愣啊
另一方面在斯巴達，看到客蒙閃閃發亮的軍隊，斯巴達人不禁抱持猜忌心。
話說回來，雅典這些傢伙老是騙我們。
搞不好是跟黑勞士串通好的。
所以斯巴達人說
很感謝你的好意，不過我們不需要。
什麼——
趕去斯巴達救援的城邦中就只有雅典被請回，顏面盡失。
生氣的雅典人在這之後毀棄了和斯巴達之間的同盟條約。和斯巴達永遠的宿敵阿古斯締結同盟。
順帶一提，發動叛亂的黑勞士死守在伊特美山長達十年與斯巴達對抗。
到後來不論是斯巴達還是黑勞士雙方都戰到筋疲力竭，最後斯巴達提出「如果黑勞士離開斯巴達，我們不會去追人，但還要留在這裡的話，就要當我們的奴隸」這個折衷案。
叛亂的黑勞士喜出望外離開斯巴達，遷移到雅典為了報復斯巴達而為他們準備的土地上。
這個時期雅典得到的土地
納帕庫特斯
斯巴達
伊特美山
話說回來，客蒙回到雅典後，喪失了立場，等待著他的自然是陶片放逐。
信任斯巴達得到的是這種結果嗎！
哇——
完全對伯里克利服服貼貼的雅典公民們

但是之後當雅典和斯巴達爆發戰爭的時候，
客蒙、客蒙。
啊——討厭，麻煩死了。
對了，我們可以找客蒙。
所以就把客蒙叫回雅典。
是、是，我回來了喲。
好快。
客蒙為雅典締結了五年的和平條約。
雅典在七年後（西元446年）又和斯巴達重新締結三十年的和平條約。
百折不撓的客蒙（西元前560—450年左右）
客蒙從來沒有怨恨過雅典。
當他聽到雅典戰爭的消息，即便自己處於被放逐的身分，還是準備軍隊趕回雅典。
打擊
但是雅典人卻說「不用了」，把客蒙請回。
在他的放逐被解除後，也是為了雅典和波斯軍奮勇作戰，而他也在那場戰爭中為國捐軀。
原本雅典對客蒙的父親米太亞德也相當冷淡。
在馬拉松戰役中非常活躍的米太亞德，在那之後誇下豪語說「要讓雅典變成超級有錢人」，而前去制服帕羅斯島，但是失敗了。因此引來雅典公民的怒氣，還被命令償還五十塔蘭頓（十八億日圓）的罰金。
米太亞德沒辦法付出這筆費用，而被關進牢中，他在戰爭中受的傷在牢獄中惡化，在裡頭嚥下最後一口氣。
雅典的人們馬上就忘記別人的恩惠。
客蒙成為雅典公民的第一步，就是從不得不背負父親的罰鍰這樣辛苦的狀態開始，但是戰爭馬上讓他變成富豪（從戰俘的家族手中搜刮來的贖金）。
他拿出能夠保持雅典艦隊的費用，也捐許多錢給雅典的公庫。
而且客蒙還把自己的豪宅開放給民眾入內！
不管是誰在任何時候都可以來我家吃飯喔。
客蒙在出門去鎮上時都讓自己的隨從穿上精美華服，如果在路上看到衣衫襤褸的人，就教隨從把身上的衣服和窮人互換。
他實在讓人覺得「當濫好人也有個限度吧！」，是個充滿奉獻精神的男人。
其他客蒙著名的事蹟還有，帶回忒修斯被埋葬在斯基羅斯島的遺骨（據説是忒修斯的骨頭，可是實在令人懷疑……），在雅典建造靈廟來祭祀忒修斯等等。
另外客蒙在戰爭中得到的錢，被用來擴建衛城的城牆（保存到現代）。
應該說他太做作了！
伯里克利

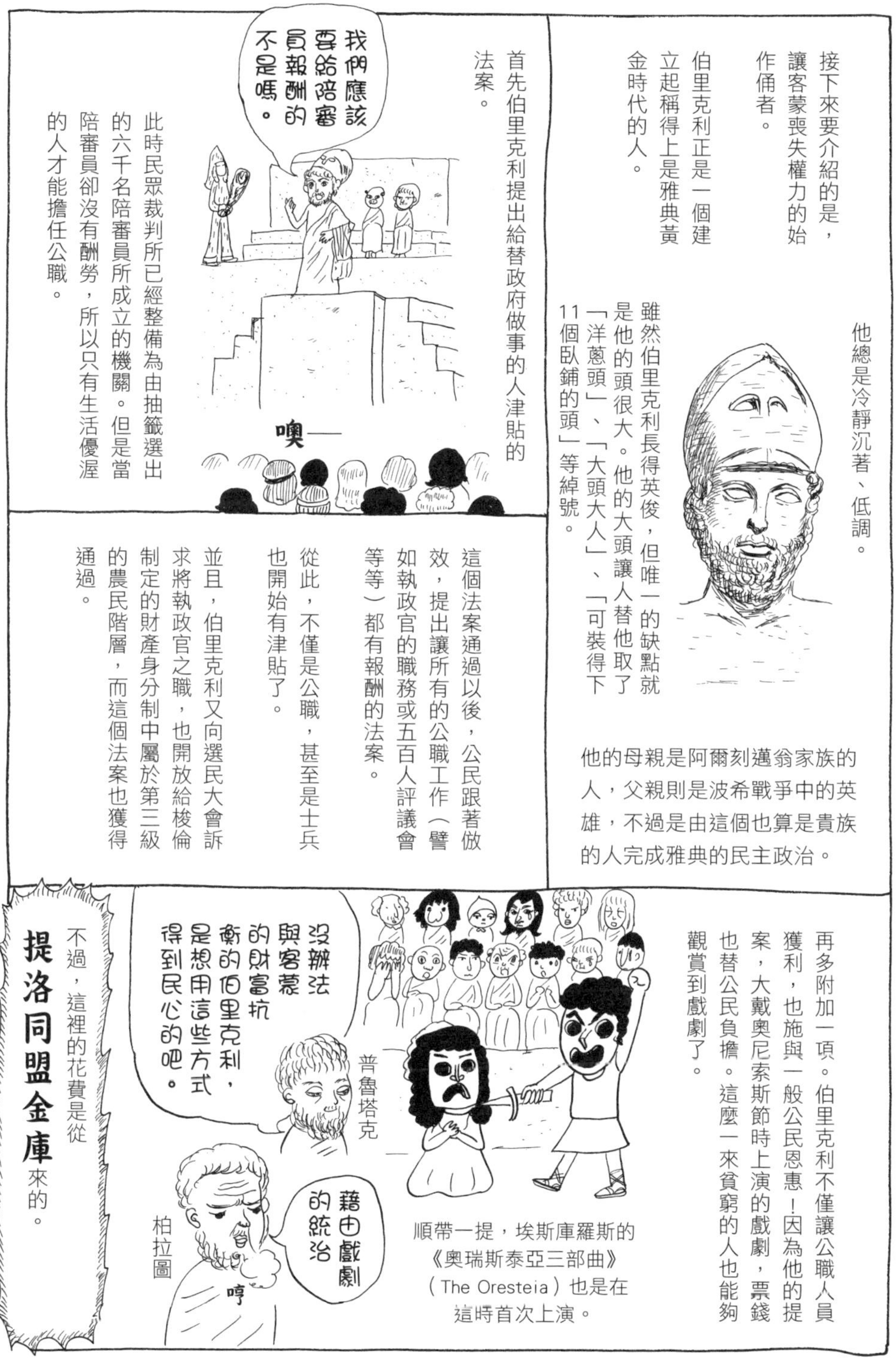

接下來要介紹的是，讓客蒙喪失權力的始作俑者。
伯里克利正是一個建立起稱得上是雅典黃金時代的人。
他總是冷靜沉著、低調。
雖然伯里克利長得英俊，但唯一的缺點就是他的頭很大。他的大頭讓人替他取了「洋蔥頭」、「大頭大人」、「可裝得下11個臥鋪的頭」等綽號。
他的母親是阿爾刻邁翁家族的人，父親則是波希戰爭中的英雄，不過是由這個也算是貴族的人完成雅典的民主政治。
首先伯里克利提出給替政府做事的人津貼的法案。
我們應該要給陪審員報酬的不是嗎。
噢——
此時民眾裁判所已經整備為由抽籤選出的六千名陪審員所成立的機關。但是當陪審員卻沒有酬勞，所以只有生活優渥的人才能擔任公職。
這個法案通過以後，公民跟著做效，提出讓所有的公職工作（譬如執政官的職務或五百人評議會等等）都有報酬的法案。
從此，不僅是公職，甚至是士兵也開始有津貼了。
並且，伯里克利又向選民大會訴求將執政官之職，也開放給梭倫制定的財產身分制中屬於第三級的農民階層，而這個法案也獲得通過。
再多附加一項。伯里克利不僅讓公職人員獲利，也施與一般公民恩惠！因為他的提案，大戴奧尼索斯節時上演的戲劇，票錢也替公民負擔。這麼一來貧窮的人也能夠觀賞到戲劇了。
沒辦法與客蒙的財富抗衡的伯里克利，是想用這些方式得到民心的吧。
普魯塔克
順帶一提，埃斯庫羅斯的《奧瑞斯泰亞三部曲》（The Oresteia）也是在這時首次上演。
藉由戲劇的統治
哼
柏拉圖
不過，這裡的花費是從提洛同盟金庫來的。

提洛同盟金庫

利用提洛同盟的金錢增強了海軍力量的雅典得意忘形，前去助埃及對波斯的叛變（By伊納羅斯王子）。但是卻大慘敗。

戰敗給敵人可趁之機，隸屬波斯的腓尼基艦隊在愛琴海鬼鬼祟祟，同盟認為把金庫放在提洛太過危險，於是金庫就遷移到雅典。

從這裡開始，雅典加快腳步把同盟的金錢「據為己有」。

譬如說後世就發現這樣厚臉皮的碑文。

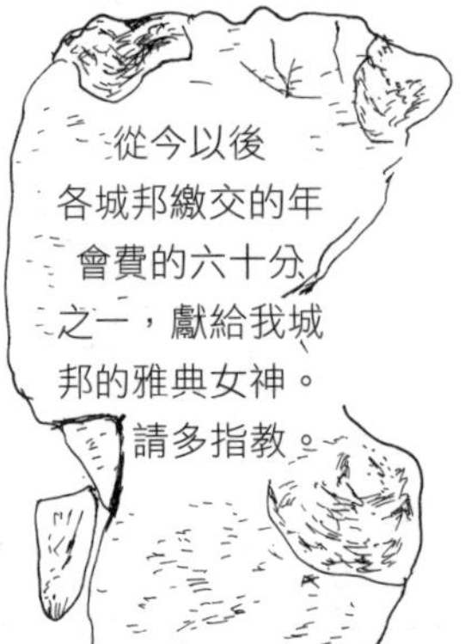
從今以後
各城邦繳交的年
會費的六十分
之一，獻給我城
邦的雅典女神。
請多指教。

伯里克利在另一方面，也讓不合理的法案通過。

他把人口減少到盡如己意的程度。

讓雙親都是雅典人的孩子可以登記公民。

過去只要父親是雅典公民，不管母親是哪裡人都是雅典公民。但因為這條法律，許多人失去公民權。

這個孩子突然間就成了外國人了嗎。
唉—
梭倫的時代外國人也有公民權的耶……

居住雅典的外國人「外邦人（Metics）」

鼎盛期的雅典中，到處是貿易商、商人、辯士（販售知識的人）等的教師、另外還有跟工業相關的人們等外國人。

但是這些人們卻被迫繳交雅典公民也不繳的稅金（居住稅）、也被迫徵兵，但卻無法參與政治，處於沒有權利的地位。

雅典公民不用繳稅

公民在戰爭等緊急的時候會被課稅，不過基本上是不用繳稅的。

城中公共建築物的建設費用、祭典的費用、戲劇的費用等等，全部是由公民指名的巨富來負擔（公共奉獻＝被稱作禮儀〔leitourgia〕）。這個職務雖然會得到名士之名而獲得尊敬，不過一點也不划算。

不過也有逃稅的方式。

那個人更有錢！
什麼

只要推給其他的有錢人就OK了。

受到無妄之災的有錢人只有承接下的份

不、不，我沒有那麼有錢。
你拿去吧。

但是只要跟先前的有錢人交換財產，就可以被放過一馬。

就好像棋盤遊戲啊。

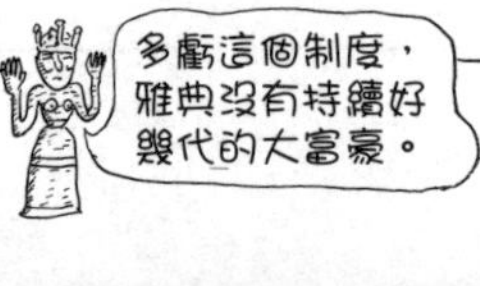
多虧這個制度，雅典沒有持續好幾代的大富豪。

不過此時雅典卻輕易地和宿敵波斯締結合約（也有歷史學家認為，雅典此舉是為了賣人情給提洛同盟）。以此為契機，雅典人在衛城建造新的神殿……。

沒錯，那就是帕德嫩神廟（Parthenon）。雅典人耗費十五年的歲月所完成的地球之寶！

當時傑出工匠的夢幻組合
設計 伊克堤諾斯
施工 姆涅席克列斯
裝飾 菲狄亞斯（Pheidias）

以往衛城為了作為波斯蹂躪的紀念地，遭破壞後就一直放置著，但一旦說要造新神殿，立刻變得非常忙碌。首先必須處理全部的殘骸。

像是為了讓裝飾在衛城的古風柯蕾像，或是前神殿的山牆雕刻能夠得到安息而埋入衛城中。（可見於衛城博物館）

將之前神殿的柱子再生利用於擴建的城牆。

帕德嫩神廟似乎至少重建了三次以上。
第一次 波斯戰爭前
第二次 馬拉松戰役後不久〔建設中途又遭波斯破壞〕
第三次 保存至今的神殿

焠鍊與精緻的結晶

帕德嫩神殿建造時為了讓神殿整體看起來像一具輕盈完美的雕刻，精密地計算太陽光及人眼睛的錯覺等，做了許多精心設計。

*首先它沒有直線，全是曲線。譬如這條線正中央比邊緣高10cm。

據說光是直線沒有突起的話，正中央看起來會像凹陷一般。

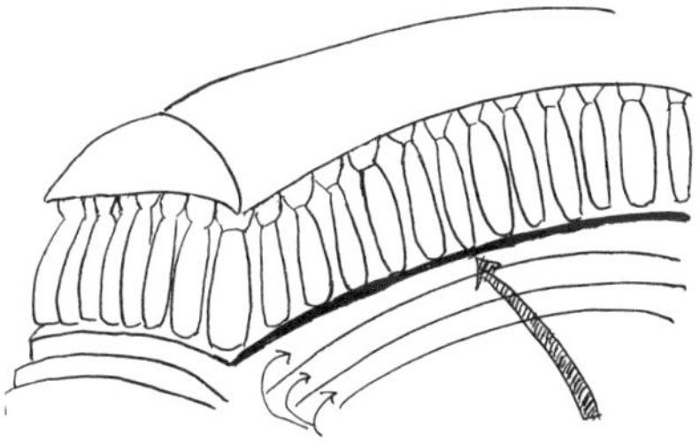

*基壇的高度也不同，這裡也是遠遠看會一樣高。

*沒有一根垂直的柱子，柱子與柱子之間的距離也不一定。

*為了怕光線下神殿四個角落的柱子看起來太細，全部加粗。

*全部的柱子都向著建築物中心微微傾斜。

借用波那爾的話（《希臘文明史1》），這些精心設計下，「柱廊整體給人朝同一方向同心協力的印象」，另外建築物本身也有「看起來努力朝天伸展」的效果！

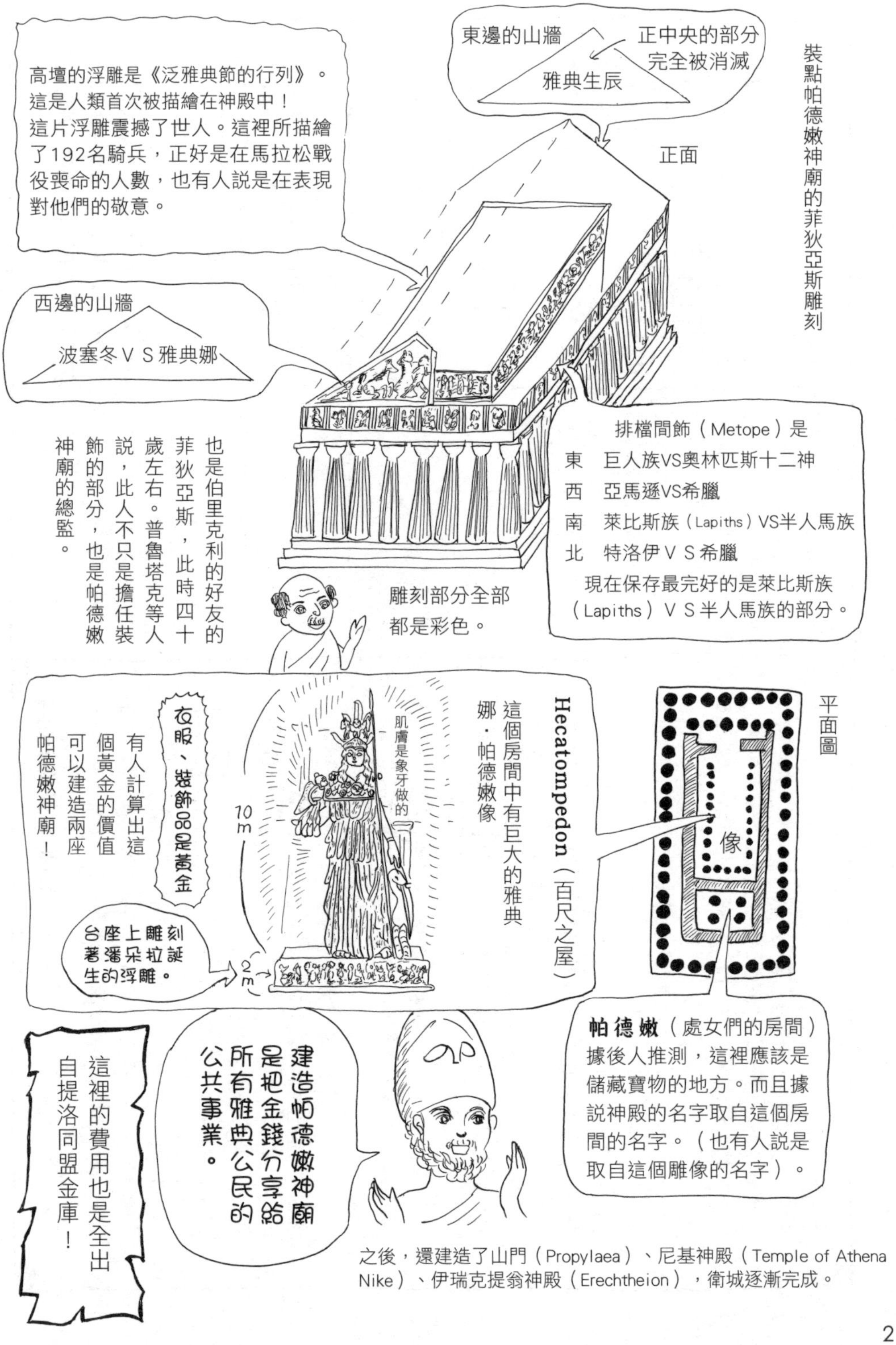
裝點帕德嫩神廟的菲狄亞斯雕刻
東邊的山牆
雅典生辰
正中央的部分完全被消滅
正面
高壇的浮雕是《泛雅典節的行列》。這是人類首次被描繪在神殿中！這片浮雕震撼了世人。這裡所描繪了192名騎兵，正好是在馬拉松戰役喪命的人數，也有人說是在表現對他們的敬意。
西邊的山牆
波塞冬ＶＳ雅典娜
排檔間飾（Metope）是
東　巨人族VS奧林匹斯十二神
西　亞馬遜VS希臘
南　萊比斯族（Lapiths）VS半人馬族
北　特洛伊ＶＳ希臘
現在保存最完好的是萊比斯族（Lapiths）ＶＳ半人馬族的部分。
也是伯里克利的好友的菲狄亞斯，此時四十歲左右。普魯塔克等人說，此人不只是擔任裝飾的部分，也是帕德嫩神廟的總監。
雕刻部分全部都是彩色。
平面圖
像
這個房間中有巨大的雅典娜·帕德嫩像
Hecatompedon（百尺之屋）
肌膚是象牙做的
10m
2m
衣服、裝飾品是黃金
有人計算出這個黃金的價值可以建造兩座帕德嫩神廟！
台座上雕刻著潘朵拉誕生的浮雕。
帕德嫩（處女們的房間）據後人推測，這裡應該是儲藏寶物的地方。而且據說神殿的名字取自這個房間的名字。（也有人說是取自這個雕像的名字）。
建造帕德嫩神廟是把金錢分享給所有雅典公民的公共事業。
這裡的費用也是全出自提洛同盟金庫！

之後，還建造了山門（Propylaea）、尼基神殿（Temple of Athena Nike）、伊瑞克提翁神殿（Erechtheion），衛城逐漸完成。

突然跳到現代的故事
埃爾金大理石雕塑品
（Elgin Marbles）
這個呢，菲狄亞斯的心血結晶的浮雕雕刻，有一半左右現存於大英博物館中！
推薦商品之一
完全利用了一個空間非常大的展示室
除此之外，還有碎片在羅浮宮等博物館中，遍布世界各地。
這些雕刻到近年為止，通稱埃爾金大理石雕塑品（埃爾金的大理石群）。十九世紀初，被派往土耳其的英國大使埃爾金將這些雕刻帶回英國，所以有了這個稱呼。
埃爾金最初「為了製作雕刻的複製品，想要素描及取模型」，而來到衛城，就在他投入這個工作中時，漸漸產生想要得到實物的欲望。
剛開始他還不敢造次，只是取走掉到地上的、或埋進地底下的東西，漸漸地他膽子越來越大，最後竟然將原本好好在帕德嫩神廟上的雕刻也硬生生地剝下。
叩
叩
人之常情就是只要越過界線，就會越來越失去控制。
埃爾金囂張的行為，是起於他利用了當時支配希臘的奧斯曼．土耳其放縱英國的局勢。
帕德嫩神廟早在十八世紀的威尼斯海軍的砲擊下，三分之一以上被炸得支離破碎，
碰
土耳其軍把帕德嫩神廟拿來當火藥庫，裡頭的火藥因為砲擊而發生大爆炸！
又因埃爾金的剽取作業，受到更大的打擊。
埃爾金不只剽取帕德嫩神廟，他同樣地也拔走伊瑞克提翁神殿原本六根的少女柱的其中一根，還把邁錫尼的「阿特柔斯寶庫」入口處一部分剝下。
埃爾金的任期結束後，雖然他帶了一堆禮物回到英國，但是運送這些雕刻需要花龐大的運送費及人事費用，導致他破產並且負債累累。
沉重

不過埃爾金還抱有一線希望。

大家看到我帶回來的東西一定會很驚訝，而且大大地稱讚我呢。
啦啦啦啦啦

但是埃爾金的期望完全落空。

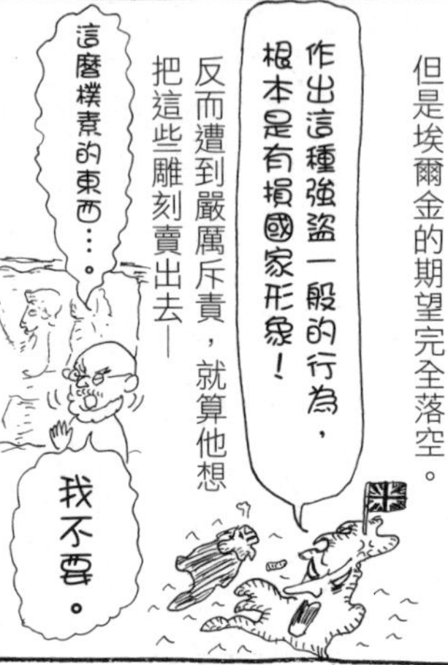
作出這種強盜一般的行為，根本是有損國家形象！

反而遭到嚴厲斥責，就算他想把這些雕刻賣出去——

這麼樸素的東西⋯⋯。
我不要。

也沒有人要購買，結果自埃爾金展示這些雕刻開始經過十五年，總算大英博物館肯以賤價收購（回收的金額只有花費的一半）。

埃爾金被全世界嚴厲譴責，又感染皮膚病還是梅毒什麼的掉了鼻子、還有被討債的追趕，度過一刻也不得安寧的餘生。

之後自土耳其獨立的希臘，突然間要求大英把雕刻還回，但大英一直不肯點頭答應。

氣憤填膺的希臘明明是全世界自尊心最高的民族，

我知道了。那些雕刻就當作是「大英博物館所有」沒關係，是不是可以把「大英博物館的東西」以長期租借的形式放在希臘呢。放置這些雕刻的地方取名為「大英博物館的分館」也沒關係！

卻做出最大的讓步。但是大英的回答還是「NO！」。

大英的藉口是——

大英博物館收藏了世界各地的寶物，有可以在一個地方比較各文明的優勢。

接下來又說「而且還沒有收錢耶！與其放在雅典，放在大英可以讓更多人看到。而且我們大英都以最妥善的方式保存這些至高無價的寶物。如果放在空氣污染嚴重的衛城，現在不知道狀態會變得多麼糟糕呢。」

但是這個振振有辭的大英，卻用鋼刷磨帕德嫩神廟的浮雕，結果把當時的顏料刮掉弄成白色，造成無法彌補的損失。

這個例子正好讓全世界知道大英自豪的萬全保存是多麼地隨便！

現在希臘仍持續跟大英交涉古物的歸屬，希臘為了迎回這些瑰寶，現正建造超級摩登+so cool的博物館。（原本預定在二〇〇四年雅典奧運時完成，但進度大幅落後，直到二〇〇九年才開幕，不愧是希臘。）

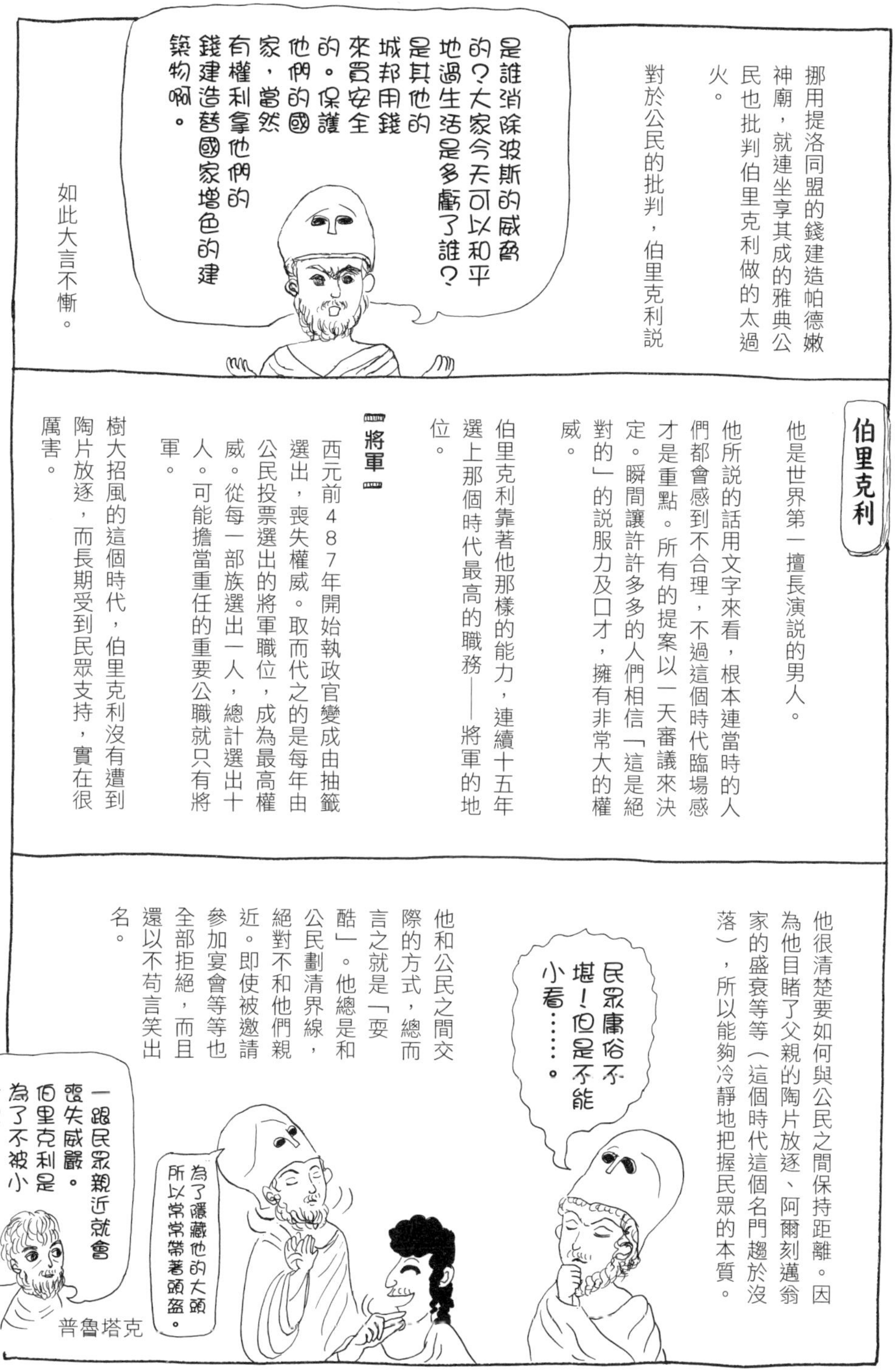
挪用提洛同盟的錢建造帕德嫩神廟，就連坐享其成的雅典公民也批判伯里克利做的太過火。
對於公民的批判，伯里克利說
是誰消除波斯的威脅的？大家今天可以和平地過生活是多虧了誰？是其他的城邦用錢來買安全的。保護他們的國家，當然有權利拿他們的錢建造替國家增色的建築物啊。
如此大言不慚。
伯里克利
他是世界第一擅長演說的男人。
他所說的話用文字來看，根本連當時的人們都會感到不合理，不過這個時代臨場感才是重點。所有的提案以一天審議來決定。瞬間讓許許多多的人們相信「這是絕對的」的說服力及口才，擁有非常大的權威。
伯里克利靠著他那樣的能力，連續十五年選上那個時代最高的職務——將軍的地位。
【將軍】
西元前487年開始執政官變成由抽籤選出，喪失權威。取而代之的是每年由公民投票選出的將軍職位，成為最高權威。從每一部族選出一人，總計選出十人。可能擔當重任的重要公職就只有將軍。
樹大招風的這個時代，伯里克利沒有遭到陶片放逐，而長期受到民眾支持，實在很厲害。
他很清楚要如何與公民之間保持距離。因為他目睹了父親的陶片放逐、阿爾刻邁翁家的盛衰等等（這個時代這個名門趨於沒落），所以能夠冷靜地把握民眾的本質。
民眾庸俗不堪！但是不能小看……。
他和公民之間交際的方式，總而言之就是「耍酷」。他總是和公民劃清界線，絕對不和他們親近。即使被邀請參加宴會等等也全部拒絕，而且還以不苟言笑出名。
為了隱藏他的大頭所以常常帶著頭盔。
一跟民眾親近就會喪失威嚴。伯里克利是為了不被小看吧。
普魯塔克

★伯里克利的父親、克珊蒂伯斯，也是讓馬拉松戰役的英雄米太亞德枉受牢獄之災的人。他把敵人趕跑、又換成自己被驅逐，片刻也不得休息，似乎過著辛苦的一生。

另外，伯里克利不涉足不論是市集還是選民大會等民眾聚集的地方，要提出小條法案時就派朋友前往，重要的時刻才發揮他擅長的大演說。

順帶一提，伯里克利關於金錢方面也是廉政不阿。這個人的財產一點也沒有增加。

減少登場次數讓人不會容易厭膩，如此在重要的演說時才能達到最大的效果。

不過雖然伯里克利在公務上是如此鐵面無情，然而他的私生活、特別是戀愛方面卻非常熱情。伯里克利和情人阿絲帕西亞（Aspasia）之間的火熱程度也是非常著名的。

阿絲帕西亞是出生於米利都的外邦人。她不但很會做生意，自從以現代來說相當於藝妓的「女伴（hetaera）」這個工作揚名後，開始經營沙龍而且獲得成功。

chu

不管到哪裡都旁若無人般親親我我。

阿絲帕西亞的沙龍是超高級店。

這個女人的知識水準似乎非常高，據說伯里克利天才的辯論技巧是阿絲帕西亞教導的，而且也是她擬出伯里克利的演講草稿。

她的老客戶除了伯里克利以外，還有蘇格拉底等哲學家軍團、藝術家們及雅典的名人們。

伯里克利後來和出自名門的妻子離婚，和阿絲帕西亞同居。這件事就當時的雅典來說還是史無前例的頭一遭。雖然當時男人有情婦是極為普遍的事，但是沒有一個人會為了個情婦離婚。

為了區區一個女伴離婚？很蠢耶。

所以伯里克利的愛情生活就成了雅典公民揶揄的對象。譬如說喜劇中，伯里克利常被譬喻為被翁法勒妻管嚴的海格力斯。

女伴工作

也被翻譯為妓女、女朋友等名稱。學習最高級的技藝（舞蹈、唱歌、樂器演奏）、比男人掌握更多的文藝、政治經濟的情報、在談話中讓男人開心，總而言之就是被訓練為最順男人心意的女人。也有人賣身，不過娼妓另外有專門的娼妓，是獨立的職業（雅典的娼妓叫做porne，是porno的辭源。）。

伯里克利就像玩遊戲一樣，把雅典塗上一層民主政治的色彩，但在另一方面，又在國外建立起雅典帝國、冷酷地支配其他的城邦。
以往的同盟碑文中寫著「雅典人與其同盟國」的部分，到了西元前440年時，已經改成「雅典人所支配的各城市」。
已經很直接地說出「支配」的字眼了。
雖然其他城邦的自治權有被保障，但是同盟城邦發生的重大事件，卻變成由雅典的法庭來審理，
審判出庭的眾人
麻煩死了～
雅典
雅典的貨幣也變成同盟國的統一貨幣。
之後雅典的流氓行徑更加囂張，在舉辦自己國家的泛雅典節食，也強制徵收貢品。
另外還在同盟都市的領地中最好的部分建立殖民市，讓沒有土地的貧困雅典公民居住。
這麼一來不但可以救濟貧民、又可以監視同盟都市的動靜，實在是一石二鳥。
發抖
這個時候的殖民市和前八～六世紀的不同，有母市雅典在背後撐腰。而且他們在雅典的公民權也不會被取消。
再怎麼說，原本發起同盟的主要因素、也就是波斯的威脅已經不存在，對雅典的束縛極為厭煩的城邦表示想要退出同盟。
但是雅典卻說，
不容許退出！
並且施以嚴厲的制裁。
譬如說雅典對守在城中八個月、持續抵抗的薩摩斯，就採取破壞城牆、撤離艦隊、命令賠償巨額賠償金的懲罰措施。
對不起～
此時劇作家索福克勒斯也以將軍的其中一人的身分，和伯里克利同行。
感情融洽
另外雅典還脅迫埃吉納加入提洛同盟，埃吉納不答應，在被武力脅迫下不得已加入。

叛徒薩摩斯

薩摩斯從波利克拉特斯的黃金時代到這時，一直都相當順遂。

首先在愛奧尼亞的叛亂中（P200），最早倒回波斯陣營。而多虧這個決定，發生叛亂後愛奧尼亞的各個城邦都受到波斯極為嚴厲的報復，就只有薩摩斯平安無事。

另外在米克利海戰（P207）中，薩摩斯原本屬於波斯陣營，但一看戰局對希臘有利，馬上又倒向希臘陣營。

但是，不知道是不是這回受到雅典太大的打擊，突然間變得安安分分，漸漸地變成乖乖當雅典手下的、不起眼的城邦。

原本只是想和雅典維持表面關係而已。

對埃吉納的憎恨

不論古今中外，鄰國之間實在很難維持良好關係，這個法則在這裡似乎也是通用的。

埃吉納從早期開始就比任何一個城邦都有貿易手腕，愛琴海西邊最早開始使用貨幣的據說也起源自這裡，這個貨幣也是其他城邦貨幣的範本。

接下來在薩拉米斯海戰後實行的問卷調查中，埃吉納擊敗雅典，被選為「最優秀的海軍Best二」。

順帶一提這個問卷調查的個人獎得主是地米斯托克利。

就因為如此，雅典一直以來覺得被埃吉納擺了一道，不斷地燃著嫉妒的火燄。

之後當伯羅奔尼撒戰爭爆發後，雅典人還做出驅逐埃吉納島上所有的公民、把埃吉納當作雅典公民的住宅地的暴行。

還算公平啦。

埃吉納就像眼屎一樣，趕快除掉最好！

甚至雅典還對伯羅奔尼撒的同盟伸出魔掌。雅典插手管科林斯建立的殖民市之間的戰爭，向科林斯開戰。

雅典惹惱科林斯成為伯羅奔尼撒戰爭的第一個直接的導火線！

另外還騷擾鄰國墨伽拉！

墨伽拉原本是伯羅奔尼撒同盟的加盟國，但和科林斯吵架，而加入了提洛同盟。

請多指教～
鞠躬

但是，

墨伽拉又回到伯羅奔尼撒同盟，還和科林斯交好，這種就像法國小姑娘一般陰晴不定的舉動惹惱了雅典。

我還是不要了！
呸

動怒的雅典，把墨伽拉的船隻趕出雅典勢力範圍下的所有港口，進行經濟封鎖。

如此雅典接二連三的惡行惡狀讓所有的城邦大感困擾，就在科林斯的號召下，受害城邦的代表們集結到斯巴達訴苦陳情。

但是斯巴達找盡理由，遲遲不肯動作。所以對雅典積怨已久的科林斯終於受不了，對斯巴達說教！

這樣叫我吃什麼～

就是你們斯巴達人讓雅典那麼囂張的。你們明明有可以制衡雅典的力量，卻一直袖手旁觀，實在是比雅典更罪孽深重！
而且你們老是在猶豫。
明明就蘊藏著很好的潛力，卻不去測試自己的能力，老是吞吞吐吐教人著急。
你看雅典人，他們到手的東西還不滿足，一直向前邁步。總是以高於實力的行動力實現想做的事情。就算失敗也馬上往下一個目標前進，把失敗的損失加倍討回來。
不是的，是因為和平條約啊……。

修昔底德（老式的稱法叫做修昔的底斯）

西元前460～400左右

上面科林斯人演說是濃縮後的版本，取自修昔底德的《歷史》一書。

修昔底德巨細靡遺地記錄了伯羅奔尼撒戰爭及相當於前哨戰的部分。

裡頭的故事讓人覺得彷彿才剛發生過一般，又現代又超級寫實。
完全沒有多餘的廢話。以縝密的架構展開驚悚的人間劇。
我的書中完全沒有以娛樂為取向的通俗故事，或許讀起來比較無聊。
實在是太諷刺人的謙虛了。
希羅多德
怎樣，你說這個是在挖苦我嗎？
不過在思考人類的存在時，人常常是因循相同的模式，所以我最大的希望是能夠給幫助讀者洞察先機。
人類後來還是不斷重複歷史啊。

修昔底德是雅典公民，他指揮過包括伯羅奔尼撒戰爭等數個戰爭，但後來失敗而遭到放逐。

因為流放結束了他的軍人職場生涯，不過也因此讓他得空完成了這本無上瑰寶的書。

修昔底德的一生真的是禍福無常的好例子啊。

咦？

另一方面在雅典國內，正好此時伯里克利幾乎要被掃地出門。伯里克利的政敵開始攻擊他周遭的人。首先是他的情婦阿絲帕西亞被控告瀆神罪、伯里克利則被控告隨便應付雅典女性公民的兩項罪狀。

這個無聊的透頂的控訴，據說是伯里克利在法官面前淚流滿面地求情，才免除了這兩項罪狀。

另外伯里克利的老師、哲學家阿那克薩哥拉（Anaxagoras）的發言，

太陽不過是灼熱的岩塊。

也出現有人指控他褻瀆神。

伯里克利最後幫助阿那克薩哥拉逃亡國外。

接下來輪到建造帕德嫩神廟有功的、伯里克利的親友菲狄亞斯。他先是被指控「竊取侵占雅典娜像的黃金」。

嘎
哼，我早就想到你們會來這招了，所以我設計讓黃金可以從神像上拔開。這群白癡！就讓你們量個高興！

黃金原本就是緊急情況的儲備，所以設計成有事時可以取下。

這當然很清楚地可以作為無罪的證明。

這個時候斯巴達向雅典做出要求。

總之你們先還原墨伽拉和埃吉納吧。也解除圍攻的都市吧。
拜託，快說YES啊！
其實很不想發動戰爭的斯巴達。

這回換作拿雅典娜像作藉口，說菲狄亞斯刻上自己與伯里克利的肖像。

可以這樣拿神開玩笑嗎？

菲狄亞斯在這件事情上無法辯駁，被陷害入獄。

之後傳說他死於獄中、也有人說他逃出雅典。

據說是他最高傑作的奧林匹亞的宙斯像，在近年已確定是在帕德嫩神廟的雅典娜像之後製作的作品，所以逃亡說的可能性相當高。

但是伯里克利卻拒絕斯巴達的要求，雙方於是開戰。

之後雅典人之間謠傳「伯里克利企圖將國內對自己批判的聲浪，藉由發動戰爭轉移大家的注意力。」

也有人這麼說克林頓。

伯羅奔尼撒戰爭

伯里克利想以財富（提洛金庫）及海軍為後盾進行持久戰。

我們在陸地上的兵力的確敵不過斯巴達，但是我們有錢。只要戰爭拖長，儲備就一定成為致勝關鍵。

現在只要不冒險擴張帝國，絕對可以打贏！

他讓阿提卡全體的居民到剛興建好、連接派瑞斯港與雅典的城牆中避難，

6km
這個人計畫興建的城牆
捨棄城外的田地及居民。

而且不理會斯巴達陸戰的挑釁，只在海上戰鬥。

最初就如同伯里克利預測的，戰況對雅典有利。但是到這裡，伯里克利「只在海上作戰」的方式，卻產生了諷刺的結果。

起於衣索比亞、在埃及與波斯都發揮強大威力的瘟疫，進入雅典城中。

伯里克利的踞城作戰，造成雅典城中人口太過密集而且不衛生，瘟疫馬上迅速蔓延開來。

修昔底德也感染了！

這場瘟疫造成雅典人口的三分之一銳減的慘況。

就彷彿是老天爺的懲罰一樣，全希臘就只有雅典遭到這場瘟疫。結果造成糧食供應必須依賴埃及等海外國家。

索福克勒斯在這場災害之後立即寫下《伊底帕斯王》。

失去家人朋友的雅典公民，發洩悲痛的對象，自然是引發戰爭的伯里克利。

既然已經坐上統治者的位置就不能輕言離開。如果離開這個位置，就必須付出償還附庸國對雅典怨恨的代價。我們已經沒辦法回到善人了。即使這是正義的行為，放棄統治權將招致我們的毀滅。

在艱難的狀況下力挽狂瀾演說的伯里克利

伯里克利被除去將軍的職位，而且以「在帳目上作手腳」的這個隨便的罪名被課罰金。

伯里克利垮台後，等在他面前的還有更大的不幸。他和前妻之間所生的兩個兒子，相繼因為瘟疫而喪生。失去「雅典公民」身分的繼承人，伯里克利只好向選民大會提出解除自己過去提案的公民法，希望自己與阿絲帕西亞之間所生的孩子可以成為雅典公民。

雅典公民同情伯里克利悽涼的景況，就讓他這個厚臉皮的請求以特例獲准。

而且之後又想起他以往的功勞，讓他恢復將軍職位。

不過，在伯里克利復位不久，就因瘟疫而與世長辭。

迷失的雅典
在伯里克利過世後，雅典對鄰邦的支配慾不但沒有沉寂，反而有加溫的趨勢。雅典公民們擁戴能夠保證他們眼前利益的人。首先出線的是粗暴的男人——克利翁。
我是克利翁。
我們家代代都經營鞣革廠喔。
伯里克利死後的隔年，萊斯沃斯島的城邦米蒂利尼企圖脫離提洛同盟。
此時克利翁主張將米蒂利尼全體公民處以死刑，而發表了他的大演說。
我們一定要嚴厲懲罰他們才能給其他的城邦做榜樣！我們一寬鬆，那些傢伙馬上回爬到我們頭上來！
這個提案通案，雅典朝懲罰米蒂利尼的方向進行。
但是同時，雅典人的良心的小火苗也沒有真的消失。
隔一天，頭腦冷靜下來的雅典公民決定撤銷昨天的決議，
派出跟監的船隻阻止前往處刑的船。
等一下~
被命令如果趕上可以得到獎賞，所以全速航行。
前去懲罰的船也因提不起勁來而龜速慢行。被攔下反而鬆了一口氣。
不過其實這個時候，一個男人發表「死刑等重刑無法抑制犯罪」的演說，打動了公民的心。
原來廢除死刑論從古代開始就有了。
哦~
雅典和斯巴達的戰況不斷重覆著一進一退，不過後來雅典占領了麥西尼亞大區的皮洛斯，俘虜到斯巴達的人質，戰況傾向對雅典有利。
斯巴達驚慌失措！
慘了，雅典一定會和黑勞士聯手！
到現在黑勞士還是斯巴達的大腳鐐。
斯巴達放下身段主動要與雅典和談，但克利翁一下就獅子大開口，
那你們把雅典過去在伯羅奔尼撒征服的土地全部還給我們！
不過我還不能把俘虜引渡給你們。
所以和談就吹了。

克利翁受到當代首屈一指的喜劇作家亞里斯托芬相當大的攻擊。

他的皮膚惡臭逼人。

或是

廉價的牛製成的踢蹬鞋標示為高級品的詐欺商業法

好痛
刺
刺
刺

亞里斯托芬在劇中加入了這樣的句子，極盡諷刺克利翁之能事。

亞里斯托芬沒有辦法忍耐像克利翁這樣的實業家跑出來領導雅典。

我討厭伯里克利。
但我更討厭克利翁。

亞里斯托芬

他的台詞中充滿了沒有同情心或猥褻的單字，樹立了打破傳統的革新作品。但是他的政治立場相當保守。

實業家的抬頭

就如克利翁，這個時代的實業家相當活躍。

說到雅典的手工業，因為是為別人製造東西的工作，所以受到輕賤（話說如此，譬如索福克勒斯家經營武器工廠，蘇格拉底的父親也是石工）。但是他們以財富的力量超越貴族，以財富帶來的自信站上政治的表面舞台！

柏拉圖
手工業會鬆懈心靈及肉體，不可以！
哼，結果還是賺錢的人贏啊。
咻

他們被稱為政客。

原本「政客（demagogue）」這個詞有「指導民眾之人」的意思（所以伯里克利也是政客）。但是從這個克利翁開始，政客們不但在政治上沒有大展望，反而將民眾導向錯誤的方向，到後來的時代，政客就轉變「煽動政治家」的意思。

從這個字還衍生出「dema（＝刻意被捏造流傳的謊言）」這個詞出來。

對名門貴族來說也是難以忍受的狀況。

哈哈哈
哈哈哈
亮晶晶
真是不要臉的暴發戶！

另外從萊斯沃斯島的那件事開始，認為不能放任公民隨心情投票、將國家存亡的大任交給公民決定，要求寡頭制的人們的聲音也越來越大。

不是多數人的意見就是正確的。
而且大部分的人都太愚蠢。
民主政治不可行！

寡頭制

少數優秀的人管理的政治體制。斯巴達算是寬鬆的寡頭制。雅典中許多貴族都支持這樣的制度，和支持民主制度的人抗衡已久。

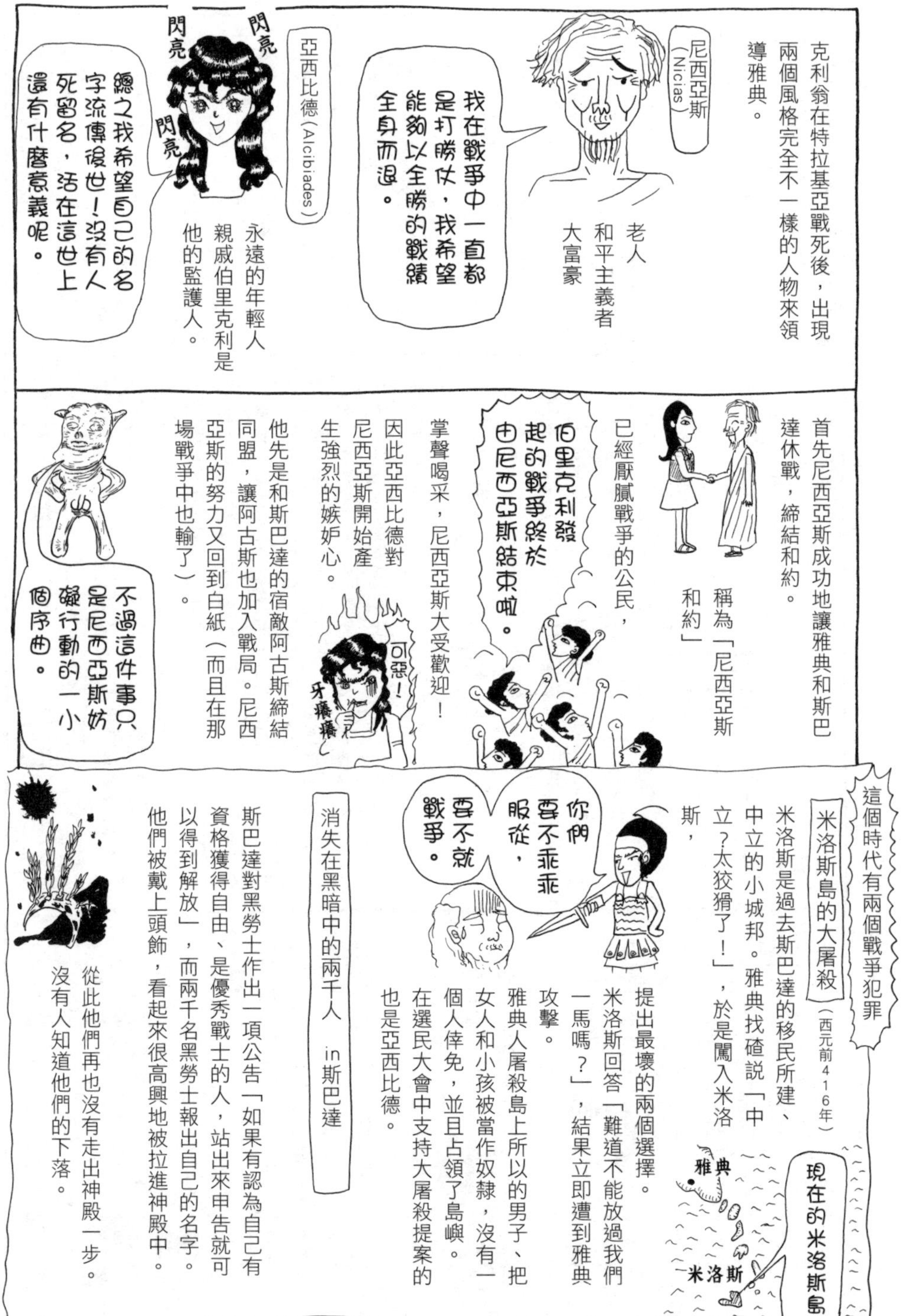
克利翁在特拉基亞戰死後，出現兩個風格完全不一樣的人物來領導雅典。
尼西亞斯（Nicias）
老人
和平主義者
大富豪
我在戰爭中一直都是打勝仗，我希望能夠以全勝的戰績全身而退。
閃亮
閃亮
閃亮
亞西比德（Alcibiades）
永遠的年輕人
親戚伯里克利是他的監護人。
總之我希望自己的名字流傳後世！沒有人死留名，活在這世上還有什麼意義呢。
首先尼西亞斯成功地讓雅典和斯巴達休戰，締結和約。
稱為「尼西亞斯和約」
已經厭膩戰爭的公民，
伯里克利發起的戰爭終於由尼西亞斯結束啦。
掌聲喝采，尼西亞斯大受歡迎！
因此亞西比德對尼西亞斯開始產生強烈的嫉妒心。
可惡！
牙癢癢
他先是和斯巴達的宿敵阿古斯締結同盟，讓阿古斯也加入戰局。尼西亞斯的努力又回到白紙（而且在那場戰爭中也輸了）。
不過這件事只是尼西亞斯妨礙行動的一小個序曲。
這個時代有兩個戰爭犯罪
米洛斯島的大屠殺
（西元前416年）
米洛斯是過去斯巴達的移民所建、中立的小城邦。雅典找碴說「中立？太狡猾了！」，於是闖入米洛斯，
你們要不乖乖服從，要不就戰爭。
提出最壞的兩個選擇。
米洛斯回答「難道不能放過我們一馬嗎？」，結果立即遭到雅典攻擊。
雅典人屠殺島上所以的男子、把女人和小孩被當作奴隸，沒有一個人倖免，並且占領了島嶼。
在選民大會中支持大屠殺提案的也是亞西比德。
現在的米洛斯島
雅典
米洛斯
消失在黑暗中的兩千人 in斯巴達
斯巴達對黑勞士作出一項公告「如果有認為自己有資格獲得自由、是優秀戰士的人，站出來申告就可以得到解放」，而兩千名黑勞士報出自己的名字。他們被戴上頭飾，看起來很高興地被拉進神殿中。
從此他們再也沒有走出神殿一步。沒有人知道他們的下落。

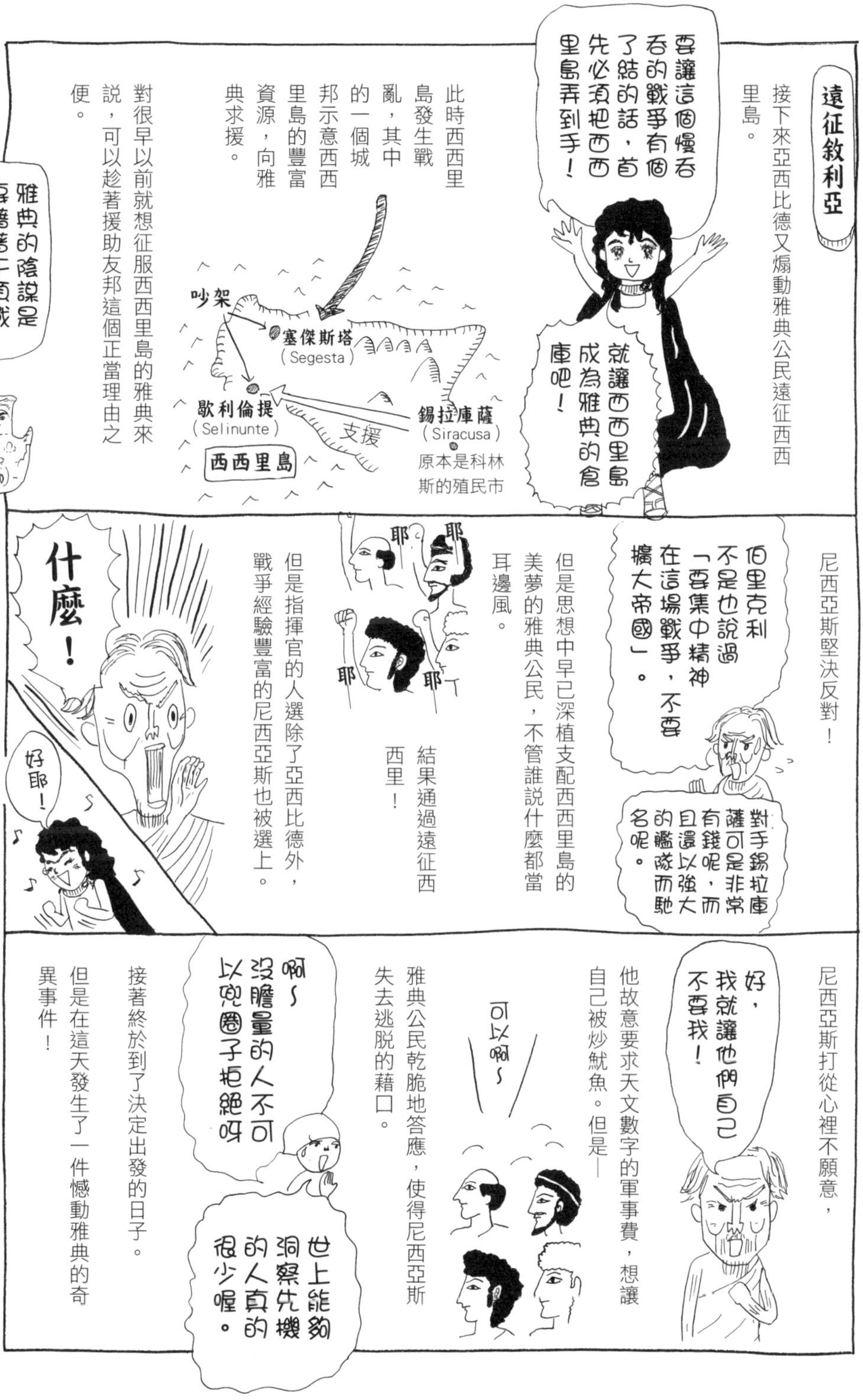
遠征敘利亞
接下來亞西比德又煽動雅典公民遠征西西里島。
要讓這個慢吞吞的戰爭有個了結的話，首先必須把西西里島弄到手！
就讓西西里島成為雅典的倉庫吧！
此時西西里島發生戰亂，其中的一個城邦示意西西里島的豐富資源，向雅典求援。
吵架
塞傑斯塔（Segesta）
歇利倫提（Selinunte）
錫拉庫薩（Siracusa）
原本是科林斯的殖民市
支援
西西里島
對很早以前就想征服西西里島的雅典來說，可以趁著援助友邦這個正當理由之便。
雅典的陰謀是要藉著干預戰爭支配全島。
尼西亞斯堅決反對！
伯里克利不是也說過「要集中精神在這場戰爭，不要擴大帝國」。
對手錫拉庫薩可是非常有錢呢，而且還以強大的艦隊而馳名呢。
但是思想中早已深植支配西西里島的美夢的雅典公民，不管誰說什麼都當耳邊風。
耶
耶
耶
耶
結果通過遠征西西里！
但是指揮官的人選除了亞西比德外，戰爭經驗豐富的尼西亞斯也被選上。
什麼！
好耶！
尼西亞斯打從心裡不願意，
好，我就讓他們自己不要我！
他故意要求天文數字的軍事費，想讓自己被炒魷魚。但是—
可以啊～
雅典公民乾脆地答應，使得尼西亞斯失去逃脫的藉口。
啊～沒膽量的人不可以兜圈子拒絕呀
世上能夠洞察先機的人真的很少喔。
接著終於到了決定出發的日子。
但是在這天發生了一件憾動雅典的奇異事件！

沒想到彷彿要詛咒這天船出帆一樣，雅典的赫耳墨斯柱像幾乎被打毀。
實在太不吉利了！
被舉為嫌犯的人中有亞西比德的名字，也出現了目擊者。同時也有人密告他模仿伊萊夫希納的奧蹟（P28）。亞西比德經常和自己的同夥們邊走邊喝酒鬧事，所以他的嫌疑很大。
但是，總之艦隊就是出航了。
啊～討厭，為什麼剛開始就發生這種事呢。
絕對會失敗的！
而此時在雅典正在檢調亞西比德的嫌疑。雖然後來證實目擊者的證言是謊話，
在月光下我可以清楚看到他的臉。
證人是這樣說，不過當天是月晦，這個說詞當然不成立。
不過褻瀆奧蹟一事仍舊有罪。
還等不到遠征隊到達西西里，使者就帶著傳喚狀前來攔人。
亞西比德只好踏上歸途……。
饒了我好不好。
你這個肇事者要逃逸嗎？
真狡猾、真狡猾。
赫耳墨斯柱像被破壞事件的真相
檯面上已經逮捕到這個事件的犯人，但其實這個犯人是被逼供下承認犯案的，所以很難說是真相。
剛好這個人家門前的赫耳墨斯柱像沒有被破壞，就因為這個單純的理由被檢舉。
而且還強行叫這個人供出同夥，除了這人之外，被他供出的人都被處以死刑。
這個人一生都背負著十字架吧。
關於事件真相，有人認為是反戰運動，也有人提出是女性對男性壓迫的抗議（事件前一天是只有女人參加的祭典），根據Cruise先生《法洛斯的王國》中的推測）。

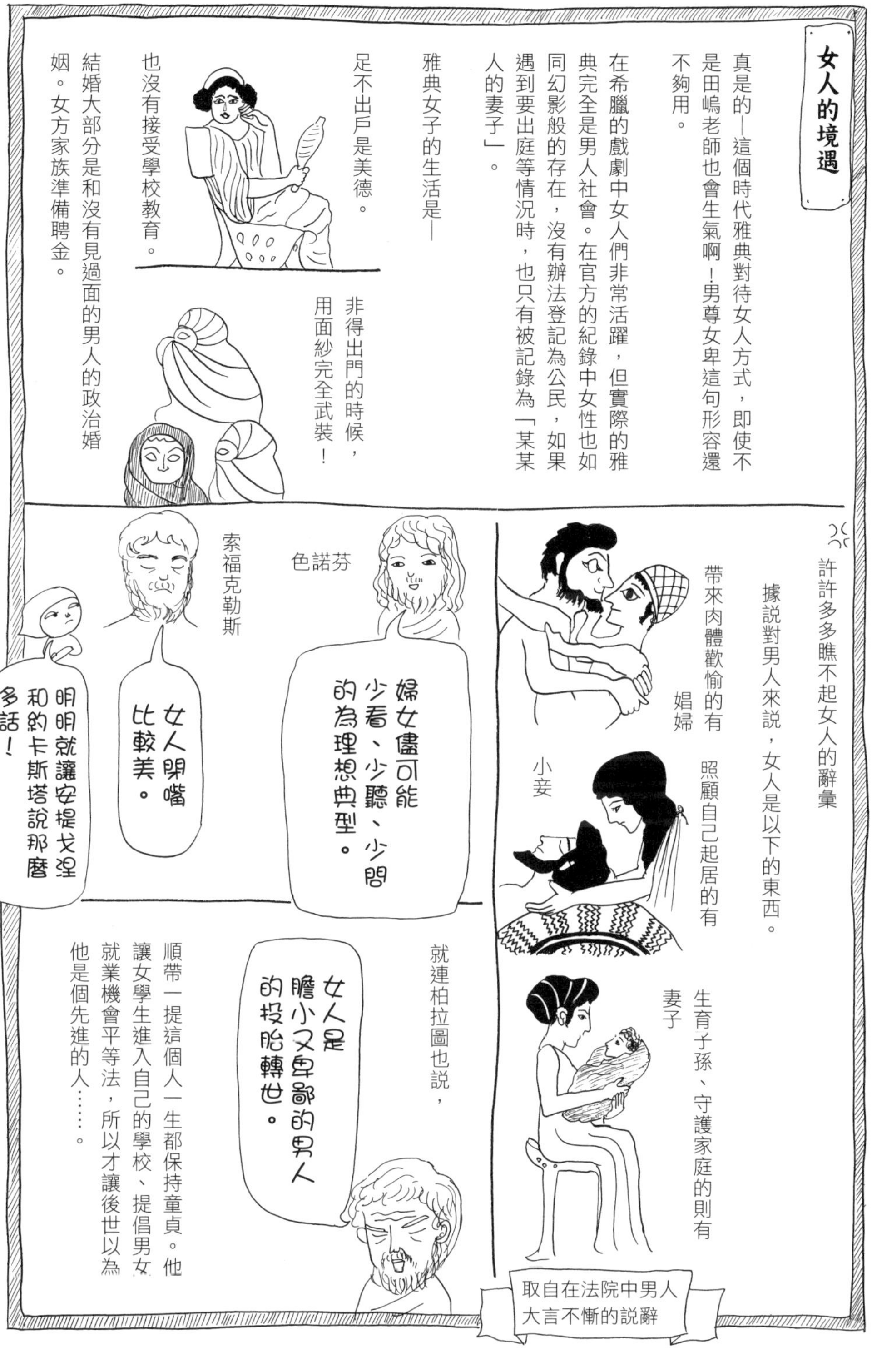
女人的境遇
真是的──這個時代雅典對待女人方式，即使不是田嶋老師也會生氣啊！男尊女卑這句形容還不夠用。
在希臘的戲劇中女人們非常活躍，但實際的雅典完全是男人社會。在官方的紀錄中女性也如同幻影般的存在，沒有辦法登記為公民，如果遇到要出庭等情況時，也只有被記錄為「某某人的妻子」。
雅典女子的生活是──
足不出戶是美德。
也沒有接受學校教育。
結婚大部分是和沒有見過面的男人的政治婚姻。女方家族準備聘金。
非得出門的時候，用面紗完全武裝！
許許多多瞧不起女人的辭彙
據說對男人來說，女人是以下的東西。
帶來肉體歡愉的有
娼婦
照顧自己起居的有
小妾
生育子孫、守護家庭的則有
妻子
取自在法院中男人大言不慚的說辭
色諾芬
婦女儘可能少看、少聽、少問的為理想典型。
索福克勒斯
女人閉嘴比較美。
明明就讓安提戈涅和約卡斯塔說那麼多話！
就連柏拉圖也說，
女人是膽小又卑鄙的男人的投胎轉世。
順帶一提這個人一生都保持童貞。他讓女學生進入自己的學校、提倡男女就業機會平等法，所以才讓後世以為他是個先進的人……。

亞里斯多德

雌性是不完整的雄性！沒有能力！
女人的牙齒比男人少。

埃斯庫羅斯也讓阿波羅說出這樣的台詞。

可以稱得上是兩親的只有父親。母親只不過是補給營養的人。

有工作、看起來快樂地昂首闊步與市集的就只有外邦人身分的女性。

對不得不過著無趣生活的雅典女性來說，唯一的發洩場合就只有祭典。

雅典一年的三分之一都是某個名目的祭典。

特別是只有女性參加的祭典、塞斯摩弗洛斯節（Thesmophoria）時最能盡情狂歡。

塞斯摩弗洛斯節（婦女的節日）是獻給得墨忒爾及女兒珀耳塞福涅的祭典，模仿神話故事中的內容。

像是配合神話中得墨忒爾因為失去女兒的悲傷而食不下嚥、依安貝不斷開黃腔又加上肢體表演逗得墨忒爾發笑的情節，婦女們互相叫罵或講猥褻的話，還用鞭子互打。

妳這隻賤母狗。
啪
好有趣喔！一說低級的話就可以得到宣洩，真是不可思議。

同性戀萬萬歲！

只把女性看作是低等生物的男性們，戀愛對象全是男性。同性戀不是可恥的行為，反而被認為是崇高的、真正的戀愛。

話說如此，檯面上被獎勵的是年長者與年輕男性的伴侶。

因為被視為長者教導人生的美好行為。

順帶一提，自由之身的女人們還有女伴祭典。

Adonia節

為悼念阿佛洛狄忒的年輕戀人亞朵尼斯之死（他被野豬刺傷大腿而死）。

這個祭典中看著象徵亞朵尼斯屍體的人偶進行葬禮。女人們搥胸頓足，唱出憑弔的歌曲。

在西西里亞遠征前舉辦的就是這個祭典。

亞西比德趁看守不注意時逃亡。
而他落腳的地方竟然是斯巴達！
我握有打倒雅典的奇策。
就交給熟悉雅典的我來包辦吧。
雅典決定將亞西比德處以死刑。
另一方面前往西西里島的尼西亞斯猶豫要不要進攻，閒散地在西西里周邊航行。
討厭、討厭。
轉圈轉圈
錫拉庫薩
轉圈
轉圈
就趁著這個空檔，敵軍錫拉庫薩已經做好萬全準備。
甚至斯巴達又在亞西比德的調唆下，聲援錫拉庫薩軍。
雅典也投入了援軍，但戰況對雅典越來越不利，於是決定撤退。
我早就跟你們講了嘛。
但是在必須要馬上撤兵的這個關鍵時刻，卻發生了月蝕。而占卜師威脅說這是「不吉利的象徵」，所以迷信的尼西亞斯延宕撤兵的時期，在港口停留長達一個月。
而就在他要啟程離開時，敵軍早已將港口封鎖、無路可逃，不得不取陸路離開。
結果雅典軍幾乎全員被俘。
尼西亞斯被處刑。
其他人被關進切石場，
被慢慢凌遲致死。
雅典及其同盟軍約失去四萬士兵、兩百艘船隻。
此時在西西里，原本在雅典不怎麼有名氣的歐里庇德斯太受歡迎！據說記得他戲中台詞的雅典人朗誦出戲中台詞，而逃過一死。
尼西亞斯在這場戰中招致批評，不過原本就是被逼著打不想打的仗、到後來死後又被說成不會做戰、平庸、沒有決斷力等等，實在是太可憐了。
我剛開始就說行不通的嘛～

西西里遠征失敗帶給雅典非常大的打擊。
而且斯巴達還在雅典的東北方築起堡壘，在此之前就只有夏季戰鬥，現在變得整年都得打戰不可。
消沉～
第一次遭到這種慘敗。
斯巴達常駐在這裡後，使得陸路完全被阻斷。不像之前就算採取鎖城戰略，休兵的冬天還是可以出外。
德克萊亞（Dekeleia）
20Km
雅典
優卑亞島
勞雷恩（Laureion）
這也是亞西比德出的主意。
因此失去優卑亞島的糧食補給。
結果也沒辦法到收入來源的銀山。而且又有兩萬名奴隸趁著這場騷亂逃走。
並且，亞西比德前往愛奧尼亞大區。
雅典有難囉！雅典有難囉！要逃脫趁現在！
讓愛奧尼亞脫離提洛同盟。
他甚至讓斯巴達與波斯結盟。
那我就拿下這裡囉。
這時候斯巴達在以默認波斯支配小亞細亞的條件下，向波斯借貸戰爭的花費。
哇—哇，我出賣夥伴了。
但是亞西比德在斯巴達的生活也有結束的一天。
因為他讓王妃懷孕了
斯巴達派刺客要殺亞西比德。
糟糕。
於是這回亞西比德接近波斯的省長。
請減少給斯巴達的補助金！
好好
省長答應亞西比德任性的請求。
全部都順我心如我意。人還真是頭腦簡單！
呵呵
亞西比德的行動也傳到雅典耳中，一般人聽到了應該是對這個人絕望，但雅典的人們反而自我反省、懷念起亞西比德。
都是我們逼他走上絕路，才會變成這樣。
如果有他在，西西里島一戰應該會打贏。
雅典的人們也是把人做過的壞事忘得一乾二淨的人們。

彷彿是回應輿論的動向一般，亞西比德也得了思鄉病。他為了要回到雅典，先從薩摩斯島嘗試遠距操作。

他先接近駐留在薩摩斯的雅典艦隊的貴族們，

如果雅典變成寡頭制的話，就有波斯做後盾了耶。

寡頭派的貴族被亞西比德說動，發起叛變，以暴力推翻雅典的民主制。接下來開始四百人評議會握有實權的寡頭制。

不過，這個政權四個月就被推翻了。

接下來亞西比德又和薩摩斯的民主派交好，而被推舉為艦隊的將軍。

耶
耶
耶
你們為什麼不追究上面的那個事件呢？

這個艦隊奪回雅典原本在小亞細亞的領地，而且以英雄之姿終於如願以償回到雅典。

和從敵軍手中奪來的兩百艘船一起凱旋歸國。

亞西比德的魅力

為什麼大家都被這個滿腹陰謀的男子玩弄於股掌之間呢？理由在於他的美貌。

古希臘人非常可悲的是容貌至上主義。只要長得好看就好，只有這點比任何優點都要重要，如果又存在絕對性的價值時，所有人都會毫不猶豫地盲從。這個價值觀遠遠超過現代人對美的崇拜。古希臘對其貌不揚的人、四肢有殘缺的人來說，真的是很難存活的社會。

三大哲學家對容貌的意見。

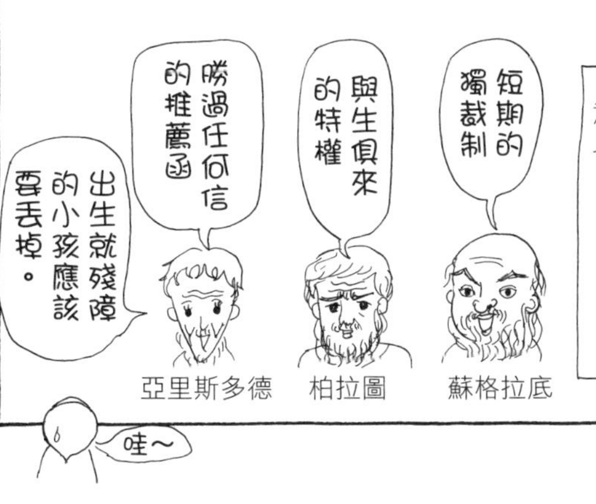
短期的獨裁制
與生俱來的特權
勝過任何信的推薦函
出生就殘障的小孩應該要丟掉。
蘇格拉底
柏拉圖
亞里斯多德
哇～

人類生活系列
不可思議的臉蛋

觀看事物、空氣進進出出、攝取營養的洞穴，差0.1釐單位大小及其配置，為什麼會如此影響人呢？洞穴們及放置洞穴的台座（顏面）的平衡程度，為什麼會讓人感到愉快或不快呢？

而且給人愉快感覺的人恰似被當作優秀、高尚的人，讓他們占有優勢的正是我們。

有誰可以告訴我究竟是為什麼呢？

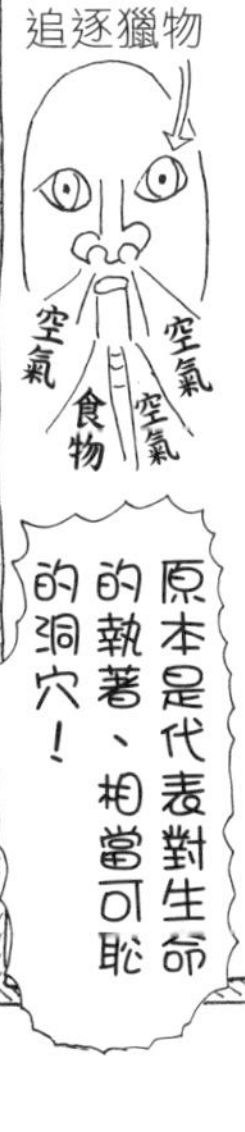
追逐獵物
空氣
空氣
食物
空氣
原本是代表對生命的執著、相當可恥的洞穴！

光憑著美貌就可以吃遍天下的亞西比德，無懼於任何事物。雅典公民都崇拜亞西比德。不管他再怎麼胡來都會被原諒。
他年輕時的軼事
他和同夥一起做的惡作劇中，其中一項是打紳士耳光，
啪
哈哈哈
但因為這傢伙的美貌
隔天
對不起。
沒關係、沒關係，別管這個了。你可以娶我的女兒嗎。
他獲邀參加宴會，搜括那裡的東西。
丟
你損失不小吧。
不、不，他沒有拿走全部，只有拿走一半呢。可見他是個謹慎的人。
亞西比德不管闖什麼禍都輕易逃脫。沒有越來越囂張才怪！
這傢伙不管做什麼都會被往好處想。譬如說他發音不好、特別不會發R的音，但卻幫助他挑起人們的保護慾。
他努力說話的樣子感覺真好。
好像少年一樣，好可愛。
心動
小鹿亂撞
另外亞西比德還做了這種事情——這傢伙用高價買下一隻既美又氣派的狗，但卻二話不說地把這隻狗最吸引人注意的尾巴切掉。
喂——為什麼你可以做出這麼殘酷的事呢？大家都在說你太過分了。
啜泣
啜泣
就跟我想的一樣！只要這件事傳出去，我平常做的那些惡作劇看起來就沒什麼大不了的啦。
如此不把大人放在眼裡的亞西比德，他唯一打從心裡尊敬、尊崇為老師的正是蘇格拉底。
甚至鑽進蘇格拉底的臥鋪中要誘惑他……（但是蘇格拉底完全不被肉慾所惑）。

受到雅典人熱情歡迎的亞西比德得到海陸兩軍總帥的地位，率領海軍出帆。
但就在他調度資金的期間，雅典軍逕自挑戰斯巴達的海軍，結果慘敗。
這回亞西比德真正被雅典人放棄了。

之後雅典軍雖然終於在阿爾吉努塞（Arginusae）海峽得到勝利，

伊哥斯波塔米
阿爾吉努塞
雅典

但在西元405年時，在伊哥斯波塔米（Aegospotami）戰敗，結果讓斯巴達封鎖雅典的玄關派瑞斯。難耐飢餓的雅典人終於投降。

之後這傢伙亡命雅典。這回他本來想逃到波斯大王身邊再操控局勢，但逃亡的途中就在斯巴達的指使下，被波斯省長暗殺。

阿爾吉努塞海峽的戰爭

雅典雖然在這場戰爭中獲勝，不過超過兩千名以上的士兵卻在暴風雨中遇難犧牲。六位將軍共同被追究沒有善盡救援之責的責任，全員一起接受審判後，當場處以死刑。其中包括伯里克利與阿絲帕西亞之間所生的兒子（P225）。唯一對審判結果提出異議的是蘇格拉底。

用連坐法裁決根本是違反法律！沒有個別審理怎麼有公平可言！

戰爭與劇作家

劇作家們平時也盡身為公民的職責參加戰爭。伯羅奔尼撒戰爭後半開始出現批判戰爭的聲音。

「光輝燦爛的雅典」時代

埃斯庫羅斯（西元前525～456）
他活在雅典戰勝波斯（他自己也有參與到戰爭）、一帆風順的時期，死於雅典鼎盛之時。他的墓碑上完全沒有記錄他在戲劇上的成就，僅僅讚揚他身為士兵參加馬拉松戰役的功績。

「唉聲歎氣的雅典」時代

歐里庇德斯（西元前485～406）
他一生都奉獻給寫作。米洛斯島大屠殺不久之後，他就發表了《特洛伊的婦女》。裡頭主要描寫戰敗國的女人及小孩，陷入多麼悲慘的境遇中。

索福克勒斯（西元前496～406）
參與鎮壓薩摩斯。他也擔任過提洛金庫的看守（由選舉所選出的很少數的職務）等，在政治的世界裡也是小有名氣。他一直活到九十歲，不過沒有目睹到戰爭最後的結局。

亞里斯托芬（西元前445～385）
寫下妻子們團結一致、企圖以不跟丈夫圓房的方式終止戰爭的《女人的和平》等反戰諷刺劇。

嘆息的雅典娜像

有人說這個構圖裡的雅典娜是在凝望著死於戰場的人的墓碑，不過也有人說她只是看著墓碑並沒有嘆息。

烏煙瘴氣的時代
跟雅典過去反覆凌虐其他國家的行徑相較，斯巴達對戰敗國的方式實在相當寬容。
斯巴達沒有展開無意義的殺戮、或把女人小孩當奴隸，只有要求雅典撤走城牆、交還艦隊、放棄海外領土。
據說雅典公民對斯巴達的寬容欣喜若狂，自己破壞了城牆。
其他的城邦都倒喝采。
特別是科林斯。
別計較嘛。
據說斯巴達的作法是因為要回敬雅典在波希戰爭中的活躍。
其他還有說法認為，斯巴達是在警戒漸漸壯大的底比斯、為了均衡勢力，所以放雅典一馬。
斯巴達軍長期駐紮在雅典，在以斯巴達做後盾下成立了三十人組成的寡頭政權（西元前４４０年）。這三十個人比起斯巴達來，更是讓雅典公民痛苦不堪的存在。
寡頭政權鎮壓民主派人士，處死１４００人、奪取他們的財產。
這三十個人被稱為「三十人僭主」
不過雅典公民的反抗非常激烈，這個政權不過持續了一年，又再回到原本的民主制（西元前４３０年）。
接下來歷史再度重演。斯巴達不過是取代過去的雅典。斯巴達在主要的城邦派駐眼線和軍隊，干涉其他城邦的內政。
到處瞧
斯巴達從這個時候開始明白奢侈的美好。他們之中出現了把黃金藏在其他城邦的神殿中、黑金貪污的人。
希臘沒有一天不打戰，和平永遠不會到來。
過去的宿敵波斯成為希臘世界的大贊助商。
希臘的靈魂不斷往下墮落。
大家想盡辦法多弄點錢，極盡諂媚之能事。

波斯趁著希臘城邦之間鬥爭、冷眼旁觀他們的權力關係，
玩弄希臘於股掌之間。
之後小CASE的鬥爭無止無盡地持續下去。一看到哪個地方強大起來形成威脅，就連之前對立的敵人也可以結成同盟抵抗新勢力。
這個時代最令人耳目一新的事情，就是底比斯一時強大到幾乎統一天下。
情勢發展到這個地步，連雅典和斯巴達也成了老相好了。
當斯巴達壯大而要反咬波斯一口時，
把亞細亞的城邦還回來！
波斯出錢給雅典讓雅典對抗斯巴達。
耶
耶
耶
原本是你自己賣掉的耶。
雅典多虧波斯的金援，把城牆修好了。
當雅典又開始強盛，要攻擊斯巴達時（科林斯戰爭），
請救救我！
這次換斯巴達來哭訴。
波斯介入兩者的爭執仲裁。
好了。
稱作「大王的合約」（西元前386年）
底比斯
名為伊巴密濃達及派洛皮德的兩個好朋友發動政變，將底比斯的寡頭制改為民主制之後，國力迅速提升。甚至成為可以討伐斯巴達的強國（斯巴達的領地被闖入還是第一次）。
初
這個伊巴密濃達真正是一個配得上英雄之名的人物。他將長年甘於做斯巴達奴隸、每日過著屈辱生活的可憐王國麥西尼亞從斯巴達手中解放，並且幫助他們建設自己的國家。
原本大家以為底比斯會越來越強大，但在這兩人戰死於沙場後，底比斯迅速地衰弱。
等了四百年的自由啊～
耶
耶
耶
很可惜地是泡沫型國家。
有效利用戀愛中的人們
底比斯的「神聖部隊」
由同性戀情侶所組成的三百人部隊。底比斯人期待情侶們為了讓對方看到自己好的一面、而且想要保護情人的心情下，會加倍努力、發揮超出原本實力的力量，而建立了這支部隊。而實際上，這個部隊也以驍勇善戰而馳名。
雅典中興
雅典恢復之快和吃不夠教訓的地方實在不是常人可以理解的！他們又再度建立同盟（西元前377年）。剛開始雅典向其他城邦一再保證不會重蹈提洛同盟的覆轍，但是天性不逞威風不罷休的雅典終究故態復萌，結果造成許多城邦退出。

The life of 柏拉圖

關於他頑固人生的檔案
（西元前428～348年）

在希臘混沌不明的這個衰退期中，有三個無人不知無人不曉的大人物相當活躍。就讓我們舉時間位居正中央的柏拉圖做代表，將焦點集中在他身上！

本名叫做亞里斯多克勒斯。

他以摔角選手活躍的時候（地峽競技賽中獲得兩次優勝），因為身軀強壯、肩膀寬大而被取了「柏拉圖（寬廣）」的暱稱，以後大家都這樣稱呼他（也有一派說法是「額頭寬」），之後他以悲劇作家為目標，但是沒有受到注目，在他獨自摸索之中，他被在市集中逢人就抓著對方機智問答、討喜又奇特的醜男吸引，拜那人為師。此時柏拉圖二十歲。

我跟在老師身邊九年呢。

柏拉圖也曾經懷抱著政治的夢想，然而他的思春期正值伯羅奔尼薩戰爭如火如荼的時候，每天親身感受到民主政治的愚蠢，

戰爭！
戰爭！
戰爭！
實在糟得教人看不下去！

所以僅止於咬牙切齒。戰爭結束後他非常期待三十人僭主帶來改革（其中有柏拉圖的親戚）。

但是又開始恐怖政治，讓柏拉圖再度失望。

之後他的老師蘇格拉底遭到審判，被多數表決處以死刑。柏拉圖悲傷到極點……。

可惡～
我恨民主政治～

蘇格拉底（西元前470～399年）

我知道不知道的事情。

和雅典的每一位公民一起探究真實的蘇格拉底，身旁聚集著許多年輕的跟隨者。但是憎恨他的人也很多，使得蘇格拉底被冠上「迷惑年輕人」、「不敬神」等罪名。被處刑前，蘇格拉底明明有逃亡的機會，但深愛雅典的他尊重雅典的法律，表情泰然地喝下毒堇汁。

我是神派遣來的一隻馬蠅。

雅典是又高壯血統又純正的馬，因為這匹馬高大，所以有些遲鈍不靈敏，所以必須從旁催促才行。

所以我成為馬蠅，從早到晚黏著、巴著諸君問問題，有時則批評你們要你們覺醒。

柏拉圖懷抱著失落的心情，漂泊了十天。
他在義大利遇到畢達哥拉斯教的人們，獲得對數學的愛及對神祕主義的感動。
而他在西西里島交到終生知己狄翁，在狄翁的引介下，柏拉圖見到錫拉庫薩的僭主狄奧尼修斯一世（Dionysius）。
狄奧尼修斯是從士兵竄升成僭主的人。
但柏拉圖卻得罪了狄奧尼修斯。
這個自以為是的傢伙！
結果柏拉圖就被賣到埃吉納島。
順帶一提他的身價是二十姆納（1200萬日幣）
此時他很幸運地遇到朋友，友人將他買下讓他重獲自由。
之後柏拉圖其他的朋友要把錢還給那人時，
不只是你們，我也有替柏拉圖擔心的權利啊。
那人卻不肯收下，
所以就用那筆錢在阿卡狄摩斯（P80）墓地的所在地建造名為Akademeia的學園。
不用說這正是Academy（學院）的辭源。
在那裡得到學問淵博、名為亞里斯多德的學生。
接下來柏拉圖過著埋首於經營學院與執筆著作的日子。
採用蘇格拉底和登場人物問答的對話形式。
實際上或許有過那些對話，不過這些對話幾乎是用來說明柏拉圖自己的想法。
柏拉圖在發表嶄新的想法之際，運用蘇格拉底這個寬容的人物可以達到緩衝的效果。
蘇格拉底沒有寫過一本書，不過因為柏拉圖的著作，使得他的名字永垂不朽。
而且柏拉圖又發明了代表所有思想源頭的「理型」（〔Idea〕實像）這個概念。
要說明理型，就只有這個例子最好。
首選 洞窟的譬喻
有一個人被綁在昏暗的洞窟中，只能面對牆壁。另一頭有一個物體被燈火照明，而因為那人只能看到物體的影子，便以為影子是實體。但實際上這個才是真實。我們人類就是被這條鎖鏈縛住的人物。把不過是影子的東西看作真實。

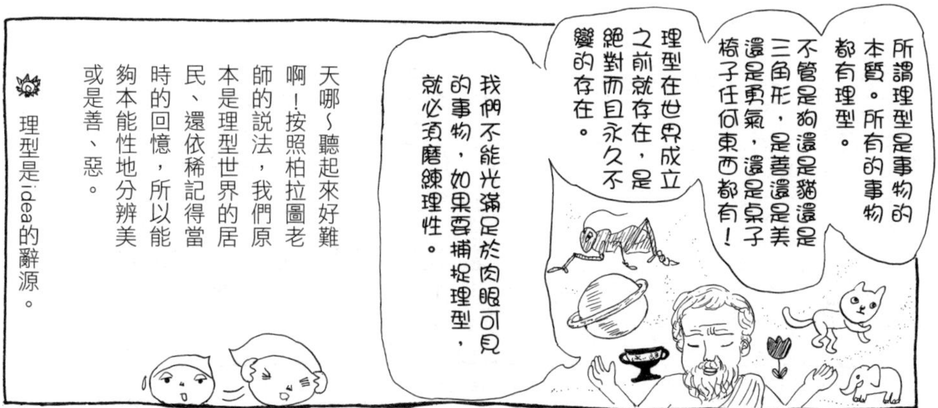
所謂理型是事物的本質。所有的事物都有理型。
不管是狗還是貓還是三角形，是善還是美還是勇氣，還是桌子椅子任何東西都有！
理型在世界成立之前就存在，是絕對而且永久不變的存在。
我們不能光滿足於肉眼可見的事物，如果要捕捉理型，就必須磨練理性。
天哪～聽起來好難啊！按照柏拉圖老師的說法，我們原本是理型世界的居民、還依稀記得當時的回憶，所以能夠本能性地分辨美或是善、惡。
✿ 理型是idea的辭源。

柏拉圖的理想「國家」

不知道是不是因為柏拉圖太厭惡殺害蘇格拉底的社會，柏拉圖構思出一個就像科幻小說一樣、不管是人口還是性別全都由國家管理的政治體制。

統治者由特定組合的人們結合、

優秀的男人與優秀的女人；
低等的男人與低等的女人。

生下的小孩在國家的保護下成長。親子之間毫無瓜葛。

統治者測試小孩子的能力、辨認他們的素質來區分階級。

優秀伴侶所生的小孩，如果被判定資質不佳，也會被降到下面的階級（不分男女優劣）。素質好的小孩一邊接受文學、音樂、還有適度的體育教育，同時進行選拔，逐漸淘汰。

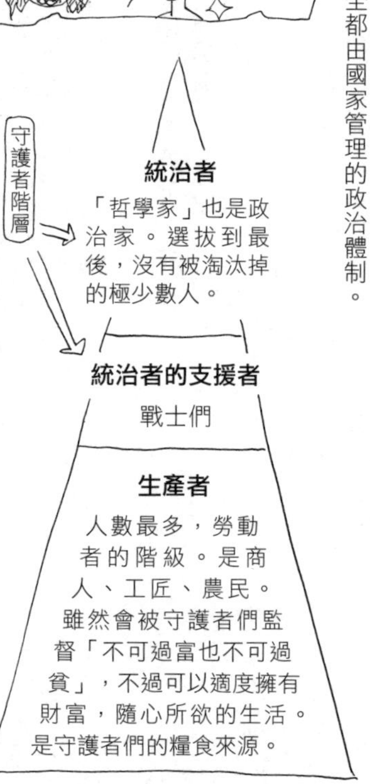
守護者階層
統治者
「哲學家」也是政治家。選拔到最後，沒有被淘汰掉的極少數人。
統治者的支援者
戰士們
生產者
人數最多，勞動者的階級。是商人、工匠、農民。
雖然會被守護者們監督「不可過富也不可過貧」，不過可以適度擁有財富，隨心所欲的生活。
是守護者們的糧食來源。

這兩個階層擔任保護國家的任務，所以沒有私有財產也沒有家族。只有得到食物的供應。

徹底檢閱小孩子的教科書，把可能帶來壞影響的東西全部排除！

排除對象例子

・神話之類的神或英雄的犯罪行為。
・英雄畏懼死的鏡頭。
↓會導致在戰爭中不勇敢戰鬥。
・阿基里斯面對友人之死時，悲傷地仰天長嘯、激烈的表露感情。
↓因為期望是能夠控制感情的人。

柏拉圖自己也知道這些意見太過偏激，所以讓敘述者蘇格拉底猶豫不決吞吞吐吐地說出這些話。不過，他寫出這些東西來實在是下了很大的決心啊！
他到了晚年似乎又重新思考，變得比較寬容。

之後他接到狄翁的招待，前往西西里。
狄奧尼修斯一世已經過世了，請將他的兒子培養成你理想的哲人政治家吧。
柏拉圖試圖奮鬥一陣子，
但無法消弭現實與理想的差距。
狄翁也被殺害，更增添了新的虛無感。
哈哈哈
哈哈哈
猜猜我是誰啊
狄翁……
柏拉圖到八十歲過世之前，都受到弟子們的仰慕，精力旺盛地不斷寫下新著作。
他晚年的兩部作品《提邁尤斯》、《克里特雅斯》提到亞特蘭提斯，至今仍是引起爭論的話題。
稍微提一下這個國粹主義的歪理男……
亞里斯多德（西元前384～322）
他在柏拉圖過世後，說「柏拉圖對我而言是非常重要的老師，但真理更為重要」，於是很快地離開學院到小亞細亞。
在萊斯沃斯島上忙於生物的研究。
之後他受到馬其頓王腓力之邀，成為亞歷山大的家庭教師……。
之後的大帝
亞里斯多德原本出身於希臘北部的斯塔基拉。他的父親以御醫的身分侍奉在當時馬其頓王（阿敏塔斯三世〔Amyntas〕）身邊，所以他的童年就在馬其頓王國的首都佩拉度過。
腓力死後，亞里斯多德很快地就回到雅典，借萊呂克昂（Lyceum）土地的一部分開設學派。
他的學派有一個很大的特色是邊漫步邊講學，所以被稱作「逍遙學派」（〔Peripatetic〕隨意漫步）。
亞歷山大大帝一過世，雅典公民對馬其頓的憎恨發洩到亞里斯多德身上，控告他瀆神罪，所以他又逃往優卑亞島的加而西斯（Chalcis）。隔年就因胃腸方面疾病發作身亡。享年六十二歲。
亞里斯多德想知道所有的事物，一直追尋能讓他認同的答案。他追求的不是觀念，而是務實的解答，所以也批判理型論。
他發現了龐大的數量（特別是動物學），把那龐大的知識留在數量龐大的著作中。
既然那麼龐大，或許裡頭驚人的錯誤及太過偏激的意見也是無可奈何的吧。

萬歲！第歐根尼（Diogenes）

（西元前400～325）

來提一個和柏拉圖恰恰相反的哲學家的生平吧

讓亞歷山大大帝也羨慕的男人，他的名字叫做第歐根尼。
他一無所有，就像狗一樣，不管什麼時候都在自己喜歡的地方吃飯、作愛、睡覺。
唷
他住酒桶。食物靠行乞。
第歐根尼出生於錫諾普，他製造假錢，事跡敗露後被放逐。
他來到雅典，選擇平時老是對眾人冷潮熱諷的哲學家安提西尼（Antisthenes），後來成為青出於藍的諷刺家。
這一個學派被稱作犬儒學派。犬儒是指「像狗一樣」的意思。由於他們的活動，裡頭也包含了譏評嘲諷、冷面笑匠的意思。是cynical、cynicism的辭源。
第歐根尼通常是這樣展開活動的——
有一個男人在自己家門口寫上「惡漢勿入」的標語，
那你要怎麼進家門啊？
還有在大馬路上突然間大叫——
喂，人們啊——
當人們一回頭
？
我剛喊的是人不是垃圾喔。
有一個人丟東西，湊巧打到第歐根尼。但是並沒有道歉，只說
小心點。
好痛
所以第歐根尼就拿棍子毆打那名男子，
啪
痛
小心點啊。
好痛。
這麼說道。

第歐根尼在雅典的期間一直緊跟著柏拉圖。
柏拉圖的課很適合打發時間嘛。
大嚼 大嚼
他嘲諷理型論妨礙授課，這樣他還嫌不夠，
所謂人類是兩隻腳沒有羽毛的動物。
他抓住柏拉圖這個定義的語病，
丟出一隻雞來。
這就是柏拉圖說的人類喔。
另外
這個分給你。
無花果
柏拉圖吃下去之後—
我是有說要分給你，但沒有說全部給你吃。你這個人實在好卑劣喔～
小學生……
第歐根尼要去埃吉納島的時候遇到海盜，在克里特島被當作奴隸販賣。此時他也是大逞威風。在所有的奴隸都站著之中，就只有他在睡覺，一受斥責他便說
想要被賣掉的時候還管是什麼姿勢嗎。不要為了一點小事就囉哩囉嗦的。
有一次，第歐根尼跟柏拉圖討一杯葡萄酒和一些下酒菜，
結果送來一個大酒甕。
之後第歐根尼說
人家問你二加二等於多少，你會回答二十嗎？你有沒有好好聽人講話啊？
第歐根尼和柏拉圖之間的對話不知為何讓人感到一絲溫暖（還有特別服務聽眾的味道）。
柏拉圖說
第歐根尼「不虛榮」的地方正是虛榮。
如此評論。
另外據說又批評他是「瘋狂的蘇格拉底」，聽起來是貶抑，其實是給予他至高無上的讚美。
被人口販子問到
你會什麼？
第歐根尼回答
支配人啊。你去問問看有沒有人想要主人！

第歐根尼反而指名讓人買下他。
噢，就是他！他需要主人。
第歐根尼討厭占卜、神諭、迷信之類的事，而且也很輕視想要控制別人的人、及被別人控制的人。
他看到別人在淨身，
你就算做這種事也沒辦法洗清你的罪孽的。
接著
你的奴隸如果是醫生的話，生病的時候你也會聽他的話對吧？所以要好好聽從我說的話喔。
命令他的買主。
是。
這個科林斯的大富翁也不說二話，將家裡瑣碎的事、兒子們的教育等全部交給第歐根尼。他的工作能力讓這個有錢人覺得「福神臨門」，非常滿意。
不過當然第歐根尼不可能一直被束縛在這裡。他一厭膩奴隸生活就擅自決定成為自由之身。
還有當人勸他信仰奧蹟時，
接受伊萊夫希納奧蹟的人，在來世可以成為特權階級呢。
哼，那沒有接受過那個奧蹟的英雄伊巴密濃達（O239），難道來世會出身低賤嗎？還有像你一樣沒有任何優點、非常無趣的人，只要接受奧蹟就可以當特權階級？
你是有多厚臉皮才說得出那樣的話來啊。
但是我驚訝的是拜神的人們，祈願的內容都是只對自己好而已。像是在奧林匹亞得優勝什麼的。那種個人主義、一定會害另一個人不幸的願望，哪裡有神會幫忙實現呢。
他看到有個女人在眾神像前五體投地的姿態，
這位大嬸啊，神宿於所有事物中，妳不需要對區區一個像做出這麼丟人現眼的姿勢的。

第歐根尼總是嘲罵眾人，他說的話也是有讓大家佩服的地方。
他替我們向當權者小小出了一口氣。
不管對任何人都一樣囂張。
他的生活方式就是藝術。
第歐根尼其實相當受到愛戴。
譬如僭主問他，雕像要用哪種青銅好，
像哈莫狄奧斯和阿里斯托吉頓被鑄造的那種啊（ㄇㄧㄅㄌ）
我覺得他可以馬上說出機智的諷刺，正是受歡迎的主因啊。
有年輕人破壞了第歐根尼居住的酒桶，這年輕人不但被大家鞭打，眾人還替第歐根尼準備了新的酒桶。
而且他還常常得到禮物。但是當人誇獎送禮物給第歐根尼的人時，
應該要讚美可以得到禮物的人才對耶。
反而生氣。
啪啪啪
有一次第歐根尼以頭髮被剃掉一半的模樣出席年輕人的宴會，不知是否因為大家看不順眼他的髮型，把他揍個半死。
結果第歐根尼把毆打他的人的名字全部寫在板子上掛在胸前，到公民懲罰這些人為止，一個人遊行抗議。
對上了年紀還是不圓融的第歐根尼，
你也已經上年紀了，就放鬆一下如何。
有人如此勸道。
第歐根尼回答。
你說什麼！對一個快跑到終點的長距離跑者，看他拚命奔跑，你也說得出同樣的話嗎？

雖然第歐根尼用體育做譬喻，但是他批判激烈的運動。
那種傢伙有什麼用處？
轉頭
第歐根尼認為擁有什麼會生出慾望、使人苦惱，所以徹底實踐人活著最低所需的生活，將自己的生存樣貌展示給大家看。
看到在當權者手下過著豪華生活的家臣，
閃亮
閃亮
好羨慕～
為什麼？
那是不幸的代表吧。不管是午飯還是晚飯，都不能隨自己高興的時候吃，得配合老大的行程喔。
有一次他看到這樣的小孩——
啊
咕嚕
咕嚕
就把自己的杯子丟掉。
我輸了～
城邦？太小了啦！就是因為在那麼狹窄的範圍中亂成一團，才會不行的。
應該要超越無聊的藩籬、讓全世界成為一個國家才是正確的方式。
第歐根尼是第一個使用「世界公民」這個詞的人……。
我是世界公民啊。
結婚制度？什麼意思我不懂。兩情相悅的人在一起就夠了。
家世、名聲還是財富，除了是敗德外什麼都不是！
第歐根尼一直活到九十歲，據說他最後是因為吞生雞蛋、傷到腸子而死。
而且為了誰來埋葬他的遺體，還引起大打出手的爭鬥。
拜託，要埋葬我？No Thank you！我明明吩咐要把我的屍體餵狗吃的耶——
建在科林斯的市門附近的第歐根尼墓，後二世紀的旅人保薩尼亞斯（Pausanias）也曾造訪過。

馬其頓的興起

希臘世界無謂的鬥爭永無寧日，就在他們不斷消耗金錢與人力之中，北邊的馬其頓王國開始快速壯大。

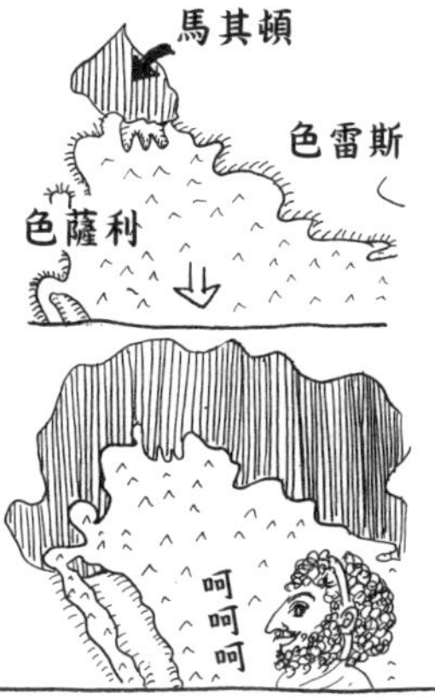

馬其頓
色雷斯
色薩利
呵呵呵

看到馬其頓的快速發展，希臘方面也逐漸產生危機感。雅典的辯論家狄摩西尼（Demosthenes）早就開始警告馬其頓的威脅。

不可以靜觀其變。馬其頓是完全的敵人、野蠻人。一定要趁現在馬上粉碎腓力！
現在還為時未晚。

馬其頓王國

寫到這裡，這個國家給人突然間登場的感覺，不過這個國家成立於波斯戰爭前，希羅多德有時也會稍微提到。

就人種來說，他們是多利安系統的希臘人。一般認為，他們是西元前12世紀～10世紀左右遷徙的時候，沒有加入前往伯羅奔尼撒半島的夥伴們，在北部的山岳地帶畜牧而定居的人們。

馬其頓
色薩利大區
平都斯山脈
在這一帶畜牧

據推測，他們後來在西元前七世紀左右下降到平原。

他們自稱
我們來自阿古斯。

他們的傳說中，海格力斯的子孫忒墨諾斯（p164）的子孫，又從阿古斯北上逃往馬其頓。

馬其頓和希臘社會是完全異質的架構。

比起希臘，他們似乎更受四周原始的國家影響，看來文化發展相當遲緩，被希臘人當作蠻族。

希臘神話中也有登場、很久以前開始就存在的國家。
伊利里亞（Illyrian）現在的阿爾巴尼亞
伊庇魯斯（Ipiros）大區
馬其頓
色雷斯
色薩利大區
多利安體系希臘人分成好幾個部族。
伯羅奔尼撒半島
雅典

馬其頓和希臘最不一樣的是東方風味的帝王制。帝王比波斯國王民主、比斯巴達的國王擁有更多權力。

基本上是
友
愛

貴族稱呼帝王叫「夥伴」，彼此之間維繫著堅定的信賴關係。

據說他是阿古斯王忒墨諾斯的子孫，是馬其頓王室的始祖。他照著神諭，「在山羊指引的地方建立首都」。

王室系譜

佩爾狄卡斯（Perdiccas）一世

阿敏塔斯一世

亞歷山大一世（西元前495～452年左右）

佩爾狄卡斯二世（西元前452～413年）

阿基勞斯（Archelaus）（西元前413～399年）

幾個在位不久的人

阿敏塔斯三世（西元前413～399年）

長男 亞歷山大二世（西元前370～368年）

二男 佩爾狄卡斯三世（西元前368～359年）

三男 腓力二世（西元前359～336年）

亞歷山大三世（大帝）

是這個人將首都遷到了佩拉。他熱愛希臘文化，也以禮賢下士而知名。歐里庇德斯也受到邀請，客死佩拉。（謠傳是被阿基勞斯的狗咬死。）他還模仿奧林匹亞競技賽，舉辦迪翁競技賽。

這個人報名參加奧林匹亞競技賽，但被以「蠻族不能參加」為由拒絕，

我們可是阿古斯王室的血脈耶。
也就等於海格力斯的子孫喔。

他如此強烈主張道，於是得到參賽認同。

這是希羅多德敘述的軼事。

馬其頓在波斯戰爭中站在波斯陣營。

但是亞歷山大一世在普拉蒂亞之戰中，悄悄溜出波斯鎮營，向希臘軍通風報信等，在政治上靈活應變。

波斯明天會打來喔——

腓力二世

腓力（以下省略二世）最上面的哥哥當上國王的時候，引發王位之爭，一發不可收拾，所以拜託當時勢力強大的底比斯仲裁。

此時十三歲的腓力被送到底比斯作為和平的擔保……。

度過了三年的時光。

從伊巴密濃達那裡習得戰術。

他被送回馬其頓以後，兩個哥哥接連過世，二十歲就當上國王的腓力，充分發揮了他在底比斯的經驗。

最初的首都
埃格
新首都
佩拉
迪翁
埃格＝山羊的意思。現在的維琴那（Vergina）

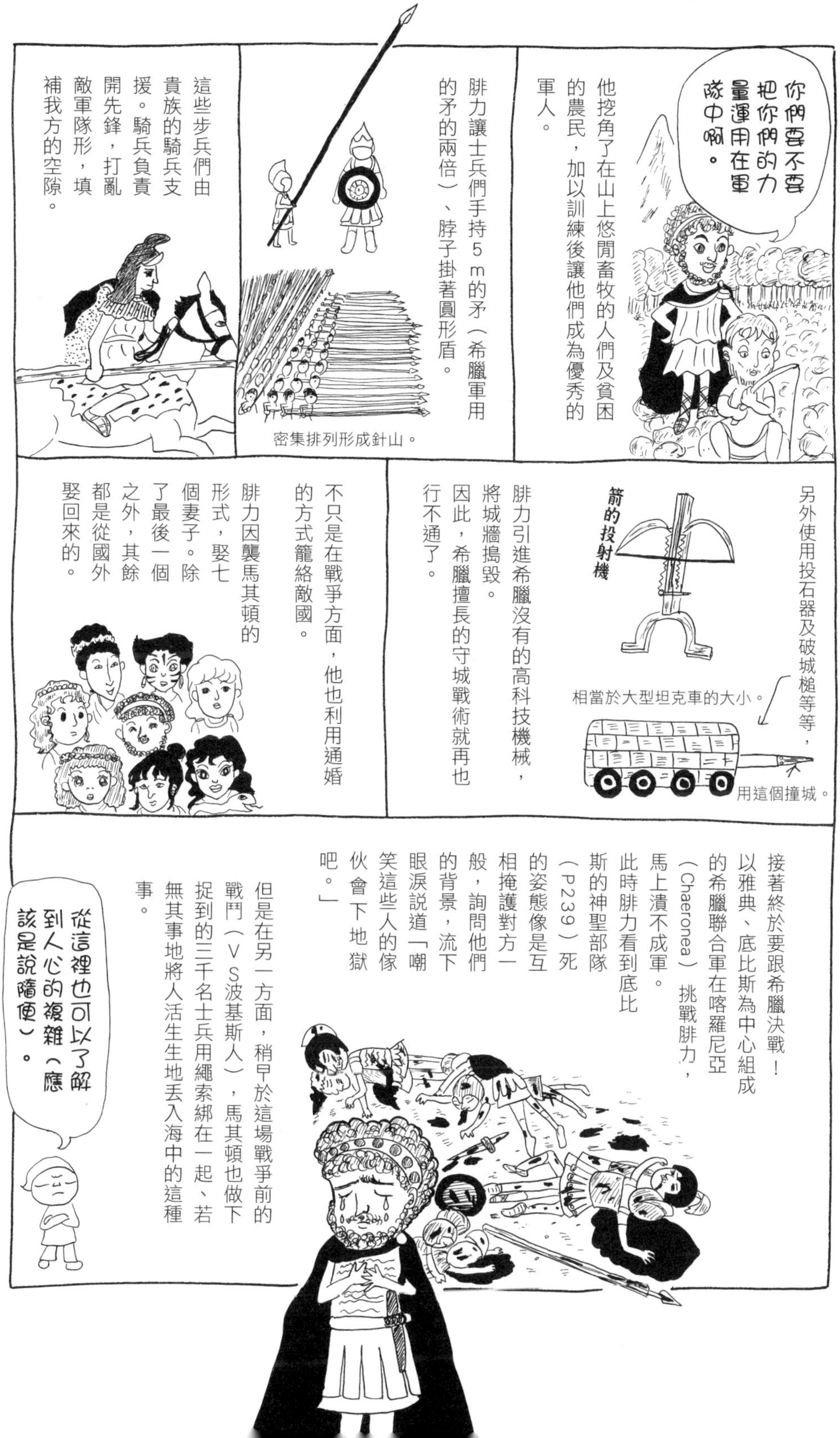
你們要不要把你們的力量運用在軍隊中啊。
他挖角了在山上悠閒畜牧的人們及貧困的農民，加以訓練後讓他們成為優秀的軍人。
腓力讓士兵們手持5m的矛（希臘軍用的矛的兩倍）、脖子掛著圓形盾。
密集排列形成針山。
這些步兵們由貴族的騎兵支援。騎兵負責開先鋒，打亂敵軍隊形，填補我方的空隙。
另外使用投石器及破城槌等等，
箭的投射機
相當於大型坦克車的大小。
用這個撞城。
腓力引進希臘沒有的高科技機械，將城牆搗毀。因此，希臘擅長的守城戰術就再也行不通了。
不只是在戰爭方面，他也利用通婚的方式籠絡敵國。
腓力因襲馬其頓的形式，娶七個妻子。除了最後一個之外，其餘都是從國外娶回來的。
接著終於要跟希臘決戰！以雅典、底比斯為中心組成的希臘聯合軍在喀羅尼亞（Chaeronea）挑戰腓力，馬上潰不成軍。此時腓力看到底比斯的神聖部隊（P239）死的姿態像是互相掩護對方一般，詢問他們的背景，流下眼淚說道「嘲笑這些人的傢伙會下地獄吧。」
但是在另一方面，稍早於這場戰爭前的戰鬥（VS波基斯人），馬其頓也做下捉到的三千名士兵用繩索綁在一起、若無其事地將人活生生地丟入海中的這種事。
從這裡也可以了解到人心的複雜（應該是說隨便）。

腓力的暗殺
腓力被暗殺的經過就像八點檔連續劇
大獲全勝的腓力把全希臘城邦的代表（除了斯巴達）招集到科林斯，
不征討波斯就永遠沒有和平的一天。
我們應該停止鬥爭，大家同心協力討伐波斯。
展開大演說，建立了第一個全希臘的同盟。盟主當然是腓力。
很受人歡迎的男人腓力也有許多情人，其中有一個名叫保薩尼阿斯（Pausanias）的男人。他嫉妒腓力的新情人（男），向對方破口大罵。結果逼得對方自殺。
我希望我是他男朋友裡的第一名。
這個同盟雖然保證各國的自治權，但是還是受馬其頓監視，總之綁手綁腳。
各個城邦被禁止更改國政、城邦之間彼此戰爭。
另外關於此時斯巴達的不參與，
不用管他們，根本無足輕重。
斯巴達的勢力也的確衰退到只有那種程度（之後降伏）。
但這回自殺的男人的朋友向保薩尼阿斯報仇。
騷擾
被男同侵犯。
腓力充滿討伐波斯的鬥志，不過卻在遠征前在埃格的劇場被暗殺。
這個在戰場上逃過無數險難的男人，因為瞧不起一個人而導致這種下場……。
⇦
保薩尼阿斯向腓力投訴這個集團強暴事件，但腓力卻沒有採取任何行動。
我也有我的困難啊。
只是用禮物安撫保薩尼阿斯。
順帶一提，腓力在科林斯和第歐根尼會面。
你是誰。
你問我？我是探索你貪得無饜慾望的偵察兵。
據說腓力聽了龍心大悅便釋放了第歐根尼。
於是，
你以為這點東西就可以消除我心頭的怨恨嗎！
結果保薩尼阿斯對變心的腓力的恨意更勝過強暴事件的主謀。
接下來……
唔。
刺
腓力的祖父阿基勞斯也是因為同性之間的愛恨情仇而被殺害。

接下來繼承腓力的是——
亞歷山大大帝！
他的母親奧林匹亞出生自伊庇魯斯大區裡頭部族的一支、摩洛索伊王國。
摩洛索伊王國被認為是阿基里斯的兒子涅俄普托勒摩斯建立的國家，所以亞歷山大從小被教導自己在父系繼承海格力斯、母系繼承阿基里斯的血統。
看輕亞歷山大實力的雅典與底比斯馬上就起來造反。
但是兩者的實力根本是天差地。雅典與底比斯馬上就被鎮壓，這時底比斯除了亞歷山大喜歡的詩人品達（Pindarus）一家外，遭到徹底的破壞，男人全部處死，女人和小孩變成奴隸。
據說著名的底比斯遺蹟會幾乎蕩然無存，都是被亞歷山大所害。
空盪盪
或許正因為馬其頓把底比斯當做是重要的友邦，被一再的背叛也會讓怨恨加倍。
雅典反正又不是我們的朋友，也不會特別生氣了。
所以雅典這時候也沒有受到多大的懲罰……。
明明每次都是雅典起頭鬧事，卻沒有受過什麼大創傷，真是個占便宜的國家。
呵呵呵
亞歷山大也跟第歐根尼見面
in科林斯
我是亞歷山大大帝！
鏘鏘
我是狗、第歐根尼。
挖、挖
你不怕我嗎？
為什麼要怕？你是什麼人？好人？壞人？
當然是好人啦。
那為什麼我要害怕？
果然是名不虛傳，你可以要求我任何想要的東西。
哈哈
喔，是嗎。那你讓開好不好？你擋到我的陽光害我很冷耶。
亞歷山大說
如果我不是亞歷山大，願為第歐根尼。
我也想成為第歐根尼。

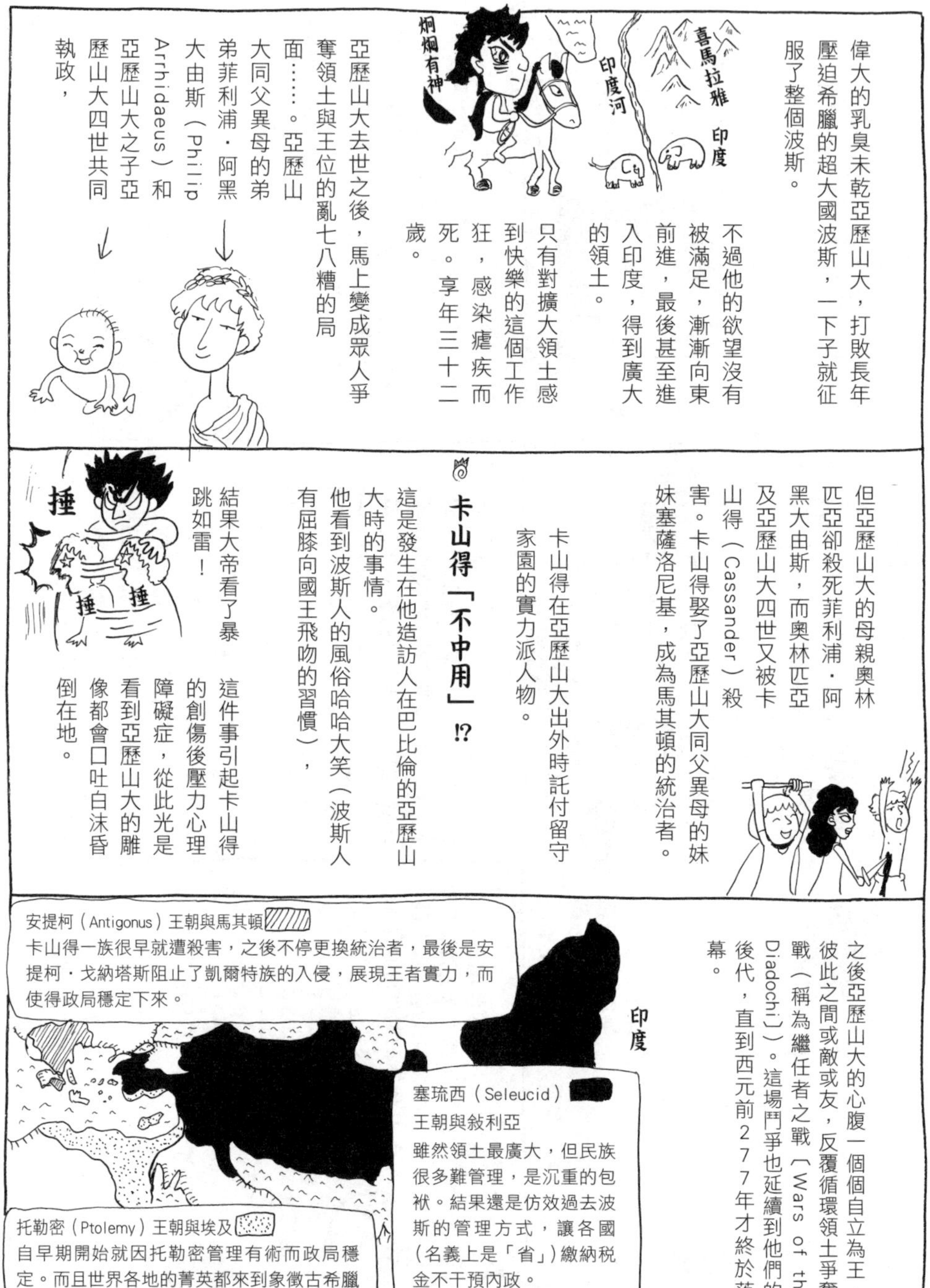
偉大的乳臭未乾亞歷山大，打敗長年壓迫希臘的超大國波斯，一下子就征服了整個波斯。
喜馬拉雅
印度
印度河
炯炯有神
不過他的欲望沒有被滿足，漸漸向東前進，最後甚至進入印度，得到廣大的領土。
只有對擴大領土感到快樂的這個工作狂，感染瘧疾而死。享年三十二歲。
亞歷山大去世之後，馬上變成眾人爭奪領土與王位的亂七八糟的局面……。亞歷山大同父異母的弟弟菲利浦・阿黑大由斯（Philip Arrhidaeus）和亞歷山大之子亞歷山大四世共同執政，
但亞歷山大的母親奧林匹亞卻殺死菲利浦・阿黑大由斯，而奧林匹亞及亞歷山大四世又被卡山得（Cassander）殺害。卡山得娶了亞歷山大同父異母的妹妹塞薩洛尼基，成為馬其頓的統治者。
卡山得在亞歷山大出外時託付留守家園的實力派人物。
卡山得「不中用」!?
這是發生在他造訪人在巴比倫的亞歷山大時的事情。他看到波斯人的風俗哈哈大笑（波斯人有屈膝向國王飛吻的習慣），
結果大帝看了暴跳如雷！
捶
捶
捶
這件事引起卡山得的創傷後壓力心理障礙症，從此光是看到亞歷山大的雕像都會口吐白沫昏倒在地。
之後亞歷山大的心腹一個個自立為王，彼此之間或敵或友，反覆循環領土爭奪戰（稱為繼任者之戰〔Wars of the Diadochi〕）。這場鬥爭也延續到他們的後代，直到西元前277年才終於落幕。
安提柯（Antigonus）王朝與馬其頓
卡山得一族很早就遭殺害，之後不停更換統治者，最後是安提柯・戈納塔斯阻止了凱爾特族的入侵，展現王者實力，而使得政局穩定下來。
印度
塞琉西（Seleucid）
王朝與敘利亞
雖然領土最廣大，但民族很多難管理，是沉重的包袱。結果還是仿效過去波斯的管理方式，讓各國（名義上是「省」）繳納稅金不干預內政。
托勒密（Ptolemy）王朝與埃及
自早期開始就因托勒密管理有術而政局穩定。而且世界各地的菁英都來到象徵古希臘文化的都市亞歷山大港。

從亞歷山大的時代到埃及托勒密王朝滅亡（西元前30年）、希臘文化領導世界的三百年間，由十九世紀名為朵伊森（Droysens）的歷史學家取名為「希臘化（希臘風格）時代」，成為一般通稱。

發現馬其頓王室墳墓！

1977年，塞薩洛尼基大學的安茲洛尼克斯教授發現到馬其頓王室的墳墓！由於這個發現，才知道以往無法特定的馬其頓舊首都埃格在現在的維吉納。

第一墳墓

已經被盜墓。
裡頭散亂著三人的骨頭。

巨漢
二十上下的女子
剛出生的嬰孩

這個墳墓也被認為是腓力二世墳墓的候選。

第三墳墓

主室中發現到十幾歲男孩子的骨頭。一般認為這個骨頭正是遭到卡山得殺害的亞歷山大之子、亞歷山大四世。

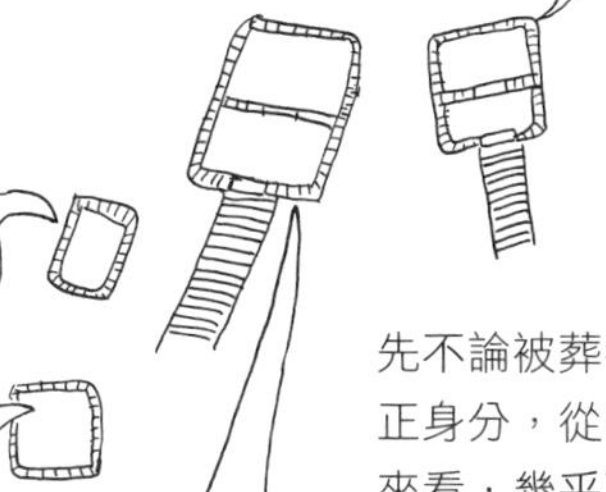

第四墳墓

已經被盜墓。建材也在古時就被洗劫，保存狀態最差。

先不論被葬者的真正身分，從陪葬品來看，幾乎可以確定是王室的墳墓。

第二墳墓

前室
主室

棺材中有黃金的箱子。而箱中又有年輕女人的骨灰

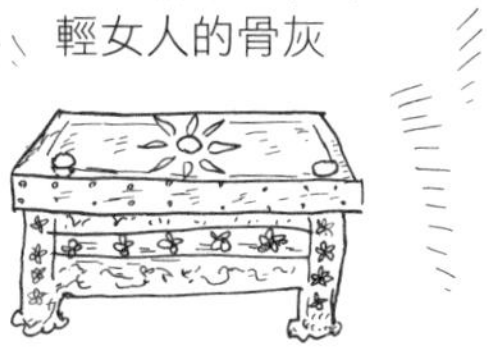

同樣有黃金的箱子，裡頭裝有男性的骨頭。頭骨的右眼窩和顴骨上有疑似創傷的痕跡。傳說中腓力二世在戰爭中被傷了右眼、單眼失明，所以安茲洛尼克斯教授認為「這正可以證明是腓力二世的骨頭」

現代希臘的考古單位也因此將這個墳墓認定為腓力二世墓。但是前室的作工及棺材、還有覆蓋棺材的布都比主室豪華，而且還收藏了武器配備，所以也有人認為是尤麗緹絲和菲利浦・阿黑大由斯的墳墓。

著名的像也來自這裡！
應該是腓力二世
酷！
亞歷山大大帝？
嫩！
超小的！是馬車裝飾雕刻的一部分。

「一種閃電般的震撼向我襲來。我手中握的是不是腓力二世的手呢！？這個瞬間同時有太多想法灌進我的腦髓中，只能任憑感情的波濤駭浪將我淹沒」安茲洛尼克斯教授的發言。

★ 尤麗緹絲照顧有智能障礙的丈夫菲利浦・阿黑大由斯，在亞歷山大死後向亞歷山大的母親奧林匹亞宣戰的女鬥士，最後和丈夫同樣被奧林匹亞傷害。

希臘在亞歷山大去世時，又以雅典為中心向馬其頓宣戰，但希臘再度敗北，永遠失去奪回自治權的機會。（西元前322～323年）
到哪裡都緊咬著對手不放的狄摩西尼。
結果馬其頓軍隊長期進駐在雅典，雅典從此受到馬其頓的監控。
我們過去太放縱雅典了，做好人也就到此為止！
狄摩西尼逃亡到國外，
在波羅斯島自殺。
選民大會只有擁有兩千德拉克馬（1200萬日圓）財產的九千人可以出席。
之後甚至連出席民會的酬勞和各個職位的抽選制度也被廢除。另外威脅到有錢人的公共服務義務也廢止，甚至有機會擔任重任，很快地權力開始集中。
政治成為有錢人的囊中物，民主政治也在此告終。
雅典的民主政治
可說是希臘的偉大發明之一的這種政治形態，自克里斯提尼的改革開始，持續200年的時間。雅典的民主政治貫徹平等的原則，防止權力集中及腐敗橫行，為了常保新鮮度，可說是用心再用心。
和現在民主政治不同的是直接投票。政治屬於公民，也就是說任何一位公民都是政治家。只要年滿20歲以上，看是要訴求什麼還是建議改善，自己都可以提出來供大家討論，當天就可以表決了。
在鄰國都是國王統治的時代，實在是很了不起啊。
真正的我
可以直接呼&應～
◇在普尼克斯山岡（Pnyx）召開的選民大會
全部的議案都是多數表決。
如果淨說些無聊的發言，會被警衛（斯基泰人〔Scythae〕奴隸）硬拉下台。
關於津貼，最剛開始時是1歐伯羅斯（1千日圓），不過到了亞里斯多德的時代，已經提高為1德拉克馬（6千日圓），在召開重要的民會時甚至躍升到9歐伯羅斯（9千日圓）
民會幾乎都會在中午以前結束，結束時就可以領到津貼，實在太棒了！
民會9天開一次，全部都可以參加。

審判

審判大致分為公審與私審。殺人屬於私人領域，必須自己收集證據告發犯人。

雖然也有類似警察的組織，但是他們主要的工作是負責警備及執行刑罰，並不負責搜查案件。

處理殺人案件的法院，根據殺人的理由，區分成故意殺人、失手殺人、正當防衛殺人。

也有審判斧頭及銅像等非生物的法庭。

審判一天就結束，沒有再審的機會。

由抽籤選出的六千名陪審員（出席一次有3歐伯羅斯＝3000日圓的津貼），也是經過嚴格的抽選分配到各個法庭。

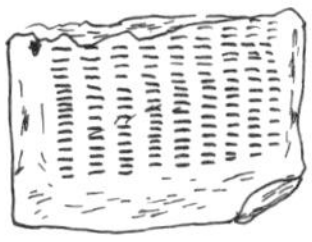
出土的抽選機的一部分

一次私審大概201人，公審約501人。如果是重大案件人數會再增加。

大部分的人會僱用相當於現在律師的法庭辯論製作家，請人擬出起訴書及演講草稿（平均1德拉克馬＝6000日圓）。譬如狄摩西尼的酬勞就是屬於頂級層次。

保證一定讓你勝訴！

蘇格拉底的審判

非專業的陪審員制度最危險的例子！

明明向人提問答根本稱不上有罪，蘇格拉底卻一下子就被處以死刑。據說這個不合理的對待很可能是因為他有學生在30人僭主當中（P238）。30人僭主不但活了下來，還因特赦沒有被問罪，人們又被禁止復仇，結果這股怨氣就發洩在蘇格拉底身上……。

不過一般被告會拚命表現出反省的態度，附會陪審團的優越意識，但被判有罪的蘇格拉底在進行是否定罪的最後辯論中，卻說「沒有人比我對雅典的貢獻更多，應該把我尊為國賓禮遇，每天準備豐盛美食招待我」，或許因為蘇格拉底自大＋諷刺的態度，惹惱原本沒有想到要將他處死的陪審員，原本投無罪的人也投死刑一票了。

與其說罪的輕重，倒不如說現場的氣氛及對被告的好惡，往往決定了生死。

雅典的公職

雅典從將軍到牢房的守衛，有將近700個大小官。

公務員除了將軍等例外，都是從30歲以上的公民中抽選選出。

不管是再小的地方都不容許權勢坐大，任期都是1年而且不須負重任。譬如說即使在戰場上，最高指揮官的位置也是一天輪替一次。

一個月有一次民會會對公務員的工作表現進行舉手表決、或調查，時時監視是否有貪污瀆職的情況。

民主政治、負的功過特輯 The 奴隸

沒有這些人們，雅典的民主政治就不會成立。

就是因為他們一手承攬了雅典的勞動，使得雅典公民有多餘的時間集中精神在政治上。

雅典的奴隸幾乎是色雷斯人、斯基泰人（Scythians），而且購買至奴隸商人（奴隸交易因為腓尼基商人而系統化）。另外，雅典又有許多棄嬰（特別是女孩子！），撿到的人可以當成自己的奴隸。

把小孩丟掉是不對的。與其把小孩丟掉，倒不如墮胎。
亞里斯多德

雖然有贊成有反對，不過大部分人的看法是，希臘人在戰爭中捉到的俘虜，不知道是不是出於內疚，不當作自己的奴隸，而是販賣到國外。

不管是什麼人都有可能變成奴隸，戰爭中的俘虜自然是如此，旅行中也有可能遭到這個危險。像是柏拉圖、第歐根尼，甚至是凱撒大帝也曾經差點變成奴隸。

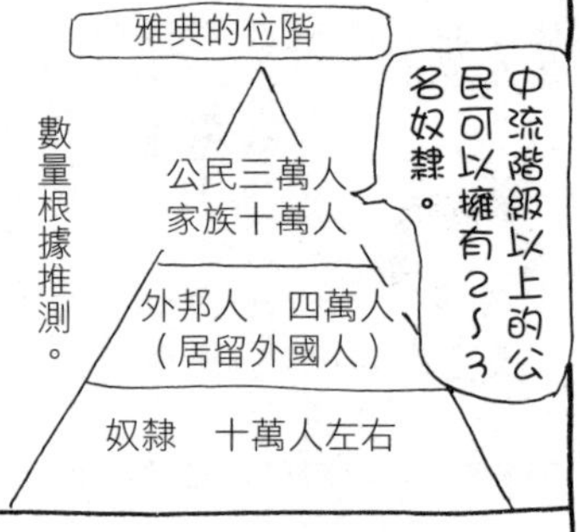
雅典的位階
公民三萬人
家族十萬人
外邦人　四萬人
（居留外國人）
奴隸　十萬人左右
數量根據推測。
中流階級以上的公民可以擁有2~3名奴隸。

奴隸遍布各地。像是在家中做各項雜務的男僕&女僕等細活、在銀山中搏命的粗活、另外有女性的樂器演奏者、還有娼婦↓不過再怎麼樣都比斯巴達的黑勞士待遇好很多。

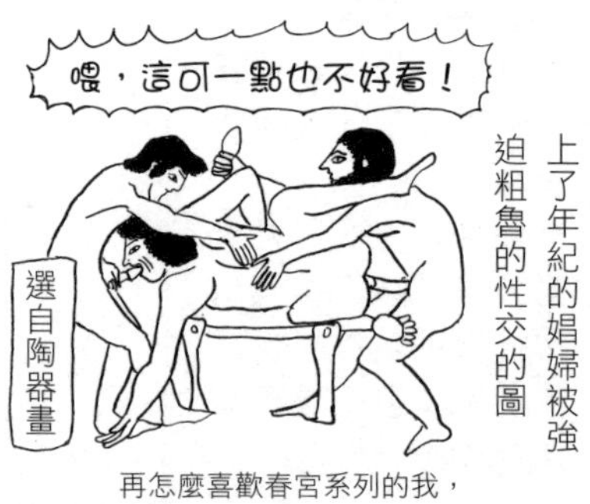
上了年紀的娼婦被強迫粗魯的性交的圖
喂，這可一點也不好看！
選自陶器畫
再怎麼喜歡春宮系列的我，
對這種心酸的景象實在看不下去！

「雅典的奴隸非常蠻橫。不但不讓路，身上的穿戴也很氣派。根本分不出是公民還是奴隸。」

色諾芬
哇哈哈
碰
哎喲

不過也有奴隸遇到好主人，後來恢復自由之身。他們當中甚至有人成為著名的大銀行家、僭主、哲學家呢！

譬如地米斯托克利的奴隸斯金諾斯，就因為薩拉米斯戰的戰功（P207），得到大筆獎賞贖身，後來還得到了塞斯比阿的公民權。

關於奴隸制度的正當性，在這個時代當然也引發了討論。不過雅典社會沒辦法沒有奴隸，無論如何都必須要讓奴隸制度合法，包括柏拉圖等人也站在擁護奴隸制度的立場。

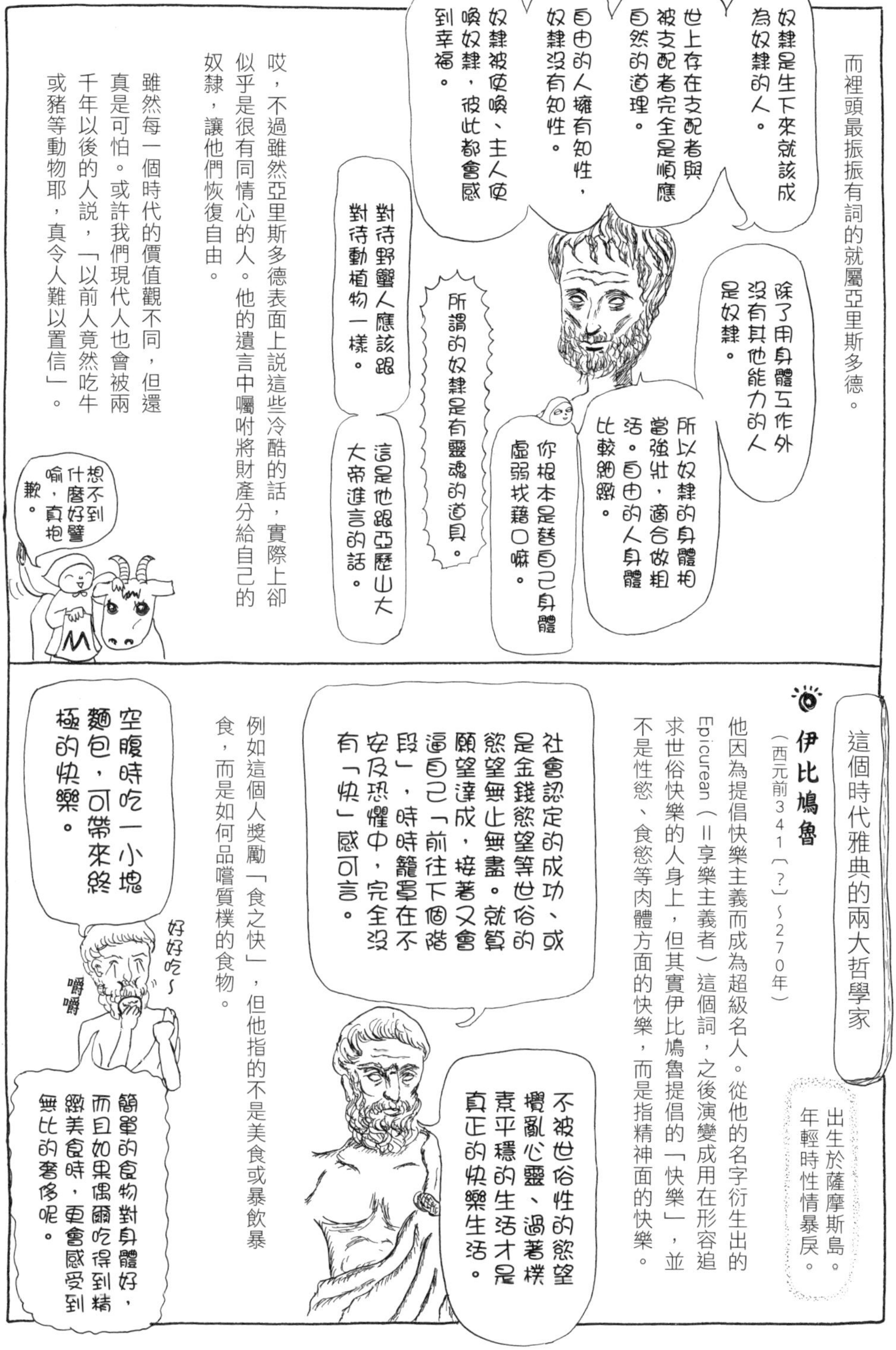
而裡頭最振振有詞的就屬亞里斯多德。
奴隸是生下來就該成為奴隸的人。
世上存在支配者與被支配者完全是順應自然的道理。
自由的人擁有知性，奴隸沒有知性。
奴隸被使喚、主人使喚奴隸，彼此都會感到幸福。
除了用身體工作外沒有其他能力的人是奴隸。
所以奴隸的身體相當強壯，適合做粗活。自由的人身體比較細緻。
你根本是替自己身體虛弱找藉口嘛。
所謂的奴隸是有靈魂的道具。
對待野蠻人應該跟對待動植物一樣。
這是他跟亞歷山大大帝進言的話。
哎，不過雖然亞里斯多德表面上說這些冷酷的話，實際上卻似乎是很有同情心的人。他的遺言中囑咐將財產分給自己的奴隸，讓他們恢復自由。
雖然每一個時代的價值觀不同，但還真是可怕。或許我們現代人也會被兩千年以後的人說，「以前人竟然吃牛或豬等動物耶，真令人難以置信」。
想不到什麼好譬喻，真抱歉。
這個時代雅典的兩大哲學家
出生於薩摩斯島。年輕時性情暴戾。
伊比鳩魯
（西元前341〔?〕～270年）
他因為提倡快樂主義而成為超級名人。從他的名字衍生出的Epicurean（＝享樂主義者）這個詞，之後演變成用在形容追求世俗快樂的人身上，但其實伊比鳩魯提倡的「快樂」，並不是性慾、食慾等肉體方面的快樂，而是指精神面的快樂。
社會認定的成功、或是金錢慾望等世俗的慾望無止無盡。就算願望達成，接著又會逼自己「前往下個階段」，時時籠罩在不安及恐懼中，完全沒有「快」感可言。
不被世俗性的慾望攪亂心靈、過著樸素平穩的生活才是真正的快樂生活。
例如這個人獎勵「食之快」，但他指的不是美食或暴飲暴食，而是如何品嚐質樸的食物。
空腹時吃一小塊麵包，可帶來終極的快樂。
好好吃～
嚼嚼
簡單的食物對身體好，而且如果偶爾吃得到精緻美食時，更會感受到無比的奢侈呢。

所以伊比鳩魯所實踐的生活，可說是在外表上具有相反意義的禁慾。

Stop the 煩惱。Stop the 憂愁。那些只不過是自己心中製造出的幻象。
死不足懼。因為當死來臨之時，自我已經不存在了。

他也全面否定占卜。他認為世俗是迷惘的根源，主張「隱居」，獎勵在他的學院中集團生活型式的隱遁。

季蒂昂的芝諾（〔Znn〕西元前335～263年）

出身於賽普勒斯島。

他的學派因為在斯多葛（〔Stoa〕柱廊）講學，所以被稱為斯多葛學派。

芝諾理論的基礎是logos（真理、理性）。

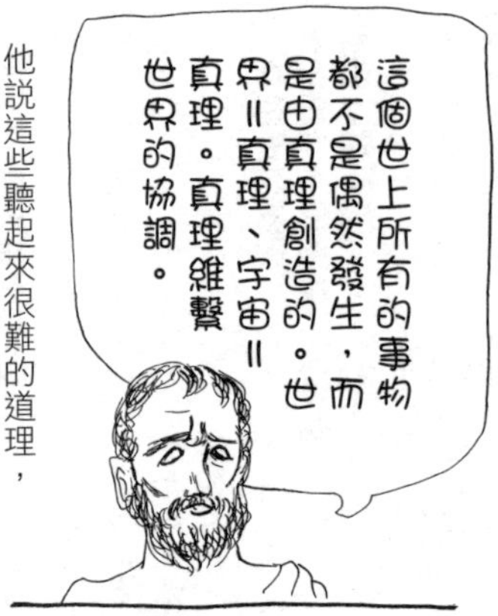
這個世上所有的事物都不是偶然發生，而是由真理創造的。世界＝真理。真理、宇宙＝世界的協調。

他說這些聽起來很難的道理，

又說「世界要遵循真理，個人也必須遵循真理而活。」

？？？
越聽越霧颯颯。

「真理的敵人是pathos（情感）！不受感情左右、以真理壓制情感，不管發生什麼事都要保持Apatheia（不動之心）。」

芝諾為了不受情感左右，過著禁慾而且嚴謹的生活（從這裡誕生出stoic這個辭）。另外，他認為出俗世負應有的責任是世界公民的義務，大大地鼓勵進入世俗（政治、公共奉獻等）。

接著他又說「人不分優劣。不管是奴隸、自由人還是野蠻人，大家同在真理之下。我們不是應該跨越城邦這道牆、萬人平等地生活在一個世界國家之下嗎？」，所以他也因提倡世界主義（cosmopolitanism）而聞名。

芝諾看起來很酷的禁慾生活、以及倡導參與社會為善的這個教養，吸引統治階層。譬如馬其頓王安提柯、羅馬時代的上流階級之間都大為流行。

Pathos（情感）

熱情的辭源，意指痛苦、恐懼、慾望、快樂等情感。

Passion常常被用來代表熱情，但這個字原本的意思是「受難」、「痛苦」。據說因為「越是痛苦情感越是激昂」，所以演變成熱情的意思。另外logos也是logic（邏輯）的辭源。

這個時代的兩大徒勞無功男

① 狄摩西尼

不管是哪個世界，都有人心胸狹窄，排斥新趨勢或新興勢力，而狄摩西尼呢，就是這種老古板。不過許多人一看到新勢力受到歡迎或得到權力，態度馬上軟化西瓜偎大邊，狄摩西尼卻是到最後還是不改初衷，從頭至尾都徹底堅持仇恨馬其頓的態度。就這點來說，或許他還算是有骨氣啊。

立志當辯論家的狄摩西尼，為了要讓自己的演說動人，從年輕時代開始就不斷持續努力。

譬如說……。

唰

因為他聲音小，所以對著海練習演講。後來聲量不輸海浪拍打的聲音呢。

又如他把小石頭放入口中練習說話，矯正了口吃的惡習。

而且他為了遠離俗世集中精神修行，刻意剪一個不敢見人的髮型、把自己關在地下室裡三個月。

和第歐根尼相同的髮型喔

他的人生實在太像漫畫了。而且實際上也很類似漫畫的場景（《極真派空手道》中著名的『剃眉入山修行』）！但與其看狄摩西尼如同喪家犬般沒有大作為的人生，他的「奮鬥史」更加令人唏噓啊。

② 伊庇魯斯王　皮洛斯

他也是一個如漫畫般的人物。

他是摩洛索伊王族的後裔，也是亞歷山大大帝的親戚。

他驍勇善戰，在馬其頓繼位者鬥爭中，甚至曾經一時得到馬其頓大半江山。唉，不過結果卻被他人利用，江山也落入別人手中……。

之後皮洛斯在自己的國家過著和平的生活，

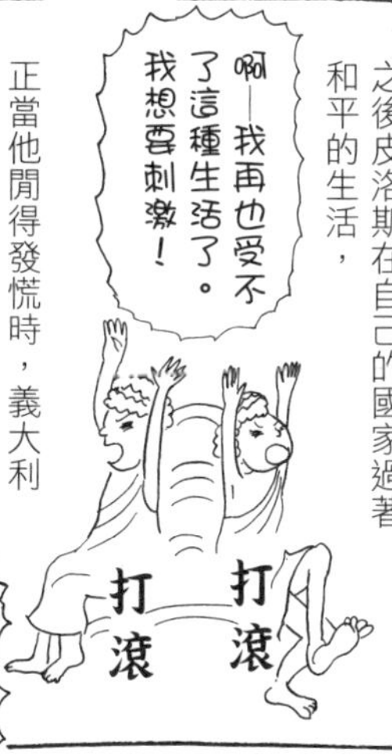
啊──我再也受不了這種生活了。我想要刺激！
打滾
打滾

正當他閒得發慌時，義大利塔蘭多派人來──

我們正在和羅馬打戰！能不能請你幫幫我們？
你說真的嗎？終於讓我等到機會啦！

接下來遠征義大利。
他放出象來嚇人的突襲作戰，讓羅馬軍驚慌失措！
據說羅馬人以往雖然知道象牙，但沒有看過真的象。不知道羅馬人看到象有多麼驚訝呢。
他進軍羅馬，但還沒進到城中戰局就呈膠著狀態……。
好無趣喔。
結果這回又換錫拉庫薩人來求援。
我們再也受不了迦太基人了，快幫我們趕走他們！
好、好，沒問題～♡
於是他又遠渡敍利亞，將迦太基人趕出錫拉庫薩。
雖然到這裡為止一直打勝仗，但皮洛斯這邊的死傷也相當慘重，從這件事開始，不計較損失的勝利通稱「皮洛斯的勝利」。
但是皮洛斯蠻橫的態度也引起錫拉庫薩人不滿。
所以他又逃回塔蘭多，和羅馬再度開戰，不過這次卻一敗塗地。
之後他重整旗鼓，進軍安提柯統治下的馬其頓，大獲全勝。
這個時候皮洛斯帶來的凱爾特人士兵掠奪埃格的王墓。
而就在打完勝仗需要奠定支配馬其頓的政治體制時，這會兒又換斯巴達王室來求助，
噠噠
請救救我們，我們內部吵翻天了！
所以前往斯巴達。
Good！
耶
也就差一點點就能平定斯巴達內亂時，阿古斯人又來，
我們也有紛爭，快來幫我們！
我怎麼能不去呢！
所以皮洛斯就去阿古斯。但是皮洛斯卻在烽火連天的阿古斯鎮上，被一個老太婆扔的瓦擊中！這成為他的死因。
顫抖
你是故意的吧？故意的對吧？
我覺得你已經很努力了啦。
你是哪根蔥啊！
皮洛斯驍勇善戰，又是被歌頌為「亞歷山大大帝再世」的實力派，但是每次該忍耐的時候都按耐不住，馬上又將眼光移往新目標，放著眼前該做的事不管……。最後變成雷聲大雨點小，什麼成就都沒有的男人。
這傢伙很會擲骰子，卻不知道怎麼去利用。
安提柯

進入羅馬時代
馬其頓持續統治希臘的期間，過去不受重視的地區由於互結同盟而壯大聲勢，開始造反。
埃托利亞同盟
（Aetolian League）
雅典
亞該亞同盟
斯巴達
俗話說風水輪流轉，原以為新勢力將取代馬其頓，但其實那不過只是火燄消失前的光芒，
因為此時羅馬已經成為新盟主！
眨眼
一亮
羅馬慢慢地向各個城邦展開進攻，或是採懷柔方式，把希臘納入統治。
馬其頓也被打敗，亞該亞（Achaioi）同盟賭上原有的獨立挑戰羅馬，結果以慘敗收場（西元前146）。
全部都成為羅馬的行省。
馬其頓
亞細亞
亞該亞
最後分成三大省。
之後雅典就像用光了好運似地，不管做什麼都沒有好下場！
雅典原本打從開始就靠向羅馬，討羅馬歡心，但當蓬托斯王國跟羅馬開始戰爭後，又倒向蓬托斯。雅典的背叛讓羅馬的執政官斯拉雷霆大怒，讓雅典得到地獄般的制裁。
倒進懷中
至少比馬其頓好。
羅馬在雅典大肆殺戮、破壞城鎮。到派瑞斯的堡壘都遭到破壞。
而且斯拉為了吸取作戰用的資金，又接連掠奪神殿的財物。
用抽籤決定每十人中有一人要被處刑！
埃皮達魯斯、奧林匹亞、德爾菲成為犧牲品。
蓬托斯王國
從塞硫古斯王朝開始西元前三世紀獨立的國家。在沒有任何國家敢反抗羅馬的這個時代，這國家的米特拉達梯王實在太有骨氣了！
米特拉達梯王王下達「把在小亞細亞的義大利人全部殺掉」的命令，擺明要大幹一場，殺了十五萬義大利人。接下來和斯拉率領的羅馬軍大戰，雖然戰敗，但卻存活下來，甚至之後還發動第二次戰爭。最後在龐培擔任指揮官時戰死，本都以因而落入羅馬手中（西元前64年）。
黑海
希臘
蓬托斯

雅典在羅馬發生內亂時，靠攏的對象都戰敗，最後都受到嚴厲的懲罰。

與其說是雅典判斷錯誤，倒不如說是雅典交的壞運波及到這些人。

而斯巴達早就沒落為三流小國。末期甚至還淪落到被亞該亞同盟收編。伯羅奔尼撒戰爭後由儉入奢，加上失去麥西尼亞及黑勞士，而且又不斷發動戰爭，使得原本已經不多的人口變得更少，終於導致淪落。

另外斯巴達的貧富差距也增大，許多人變賣土地。西元前三世紀時，持有土地者僅有１００人（而且其中五分之二還是女性）。到最後甚至悽慘到連國王也到國外當傭兵賺錢。當中也曾經出現過試圖改革的國王，但結果都是失敗。

自從斯巴達歸順羅馬後，其獨特的世界引起羅馬人的興趣，也出現嚮往斯巴達的羅馬人，所以共同會食的習慣及長老會等都維持了下去。

不過羅馬人關心的不過是一種奇特的表象，像是鞭打的儀式及女子裸體的訓練只淪為吸引觀光客的手段（就有羅馬詩人赤裸裸地告白說，「看到少女的裸體相當亢奮」）。西元３９５年被哥德人入侵後，斯巴達的世界完全結束。

羅馬在政治上壓制了希臘，但在文化上卻是希臘一直處於優勢。希臘的阿提卡方言，就像今日的英語一樣是共通語言。廣為普及的聖經等書籍也都有希臘文翻譯版本。喜歡異文化的哈德良皇帝，特別鍾愛的就是希臘。

他在雅典開放新城鎮，建設大型圖書館，完成了自庇西特拉圖時開始建造、原本建設到一半的宙斯神殿。

他也接受了伊萊夫希納奧蹟（屋大維也是）。

但是自從狄奧多西皇帝下達「禁止基督教以外的宗教」這個命令後，西元３９２年時，希臘神殿遭到禁閉，各個競技賽也被禁止，希臘的眾神只有讓位給基督教了。

最後再來一個餘興節目

古代奧林匹克的歷史

我就稍微提一下這個發源於希臘的事物中最有名的活動吧

起源

值得紀念的第一次奧林匹克是於西元前776年舉辦。當時只有徒步競走的項目，廚師科羅伊布斯先生得到冠軍！（從西元前四世紀的人所製作的冠軍名冊得知）。

先不論海格力斯或佩洛普斯版的奧林匹克創始神話，古歷史家們認為是為了要讓厄里斯王伊斐特斯（Iphitus）復活。

伊斐特斯王憂心戰爭及瘟疫等會讓希臘陷入混亂的狀態，

於是前往德爾菲請託神諭，

必須恢復奧林匹亞競技賽的傳統。

出來這個結果。

競技賽在伊斐特斯王好幾代前的國王克修羅斯之後就中斷已久。
克修羅斯
伊斐特斯
保薩尼阿斯
沒有人知道當中中斷了多久。

保薩尼阿斯

前面已經頻繁地出現這個名字，他是西元二世紀的希臘旅行家。他造訪了所有的名勝，將所見所聞全數寫在《希臘述紀》（Description of Greece）介紹給大眾，是一本在今日也通用的旅遊導覽。像是他詳細描寫建築及雕刻等部分，雖然讀起來有些枯燥乏味，不過對施里曼等考古學家們來說，卻是帶來最大提示的福音之書呢。

厄里斯王呼籲鄰近各國參與，開始了競技賽！

聖地奧林匹亞作為神聖不可侵犯的土地，禁止動武，而且為了讓參賽選手及前來觀賞比賽的民眾能夠順利抵達會場，還訂定了「神聖休戰條約」。

當然除了戰爭之外，也禁止騷擾旅人的強盜行為。

如果觸犯禁令，除了要付罰金以外，也會被取消參賽資格。
還會得不到德爾菲的神諭。

這個競技賽最剛開始時，包含祭典在內不過一個月的時間，隨著時代變遷，延長到三個月。

參賽資格

男
自由人
NO野蠻血統

舉辦日期是夏季的農閒期到夏至過後第2到第3個滿月期（大致在8月下旬）。

最初只有徒步賽跑項目（記載上是這樣的），在同一個世紀中又增加了往返於斯泰德（Stadion）的「折返競技」、「長距離賽跑（距離約24斯泰德＝4615 m）」、「角力」、「五種競技」。到西元前七世紀時，更加入了。「拳擊」、「摔角」，西元前六世紀則增加了奇特的「武裝競技」。

■徒步賽跑

＝斯泰德賽跑

跑1段斯泰德
（192.28m）

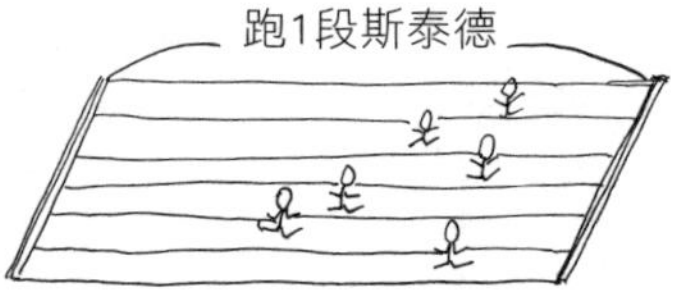

斯泰德是stadium的辭源。

斯泰德的長度隨地區而不同。聽說是海格力斯腳長的600倍，

照這個計算，海格力斯的腳長32cm。果然是個高大的男人。

據說是海格力斯一口氣就可以跑到的距離。

■五種競技

「擲鐵餅」、「徒步賽跑」、「擲標竿」、「跳遠」、「角力」這五種競技是一個套裝組合，讓參賽者忙碌不堪。雖然沒有留下如何判定優勝者的紀錄，不過據推測應該是五項中三項第一就是優勝了吧！

跳遠時要拿著鉛錘跳

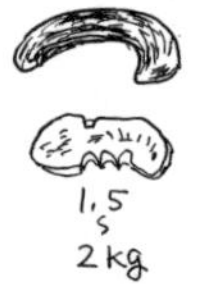

經實驗證實，拿著鉛錘跳要比兩手光光可以遠6%。

徒步賽跑與角力同時也是另外獨立出去的競技項目，在進行單獨的競賽時，要求的是在各方面都能做到平衡的人才。

■拳擊

當時還沒有手套，只有纏皮條赤手空拳戰鬥。

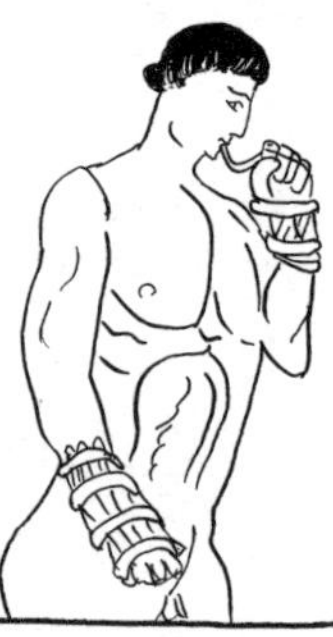

■摔角

扼住脖子，攻擊下體、互咬、插眼、折手指都OK，是一個除了把手指插進身體的洞以外，什麼招數都使上的競技。

■武裝競技

穿戴武具賽跑

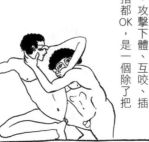

接下來也開始賽馬競賽。

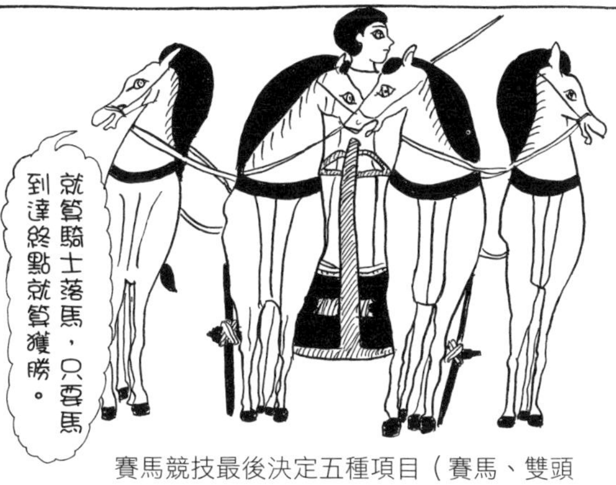
就算騎士落馬，只要馬到達終點就算獲勝。

賽馬競技最後決定五種項目（賽馬、雙頭馬車〔成馬〕、雙頭馬車〔小馬〕、四頭馬車〔成馬〕、四頭馬車〔小馬〕）

而這也不是靠體力的比賽，馬的所有人才是優勝者。當時馬的價錢可比高級外國車，所以這種競技其實是為了貴族、有錢人舉辦的遊戲競技。

想要出名的貴族沒有人不用這個手段的。

因為很多人利用賽馬獲勝在政治上取得勢力。

客蒙（p210）他同名的祖父客蒙在四頭馬車競賽上就獲得三次優勝。其中一次把勝利讓給僭主庇西特拉圖，免除被放逐的命運（但結果還是被庇西特拉圖的兒子殺死）。總是受眾人吹捧的亞西比德也出七台馬車，分別拿下1等2等4等獎。

咯咯大笑

只要有馬的人都可以參加比賽，所以女人也可以鑽法律漏洞出賽。史上第一個女子賽馬的優勝者是斯巴達公主鳩尼斯。

而真正出場駕馭馬的騎士，雖然在當下受到喝采或是可以得到豐厚報酬，不過沒有留下任何紀錄，於歷史無名。

奧林匹克也有少年組。

對象是12～18歲的，但如果有少年看起來太「蒼老」，也會被歸為大人組。

打擊

奧林匹克甚至有傳令及喇叭手競技賽。

喇叭手

傳令是在四萬人面前介紹賽程，公布優勝者的大聲公。

每當增加競技項目賽程天數就會增加，剛開始只有舉辦一天，最後變成五天。

參賽者全裸

很多人都知道，古奧林匹克除了賽馬及武裝賽跑以外，所有的參賽者都是全裸比賽。

西元前720年前的大會上，墨伽拉名為奧爾西波斯的選手在短距離賽跑項目、斯巴達名為阿甘特斯的人在長距離賽跑中，各自全裸演出，是裸體比賽的起始。

或許全裸身體比較輕盈，而且也少風阻，可以跑得比較快的緣故。

不過真的裸體競賽比較好嗎？

我想應該也會遇到不少危險狀況（風沙、塵埃、紫外線、跌倒時擦傷、還有擔心受傷的壓力），那又要怎麼解決呢？

而且觀眾看到上下晃動的「那話兒」，不會覺得好笑嗎？還是說那也是表演的一部分呢？

在墨伽拉挖掘到的奧爾西波斯墓上，就記錄著「他是第一個裸體得到榮光的人」。

禁止婦女觀賽

古奧林匹克嚴格禁止已婚婦女觀賞比賽。

法律規定打破禁忌的婦女要被推下斷崖。

在紀錄中有一個婦女破壞了禁忌。

她是為了要聲援出場參賽的兒子，假扮成教練觀賽，當確定兒子賽跑優勝的那剎那，她一時興奮過頭，衝入場中抱住兒子，結果就在那個瞬間，她的衣服滑脫露了餡。但由於她們一家是代代出冠軍的名門，看在家門的分上免除了刑罰（結果還是縱容）。

因為這個事件，後來害得連教練都有義務要全裸觀賽。

但究竟是為什麼還沒結婚的姑娘可以觀賽，已婚的婦女就不行呢？難道是因為聽到年輕小姐聲援就精神抖擻，聽到歐巴桑的叫聲就會一蹶不振嗎？也有人推測是因為非處女會褻瀆聖域，但讓娼婦觀賽點綴競技場又怎麼說呢……。

已婚婦女唯一的例外是得墨忒爾的女神官，可以坐在貴賓席優雅地觀賞比賽。

女子競技賽「赫萊亞祭典」是獻給赫拉的祭典，據說和古奧林匹克在同一年舉行。由16名厄里斯婦女負責營運，競賽項目就徒步賽跑一種，處女的選手們（一樣是16名）跑在長短為斯泰德六分之一的跑道上。

露出一邊胸部。

雖然不清楚有沒有男性觀眾，從露出胸部這事來看，我判斷一定有男性觀賽！除此之外我真的不了解為什麼要露！

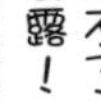

選手真命苦~

到死為止都人人愛
總之就是會得到無盡的讚美

在古奧林匹亞獲得優勝的話，天堂的生活就在前方了（現在也一樣吧）。

不但會為優勝者舉辦凱旋大遊行，還塑像紀念、歌詠，甚至有可能成為貨幣上的頭像。

由於得到優勝就變成超級名人，在政治上也會變得更有影響力，在劇場裡常是ＶＩＰ。而且在雅典每天都會被請吃飯請到撐死。

但是在出場比賽前要接受十個月的訓練，最後一個月還要在厄里斯進行嚴格的訓練作為最後的調整，而這也是出賽者的最終選拔，許多選手會遭到無情的淘汰。能力不夠或是沒理由練習遲到是一定會被淘汰，光是在練習時聊天都會被趕回家。就算越過重重困難可以出場比賽，譬如說再賽跑項目偷跑等等，會受到嚴厲的懲罰。

咻
啪

還是光著身子受罰，更顯得悲慘。

另外正式比賽時不准棄權。怯懦也是一種罪過，要被課罰金。

譬如就有一個出身於塔索斯島、名叫阿熱埃斯（Theagenes）的選手，他縱橫四大競技橫掃１４００勝！令人難以置信。

阿熱埃斯第一次參加古奧林匹亞時原本是希望參加古希臘搏擊項目，但在厄里斯的教練們極力勸說下，他參加拳擊項目比賽，得到了冠軍！但因為在拳擊時消耗太多體力，而棄權原本要參加的搏擊。裁判們認為他的行為太任性，

罰你一塔蘭頓（３６００萬日圓）！
還有要付錢給輸給你的拳擊選手——塔蘭頓！因為你奪走他們的勝利。

阿熱埃斯並沒有因此洩氣，他在下一個競技賽時繳交１塔蘭頓的罰金，向對手的拳擊手拚命道歉說：「我再也不會參加拳擊，不會再阻礙你的勝利」，請求對方放過他的賠償金。然後他又再度在奧林匹亞中，以搏擊項目獲得冠軍！

實在是太厲害了！
鼓掌
鼓掌

不過也有人和阿熱埃斯正好相反，從此人生全毀一蹶不振。

拳擊選手克里歐美帝斯雖然在比賽中得勝，但因導致對方死亡而被判喪失資格。

他悲傷萬分，在神經失調的狀態下回到故鄉阿斯蒂帕來阿島（Astypalea），突然間發起瘋來襲擊學校，破壞了學校柱子。

哈哈哈
氣沖沖

60個小孩子就這樣犧牲了。

這雖然是個極端的例子，不過在古希臘，第一名以外全都被看作是「失敗者」。當時還沒有志在參加不在得獎的觀念，第二三名的選手完全不被當一回事。

據說輸了比賽的選手只有抱著恨不得鑽到地洞的恥辱，偷偷地回到家鄉。

根本一點也不和平嘛！

主辦國之爭

現在各國為了要當奧運主辦國，往往是爭得面紅耳赤，但古希臘當時更是競爭激烈，一再上演頭破血流、你死我活的戲碼。

奧林匹亞競技賽雖然基本上是「因為厄里斯王的提案而再度開始舉辦，應由厄里斯主辦」，但厄里斯的地位卻不是很穩固。

以地域性來說靠近聖地的比薩國的人們，驕傲地認為奧林匹亞競技賽原本是自己國家的祭典，就如同猶太人主張耶路撒冷是自己的土地一樣，常常抗議厄里斯獨占主辦權。

紀錄中有三次從厄里斯手中奪走主辦權。

厄里斯人是黑暗時代來到希臘本土的多利安人的一支，把原住在希臘的比薩人當地的競技賽搶來當自己的傳統。

厄里斯
科林斯
比薩
奧林匹亞

這派說法在現代是主流，不過厄里斯的人們在自己的傳說中是這麼主張的——

奧林匹亞曾有一段時期被比薩奪走。
原本是屬於厄里斯的。

另外關於王室的血統，他們也說從邁錫尼時代開始就從未斷過。

神話也被利用。

其他還有許多不同版本的神話。像是從宙斯打敗克羅諾斯開始，或是克里特島的五兄弟為了宙斯而舉辦競技賽，不管是佩洛普斯還是海格利斯，類型太多根本是眾說紛紜。

到西元五世紀為止，厄里斯一直因為比薩固執的反抗傷透腦筋。

後來厄里斯找斯巴達當幫手，總之先讓這邊壞之地的擾人紛爭告一段落。

比薩被斯巴達與厄里斯徹底破壞，而且厄里斯還用從比薩奪來的財物建造壯麗的宙斯神殿。

光看→↘，會讓人以為「原本是自己的祭典及聖地被濫用武力的大國厄里斯奪去，比薩好可憐」，想站在小國比薩這邊，不過比薩也不是完全的受害者，一直固執己見，最後引發引起公憤的事件。

比薩最後的叛亂

西元前３４６年，比薩使出最後的力氣，和當時還有勢力的阿卡迪亞結盟，從厄里斯手中奪走主辦權，舉辦競技賽。

但就在比賽進行到一半時，卻爆發厄里斯軍攻過來讓競賽一蹋糊塗大事件！

但這時被希臘各地交相指責的不是自己訂下神聖的停戰條約又破壞的厄里斯，而是比薩與阿卡迪亞。

不管過去如何，奧林匹克已經是厄里斯的，而且組織化又和平進行的競賽，比薩卻硬要來搶奪搞破壞，再加上阿卡迪亞付給傭兵的錢又是從奧林匹亞的財庫中拿出來的，這點最讓人生氣，使得比薩成為大家眼中完全的罪人。

因此阿卡迪亞只好心不甘情不願地跟厄里斯和好，下屆奧林匹克又像什麼事情都沒發生過一樣，主辦權又回到厄里斯手中。

比薩再也沒有出聲了。

對於沒有特色、也沒什麼豐功偉業的城邦厄里斯來說，唯一能讓他們自誇的就只有奧林匹克競技賽吧。

你不要小看換匯的手續費，還有各國政府的匯款也是源源不絕呢。
要論細項呢，是因為辦奧林匹克有錢入帳。
你算哪根蔥啊？
所以再怎麼樣都要拚命守住啊。

厄里斯抹消比薩主辦過的三次紀錄。

違反「神聖停戰條約」

姑且不論以上厄里斯的行為，大部分國家大致上還算是遵守條約。在紀錄中，在停戰期間發動戰爭的大概只有斯巴達。

被厄里斯命令付罰金的斯巴達說

傳令停戰的使者那時還沒有到我國來，以為沒關係啊。

斯巴達想以這種孩子氣的理由一筆勾消，不過連這個強國都不能免除罰鍰，除了停賽處分外還被罰２０００姆納（12億日圓）。

另外在停戰期間，亞歷山大大帝也因馬其頓的傭兵襲擊旅人而付了賠償金呢。

無法無天的羅馬

進入羅馬統治的時代後，希臘以外的國家也可以參加奧林匹亞，變成一個更加國際化的競賽。

斯拉就從劫掠奧林匹克的財庫作為戰爭資金，而且還為了紀念自己戰勝而在羅馬舉行競技賽，甚至還蠻橫地命令只舉行少年組比賽。

尼祿為了自己方便，把競技賽延長兩年，而且說要讓人聽自己寫的歌，還在奧林匹亞中加入音樂比賽。據古代歷史學家説，他的歌聲比母牛叫聲還難聽，讓聽眾不得不忍受魔音傳腦。而且尼祿還參加賽馬競技，雖然他半途落馬沒有跑完，卻説「如果沒有落馬的話一定得到優勝」，強迫大會頒獎給他，就這樣抱走六七個獎。甚至他痛恨別人注目自己以外的像，命令處理掉聖地內所有的神像後回國。尼祿死後，厄里斯馬上把關於他的紀錄銷毀。

其他還有像是卡利古拉命人將宙斯神殿的宙斯像換成自己的臉，真的是無法無天！

而且就在羅馬下令禁止異教的隔年，也就是西元393年時，這個持續1200年的傳統祭典畫下休止符。

觀眾

古代的人喜歡觀光的心情跟現代人一模一樣。奧林匹亞是太過有名的聖地，也有並列三千個以上繪畫及優勝選手雕刻的藝術之森。

大家大部分都是露宿野外。

厄里斯也有準備免費的導遊。不過對像普魯塔克這種精來說，根本是多管閒事。

口沫橫飛
口沫橫飛
口沫橫飛
口沫橫飛
導遊只會照著冊子寫的說，我想問的答案一個也回答不出來。而且又會隨便捏造故事，還誇張一百倍呢。

奧林匹克是希臘動員最多人最引以自豪的祭典，各種職業的人（索菲亞教徒、哲學家、詩人、畫家、雕刻家等）都來自我宣傳。

希羅多德朗誦自豪的著作《歷史》。

燒吧
燒吧
燒吧

還有犬儒學派的哲學家因為太想受到大家注目，不小心脫口而出說要自殺，結果不得不在眾人面前引火自焚。

第三章

溫吞希臘之旅

首先是
提洛島
現在的提洛島
進入希臘第一個觀光的古蹟景點就是阿波羅及阿爾忒彌斯的誕生地提洛！整個島就是個古蹟！
旅行的同伴「EKI」性格＝「邪」
雅典
比雷埃夫斯
米科諾斯
搭早班船三小時就到了
提洛
②佩德羅和他的夥伴。
大嘴鳥是島上的偶像
佩德羅是這種大嘴鳥的名字，其他還有2～3種，仗著自己受歡迎，理都不理人。
名勝①
與愛琴海相輝映的白色房子
提洛島的所在地米科諾斯島正是愛琴海代表性的渡假勝地！
③ Gay couple
不知是不是世人的偏見激發的力量，他們看起來比一般男女戀人要來得恩愛而且為對方著想。
老人比率高！
我興奮到心臟快爆裂，充滿期待地登陸。
咚咚
咚咚
咚咚
我第一個上岸～
地圖上明明就一堆名字響叮噹的建築物啊……。
空蕩蕩
什麼——！
咦……
空蕩蕩
什麼
越往前走我的心情越低落。
雖然從告示牌可以知道它們「原本是」什麼東西。
阿爾忒彌斯
神殿
我特別失望的是——

說明的天國——希臘

看希臘的古蹟最讓人驚訝的是，他們用各種手段要讓觀光客學習。

到當地一定可以拿到附有地圖的小冊子，而且到處都是指標絕對不會迷路。

古蹟大部分都有設博物館，館中有展示古蹟復元後的模型，助人想像古蹟的原貌。而且不管是多麼小的遺物都附有許多說明。從這個地方也可以知道希臘人愛講話、愛國心強的性格。

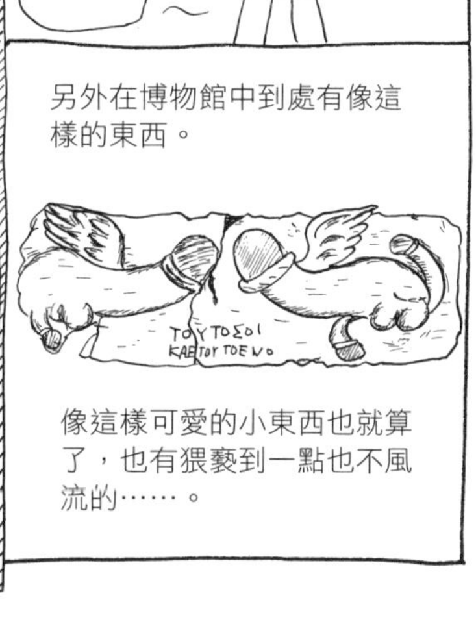

簡略地圖
僅介紹幾個深得我心的景點。跟比例尺不合喔。
「棕櫚樹」
據說勒托生阿波羅時就是抓著這棵樹
N
「那克索斯人的獅子像」
代表著雅典人在這裡耀武揚威之前，那克索斯人的風光年代。西元前七世紀
市集
博物館
殘破不堪
「三座阿波羅神殿」
提洛同盟金庫的所在是最北的神殿（三個裡頭最古老的〔西元前六世紀〕）。
戴奧尼索斯神殿的偉大陽具
隱密的地下堡壘「神聖洞窟」一爬上山可以看到一條邊徑，走到底有個小小的聖地。
「金索斯山」（Kythnos）（標高113m）剛出生的阿波羅就是先登上這座山。
艾西斯神殿
赫拉神殿
「尼西亞斯的棕櫚台座」
據說這裡曾經有可憐的男人尼西亞斯、他奉獻的青銅所製成的棕櫚。
「富商們的住宅區」
有許多裝飾著海豚及戴奧尼索斯馬賽克圖的大豪宅及劇場！

簡單介紹提洛的歷史

提洛島自古以來就很受重視，是誕生出許多神話的發源地。

黑暗時代過去、情勢逐漸穩定下來時，受到那克索斯人的保護。

之後雅典降伏那克索斯，提洛島也變成跟雅典息息相關的島嶼。庇西特拉圖為了要把提洛升格為完全的聖島，挖出島上墳墓中所有的遺體，移到對面的島重新埋葬。甚至還頒布了一條蠻橫的法令，禁止「在此島生產及往生」（明明說要脫俗卻把提洛金庫這個「俗」帶進去……）。

進入羅馬時代後，這裡成為不需要關稅的自由貿易港，作為一個商業交易之地，可說是不折不扣的「俗島」。奴隸貿易更是錢滾錢，據說一天交易量高達一萬人。

之後提洛被黑海沿岸的蓬托斯王國、接下來是海賊蹂躪，變成只有神殿看守居住的蕭瑟無人島。

提洛島還有一個無關痛癢的傳說。據說忒修斯從克里特島歸國途中，曾經順道經過提洛島，設宴跳舞向阿波羅獻祭。拋下阿里阿德涅跳舞的忒修斯還真閒啊。

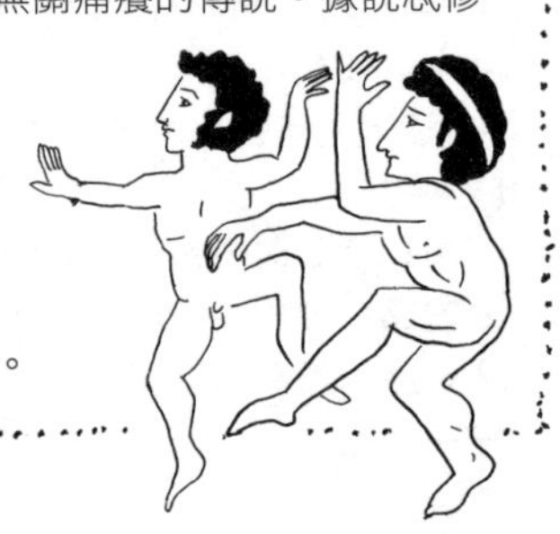

桑托里尼島

（〔Santorini〕錫拉島）

米科諾斯
桑托里尼

錫拉古蹟

最棒的外景了！

據說錫拉是斯巴達建國後不久，一個名叫錫拉的人（當時斯巴達王的叔叔）帶領一部分公民所建造的城鎮。

當時腓尼基人已經進駐島上，迫不得已只好選擇這塊極不便的場所（海拔350m）。

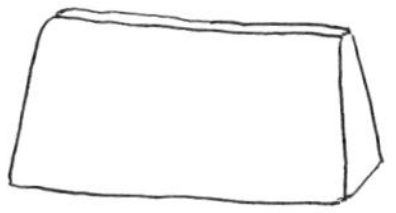

就像在這種形狀的巧克力上建造城鎮一樣寒酸。

因為這裡只有斷崖絕壁，轉個頭底下就是深邃大海。一不小心跌跤馬上死路一條。

我到當地時強風橫掃，都要一直蹲下來才行。從佩里莎海灘走往古蹟的山路非常荒涼，喚起了我內心的浪漫情懷！

160萬年前開始發生六次以上的火山爆發，而形成了這個不可思議的島嶼。

比想像中更是個渡假勝地

伊爾
（Oia）
舊港
新卡梅尼
（Nea Kameni）
費拉
（Fira）
帕雷亞・卡梅尼
（Palaia Kameni）
新港
卡馬里海灘
（Kamari）
錫拉古蹟
佩里莎海灘
阿克羅蒂里
（Akrotiri）

費拉鎮
都是驢子

桑托里尼島名勝

前往舊港的蛇行坡

阿克羅蒂里古蹟

什麼～就只有這些可看？雖然這座被如體育館般的建築物所包圍、貴為亞特蘭提斯候選的神祕島嶼相當廣大，但是能吸引觀光客的地方卻少之又少，而且又很乏味！跟我搭同輛巴士的人，在我去上廁所的期間就全部參觀完畢。我也是再怎麼觀察15分鐘也是極限。如果要我勉強發表感想的話，只能說「看起來是個黏土做的城鎮，還好參觀不用錢」。報告完畢！

■沒想到之後（2005年），卻傳出包圍古蹟的屋頂崩塌，古蹟遭破壞的驚人&悲哀的消息！

◎參加新卡梅尼島火山口觀光團

走在全是黑色熔岩的死亡之島上，引起我好像在不知名星球上的錯覺，感到一陣暈眩，但很可惜的是，觀光團一次都好幾十組人馬，人口密度非常高。NO風情、NO SF！非常可惜。

另外帕雷亞・卡梅尼島的海口是硫磺溫泉可以游泳，雖然土黃色的海水很稀奇，但一點也不溫暖，兩分鐘就膩了。

兩個島都是因為海底火山爆發浮起的島。帕雷亞・卡梅尼島（古老、燒烤）西元前二世紀浮起；新卡梅尼島（新、燒烤）為西元16～20世紀時浮起。

克里特島

克諾索斯宮殿

天哪~!我終於和第一眼就教人神魂顛倒又令人興奮的古蹟相遇了!雖然批評埃文斯的聲浪不斷,但對我這種等級的觀光客來說,修復的狀態實在已經很完美了。

桑托里尼島
四小時
伊拉克利翁
(Iraklion)
克里特島

譬如說這幅修復的壁畫,真正是古蹟的部分就只有斜線的地方。

但是壁畫就教人退避三舍。

修復的壁畫全都是這種情況,其實幾乎沒有什麼古蹟留下來。我終於知道這張名為「巴黎女子」、很像手塚治虫《火之鳥》的鳥婦人的女子畫像,為什麼會被炒作得那麼厲害。

因為這幅畫雖然很小又沒什麼意思,可是卻是真正的古蹟。

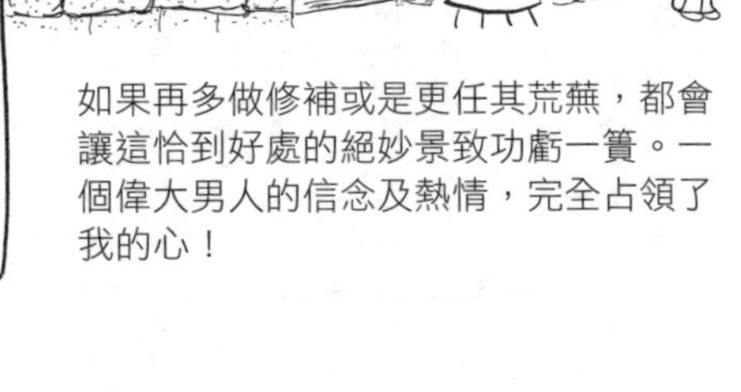

埃文斯大人,萬歲!

如果再多做修補或是更任其荒蕪,都會讓這恰到好處的絕妙景致功虧一簣。一個偉大男人的信念及熱情,完全占領了我的心!

戈爾提斯（Gortys）

宙斯對歐羅巴展開攻勢、得到佳人允諾的地方。這裡種著一棵懸鈴木，據說兩人就是在這棵樹下結合。

也有西元七世紀左右建的氣派大教堂。

推測是西元前五世紀左右刻的法典（通稱戈爾提斯法典）。或許這在學術上價值非凡，但對觀光客的我來說只是一片牆。

就算牆上有寫字。

其他還有阿波羅神殿及埃及神艾西斯及塞拉皮斯的神殿，另外還有羅馬大總督的豪宅，是個很有可看性的地方，算是撿到便宜！在羅馬時代這裡是克里特的首都。

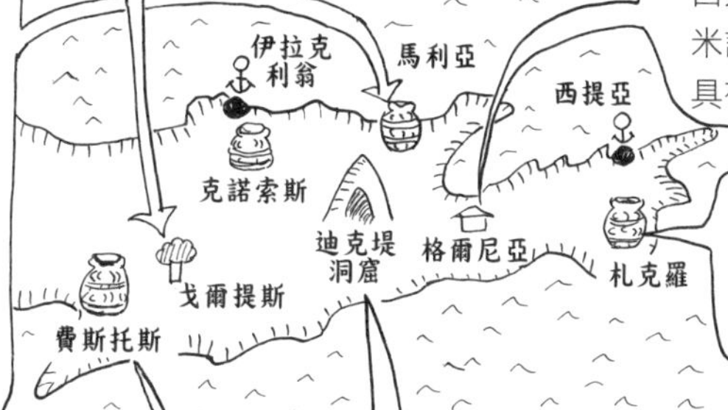
伊拉克利翁
馬利亞
西提亞
克諾索斯
迪克堤洞窟
格爾尼亞
札克羅
戈爾提斯
費斯托斯

格爾尼亞（Grounia）

西元前十五世紀左右米諾斯城市的古蹟。具有生活感。

札克羅（Kato Zakros）

這裡也是宮殿，和東方各國貿易的據點。

馬利亞

克里特三大宮殿之一。馬利亞是「平坦」的意思。就好像人如其名一樣，這個古蹟和其他兩個宮殿相比也的確是平淡無味……。

迪克堤洞窟（Dikteon Andron）

這裡是宙斯誕生的地方！

還有其他版本的洞窟，不過這裡最容易進入。就像直直落下一般抵達洞穴底部後，可見鐘乳洞及小湖。據說這個湖是宙斯生出來後洗澡的地方。最深處的左側有隱密地洞！宙斯就是在那裡出生的呢。

反正就是一個小巧的鐘乳洞。

費斯托斯

克里特三大宮殿之一。這個宮殿就沒有經過埃文斯修補，感覺比較自然。

不過就跟克諾索斯一樣引發我浪漫情懷。米諾斯文明果然動人心弦。

超神秘的古物「費斯托斯的圓盤」就是出自這裡。

伊拉克利翁博物館　廁所裡的妖怪
聽人家說希臘是「歐洲的鄉下」，不知道是以什麼做標準，不過表面上卻是令人驚嘆的先進國家。廁所也因結構上水管會阻塞，全國一律「不沖衛生紙」。
用這些分量，
就該丟到垃圾桶裡。
馬桶蓋
都被掀起來，
冷～
除了屁股得直接坐在冰冷的馬桶上，沒有其他奇怪的地方。
但是我在伊拉克利翁博物館閉館前衝進廁所，
現代化的漂亮廁所
哇哇哇
南無阿彌陀佛～！
眼前卻是非常驚人的景象。
實在沒辦法正眼相看。
吁吁
碰
總之這些貴客緊緊相連、高到要從容器滿出來，根本沒辦法上廁所。如果硬要上，它們可會跑進體內。
你好～
而且—
不僅如此，將近20個廁所都是這種慘狀。
OH！Growth！
啪塌
就連白人駭客也倒退三步。
正當我氣憤為什麼大家都這麼沒有公德心時，
清潔人員進來了。

她用熟練的手勢，
QQQ
完全沒有退怯的神色。
轉動儲水槽裡的水龍頭讓水流出來。
唰
原來是故意停水的。
唰
唰
唰
碰
碰
從她迅速的動作及面無表情來看，就可以知道這是她每天的例行公事。
不知道是因為水源不足還是其他理由，總之這套行政體系讓所有客人（正確來說除了第一個使用者外）難以釋懷。
但是雖然清潔人員一天打掃一次（？），不禁讓人想問，要看到這麼多糞便的工作不會很討厭嗎？特別是這個動不動就罷工的國家，國民忍受得了這種工作環境嗎？
哈哈哈
呀
哎呀
難得在克里特島得到珍貴的回憶，就這樣被蓋過從腦中流出去了。
不過唯一值得慶幸的是，這種可怕又讓所有人不幸的廁所體系，就只有在這裡發生。
唉——
精挑細選的觀光名勝①
獻給人類的壯闊博物館
智人村
乘著租借機車跑在要前往迪克堤洞窟的路上，
偶然看見一棟顯眼的建築。
HOMO SAPIENS VILLAGE
因為被一種不屬於愛琴海的廉價氣氛所吸引，於是停下機車進入。
村落中到處都是這種人偶……。

而且到處都是告示牌，
這間博物館雖然位於高地，但入場費一點也不「高」。
你厭倦了都市的高價位嗎？這個博物館是很善良的鄉村價位。
看到這些全力宣傳門票便宜的標語真覺得感慨。
入口的告示牌上寫著，
這裡是普通入口。迷宮入口在前方50m處。
當然就選擇迷宮了，
可是那只不過是一直線的道路罷了。
博物館→
迷宮入口↓
普通入口→
不是什麼迷宮，只是繞遠路而已。
入口處這裡的老闆兼設計者出來迎接。他開口就問，
你們打哪裡來？
我們從日本來。
那距離…公里吧。
？
東張
西望
他又叫我舉其他國家，我一說「埃及」，他馬上回答「那距離…公里」吧。看來他似乎是把各國和這裡的距離全部背下來的「距離愛好家」。
我後來才注意到其他還有像這樣的標誌。
N
Paris2411km
London2756km
Stockholm2605km
Brussels 2421km
Berlin 2105km
CAIRO 674k
Athens 344km
Irakli
Amsterdam 2412
在志得意滿的老闆背後，一個似乎是助手的女人也開口。
這裡是立體呈現人類偉大的腳步、前所未有的博物館。
照本宣科
好…
偷瞄
參觀本博物館將大為增進你的知識，請放慢腳步悠閒地參觀。
她再三強調慢速&悠閒。
一穿過前衛藝術的門，
眼前出現五個迷你屋及由磁磚所裝飾的、殺風景（以下省略）、寂寥的空間……。

各個房間中掛著10萬年前、1萬年前、3千年前等告示牌，立意似乎是為了以象徵那個時代的文物，道出人類創造的歷史變遷……。
展示的各種物品都令人搖頭，根本沒有經過時代考證。
某個動物的骨頭（假貨）
身體是木頭
還有不知道為什麼，擺放著飯匙倩跟食蛇獸的標本。難道是因為有原始的感覺？
所有的東西幾乎都破損不堪，用膠帶黏住。
1萬年前的房間中不知道為什麼有這種東西。
難道想告訴大家宙斯是在這個時代出生的嗎？
宙斯
沒有辦法用膠帶修補的東西就放在地上。
嘗試用膠帶修補的痕跡
該不會是老闆家處理不掉的大型垃圾吧？
為了回應老闆的期待，我們儘可能慢速&悠閒地觀賞。
一個東西凝視三分鐘。
盯
車輪歷史的展區
我們要出去時老闆要求我們要發表感言，
我感受到人類的各種可能，度過了非常有意義的時間。
我這麼一說，
（為了表現成熟的一面，我忍著沒有說出對膠帶修補的維修方式很感動、還有其他有趣的地方。）
Bravo! My friend!
妳是藝術家嗎？
抱緊
天哪，我最怕擁抱～
他竟然如此大力盛讚，還給我十張照著這裡展示品的明信片。
呃……
老闆曰，每天點子像水流般泉湧而出，這之前他也在前庭創作了「某樣東西」。而且意外地這裡的來客還不少，我在外面照相時，車子一台接一台停下，像被吸進來一般。不過大家停留的時間跟慢速&悠閒差得很遠（大概五分鐘）。出來的時候要不苦笑就是吐舌頭。
還有入場券是3歐元（約420日圓），沒有便宜到他自己宣傳的便宜。

★ 當時（2004年9月）的匯率是1歐元＝ 138日圓。以下也是照這個匯率換算。

希臘人實在是〇〇××①
我們為了問島上古蹟的開放時間而去到伊拉克利翁的觀光旅遊服務中心，一進去就看到一個老大不高興的女人！
雖然很不願意，但也只有她可以問。
香香吐吐
我想問迪克堤洞窟的開放時間……。
只有早上！
哼
看起來懶洋洋的
什麼！已經進入冬季了嗎？
對啦！希臘9月就是冬季了！
焦躁
那馬利亞古蹟跟這裡呢？
全部都是上午結束！
全身散發著再問就要砍人的肅殺之氣。
她對後來進來的觀光客也是相同的態度。
我要去〇〇要怎麼去？
哼—
不知道！妳去搭公車的地方問！
我覺得這個女人說的話不能相信，親自到現場問，果然不出所料，所有的古蹟都開放到晚上。觀光收入是這個城鎮重要的收入來源，這個女人的作法根本是妨礙人家做生意！真教人看不下去。
不過不只是觀光旅遊服務中心的女人，很多希臘女人都帶給人壓迫感。
特別是以日本來說，屬於服務業的餐飲店及商店中，這種女人特別多，都擺出一副嫌麻煩的樣子。
臉比中島美嘉還要臭十倍
呃
臭臉
正確說來，應該是55%的人給人這種感覺，其他人都不錯。
就算客人進來店裡，也顧著聊天。
嘰哩瓜啦
嘰哩瓜啦
嘰哩瓜啦
手機
客人都排一長串了還不算帳。
我看四周其他的客人好像理所當然的樣子。

除了壓迫感之外，女人的濃妝和流行服飾更是火上加油。
眼線清楚分明
Bump系濃妝，就像知名變裝皇后Divine！
黑色大流行！瑪麗亞·凱莉風格的肉肉型，沒有虛胖的人。
看起來臂力很強，絕對不想跟這種人吵架。
絕不讓路。
咚
咚
咚
天哪
不愛搭理人的希臘女性比率很高，不過男性也大多是這副德性。
我就在巴士售票口目擊到一個火冒三丈的婦女。
這個來自說「謝謝」就會回答「不客氣」的國家的婦女，對售票口愛理不理的男性大為光火，說了好幾次「謝謝」等對方回應。男人不懂歐巴桑這些舉動的目的，一直保持面無表情。
旅遊書上都說「自古以來希臘人都熱情款待外國人、旅人」，所以他們愛理不理的樣子還真的給我不小的打擊。
這就是歐洲嗎……。
失望
順便一提橫越大陸來希臘旅行的人們的感想。從亞洲西來的人說——
一進入希臘，人馬上變得好冷淡，實在很驚訝。
一下子湧上孤獨感。
從歐洲朝東行的人說——
希臘人最棒了！
很有心，又有人情味。歐洲可就冷漠了。
而在接觸希臘人之中，也的確發現「不理睬＝冷淡」的公式並不適用。這個國家只是沒有「親切的微笑」和「禮貌性的微笑」罷了。
有困難的時候總是會有人伸出援手，
◎簡單的例子
上來吧！
臭臉
在鄉下等巴士的時候、或是走在漫長的道路時，好幾次都受到幫助。
謝謝。
卜卜
卜—
咦，怎麼跑掉了。
這些人友善的程度也只有45％而已。
總之希臘人不管做什麼工作都是以自我為優先。就算是服務業也不以面具示人。和客人之間是對等的，沒有必要為了賣一個東西就裝笑臉。所以客人這邊也不需要笑瞇瞇的，沒有顧忌一身輕。
回頭想想戴著兩三層面具、身為日本人的自己，覺得希臘人自然多了，反而對他們肅然起敬呢。

羅德島

刻苦耐勞的男人之島

土耳其
克里特
羅德
西提亞

希臘的島嶼很會變換花樣，到處令人驚奇。

在米諾斯訝於當地迷宮般的城鎮及可愛的建築；在桑托里尼的港口遇到險峻的斷崖；來到羅德最令人驚訝的就是「城堡」！

哇喔～
天哪！

而且更令人驚訝的是城堡內至今仍與人們的生活息息相關。

由於聖約翰騎士團所建造的堡壘太有名，羅德島一直給人中世歐洲的印象，不過仍保留古代遺址的韻味。

羅德島小檔案

羅德島是由太陽神赫利厄斯所守護的島嶼。

赫利厄斯擔任太陽神這個重要的職位，卻沒有令人印象深刻的故事。他的兒子法厄同坐上赫利厄斯的太陽馬車而被活活燒死的故事和他的私生活最為相關（不過也是配角），其他的故事中都只是友情客串的程度。

但是他不刻意理會出鋒頭的奧林匹斯12神、獨善其身的態度，也給人恪守本分的好印象。

在歷史上這座島嶼的定位也和赫利厄斯一樣，雖不引領風騷，也不樸實無華……。

羅德是我老婆的名字，而且我還有名叫喀耳刻及帕西帕耶這兩個性情古怪的女兒。

羅德島因為它的區域性，在政治上歸波斯管轄，但在經濟上善用地理情勢，作為貿易轉運港口，資金充裕。

羅德島最繁榮的時候是在羅馬時代，靠著對羅馬的奉承維持繁榮，但後來卻因為對羅馬的戰爭表示意見而失寵，貿易的特權也轉移到提洛島（正確的說法是管理提洛島的雅典）。不過在希臘完全成為羅馬的附庸國之後，羅德島還是以貴族氣息知名的留學地而受到羅馬人的青睞。

辯論應該在羅德島學。
凱薩
西賽羅

這些人也去過羅德島留學

其他受歡迎的留學地像是醫學要在亞歷山卓、哲學要去雅典學。

羅德島以雕刻聞名，羅浮宮的至寶《薩莫特拉斯的勝利女神》(Winged Victory of Samothrace)、拉奧孔像（P134）也是出自羅德島雕刻師之手。

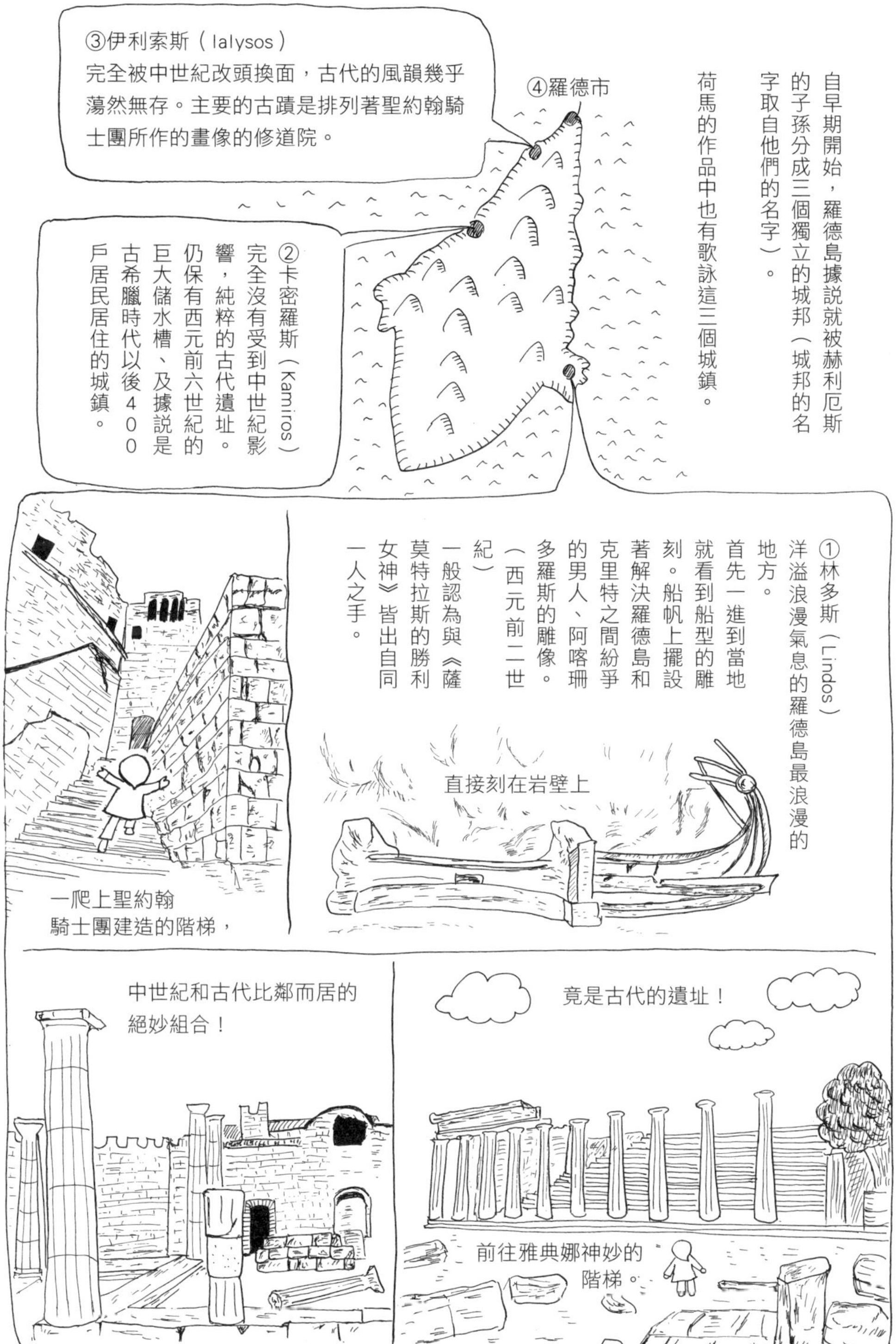
自早期開始，羅德島據説就被赫利厄斯的子孫分成三個獨立的城邦（城邦的名字取自他們的名字）。
荷馬的作品中也有歌詠這三個城鎮。
④羅德市
③伊利索斯（Ialysos）
完全被中世紀改頭換面，古代的風韻幾乎蕩然無存。主要的古蹟是排列著聖約翰騎士團所作的畫像的修道院。
②卡密羅斯（Kamiros）
完全沒有受到中世紀影響，純粹的古代遺址。仍保有西元前六世紀的巨大儲水槽、及據説是古希臘時代以後400戶居民居住的城鎮。
①林多斯（Lindos）
洋溢浪漫氣息的羅德島最浪漫的地方。
首先一進到當地就看到船型的雕刻。船帆上擺設著解決羅德島和克里特之間紛爭的男人、阿喀珊多羅斯的雕像。（西元前二世紀）
一般認為與《薩莫特拉斯的勝利女神》皆出自同一人之手。
直接刻在岩壁上
一爬上聖約翰騎士團建造的階梯，
竟是古代的遺址！
中世紀和古代比鄰而居的絕妙組合！
前往雅典娜神妙的階梯。

④羅德市中

羅德島過去是由三個城邦所組成，在三個城邦從波斯的統治解放後加入提洛同盟，但因為討厭被雅典指使而脫離同盟。這時為了對抗雅典，三個城邦合為一體，新城市羅德市因而誕生！至今仍是羅德島的玄關、中心都市。

聖約翰騎士團的遺址

涵蓋整個城鎮的城牆除了巨大外，構造還相當複雜。夜晚走入城牆和城牆間的恐怖空間中，真讓人害怕會不會永遠被困在裡頭。

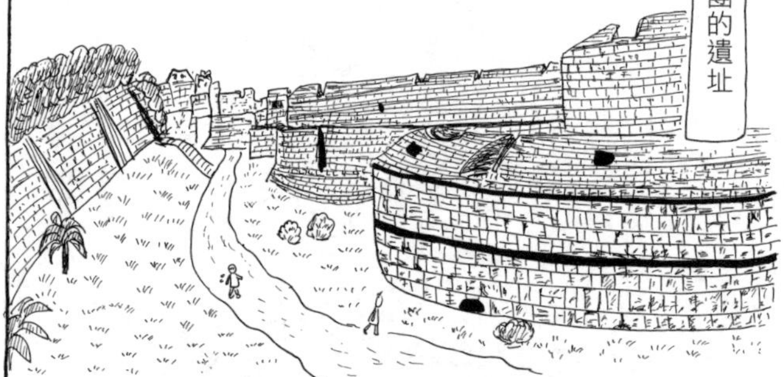

港口著名的雄鹿及雌鹿

據說是世界七大奇蹟之一的赫利厄斯巨像（37m）過去所在的地點。建造的形式是可從太陽神的兩腿間看到船駛來（其中一派說法，我也希望是那樣）。不過這座巨像在大地震之中倒塌，沒有持續到百年。據說是為了紀念整整一年成功抵擋馬其頓人侵略而建造的。

聖約翰騎士團是？

他們是歐洲十字軍東征時代，原本在耶路撒冷進行活動的十字軍騎士，同時也是護士和修道士。在伊斯蘭攻占耶路撒冷後，他們就移居到羅德島上，從十四世紀開始在羅德島上待了兩個世紀。這段時間他們建造了現存至今的無敵堡壘，與伊斯蘭勢力抗衡。最後聖約翰騎士團被土耳其包圍，在受不了對方糾纏下交出羅德島，之後移居到馬爾他島上。

而土耳其的蘇丹蘇萊曼二世（Suleiman 二）是個心胸寬大的男人，沒有扣押一個俘虜，讓所有騎士團的成員安全離開。

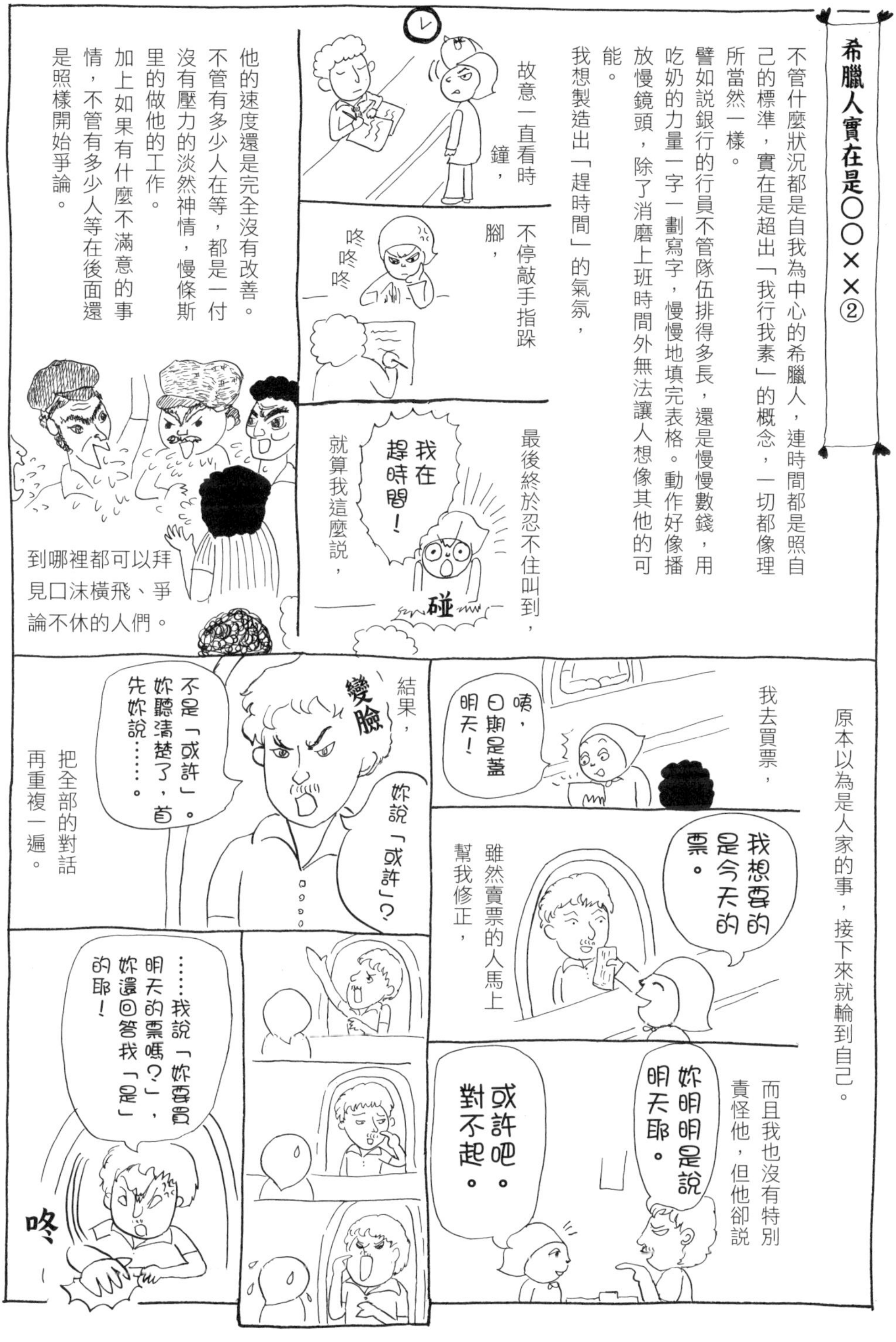
希臘人實在是○○××②
不管什麼狀況都是自我為中心的希臘人，連時間都是照自己的標準，實在是超出「我行我素」的概念，一切都像理所當然一樣。
譬如說銀行的行員不管隊伍排得多長，還是慢慢數錢，用吃奶的力量一字一劃寫字，慢慢地填完表格。動作好像播放慢鏡頭，除了消磨上班時間外無法讓人想像其他的可能。
我想製造出「趕時間」的氣氛，
故意一直看時鐘，
不停敲手指跺腳，
咚咚咚
最後終於忍不住叫到，
我在趕時間！
碰
就算我這麼說，
他的速度還是完全沒有改善。不管有多少人在等，都是一付沒有壓力的淡然神情，慢條斯里的做他的工作。
加上如果有什麼不滿意的事情，不管有多少人等在後面還是照樣開始爭論。
到哪裡都可以拜見口沫橫飛、爭論不休的人們。
原本以為是人家的事，接下來就輪到自己。
我去買票，
咦，日期是蓋明天！
我想要的是今天的票。
雖然賣票的人馬上幫我修正，
而且我也沒有特別責怪他，但他卻說
妳明明是說明天耶。
或許吧。對不起。
結果，
變臉
妳說「或許」？
不是「或許」。妳聽清楚了，首先妳說……。
把全部的對話再重複一遍。
……我說「妳要買明天的票嗎？」，妳還回答我「是」的耶！
咚

我不記得究竟事實為何，或許就像他講的一樣。但我更在意的是在我後面有數十人像印度人一樣排成一列。
瞄瞄
我感到巨大的壓力，想說趕快讓這場對話結束，
我想應該是這樣的。
一這麼說，
妳說我想應該是這樣的「我想」是什麼意思！
然後又再囉唆地把剛才的話重複一遍。
天啊——
到最後我實在無計可施，只好說「是，我的確說成『明天』沒有錯」，
很好
終於得到赦免。
低頭
順帶一提，當我跟後面的人道歉讓他們久等，大家都一付莫名其妙的表情。
道歉
而且每當我像這樣陷入窘境時，這個人一定跑出來亂說話，
芮妮・齊薇格跟大山信代長得很像對不對～
害我更加焦躁。
我知道自己是小惡魔啦。
就算是親切的人也充分展露時間以自我為標準。
在巴士站
請問這班公車是到○○嗎？
啪
問了好幾班公車後，一個大叔告訴我們，
那班巴士沒有開到這裡喔。
他好心告訴我們。
呼呼
就在那裡。
（十五分鐘後）
跟我來吧。
來來來
咦？
他丟下巴士跟乘客，帶著我們去找巴士。
真的很對不起。
他回去時總算還有小跑步。
咻咻
我真希望巴士上的乘客習以為常不引以為意……。

帕特莫斯島（Patmos）
帕特莫斯
土耳其
羅德島
帕特莫斯島是遭到流放的聖約翰，寫下「苦艾及七個喇叭怎樣又怎樣」的啟示錄的知名島嶼。
在帕特莫斯島的一天
旅行總是這個樣子
AM4：30
瞪
天色還未亮前就醒來。「聖約翰」、「世界遺產」、「啟示錄」、「洞窟」，這些我喜歡的詞並列在一起刺激神經，根本沒辦法再入睡。
馬上起來整裝出發。
希望
接著是巴士！明明就有很多空位，一堆人站著擠來擠去，一片混亂。坐著的人全是小學生，他們一個人都坐兩人座的座位，
用包包占住旁邊的位子。
擠
擠
我本來以為他們是幫下幾站才上車的朋友占位子，全部的小孩一直到
到站都占著位子。其實他們只是不讓人坐在自己旁邊，怎麼這麼小就開始學會自私了！
怒
到了修道院後，該開放的時間到了還不開門。過了二十分鐘後，聽到急促的腳步聲，一個年輕的修道士終於把門打開。
像樂高的城堡。
呼呼
完全可以看出是睡過頭，才剛爬起來。
剛開始他上氣不接下氣，一副很趕的樣子，打開門看到只有兩個像猩猩一樣的東方人，馬上露出安心的表情，還打哈欠呢。
在心中吐舌頭
修道士們正在朝會，又笑又唱，氣氛融洽。
有遇到親切的人，
笑瞇瞇
笑瞇瞇
也有遇到眼神冷漠的人。
一副你們什麼都不懂的眼神。
哼
我們一下子就參觀完昏暗教會的壁畫、收取高額入場費的博物館的珍貴寶物。看到以前主教們華麗絢爛的衣服及黃金飾品、寶石收藏，打從心裡覺得「腐敗」。
有點失望

反正本來也沒有很期待修道院，也就算了吧。再怎麼說主菜都是聖約翰寫下啟示錄的洞窟啊！
但是——
眼前卻是奇怪的男人……。
咻咻
咻咻
這個男人似乎是跟著前面客人的導遊，但他跑來跑去的讓人心煩。
他在那裡動來動去也就算了，他的解說更是煩人。
雖然他看來還是有在意其他的參觀者，是用氣音說話，但因為他是使出丹田力量的大分貝，那種咻咻咻的氣音比普通說話聽起來更令人難受。
焦躁
焦躁
雖然我想將想像力馳騁在「聖約翰的頭靠在上面的凹洞」、「神的天籟震破的牆壁裂縫」上，但那咻咻咻的噪音太過擾人，害我完全沒辦法集中。更糟的是Eki又告訴我另一個惡耗！
我跟妳說，蠟燭被丟掉了耶。
！
這件事的來龍去脈是，原本參觀者在入口處捐錢，就可以點蠟燭，但Eki一點上蠟燭就在眼前被丟掉了。
什麼！
實在太震驚了……。難道是西方人不希望東方異教徒進來參觀嗎……。我震驚到呆掉。
Eki對這個全新的體驗倒是很興奮。
我心驚膽跳地回望入口的地方，看到下個客人的蠟燭
丟
也被丟掉了。下一個的下一個也是一樣……。
竟然全被丟掉了！
原來這個人只是不想要排好的形狀走位。
要丟掉也等客人走了以後再丟啊！★
果然
很火大
一想到這樣就結束實在很不甘心，順著前往古代衛城的標示登上山丘，
可惡，我一定討回我的船票錢、住宿費、還有我花的時間！
喀
喀
山頂上雖然是古代遺址沒錯，但只剩下不知道民房在那裡的斷垣殘壁……。
蕭瑟～
我整個人累到不行，一臉驢樣走在路上，一個開卡車的大叔丟出兩個蘋果給我們。人正處於虛弱的時候，他的善意就像真的天使一樣。
咚隆
丟
丟
這麼一來，明天也能打起精神再出發了！
又再度燃起一線希望

★後來我問住在希臘的人，他們告訴我為了確保參拜者插蠟燭的空間，常常要清潔蠋台，所以丟掉蠟燭在希臘教會中是很平常的一件事。

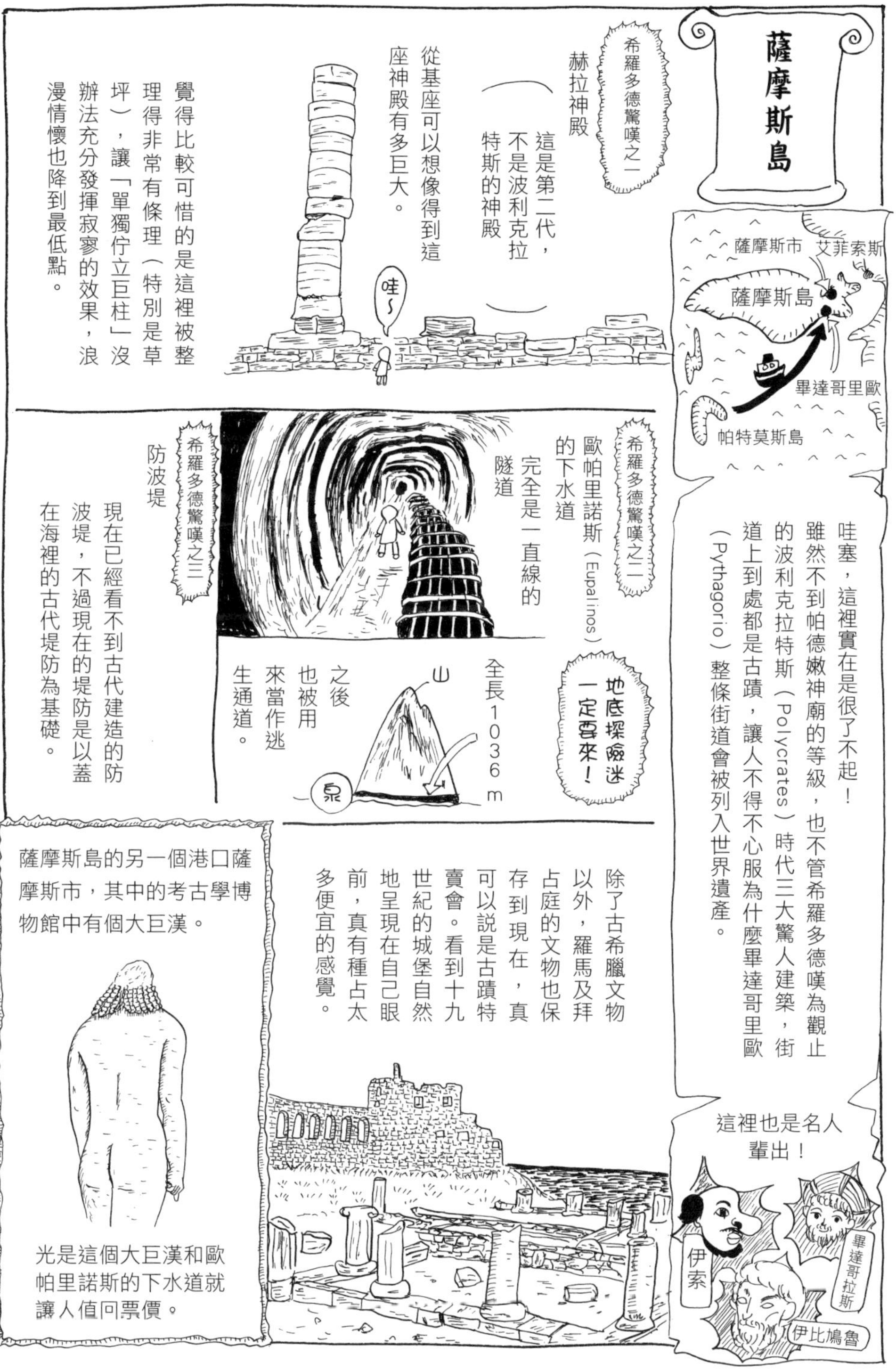
薩摩斯島
薩摩斯市
艾菲索斯
薩摩斯島
畢達哥里歐
帕特莫斯島
希羅多德驚嘆之一
赫拉神殿
（這是第二代，不是波利克拉特斯的神殿）
從基座可以想像得到這座神殿有多巨大。
哇～
覺得比較可惜的是這裡被整理得非常有條理（特別是草坪），讓「單獨佇立巨柱」沒辦法充分發揮寂寥的效果，浪漫情懷也降到最低點。
哇塞，這裡實在是很了不起！雖然不到帕德嫩神廟的等級，也不管希羅多德嘆為觀止的波利克拉特斯（Polycrates）時代三大驚人建築，街道上到處都是古蹟，讓人不得不心服為什麼畢達哥里歐（Pythagorio）整條街道會被列入世界遺產。
希羅多德驚嘆之二
歐帕里諾斯（Eupalinos）的下水道
完全是一直線的隧道
地底探險迷一定要來！
全長1036m
山
泉
之後也被用來當作逃生通道。
希羅多德驚嘆之三
防波堤
現在已經看不到古代建造的防波堤，不過現在的堤防是以蓋在海裡的古代堤防為基礎。
這裡也是名人輩出！
畢達哥拉斯
伊索
伊比鳩魯
除了古希臘文物以外，羅馬及拜占庭的文物也保存到現在，真可以說是古蹟特賣會。看到十九世紀的城堡自然地呈現在自己眼前，真有種占太多便宜的感覺。
薩摩斯島的另一個港口薩摩斯市，其中的考古學博物館中有個大巨漢。
光是這個大巨漢和歐帕里諾斯的下水道就讓人值回票價。

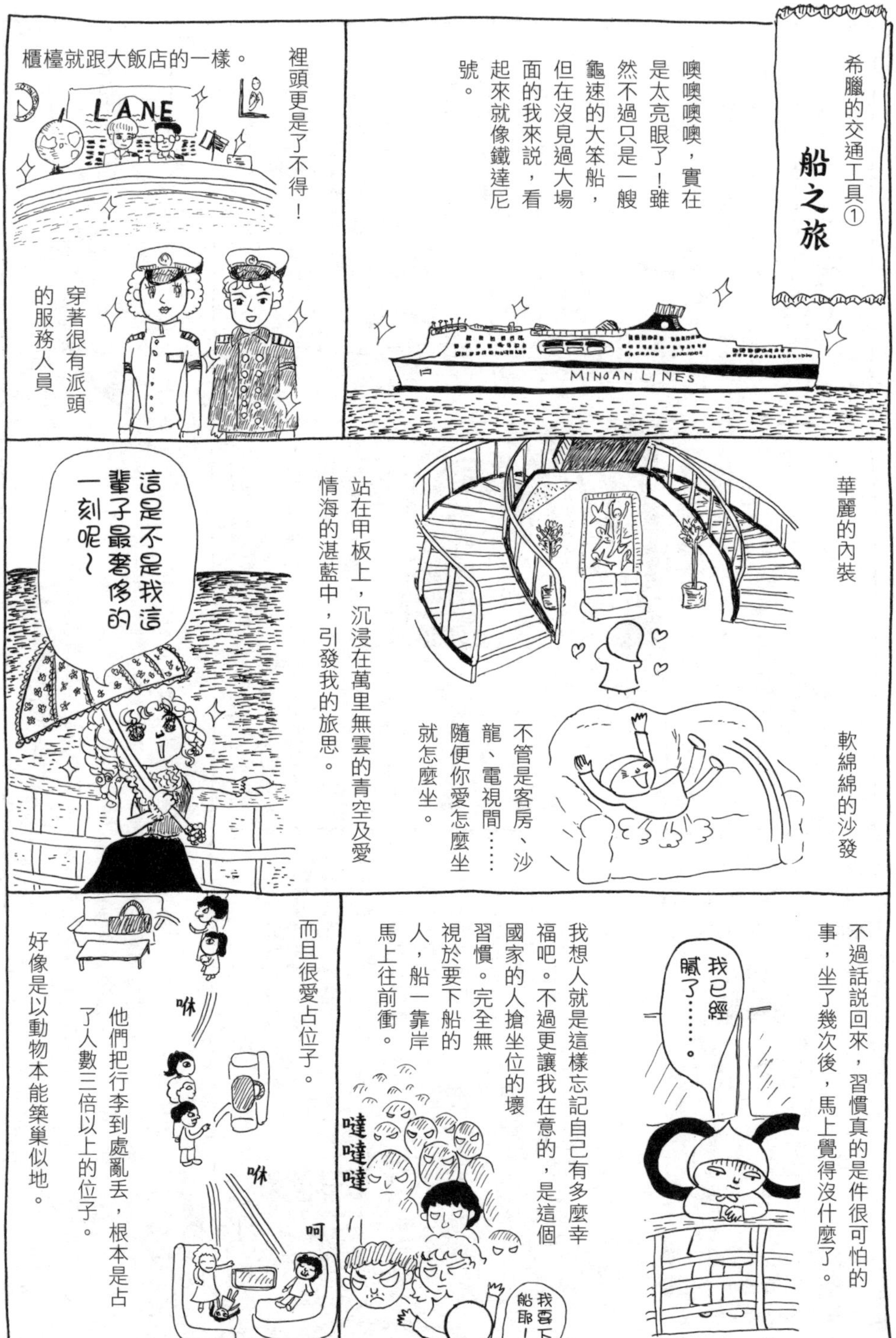
希臘的交通工具①
船之旅
噢噢噢噢，實在是太亮眼了！雖然不過只是一艘龜速的大笨船，但在沒見過大場面的我來說，看起來就像鐵達尼號。
MINOAN LINES
裡頭更是了不得！
LANE
櫃檯就跟大飯店的一樣。
穿著很有派頭的服務人員
華麗的內裝
軟綿綿的沙發
不管是客房、沙龍、電視間……隨便你愛怎麼坐就怎麼坐。
站在甲板上，沉浸在萬里無雲的青空及愛情海的湛藍中，引發我的旅思。
這是不是我這輩子最奢侈的一刻呢～
不過話說回來，習慣真的是件很可怕的事，坐了幾次後，馬上覺得沒什麼了。
我已經膩了……。
我想人就是這樣忘記自己有多麼幸福吧。不過更讓我在意的，是這個國家的人搶坐位的壞習慣。完全無視於要下船的人，船一靠岸馬上往前衝。
噠噠噠
我要下船耶！
而且很愛占位子。
咻
咻
呵
他們把行李到處亂丟，根本是占了人數三倍以上的位子。
好像是以動物本能築巢似地。

而且對新來的人很冷漠。
當這個晚到的人向每一個家庭詢問可不可以坐下來時，
不行、不行。
不行。
被所有的人拒絕。
我請他跟我們一起坐。
謝謝！謝謝！
咚隆
不會不會。
由於他的塊頭很大，坐起來很擠。
那個男人注意到我手上的旅遊希臘語。
哦！
呵呵—
希臘
我
Eimai
嚓
我是
很醜
嚓
窮人
嚓
wxós
不幸福
嚓
《比手畫腳遊希臘》 山口大介
（情報中心出版局）
他就這樣做了自謔的自我介紹，不過我對這個男人很有好感。
順帶一提，他跟約翰屈伏塔長得很像（像電影《黑色追緝令》的感覺）。
這麼說來約翰屈伏塔好像也在某次訪談中說，
我長得不好看。
他謙遜的態度讓我抱持好感。
不過這男人似乎對其他人的冷漠非常生氣，
希臘人最差勁了！
我實在以身為希臘人為恥。
不斷貶低希臘人。
他問我
妳覺得希臘人怎麼樣？
這個嘛……
我想
我覺得人很親切很溫暖。
還是說中聽的話比較安全，
妳真的這樣想嗎？打從心裡這麼認為嗎？妳敢跟神發誓嗎？
噫—對不起！
結果竟然遭到可怕的審問，連神都被抬出來……。

約翰屈伏塔的怒氣不止是為了船上的事。他曾經被人騙走土地，境遇就像赫西奧德一樣。
希臘人曾經長期被外國勢力占領，所以非常非常地受傷，傷得很重。
他以大分貝慷慨激昂地發表他的演說，
所以不管是座位還是土地，沒有多占點便宜就不甘心，警戒心很重。
要下船的時候也說，
希臘人都是壞人，你們自己要小心！
參觀古蹟也適可而止，那種東西不過是垃圾！我真不懂哪裡有趣了！
盡其所能地諷刺……。
雖然這個男人一直在講負面的話題，不過他卻是有著敗者的良善，不忘對人表示敬意，我到最後都對他抱持好感。
希臘人不只是搶座位，後來又發生了另一件事。我打開門時看到一個老太婆在後面，先讓她走，
魚貫而入
結果她之後人一個接一個，我就像看門的一樣得一直站在門口；還有很多人都提著過多的大型行李，到處撞來撞去。
碰
碰
碰
碰
碰
碰
好痛
但是這些人雖然對人粗魯，不過反過來說，就算被粗魯對待也不以為意。不知道是他們遲鈍還是心胸寬大，被撞到的人全都面不改色。
還有像是被拜託替人照相，
一直等他們擺好姿勢。
唧喳
唧喳
不動
我想他們並沒有惡意，不過就像恐龍一樣看不到周圍有人存在。
還得替他們照好幾張。
啪擦
啪擦
終於結束的時候，連一句謝謝也沒有就自顧自聊起天來。
唧喳
唧喳
抓
除了龜速的大笨船外也有快艇。
速度比大船快一倍以上，價錢也是雙倍。外型走復古的「未來」風。這種船就像在海面上滑行一般，所以不會暈船，但如果是不上不下的中型船，就有很多人大吐特吐了（我也差點吐出來）！

希臘北部

造訪馬其頓王國的昔日榮光

①腓立比（Philipi）古城

由酷紳士腓力二世所建造的城市。寬闊，還留著古代都市的面容。

不過留下來的其實都是羅馬和拜占庭的文物。

如果對古希臘遺址睜一隻眼閉一隻眼，還算是華麗易懂的古蹟。

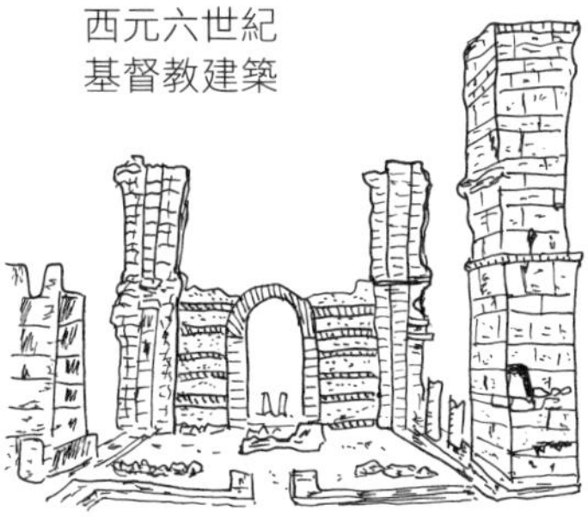
西元六世紀
基督教建築

這裡也是羅馬政治家布魯特斯，和安東尼＋屋大維對戰戰敗的地方。

腓力二世建造的建築只剩下劇場還存在，而且還被羅馬改造過。

佩拉
腓立比
薩洛尼卡
卡瓦拉
佩特拉羅納
維吉納
迪翁
從薩摩斯渡海

希臘有很多地方跟聖保羅相關的地方，常常遇到追隨聖保羅足跡的觀光團。

特別狂熱的是韓國人，在聖保羅入獄的牢中大哭，又大聲朗讀聖經。

業務攝影機
不過東方人的話怎麼樣看都像邪教。

②薩洛尼卡

躲在亞歷山大陰影下的男人、卡山得建造的城市。

羅馬時代成為馬其頓的首都。

這個城鎮的名字取自卡山得的妻子薩洛尼卡之名。薩洛尼卡特別偏袒某個孩子，導致後來遭不被寵愛的兒子殺死。

這裡也是留下許多羅馬文物的地方。街道的正中央還存在著市集及羅馬皇帝的靈廟。這些古蹟和現代的街道融為一體，甚至沒有注意就走過去了。

最大的收穫是聖德米特里（Demetrios）教會正下方的地下空間。

教會下方有羅馬浴場及禮拜堂等遺址，儼然是一個迷你城鎮。

地底探險迷一定要來！

聖德米特里因為四世紀羅馬的基督教迫害政策，被監禁在此而且處死刑。裡頭還有他的棺木。

馬其頓王國的首都

③佩拉

怪了？怎麼完全沒有心動的感覺。雖然地方夠大，也有華麗的馬賽克畫，又只有我們兩個觀光客非常自在，但就是覺得沒什麼特別的。

這下我只好試著張開想像的翅膀，但Eki那個傢伙又說冷笑話澆我一頭冷水，我也沒辦法再集中精神，只好快快閃人。

傳說中的古都艾該（Aigai）

④維吉納（Vergina）

馬其頓王室的陵寢成為地下博物館！

外表看起來是陵寢

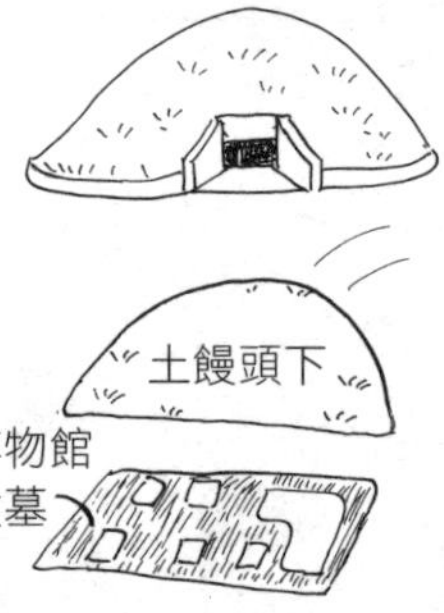
土饅頭下
有博物館及墳墓

西洋人的行為實在是太有震撼力了，打從心裡佩服。

每個墳墓都散發著一股靜謐的氣氛。

這樣充滿張力的氛圍中，只覺得非常舒服，整個人像被釘在那裡不能動彈。

這個希臘屬一屬二精雕細琢的博物館，唯一讓人感到「？」的地方是影像區。

我們觀賞到以「腓力二世的暗殺」為主題的博物館原創電影，不過那部電影以普通博物館中放映的片子來說，實在太追求藝術效果，或是說很前衛。

精緻到都能參加坎城影展的影像，加上壯闊的音樂，這部近三十分鐘的電影就只有我看到最後，其他人一臉「不搭嘎」的表情，早就匆匆離席了。

這個陵寢博物館以外，還有其他無趣的景點。像是爬上山坡後可以看到其他的墳墓，還有只有留下基底的皇宮及腓力二世遭暗殺的劇場！

劇場

如牧歌般，一點也沒有驚悚殺人現場的氣氛。

應該說因為只有基底沒有其他東西吧。

⑤迪翁

這裡是馬其頓舉辦競技賽的地方，像是腓力二世戰勝紀念大典、亞歷山大東征前的出征儀式等等，總之是鼓舞馬其頓人們士氣的地方。眼前則是眾神居住的奧林匹斯山。

（考古學的）**自然公園**，正如其名，是個到處充滿負離子的大森林公園。

以自然環境為主、古蹟為輔的感覺。

說古蹟為輔，不過他們展示的方式實在教人感動。

不但沒有用繩索把古蹟圍起來，還在遺址上架橋，

不但保存古蹟還兼顧可看性，思慮周全到可恨。

這裡最棒的東西

從艾西斯神殿浮在水面上的蘆葦，可以隱約看到艾西斯神像。

雖然不過是半吊子沉在水中，不過浮在水面的位置恰到好處，創造出一種神祕的空間。

比任何地方都注重觀光的北希臘

或許是因為北希臘還是觀光景點中的新鮮人，北希臘跟懶得做生意的其他地區很不一樣，隨處可見一股幹勁，對觀光客來說真的是很親切的地方。

首先，他們砸了很多錢。先是一個接一個建造博物館，舊館也改裝成很有魄力的建築，努力將自己的寶藏以最美的方式呈現。

事實上，他們也擁有其他希臘境內博物館自嘆弗如的值錢又華麗的寶物。

從黃金陪葬品的閃亮程度，就可以知道馬其頓王國有多有錢。

而且他們的旅遊諮詢中心也相當親切仔細。告訴我們目的地的所有交通方式，打電話問巴士的時間，也幫我們預約。

走在街道上的人也非常親切，讓人懷疑他們是不是偷偷傳閱寫著要善待觀光客的小紙條。

實在是個難得像天堂的地方。

特選著名觀光景點
悠閒的**佩特拉羅納**（Petralona）**洞窟**
從薩洛尼卡往東南走50km
希臘不只是古蹟多，也是著名的鐘乳洞王國。我也顧不得古蹟，在地底下鑽來鑽去，就講其中最努力的一個洞窟吧！
首先先從長途巴士下車後，不用錢的巴士來迎接我們。
好高興～
走到洞窟要十分鐘，搭巴士只要一分鐘就到了。
不管問導覽什麼，都自動播放這句台詞。
進入園中馬上看到塑膠做的動物模型。
這種廉價的感覺馬上讓我心安了起來。
打開沉重的大門，接著是這裡專屬的導覽小姐為大家做介紹。
嘎
陸續聚集
我們的導覽第一眼看起來老大不高興讓人害怕，不過她的記憶力就像電影《雨人》那樣，記住每個人的出身地和名字，在介紹的時候加進各國的知識，看得出她的用心。
○○國中有著名的拉斯考克山洞……。
她對我說
咦，妳已經那個歲數啦？還以為妳是學生呢。
這對不施脂粉長得糙老的我來說，實在是一句奇蹟的話。
活著真好
她還對Eki說
這裡地滑，你可以把手臂借給我嗎？
心跳
在導覽中，像情侶般挽起Eki的手臂。
看來這裡的導覽小姐擅長在瞬間看透人的心思，
我們全部的人都成了她的俘虜。

洞窟內美麗絕倫，讓人不得不讚嘆「自然是最偉大的造物主」！
洞窟內又寬闊又深長，沒有盡頭的感覺。
儒勒・凡爾納（Jules Verne）！
但就好像故意要破壞這震撼人心的大自然似的，不只是入口，連這裡也被放置了塑膠做的動物模型。害我開始覺得這整個景觀都是刻意安排的。
不過也很佩服人類對抗大自然的精神。
導覽的終點竟有這種模型！這裡最大的賣點是找到20萬年前尼安德塔人（Neanderthal）的完整遺骨。
博物館內的牆壁上則繪有純樸色彩的佩特拉羅納人，讓我的心情如沐浴在陽光下般非常幸福。
這個鐘乳洞由佩特拉羅納村的人所管理，工作人員也全是村內的人。
導覽小姐在休息時間時把我們介紹給工作人員。人口僅300人的小村落，全部的人都是打從呱呱落地開始就彼此認識。他們也散發出一種與契合的夥伴一起工作的和樂氣氛，但是這麼令人羨慕的工作環境中，卻有一個挑撥離間的看板。
難道說為了小費發生過什麼紛爭嗎？
……結果我八卦的幻想又開始無止盡地延伸。
絕不收小費！請不要給工作人員小費。
脫線得恰到好處的洞窟&博物館，再加上懸疑的看板（雖是我擅自的幻想），實在是度過了充實時光的好地方。

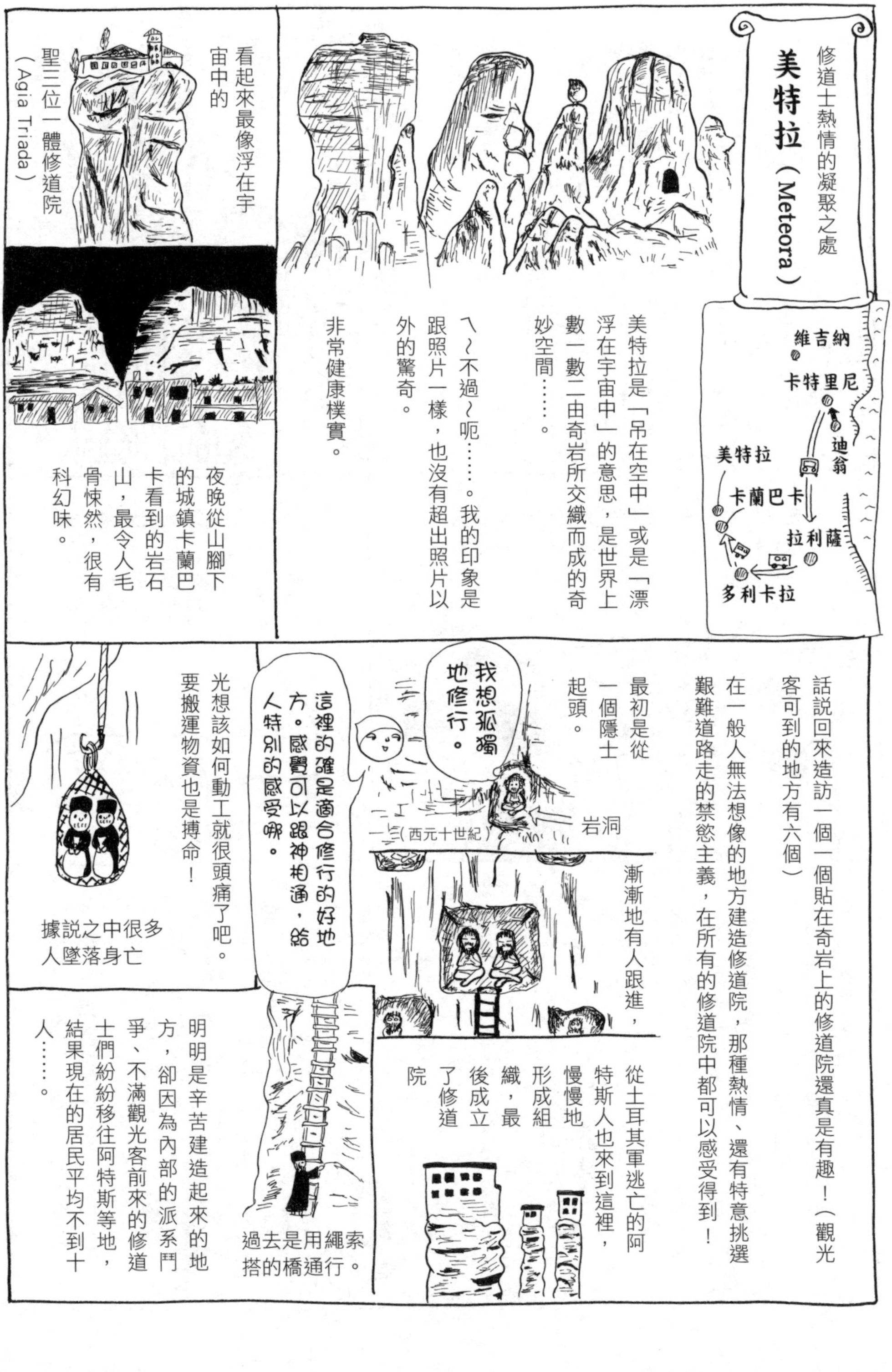

修道士熱情的凝聚之處
美特拉（Meteora）
維吉納
卡特里尼
迪翁
美特拉
卡蘭巴卡
拉利薩
多利卡拉
美特拉是「吊在空中」或是「漂浮在宇宙中」的意思，是世界上數一數二由奇岩所交織而成的奇妙空間……。
ㄟ~不過~呃……。我的印象是跟照片一樣，也沒有超出照片以外的驚奇。
非常健康樸實。
看起來最像浮在宇宙中的
聖三位一體修道院（Agia Triada）
夜晚從山腳下的城鎮卡蘭巴卡看到的岩石山，最令人毛骨悚然，很有科幻味。
話說回來造訪一個一個貼在奇岩上的修道院還真是有趣！（觀光客可到的地方有六個）
在一般人無法想像的地方建造修道院，那種熱情、還有特意挑選艱難道路走的禁慾主義，在所有的修道院中都可以感受得到！
最初是從一個隱士起頭。
我想孤獨地修行。
岩洞
（西元十世紀）
漸漸地有人跟進，
從土耳其軍逃亡的阿特斯人也來到這裡，
慢慢地形成組織，最後成立了修道院
這裡的確是適合修行的好地方。感覺可以跟神相通，給人特別的感受哪。
光想該如何動工就很頭痛了吧。要搬運物資也是搏命！
據說之中很多人墜落身亡
過去是用繩索搭的橋通行。
明明是辛苦建造起來的地方，卻因為內部的派系鬥爭、不滿觀光客前來的修道士們紛紛移往阿特斯等地，結果現在的居民平均不到十人……。

殘酷畫總匯

以美特拉為中心，散落在希臘各地的拜占庭修道院的壁畫中，都描繪了聖人們受難的景象，但是這裡壁畫的內容真的是人間地獄。

看到一般人無法想像的殘忍作法，實在教人痛心。

畫中的都是撲克臉、僵硬的動作

讓人聯想到亨利・盧梭（Henri Rousseau）的內向。

不愧是「歷史」！既不遮醜也不指定畫面大小，全部讓你看個夠。

毆打、釘死、斬首、油鍋、鐵網燒烤、撕裂、被斧頭切斷手腳、被獅子生吞活剝……。過去真的有這麼殘忍的刑罰嗎？

實在令人不寒而慄。

而且這種拜占庭樣式的畫，讓那些可怕事件的畫面也顯得不正經。

拜占庭美術的規則

這種看起來拙劣的畫，其實內藏著很嚴格的規則在裡面！

■因為是描繪身為靈性存在的聖人，為了與血肉之軀的凡人做區別，不表現出表情、立體感及深度。所以那些畫才會都是平面沒有表情。

到後來也出現臉部描繪陰影的畫，不過身體方面一直恪守平面原則。

■也沒有表現出立體感的雕刻。

雖然是古時候的人以認真的態度和虔誠的心情製作的東西，但容我說一句不敬的話，這些畫看起來真的很好笑。

是嗎～
好笑
所以乍看之下「拙劣」的這些畫，其實都是經過精密的計算呢！

你們看，不覺得很可愛嗎！

經常出現的固定班底

有很多眼睛
顏天使

似乎是為了表現認真地注視

但是畫面帶給人的純真拙劣感，也或許是為了強調上述殘忍事件的悲慘程度。

多多納

（〔Dodona〕現在的多多尼）

多多納作為最古老的神諭所，自古以來就在希臘中負有盛名。從埃及的底比斯飛來的黑鴿子停在多多納的橡樹上，

這裡要開啟宙斯的神諭所喔。

黑鴿子的這句話是多多納的起源。

希羅多德說「黑鴿子代表被擄來賣到當地的埃及巫女，因為聽不懂她講的話，就譬喻成鳥的叫聲」。這個解釋聽起來很有道理。

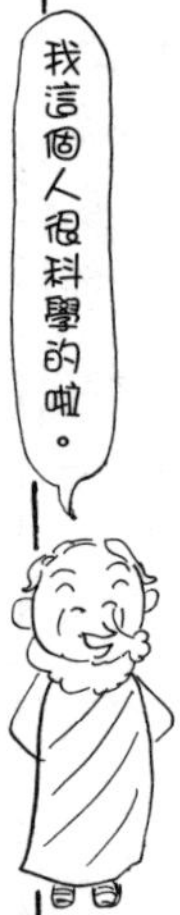
我這個人很科學的啦。

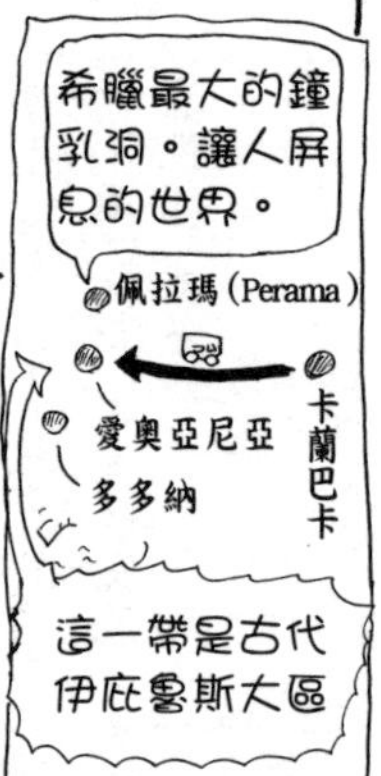
希臘最大的鐘乳洞。讓人屏息的世界。
佩拉瑪(Perama)
卡蘭巴卡
愛奧亞尼亞
多多納
這一帶是古代伊庇魯斯大區

相關名人

林匹亞
皮洛斯
涅俄普托勒摩斯
（神話）

這裡的神官直接睡在大地上，經常赤腳而且不洗腳（荷馬云）。

西元前五世紀各地紛紛興建大神殿時，這裡也只是在橡樹四周置鼎的儉樸神諭所。

這是為了從大地得到力量喔。

據說巫女從橡樹葉的沙沙作響的聲音得到宙斯的意旨（有各派說法）。

這裡比德爾菲更多來請示個人煩惱的案例。

在這裡挖掘出寫著諮詢事項的鉛板。

像是「我是小孩子的父親嗎？」這種感傷的詢問，還有「不見的杯子究竟在哪裡？」這種無關痛癢的問題……。

現在可見的宙斯神殿的基座也還很新，是西元前三世紀左右建造的。

以安詳翠綠的山巒為背景的劇場（原為皮洛斯所建）相當有名，不過覆蓋宙斯神殿的大橡樹，枝枒隨風飄動的姿態，才真的讓我得以充分幻想身在古代的浪漫。

橡樹真的有發出鳥叫般的聲音呢。

希臘的交通工具②
巴士之旅
希臘旅行中最重要的交通工具是——巴士。
原本我擅自決定「反正巴士都一定晚來，時刻表有跟沒有一樣」，但不知道為什麼，這裡的巴士還真準時。不僅如此，也很符合希臘人躁急的個性，有時候時間還沒到就先跑走了。
等一下！不是還有五分鐘才發車嗎～
噠噠噠
太準時也有太準時的壞處……。
希臘人就跟傳說中的一樣愛講話，看巴士司機就知道了。司機讓友人坐在自己座位附近，從頭到尾講個不停。沒有朋友在就跟車掌講話，沒有車掌就跟初次見面的乘客講話。如果真的沒有人可以講就跟手機講，總之嘴巴就是沒有停過。
嘰哩呱拉
嘰哩呱拉
禁止講手機！
也無視於規則。
司機光顧著講話根本不看正前方，讓人看了心驚肉跳。
在巴士中可以跳舞可以講話可以打架，就是不能吃東西！在長途巴士中我理所當然地當郊遊一樣要開始吃披薩時，
轉頭
結果被車掌提醒。
Don't eat on the bus, please!
雖然他講得很客氣，但從「Please」的地方就可以感受到他的怒氣有多可怕，覺得自己好像被認定是大貪吃鬼一樣，情緒一時相當低落。
不過像巧克力或口香糖之類的零嘴倒不會挨罵。
只有一次我目擊到神職人員背著車掌啃三明治。
急切
嚼
嚼
沙沙
我想他的肚子應該真的很餓吧。能夠看到侍奉神的成熟大人的這副姿態，也多虧這條不准吃東西的規則。
挨罵的事就算了吧。不過更讓人吃不消的是，這個國家的山實在太多了。
才不過相隔一點距離的地方，就要越過一兩座山頭。

希臘的四分之三是山，來這裡才真正體會到。
每當越過一座山時，就充分體會到為什麼古希臘必須以城邦的形態存在，沒辦法統一成一個國家。
而且坐巴士越過群山，也真的可以說是親眼見到希臘神話形象的壯闊景觀。
但是通常我一搭上巴士，腦袋就自動散發α波誘我入眠，大部分景色都錯過了。
這個人全部都有看。
Z—
最讓人搞不清楚的是巴士站在哪裡。
有這種形式
也有這種的
只有都會的巴士站才簡單明瞭，鄉下有的甚至是外表很普通的咖啡店，卻兼巴士售票亭加巴士站。
連招牌也沒有，沒有問人絕對不知道地方。
還有司機突然一句「你們要在這裡換車」，就被放在安靜的住宅區，
トト—
呆住
也曾經被放在像是西部片中荒野的地方……。
呃……
一時之間真有種不會有任何人和車子來，人類已經滅絕一般，陷入科幻場景中的感覺，非常孤單。
トト—
終於來了！
不過巴士真的照前一班司機說的那樣準時來了，那個瞬間我感動到痛哭流涕。
一旦被奪走的東西，如果再度獲得，會比原本更加感動（copy 波利克拉特斯）。
去到伯羅奔尼撒半島時，也是越往南邊走，乘客只有我們的機會越來越多。因為歐洲的旅客都是選擇效率高的租車或套裝行程。在愛奧亞尼亞（P306的地圖）聽到去多多納的巴士一個禮拜只有兩班，忍不住驚叫出聲，
你們觀光客不需要用到巴士不是嗎！
反而挨了頓罵。
可是我們不就這樣有在利用巴士嗎……。
不過這種最能激發旅思的交通工具班次越來越少，實在是讓人寂寞。——由我這個不相關的人發表意見，也未免太多管閒事了……。

德爾菲

蠱惑人心的罪惡情報機關

阿波羅的聖地

阿波羅的聖地帕爾納索斯山（Mount Parnassus）山的山腳，沿著稱作閃耀之岩的屏風岩斜坡。

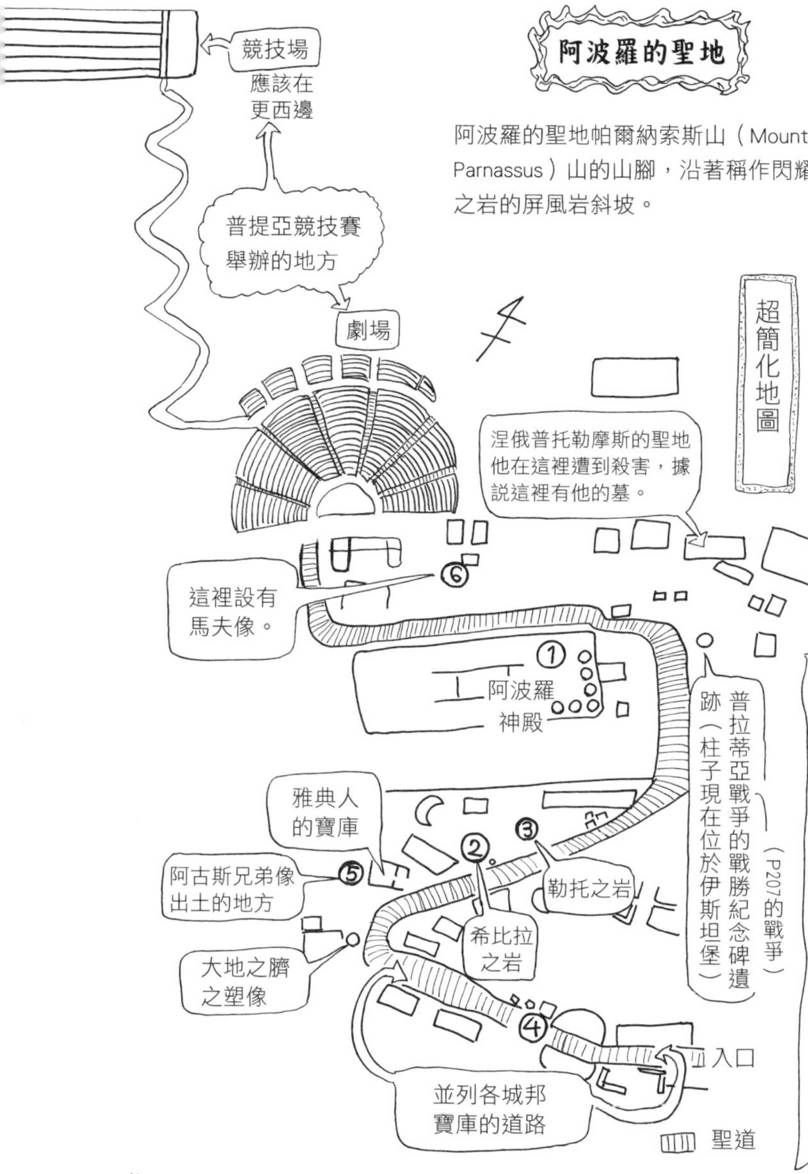

競技場
應該在更西邊
普提亞競技賽舉辦的地方
劇場
超簡化地圖
涅俄普托勒摩斯的聖地他在這裡遭到殺害，據說這裡有他的墓。
這裡設有馬夫像。
⑥
①
阿波羅神殿
普拉蒂亞戰爭的戰勝紀念碑遺跡（柱子現在位於伊斯坦堡）
（P207的戰爭）
雅典人的寶庫
②
③
⑤
阿古斯兄弟像出土的地方
勒托之岩
希比拉之岩
大地之臍之塑像
④
入口
並列各城邦寶庫的道路
聖道

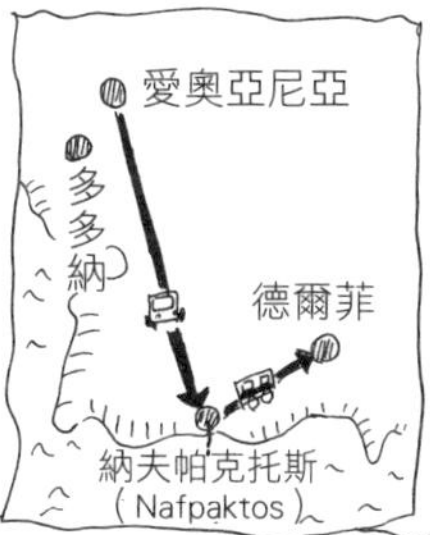

愛奧亞尼亞
多多納
德爾菲
納夫帕克托斯
（Nafpaktos）

相關名人
阿波羅
伊底帕斯
埃勾斯
克伊蘇斯
普魯塔克

關於德爾菲名稱的由來有各種說法，最為普遍的是附會海豚的傳說（希臘文中的Delphys是英文的dolphin）。傳說中篡奪德爾菲的阿波羅親自去挖角神諭所不可或缺的神官，但不知為何，那時他卻看上了克里特的貿易商，化身為海豚將商人們帶領到德爾菲來。其它還有子宮說等。

最主要的景點

①阿波羅神殿

多虧柱子聳立的形態奇特，使我大受感動。這種讓人感到一種大地幽默感的笨拙姿態中，像是蘊含著生命力一般……。

我個人是聯想到手塚治虫的《火之鳥　復活篇》。

現在的姿態據說是隨便把各個年代的東西堆積上去的結果，不過就像大家現在看到的，世界上往往隨便的東西可以帶給人感動。

這個神殿前方有「雅典人的寶庫」，

亮晶晶

據推測這間神殿是學者們縝密又據實地復原重現，但是看了也沒什麼特別令人感動的地方，不僅如此，我甚至覺得根本沒必要裝修得像新蓋的一樣，反而覺得很不滿。

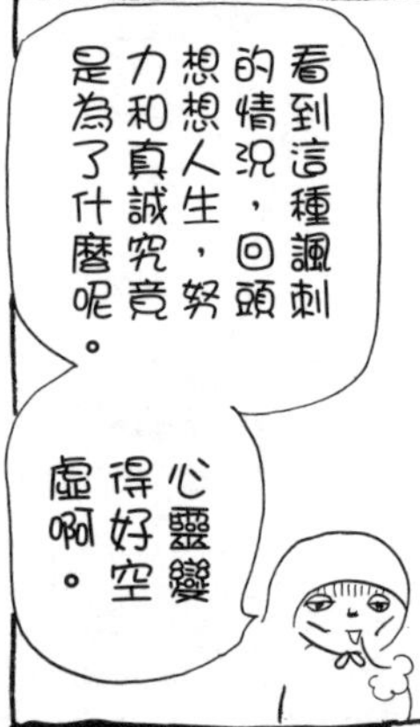
看到這種諷刺的情況，回頭想想人生，努力和真誠究竟是為了什麼呢。
心靈變得好空虛啊。

★神秘的地下室

傳說中，神在阿波羅神殿的地下室下達旨意。

巫女坐在鼎上吸取從大地裂縫中出來的蒸氣（有人解釋為放入性器），在變性的狀態下囈語。神官再翻譯巫女說的話轉達給人們，形成一套專業機制。

但是那個重要的地下室和大地的裂縫，到目前為止還沒有被發現。

一邊交著月桂樹的葉子。
咻
咻

巫女從賜與神諭的大蛇皮同之名，而被稱為「皮提亞」。剛開始是處女擔任，但在發生一個巫女被擄走的事件後，改由五十歲以上的婦女擔任。

大地的裂縫

原本是一個牧羊人發現跑出蒸氣的大地裂縫，他吸了蒸氣之後精神錯亂，但說出來的話竟然成真，那裡也因此成為神諭所（By狄奧多羅斯〈西元前一世紀的歷史學家〉）。

★神秘的石頭　大地之臍

過去德爾菲被認為是世界中心，名為大地之臍的石頭被放置在神殿的地下室。

埃及也崇拜名為便便的神秘石頭，世界各地都可見到聖石信仰，希臘也不例外。

為了保護石頭，由羊毛包住保護。還沒有發現真正的大地之臍。

而且德爾菲不僅是有大地之臍，克羅諾斯所吐出作為宙斯替身的石頭（P12）也受到膜拜。另外還有一個恐怖的傳說指出「地下室收藏了狄厄尼索斯的墳墓，這個墓是被大地之臍封印」，這個大地之臍還真是有趣的物體。

大地之臍是非常重要的寶物，所以當時的人也做了複製品放置在神殿旁（不只是德爾菲，其他城市也祭祀複製品）。而大地之臍的複製品現位於博物館中。

雖然那塊複製品已經破損，不過看得出石頭上有兩隻老鷹。有段神話說「宙斯為了知道世界的中心，從天的兩側放出老鷹，兩鷹相撞的地方就是德爾菲」，不過也有人認為是雕刻讓人編造出上述的神話。

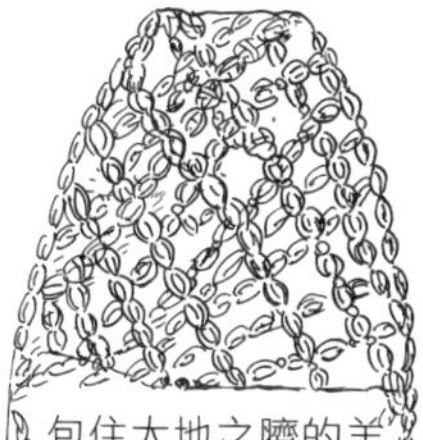

包住大地之臍的羊毛也由雕刻重現

阿波羅神殿重建六次。其中剛開始的三次是傳說，據說是像這樣——

①採用丹貝出產的月桂樹建造。

②蜜蜂用自己的羽毛及蜂蜜建造而成。

之後阿波羅把這座建築運到希柏里爾人的國度。

③青銅製

①～③都有可能存在，不過中間突然穿插夢幻&有點怪異的東西，讓人摸不著頭緒。不過日本也有玉虫櫥子，也不是說絕對不可能啦……。

其他有趣的東西

②希比拉之岩

據說是第一代巫女希比拉轉述神諭的地方。

另外岩石系列中，也有③的勒托岩。據說阿波羅在母親勒托的鼓勵下，腳踏在那塊岩石上射殺大蛇皮同。

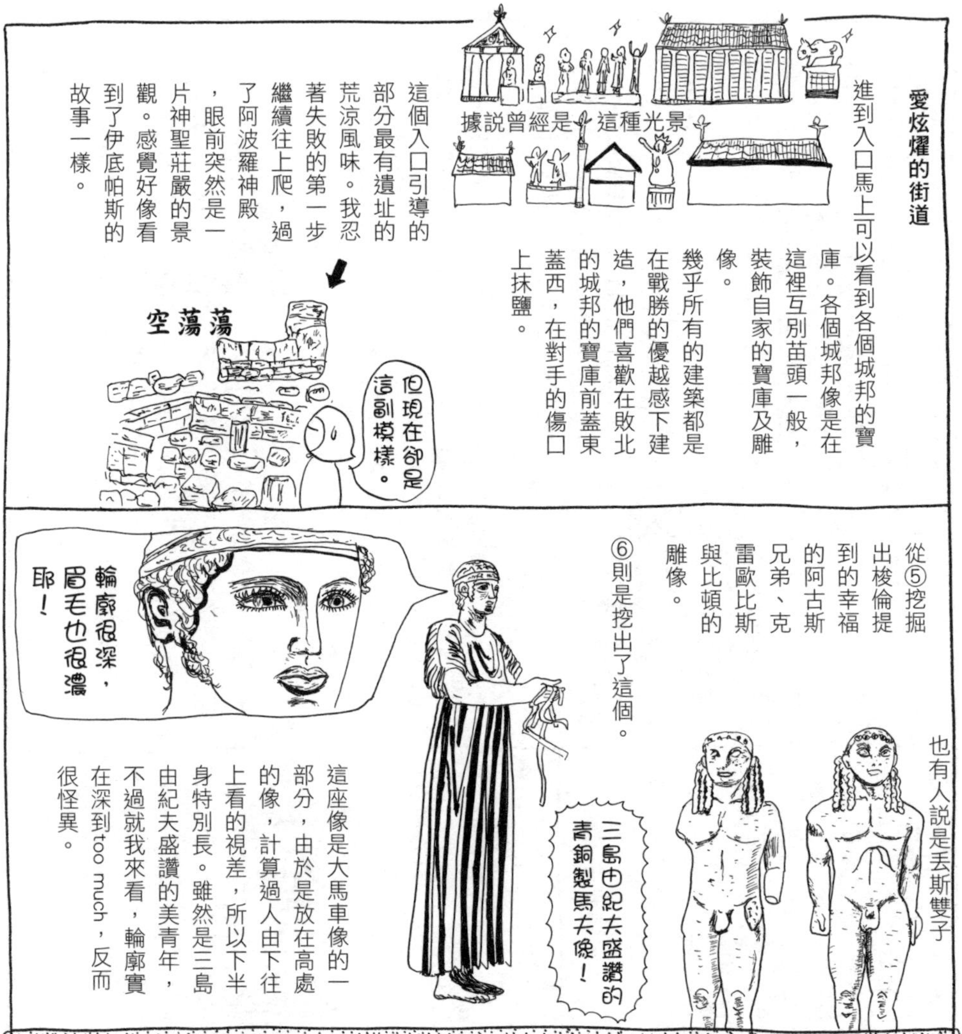
愛炫燿的街道
進到入口馬上可以看到各個城邦的寶庫。各個城邦像是在這裡互別苗頭一般，裝飾自家的寶庫及雕像。
據説曾經是這種光景
幾乎所有的建築都是在戰勝的優越感下建造，他們喜歡在敗北的城邦的寶庫前蓋東蓋西，在對手的傷口上抹鹽。
這個入口引導的部分最有遺址的荒涼風味。我忍著失敗的第一步繼續往上爬，過了阿波羅神殿，眼前突然是一片神聖莊嚴的景觀。感覺好像看到了伊底帕斯的故事一樣。
但現在卻是這副模樣。
空蕩蕩
從⑤挖掘出梭倫提到的幸福的阿古斯兄弟、克雷歐比斯與比頓的雕像。
也有人説是丟斯雙子
⑥則是挖出了這個。
三島由紀夫盛讚的青銅製馬夫像！
這座像是大馬車像的一部分，由於是放在高處的像，計算過人由下往上看的視差，所以下半身特別長。雖然是三島由紀夫盛讚的美青年，不過就我來看，輪廓實在深到too much，反而很怪異。
輪廓很深，眉毛也很濃耶！

「德爾菲之泉已沉默」

在希臘之中擁有極大影響力的德爾菲，也在羅馬的介入下慢慢失去勢力。繼斯拉的掠奪後，又被尼祿奪走500座像（不過西元一世紀時，奧林匹亞同樣有三千座以上的雕像〈by普林尼的證詞〉，究竟是怎樣充滿壓迫感的地方啊）。

西元四世紀羅馬禁止異教的命令下，德爾菲被封鎖之前，神官丟出「德爾菲之泉已沉默」這句話，完全放棄作為神諭所的使命。

之後神的領域開始有人定居，完全被埋沒。

接著到十九世紀，法國的研究團隊為當地幾千戶的村民準備新的城鎮（在德爾菲1km，現在的德爾菲村），展開挖掘工作。相隔千年後，德爾菲聖地的姿態再度重現在世人面前，而且吸引世界各地的觀光客……。

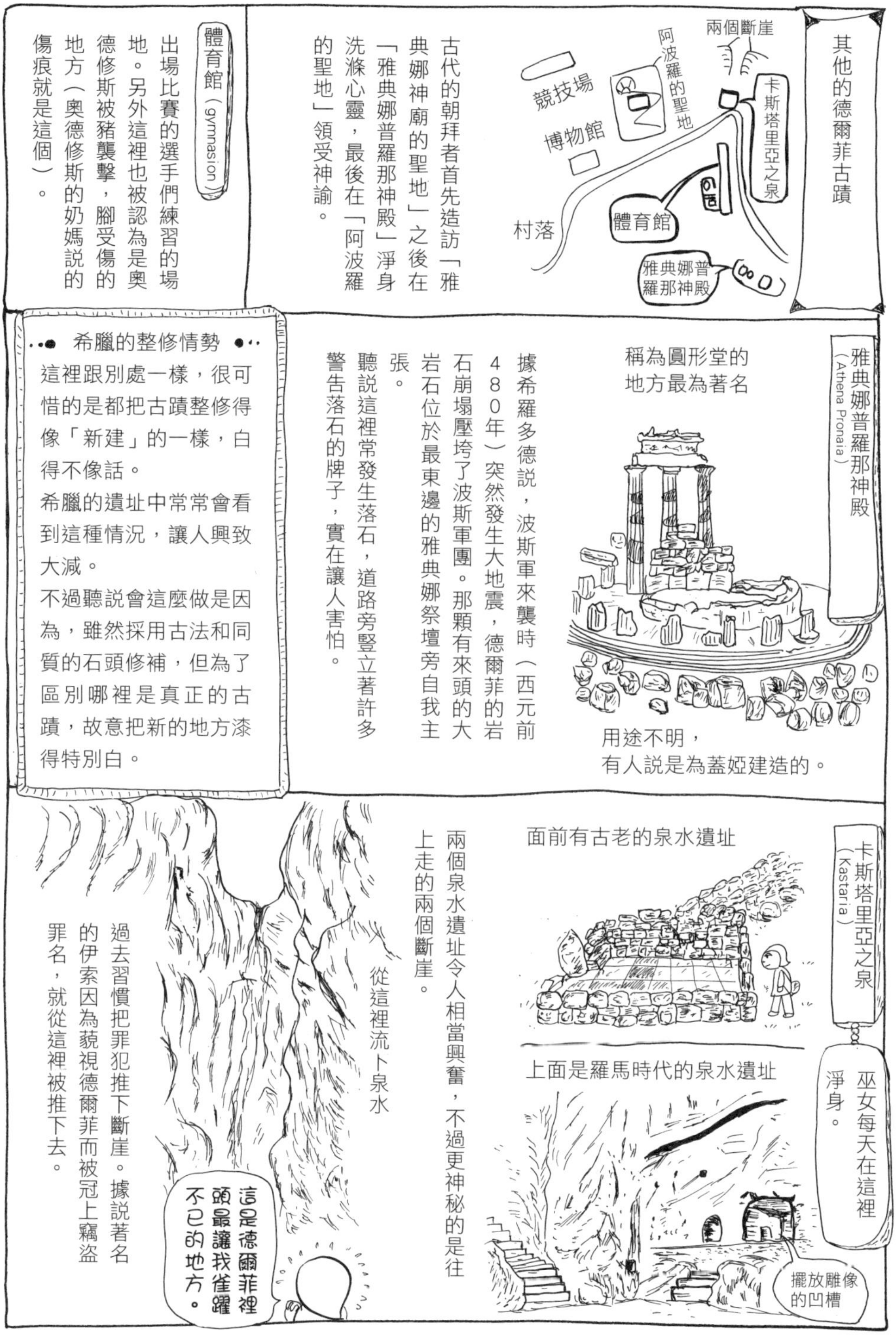

其他的德爾菲古蹟
兩個斷崖
阿波羅的聖地
卡斯塔里亞之泉
競技場
博物館
村落
體育館
雅典娜普羅那神殿
古代的朝拜者首先造訪「雅典娜神廟的聖地」之後在「雅典娜普羅那神殿」淨身洗滌心靈，最後在「阿波羅的聖地」領受神諭。
體育館（gymnasion）
出場比賽的選手們練習的場地。另外這裡也被認為是奧德修斯被豬襲擊，腳受傷的地方（奧德修斯的奶媽說的傷痕就是這個）。
雅典娜普羅那神殿（Athena Pronaia）
稱為圓形堂的地方最為著名
用途不明，有人說是為蓋婭建造的。
據希羅多德說，波斯軍來襲時（西元前480年）突然發生大地震，德爾菲的岩石崩塌壓垮了波斯軍團。那顆有來頭的大岩石位於最東邊的雅典娜祭壇旁自我主張。
聽說這裡常發生落石，道路旁豎立著許多警告落石的牌子，實在讓人害怕。
希臘的整修情勢
這裡跟別處一樣，很可惜的是都把古蹟整修得像「新建」的一樣，白得不像話。
希臘的遺址中常常會看到這種情況，讓人興致大減。
不過聽說會這麼做是因為，雖然採用古法和同質的石頭修補，但為了區別哪裡是真正的古蹟，故意把新的地方漆得特別白。
卡斯塔里亞之泉（Kastaria）
面前有古老的泉水遺址
巫女每天在這裡淨身。
上面是羅馬時代的泉水遺址
擺放雕像的凹槽
兩個泉水遺址令人相當興奮，不過更神秘的是往上走的兩個斷崖。
從這裡流下泉水
過去習慣把罪犯推下斷崖。據說著名的伊索因為藐視德爾菲而被冠上竊盜罪名，就從這裡被推下去。
這是德爾菲裡頭最讓我雀躍不已的地方。

雅典
終於來到希臘最著名的景點！
來到希臘最著名的觀光景點、帕德嫩神廟的入口時，
沒想到因為員工罷工而關門。
唄
雖然電視上已經播報了這個消息，不過觀光團的巴士照樣停了幾十輛，為數眾多的觀光客站在門前露出無所適從的神情。
工作人員以大家熟悉的蠻橫語氣＋不滿的表情出來應對。
反正我們就是不要上工。
聽說是在抗議薪水少、休假少。
觀光客沒辦法接受，大吹噓聲。
特別是長得像方基墨的美國老爹非常激憤。
妳們做這種事會下地獄的！
這人帶著家族七人來希臘玩。
美國老爹說這天是他們旅行的最後一天，全身上下充滿著再怎樣也想參觀帕德嫩神廟的迫切感。
我就只有今天耶！
你知道到這裡花了我多少錢嗎！
你們的社會道德到哪裡去了！
青筋蹦出的哈密瓜狀態
全身因為憤怒而暴紅
你把我的機票錢還來！
不管怎樣把門打開！
老爹的激烈抗議帶動了其他美國、歐洲勢力，現場越是一發不可收拾。
就算看到客人們激動成那樣，工作人員也司空見慣似地完全不為所動。
哈哈哈
我本來也想發兩句牢騷，但想到我跟方基墨一家不一樣，又不是明天就要回家，現在又那麼火爆，結果就轉往其他的遺址。
噠噠噠

但是到了晚上—
睡不著
因為想到方基墨一家的遭遇和那個竊笑的工作人員，就無法入眠。
緊繃
緊繃
每天挨上司罵還是要達到業績的生活；
被家人抱怨服務不夠；
狹小的機艙；
小孩吵鬧的時候得忍受旁人冷眼相對，抬不起頭……
耶
我沒有辦法停止想像他的生活啊～
內心開始自責，為什麼自己像個旁觀者袖手旁觀，沒有跟著抗議呢……。
如果是自己沒有看到帕德嫩神廟就得回日本怎麼辦。
但是我實在不知道該怎麼彌補，最後只想到—
這點小手段。
可惡，明天我來好好的挖苦那些工作人員！
方基墨，讓我來幫你報一箭之仇吧。
眼睛一亮
隔天早晨，我到帕德嫩神廟入口處對工作人員說—
昨天的罷工結果怎樣啊，你們讓那麼多的旅客吃了閉門羹。
應該很有成果吧。
小心翼翼
這是我想了一晚的挖苦話。真想成為第歐根尼啊～
可惡，我才沒有要聲援你咧！最後為了清楚表達意見，只有普通地表達抗議。
喂～帕德嫩神廟不是世界的遺產嗎？雖然是屬於希臘的，
其實講得坑坑疤疤的，並沒有講得這麼流暢。
但是你們可以獨占不給觀光客參觀嗎！
為什麼要讓花錢來享受的我們敗興而歸。你們可以靜坐抗議啊！就算是觀光客也跟你們一樣平時在工作耶。
但是我的挖苦完全不管用，
哎呀，還過得去啦～
對方竟然露出得到聲援的嬌羞表情。

結果
不，我們跟你們不一樣。妳一個禮拜休息幾天？我們這六個月來都沒有放過一天假耶。
而且薪水只有600歐元（約8萬2千日幣）
我有小孩子要養，卻只有這一點薪水。
我也回說「但是」、「雖然我很同情你們，但是讓觀光客敗興而歸就不對了」，但全被她擋下。
這個
那個
我們既沒有趕走觀光客也沒有帶給你們麻煩。一般來說這種情況下，政府和警察會出動來跟我們交涉，要我們開門。
結果呢，你說這個國家！昨天沒有半個人來耶。讓觀光客痛苦的是這個國家的爛政府！
接下來是關於希臘政府非人道的事情、各人訴說自己生活窮困的情況、罷工是國際性而且得到完整公民權的國民應盡的義務等等，他們的演說滔滔不絕，連一分鐘說話的機會也不給我。
我開始覺得非常地疲累，
你們真的很辛苦。
我以前都不知道～
算了，你現在知道就好了。
完全舉白旗投降。
當我意氣消沉準備轉往衛城時，
哎哎哎
我實在太弱了。
哎呀，實在太有趣了。不過妳真的不知道罷工的規則吧。
噗
Eki又來傷口上抹鹽。
那種淺薄的宇宙帝國理論，竟然可以讓人討論幾千年。
哈哈哈
可恨可恨可恨
而且竟然輸給那種狡辯和訴諸感情的言論。
我的挫敗感多虧有帕德嫩的撫慰。
顫抖
顫抖
但是最後又來了個重重一擊……。
方基墨一家
哇哈哈
什麼
什麼，你不是還在嗎！

我是第一次遇到罷工，才會做出那種愚蠢的舉動，不過在希臘這種抗議活動似乎真的很頻繁，走在路上常會遇到遊街抗議。
有些乍看之下還真像慶祝節慶的歡樂大會會場……。
呀
碰碰碰
大螢幕中上演暴力的槍擊鏡頭。
對不合理的事情決不忍氣吞聲，強烈表達立場的態度，讓我大受感動，也想跟著效法。
坐在市政府前面靜坐
不原諒政府不採取任何失業對策。
已經坐一個月了。
有個警官在沒有得到任何說明的狀況下，擔任一個危險的任務遭到殺害。他的家人除了薪水之外，沒有得到任何補償。
反對
贊成
就算是面對觀光客說明也不馬虎，催促我們對活動投贊成或反對票。
讓我更驚訝的是，在這些拚命的人的面前，投「反對」票的人卻占多數。
即使是博物館或遺址等觀光景點也是頻繁地罷工。但是看著這些人工作的態度，我開始想，我真該站在自己的立場大聲抗議！
譬如說在博物館中，
嘰哩
呱拉
哈哈哈
嘰哩
呱拉
工作人員自顧自吵翻天
一直親親我我的館員。
這就算了。
唉—
還有工作人員堵住通道。
親~
哼
旅客都不得不這樣通過。
是因為薪水少所以偷懶，還是因為有這麼多樂子所以薪水少呢，我真的不知道……。

咦
這裡已經結束了。
只要關閉自己的管轄範圍就可以回家。
最可恨的事情是在閉館三十分鐘前把客人趕走。
二十分鐘前
就不再讓人進到裡面。
已經結束了。
結束了。
結束了。
氣勢凌人
氣勢凌人
結束了。
閉館十五分鐘前成功淨空全館的館員，比在入口處流連的客人還早閃人。
辛苦了。
咚
哇
這個情況發生在這個國家最大的博物館、雅典國立考古學博物館中。
也是有熱衷於工作的人，
遺址的守衛
眼睛很利，一下子就發現觸摸古蹟或跨坐上去的人，把對方狠狠罵一頓。
刺眼
刺眼
Don't touch!
Hey! Mister!
嗯？
盯
只是肚子稍微碰到繩索，就像要吃人一樣。
噠噠噠
Don't touch please.
咦？連繩子也不行？
而且這副捲起袖子要打架的架勢不會太誇張嗎？只會讓我覺得這些人陶醉於自己的權力慾中。
但是或許他們是站在保護古蹟的立場，也是沒有辦法，不過像這樣的人也很多。
還有
呸
這種時候如果做出要拍攝古蹟的動作，當然有人硬是坐著不動，但是——
啊
很難得也會有人起身道歉，那種時候我反而會著急。
迅速起身
對不起，請。
「不好意思打擾妳休息」，一不小心又加倍奉還了。

柏拉圖的學院稍嫌遠了點，其他地方全都是可以走到的距離，遺址分布的密度相當高。
就連重要的遺址都有這麼多了，隨處走都會遇到不錯的古蹟，真想永遠待在那裡。

雅典的遺址地理位置關係圖 簡略

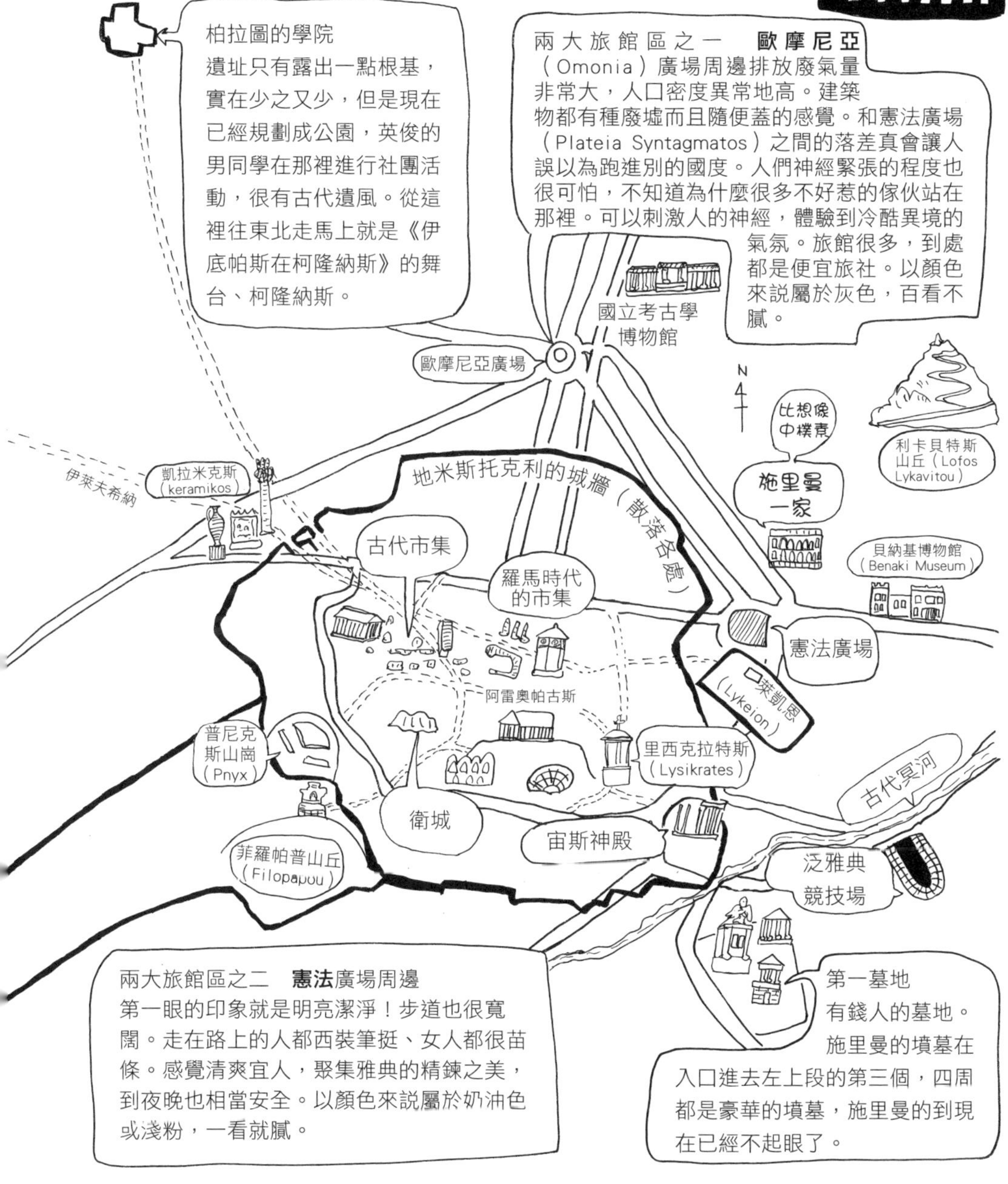
柏拉圖的學院
遺址只有露出一點根基，實在少之又少，但是現在已經規劃成公園，英俊的男同學在那裡進行社團活動，很有古代遺風。從這裡往東北走馬上就是《伊底帕斯在柯隆納斯》的舞台、柯隆納斯。
兩大旅館區之一 **歐摩尼亞**（Omonia）廣場周邊排放廢氣量非常大，人口密度異常地高。建築物都有種廢墟而且隨便蓋的感覺。和憲法廣場（Plateia Syntagmatos）之間的落差真會讓人誤以為跑進別的國度。人們神經緊張的程度也很可怕，不知道為什麼很多不好惹的傢伙站在那裡。可以刺激人的神經，體驗到冷酷異境的氣氛。旅館很多，到處都是便宜旅社。以顏色來說屬於灰色，百看不膩。
國立考古學博物館
歐摩尼亞廣場
N
比想像中樸素
施里曼一家
利卡貝特斯山丘（Lofos Lykavitou）
伊萊夫希納
凱拉米克斯（keramikos）
地米斯托克利的城牆（散落各處）
古代市集
羅馬時代的市集
貝納基博物館（Benaki Museum）
憲法廣場
口萊凱恩（Lykeion）
阿雷奧帕古斯
普尼克斯山崗（Pnyx）
里西克拉特斯（Lysikrates）
古代冥河
衛城
宙斯神殿
菲羅帕普山丘（Filopapou）
泛雅典競技場
兩大旅館區之二 **憲法**廣場周邊
第一眼的印象就是明亮潔淨！步道也很寬闊。走在路上的人都西裝筆挺、女人都很苗條。感覺清爽宜人，聚集雅典的精鍊之美，到夜晚也相當安全。以顏色來說屬於奶油色或淺粉，一看就膩。
第一墓地
有錢人的墓地。施里曼的墳墓在入口進去左上段的第三個，四周都是豪華的墳墓，施里曼的到現在已經不起眼了。

帕德嫩神廟

我們站在帕德嫩面前時心裡想著什麼呢。實話實說吧。我們只想著幸福。

波那爾小語（《希臘文明史》）

就如波那爾所說，帕德嫩具有壓倒性的美感。雖然外面圍著鐵欄杆，又在做工程，只能遠遠眺望，但是那種障礙根本不算什麼。帕德嫩就像莫札特音樂一樣，沒有贅飾，只有輕巧的和音。

伊瑞克提翁神殿
博物館
獻給屋大維的圓形堂
客蒙建的城牆
武器保管庫遺址

雅典娜・尼刻神殿（地點★）

放置著沒有翅膀的尼刻（勝利女神）木頭雕像。

雅典人解釋沒有翅膀是因為「尼刻帶給雅典娜勝利，因此失去翅膀」。

保薩尼阿斯則說埃勾斯王每天在這個地方看海，一看到黑色的帆就從這裡跳下去。

但如果是那樣愛琴海名字的由來就不成立了啊。

這棟建築物被土耳其軍解體，當作堡壘的一部分使用。而據說希臘獨立之後，把這些破磚破瓦收集起來，將不足的材料補足，又重新組起了神殿。

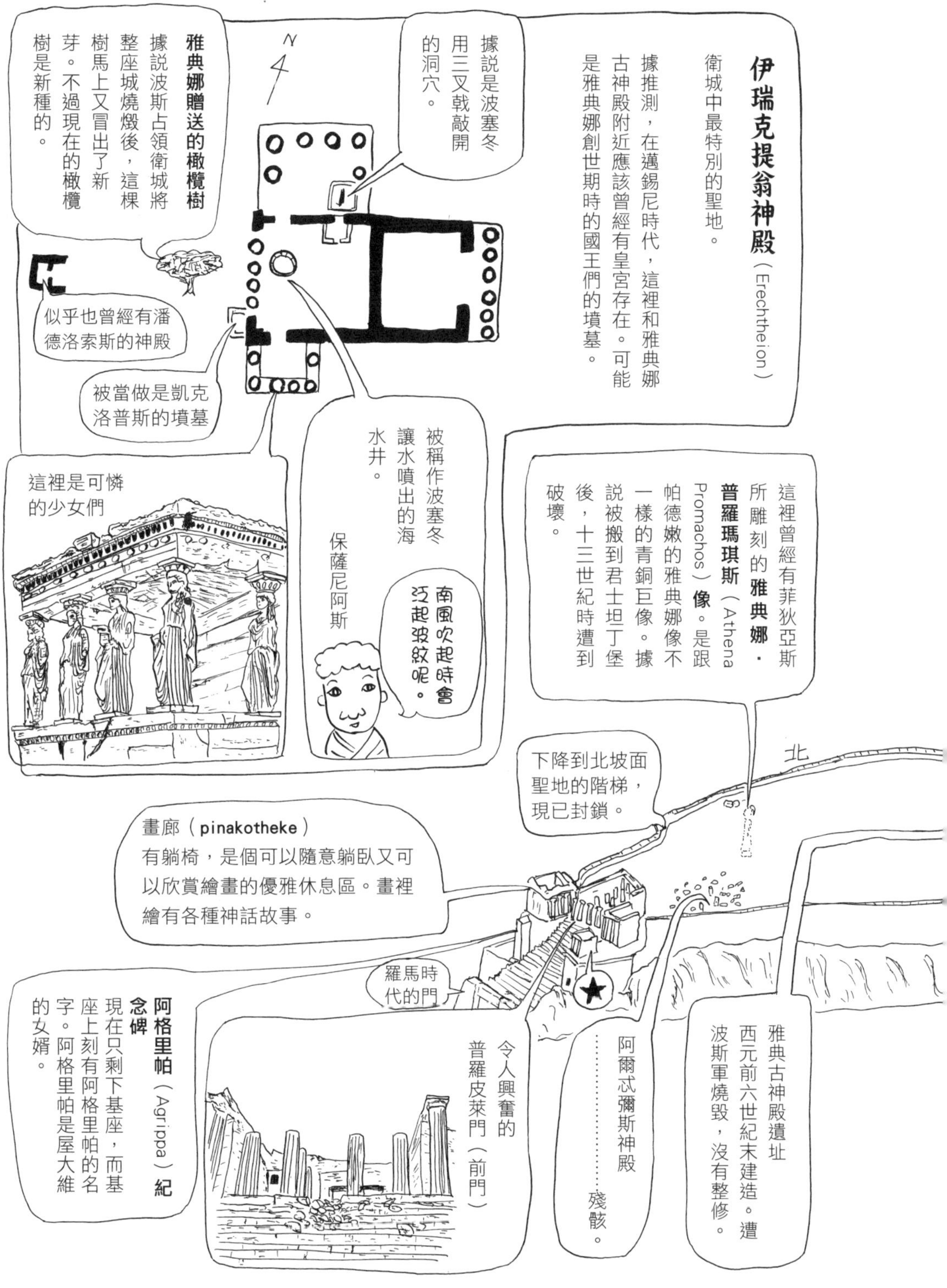
伊瑞克提翁神殿（Erechtheion）
衛城中最特別的聖地。
據推測，在邁錫尼時代，這裡和雅典娜古神殿附近應該曾經有皇宮存在。可能是雅典娜創世期時的國王們的墳墓。
據說是波塞冬用三叉戟敲開的洞穴。
N
雅典娜贈送的橄欖樹
據說波斯占領衛城將整座城燒燬後，這棵樹馬上又冒出了新芽。不過現在的橄欖樹是新種的。
似乎也曾經有潘德洛索斯的神殿
被當做是凱克洛普斯的墳墓
這裡是可憐的少女們
被稱作波塞冬讓水噴出的海水井。
保薩尼阿斯
南風吹起時會泛起波紋呢。
這裡曾經有菲狄亞斯所雕刻的雅典娜．普羅瑪琪斯（Athena Promachos）像。是跟帕德嫩的雅典娜像不一樣的青銅巨像。據說被搬到君士坦丁堡後，十三世紀時遭到破壞。
北
下降到北坡面聖地的階梯，現已封鎖。
畫廊（pinakotheke）
有躺椅，是個可以隨意躺臥又可以欣賞繪畫的優雅休息區。畫裡繪有各種神話故事。
羅馬時代的門
雅典古神殿遺址
西元前六世紀末建造。遭波斯軍燒毀，沒有整修。
阿爾忒彌斯神殿……殘骸。
令人興奮的普羅皮萊門（前門）
阿格里帕（Agrippa）紀念碑
現在只剩下基座，而基座上刻有阿格里帕的名字。阿格里帕是屋大維的女婿。

市集（集會場所）

完全是廢墟～。不知道是不是因為一邊是修復的新建築、沒有情趣的「阿塔羅斯長廊」，另一邊是保存狀態比帕德嫩神廟好的「赫淮斯托斯神殿」，杵在中間特別殺風景。

彩繪柱廊
（Stoa Poikile）

由於裝飾著當時畫壇巨匠們的畫，所以取了這個名字。畫中的內容據說是斯巴達VS雅典、或特洛伊淪陷等等。斯多葛學派的芝諾曾經在這裡講學，也是斯多葛（譯註：長廊）學派名稱由來的著名景點。由於三十人僭主實行恐怖統治時曾在這裡處死1400位公民，所以這裡因染上血腥而被忌諱，人們也不再靠近。芝諾是最重視「安靜」的人，最後也真的如他所願了。

彩繪柱廊＆皇家柱廊在園外。走在步道上可從鐵絲網外圍看到。
奧林匹斯十二神的祭壇
泛雅典大道
阿格里帕（Agrippa）的音樂廳
柱廊
庇西特拉圖一家建造的噴泉
柱廊
貨幣鑄造所
往衛城

阿塔羅斯長廊

帕加馬國王阿塔羅斯的進貢所建造的兩層樓購物中心。各層樓皆有21個店鋪。西元三世紀時建築堡壘，這棟建築物也併入堡壘中。幸虧堡壘的保護，遺留下的部分還算完整，才能像現在這樣再度重建。

這裡的挖掘工作也是遷走三百戶民房的大工程（二十世紀前葉由美國考古隊完成）。

阿瑞斯神殿

是從別處搬運過來的。西元前一世紀開始到西元一世紀為止，阿提卡境內的神殿都聚集到雅典，是當時的風潮。靠近東面則有哈莫狄奧斯及阿里斯托吉頓的像。

這邊則是羅馬時代的市集。這裡有擁有水鐘、風向儀等機能的科學建築「風之塔」，及哈德良建造的雄偉圖書館。

皇家柱廊（Basileios）

神事（祭典）執政官聚集的地方。審判也在這裡舉行。

審判不只在法院舉行，也在柱廊中舉行。

據說蘇格拉底審判的預審就在這裡舉行。

赫淮斯托斯神殿

和帕德嫩神廟同時期建造。刻有忒修斯傳說的浮雕。明明就保存著漂亮的浮雕，裡頭卻一如其名，既單調又乏味可陳，但另一方面也給人莊重扎實的印象。

是美國最挑剔的作家亨利．米勒喜愛的地方。

特洛斯（〔Tlos〕圓形堂）

輪到當評議員的五十個人聚集在這裡，是政治的中樞。評議員、奧運優勝者、還有哈莫狄奧斯及阿里斯托吉頓的家族可以「免費」在這裡用餐。

這裡建造起來之前是庇西特拉圖的宅邸。

＊當期評議員

五百個評議員分為十期輪流擔任。輪到的人負責選民大會的營運、討論。夜晚也為了因應緊急事件，三分之一的評議員要在這裡待命。

蘇格拉底也曾擔任過一天的議長。

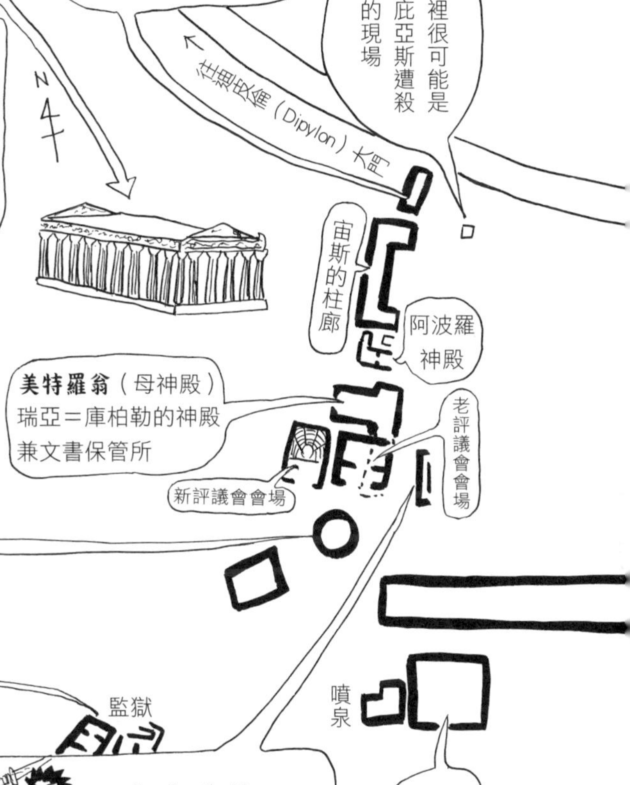

這裡很可能是希庇亞斯遭殺害的現場
往迪皮侖（Dipylon）大門
N
宙斯的柱廊
阿波羅神殿
美特羅翁（母神殿）瑞亞＝庫柏勒的神殿兼文書保管所
老評議會會場
新評議會會場
噴泉
監獄
傳說是蘇格拉底喝下毒茄汁的地方。也在這裡找到了毒藥瓶。
法院 可容納1500人

名祖先半神像的祭壇

這裡放置著克里斯提尼所訂立的十個部族之名祖先雕像，雕像下面也有貼上各部族公告的告示板。

名祖包括埃勾斯、埃阿斯、凱克洛普斯等人。

十個部族後來又增加到十三個。新的三個分別是哈德良族、托勒密族、阿塔羅斯族，是為了向當時的當權者獻殷勤而設立的。

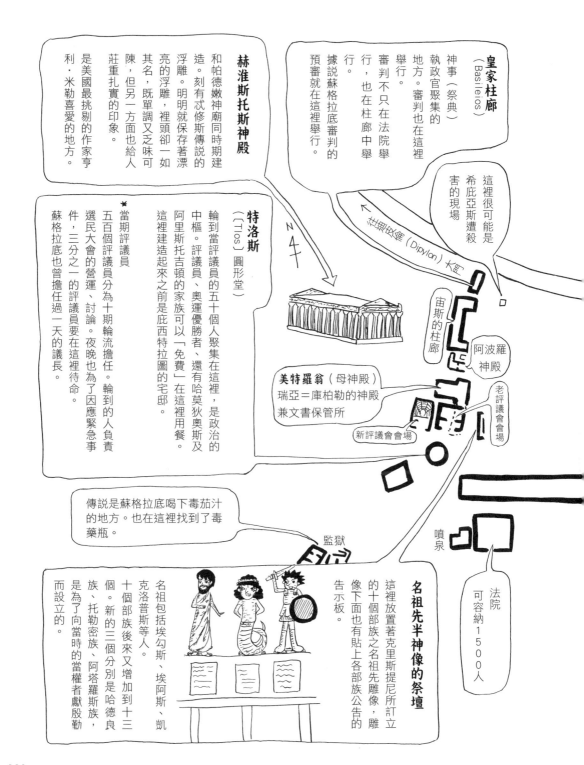

衛城西南

阿雷奧帕古斯

雖然不過是被人踏得滑溜溜的岩石，不過背後卻有很多故事。

在神話中，因為殺人而在這裡受到審判的有阿瑞斯、代達羅斯、奧瑞斯泰亞；另外亞馬遜大軍進攻雅典時也是在這裡布局。古希臘時代退休的執政官們也是聚集在這裡，還有聖保羅也曾經在這裡跟雅典公民布道（因為雅典人反應冷淡，結果失敗）。

實際上這裡過去是殺人事件的審判所

據保薩尼阿斯說

有兩個天然的石頭，被告及原告分別站在稱為「傲慢、殘忍之石」、「不慈悲之石」的石頭前宣示。

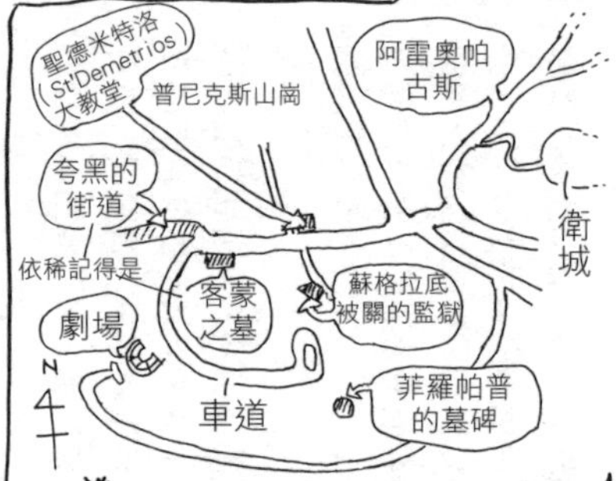
聖德米特洛（St'Demetrios）大教堂
普尼克斯山崗
阿雷奧帕古斯
夸黑的街道
衛城
依稀記得是
客蒙之墓
蘇格拉底被關的監獄
劇場
N
車道
菲羅帕普的墓碑

普尼克斯山崗（Pnyx）

象徵民主政治的地方。每九天一次在這裡召開選民大會。

演壇

菲羅帕普山丘

（（Filopapou）謬斯之丘）

山丘頂是羅馬執政官菲羅帕普（死於西元二世紀）的墳墓。他似乎相當受到雅典公民的愛戴，為他建造的墓園是建在獻給謬斯的山丘、而且又是可以眺望衛城的絕佳地點。這可是前所未有的特例呢。

沿著山丘寬闊的車道，往衛城方向前進，可以看到和客蒙同名的祖父的墓「客蒙之墓」、「夸黑（Koyre）的街道」、「蘇格拉底被關的監獄」等景點。

沒有看到任何指標往前走，突然遇到客蒙的墓，嚇了一大跳。

哦！

通稱「蘇格拉底被關的監獄」其實是鑿開岩石像住屋一樣的地方，不確定實際用途。

由於墳墓前寫著「依照希羅多德的敘述」，之後再回頭查閱古書時發現，書上真的記載著「越過夸黑的街道可看到客蒙之墓」。雖然客蒙的墓不是熱門景點，但看到跟古書上的記載一樣，真有種飛越時空的感覺，非常幸福……。

衛城南麓

特拉希洛斯（Thrasyllos）的優勝紀念碑

在大狄厄尼索斯節戲劇比賽中，特拉希洛斯（西元前四世紀）所贊助的合唱團拿下優勝，因此建碑紀念。

上頭放著作為獎品的鼎。
紀念碑只剩台座留下。

洞窟中從拜占庭初期開始就是聖母瑪利亞的禮拜堂。在保薩尼阿斯的時代，洞內曾有自豪多子多孫、名為尼歐貝的婦女被阿波羅及阿爾忒彌斯射中的雕像。

好想看喔～

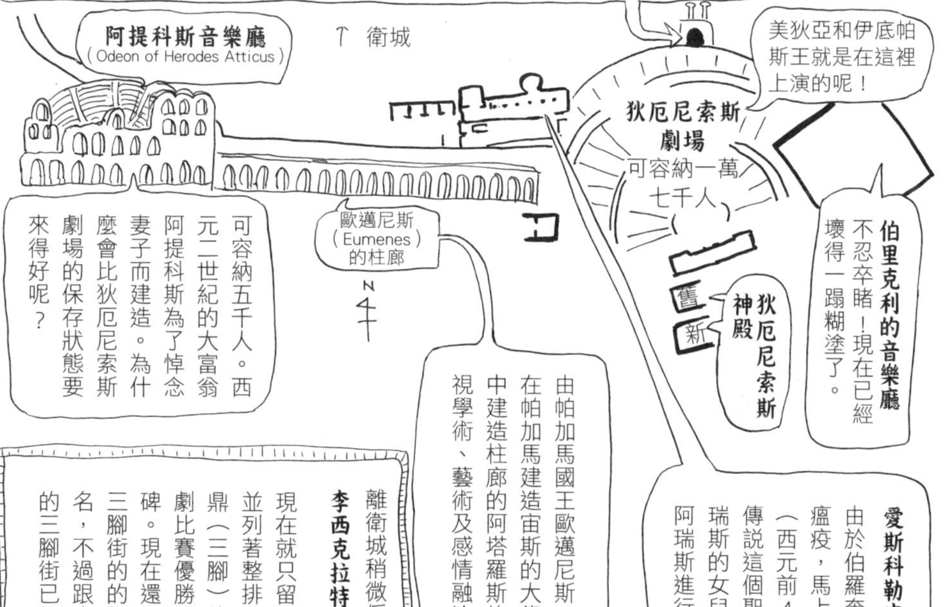
阿提科斯音樂廳
（Odeon of Herodes Atticus）
↑ 衛城
美狄亞和伊底帕斯王就是在這裡上演的呢！
狄厄尼索斯劇場
可容納一萬七千人
歐邁尼斯（Eumenes）的柱廊
N
舊
新
狄厄尼索斯神殿
伯里克利的音樂廳
不忍卒睹！現在已經壞得一蹋糊塗了。

可容納五千人。西元二世紀的大富翁阿提科斯為了悼念妻子而建造。為什麼會比狄厄尼索斯劇場的保存狀態要來得好呢？

由帕加馬國王歐邁尼斯二世所進貢。這個人也在帕加馬建造宙斯的大祭壇。他同時是在市集中建造柱廊的阿塔羅斯的哥哥，兄弟兩人以重視學術、藝術及感情融洽而知名。

愛斯科勒皮歐斯的聖地

由於伯羅奔尼撒戰爭開始後流行瘟疫，馬上就建造了這個神殿（西元前429年）。傳說這個聖地的噴泉附近發生阿瑞斯的女兒被強暴的事件，也是阿瑞斯進行復仇的地方。

離衛城稍微偏遠的東邊商店街有**李西克拉特（Lysicrates）紀念碑**

現在就只留下這個涼亭，古代的三腳街上曾經並列著整排放置鼎（三腳）的戲劇比賽優勝紀念碑。現在還留下三腳街的的街名，不過跟古代的三腳街已經不太一樣了。

這個南斜坡之外，還有希波呂托斯的墳墓、被代達羅斯殺死的他的外甥塔羅斯的墳墓（這也是保薩尼阿斯提供的小道消息）。

衛城之北

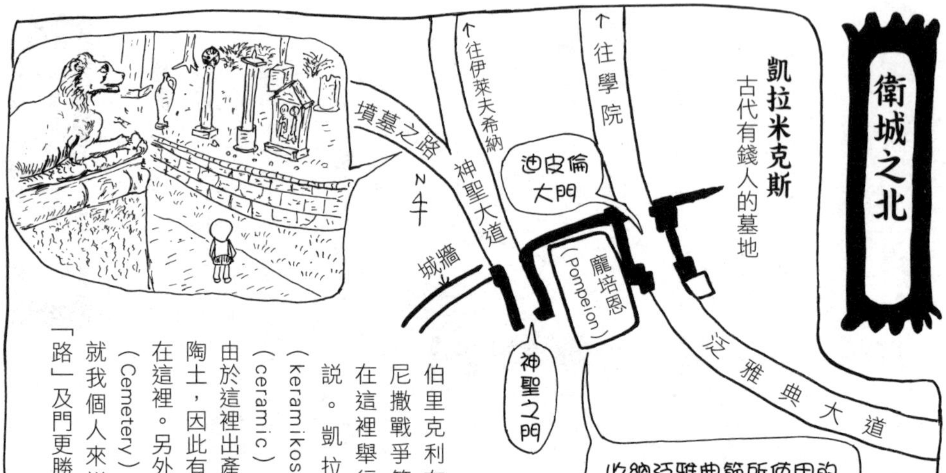
凱拉米克斯
古代有錢人的墓地
往學院
往伊萊夫希納
墳墓之路
神聖大道
迪皮倫大門
N
城牆
龐培恩(Pompeion)
神聖之門
泛雅典大道
收納泛雅典節所使用的道具。在這裡做節慶的準備，遊行從這裡出發前往衛城。

伯里克利在伯羅奔尼撒戰爭第一年時在這裡舉行追悼演說。凱拉米克斯(keramikos)是陶器(ceramic)的辭源。由於這裡出產高品質的陶土，因此有很多工房在這裡。另外也是墓地(Cemetery)的辭源。就我個人來說，欣賞「路」及門更勝於墓地。

貝納基博物館
(Benaki Museum)

美麗的建築再加上從古至今的瑰寶，實在令人嘆為觀止。這些古董來自貝納基本人的收藏&全世界的人的贈與，真是了不起。

除了展示品數量多而且相當具有可看性外，加上處處讓人不會厭膩的設計，還有貫徹華麗展示的方式，讓我覺得自己好像變成大富翁了呢。

而且最令人高興的是，這麼棒的東西還是「免費」！

並且全天候二十四小時開放！

我對他們的慷慨還有成人時間的企劃太過感動，內心甚至湧起一股「如果這裡發生什麼，不論何時我一定趕到」的責任感。

另外這裡的廁所也極具現代感，真的是全希臘最漂亮的，我給貝納基博物館打高分。

在這裡遇到同行！

沒想到素描的對象都一樣！

像這樣
噴水男子們

我和他沒有交談一句話，但是喜歡可笑的事物應該是我們彼此之間最大的共同點，我感受到一種超越國籍、性別的友情，最後還擅自決定他是我心靈的夥伴。

在心中向這個新的、而且是只限一晚的友情乾杯後，默默離開了博物館。

後來回頭查開館時間，發現二十四小時開放就只限星期四，還有團體參觀不能免費。

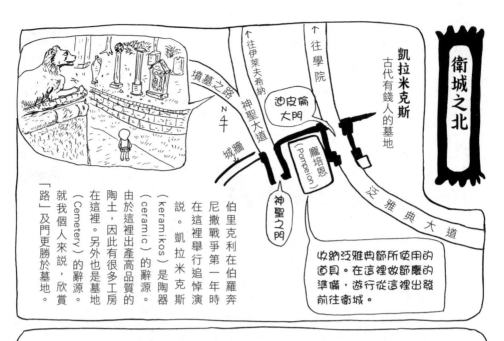

衛城東南

（古代伊利索斯河周邊）

伊利索斯河周邊的區域，可說是雅典娜起步的重要地區。庫朵羅斯王就是在這條河川附近挺身而出，將多利安人驅離阿提卡大區。另外雅典人也深信神話中的（丟卡利翁夫妻以外的人類皆滅亡）大洪水也是在這裡退走。

☆伊利索斯河應該就是現在的巴西里歐斯．康斯坦丁大道。

哈德良之門

門的西面雕刻著「宙斯建造的城鎮」、東面刻著「哈德良建造的城鎮」。哈德良將城往東邊延伸。

宙斯神殿

我

巨大真是一件了不起的事。真有種神清氣爽的感覺。這裡過去曾有哈德良贈送的巨大雕像。

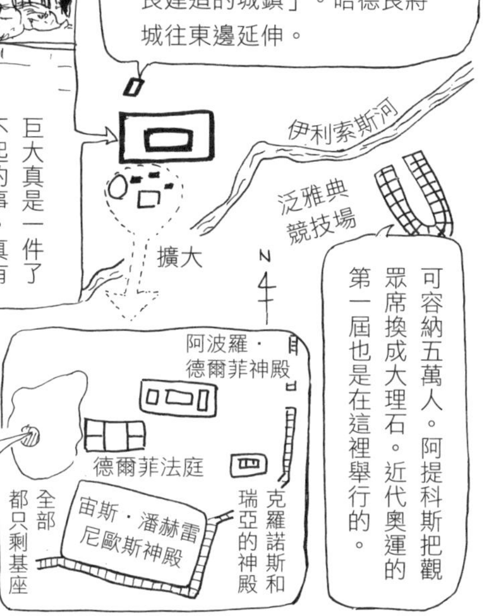
伊利索斯河
泛雅典競技場
擴大
N
阿波羅．德爾菲神殿
德爾菲法庭
宙斯．潘赫雷尼歐斯神殿
全部都只剩基座
克羅諾斯和瑞亞的神殿

可容納五萬人。阿提科斯把觀眾席換成大理石。近代奧運的第一屆也是在這裡舉行的。

聽說這一帶曾有蓋婭的聖地。聖地內的地面裂縫被當作是洪水退走的地方。

希臘著名的遺址中，幾乎都有跟這個男人相關的華麗建築（劇場或噴泉）。

雅典的名士

赫羅第斯．阿提科斯（Herodes Atticus）是？

赫羅第斯．阿提科斯是西元二世紀左右出身於馬拉松的大富豪。

他家有錢到眾人謠傳說他的財富，是因為找到波斯人藏在馬拉松的財寶。

而他也因深愛妻子的程度可比印度「泰姬．瑪哈」而知名。

他是馬古斯．奧列里烏斯（Marcus Aurelius）皇帝的家庭教師，也擔任過羅馬元老院議員、執政官，在政治上舉足輕重。他的墳墓建造在緊鄰泛雅典競技場的東邊。

雅典近郊的遺址
舒尼恩岬
（Cape Sounion）
搭上從雅典到舒尼恩岬的公車時，
司機是一名女性，體型壯碩。
往南開車一個小時
然後新的巴士來了，
這次換成冷到像在冷凍庫裡一樣。
發抖
發抖
發抖
只有司機一個人很開心
正想著該到的時候，突然
我不行了！大家快下車！
接下來巴士不到十分鐘就到了舒尼恩岬。
不會等到終點再換巴士嗎……。
我還有其他乘客都一同埋怨。
問她怎麼了，
空調不靈光我要換一台巴士。
呼呼
嗶嗶嗶
原來是這樣。可是我覺得很舒服啊……。
但是對司機來說，不能容許自己的工作環境稍有一點不舒適，什麼都可以撇開，改善環境擺第一。
不管實際的損失、客人的痛苦……。
雖說時間已到傍晚，但仍在酷熱的室外待了三十分鐘。
虛脫的白人老夫妻
搧、搧
不過波塞冬的神殿還真是雄偉啊！
我真想永遠凝視著它。
原本是非常地感動，不過時間過了一小時的時候我也剛好膩了。同時巴士也剛好來了！不愧是觀光王國，巴士來得好啊！
這裡據說也是埃勾斯王葬身之處。

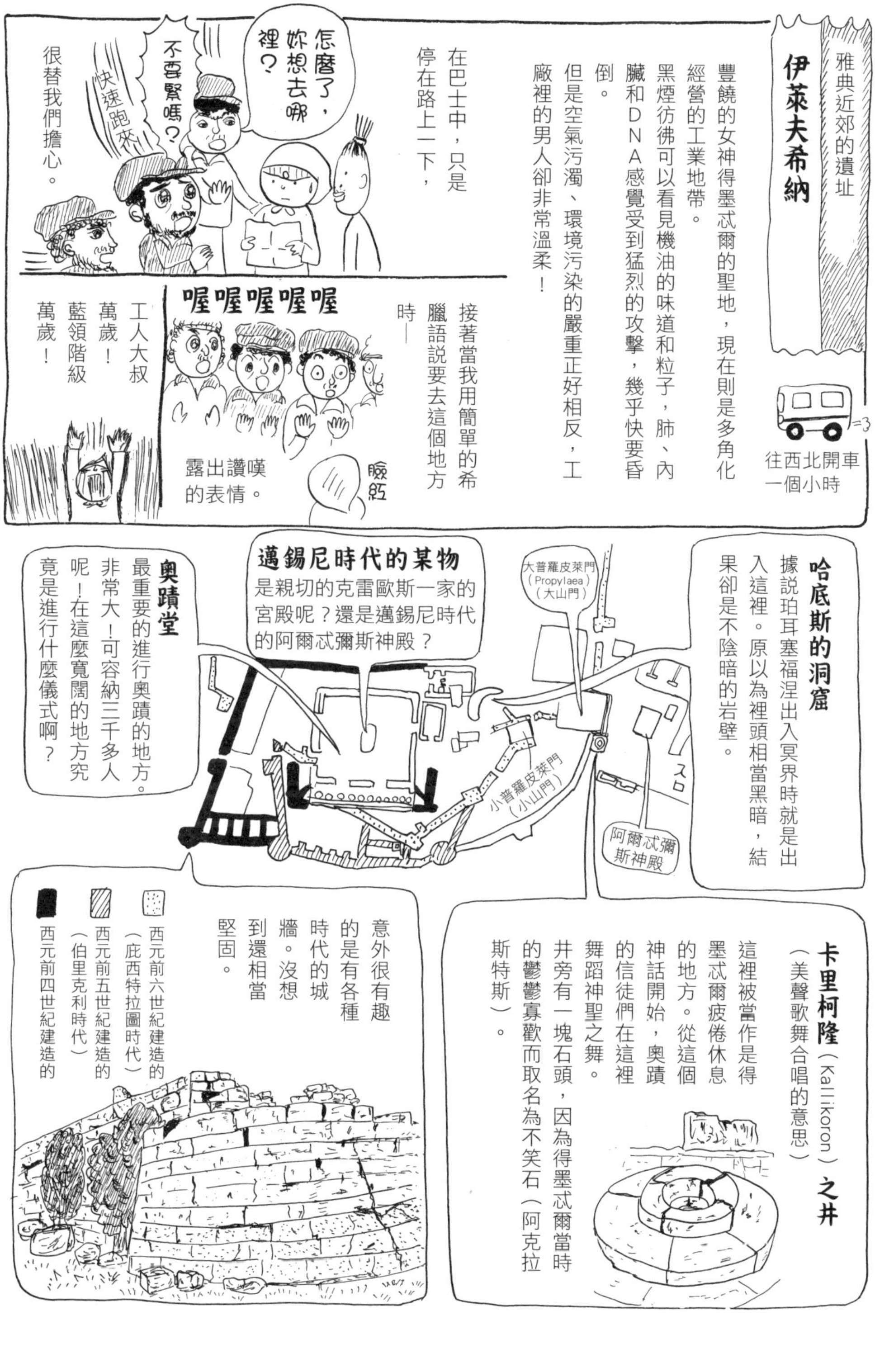
雅典近郊的遺址
伊萊夫希納
豐饒的女神得墨忒爾的聖地，現在則是多角化經營的工業地帶。
黑煙彷彿可以看見機油的味道和粒子，肺、內臟和DNA感覺受到猛烈的攻擊，幾乎快要昏倒。
但是空氣污濁、環境污染的嚴重正好相反，工廠裡的男人卻非常溫柔！
往西北開車一個小時
在巴士中，只是停在路上一下，
怎麼了，妳想去哪裡？
不要緊嗎？
快速跑來
很替我們擔心。
接著當我用簡單的希臘語說要去這個地方時——
臉紅
喔喔喔喔喔
露出讚嘆的表情。
工人大叔萬歲！藍領階級萬歲！
哈底斯的洞窟
據說珀耳塞福涅出入冥界時就是出入這裡。原以為裡頭相當黑暗，結果卻是不陰暗的岩壁。
大普羅皮萊門（Propylaea）（大山門）
邁錫尼時代的某物
是親切的克雷歐斯一家的宮殿呢？還是邁錫尼時代的阿爾忒彌斯神殿？
奧蹟堂
最重要的進行奧蹟的地方。非常大！可容納三千多人呢！在這麼寬闊的地方究竟是進行什麼儀式啊？
小普羅皮萊門（小山門）
阿爾忒彌斯神殿
卡里柯隆（Kallikoron）之井
（美聲歌舞合唱的意思）
這裡被當作是得墨忒爾疲倦休息的地方。從這個神話開始，奧蹟的信徒們在這裡舞蹈神聖之舞。井旁有一塊石頭，因為得墨忒爾當時的鬱鬱寡歡而取名為不笑石（阿克拉斯特斯）。
意外很有趣的是有各種時代的城牆。沒想到還相當堅固。
西元前六世紀建造的（庇西特拉圖時代）
西元前五世紀建造的（伯里克利時代）
西元前四世紀建造的

薩羅尼克灣（Saronic）的島嶼

雅典恨之入骨的島

埃吉納島

也是柏拉圖老師被當成奴隸販賣的地方。

阿菲婭（Aphaias）神殿

西元前490年為紀念薩拉米斯戰勝利而建。不知是不是因為受「光、不可直視的女神阿菲婭的神殿」這句話影響，覺得整個神殿好像由光的簾幕所包圍。

這座神殿是用當地的石灰岩所建造，所以帶點粉紅色，就像嬌羞少女的臉頰一般。

◎阿菲婭是埃吉納島原始的女神。

雅典
庇雷烏斯港（古代佩萊烏斯）
埃吉納島
伯羅奔尼撒
波羅斯島

埃吉納島神話

河神的女兒埃伊納（Aegina）被宙斯誘拐，在這裡生下一子。她的兒子埃阿科斯（Aeacus）在希臘神話界中是難得品格高尚、沒有做任何壞事的男人。正由於他品行方正，死後跟米諾斯兄弟一樣成為冥府審判官。他的孫子是阿基里斯及埃阿斯。

波羅斯島

這裡有蕭瑟的波塞冬神殿，完全沒有人。

可以細細品味寂靜的感受。

總是白忙一場的男人狄摩西尼，在這裡飲毒自殺。

希臘人實在是○○××

在阿菲婭神殿遇到希臘人的觀光團。

等巴士

他們嬉嬉鬧鬧走向遺址……

沒想到竟在入口處吵了起來。

門票是四歐元（約550日元）。好像是為了門票費太高還是沒有含在團費中而引發不滿。

不管他們怎樣交涉還是進不去。
全員大怒，充滿著「我們要杯葛這麼貴的地方，去別的地方算了」的氣氛。
但是其中有一個人怎麼樣也想看神殿。
全部人都在車道上等那個人。
也有人想進去咖啡店，但那裡也很貴，他們也是真的就抱怨起來，和店裡的人爭論不休。
店裡的人也不甘示弱。
MENU
當然沒有人買任何東西。
他們打從雅典市郊來，觀光行程就阿菲婭神殿和海水浴場兩個地方。
過了四十分鐘後，
去看遺址的人回來了。這個人臉上沒有露出一絲害大家等待的焦急表情；同樣的，其他人也不疾不徐。雙方只不過是行使彼此正當的權利。
咭咭
喳喳
就這樣他們主要行程的一半已經泡湯，也不管為了省四歐元浪費四十分鐘，不想花的錢怎樣就是不花。看到他們堅定的態度，讓我感受到跟自己相似的地方，很有同感，打從心底為他們加油。
跟自己相似的地方
譬如說我對在銀行領錢要付手續費這件事怎樣都不心服，萬一得要在要付手續費的時間領錢，我一定選擇用信用卡預借現金。
為什麼我得付還不到一年利息的一百日元呢～
特別是知道四歐元對這裡的人來說很貴後，覺得很安心。

從這裡開始是伯羅奔尼撒半島

特羅曾

忒修斯誕生之地

（現在的特里吉納）

距離現在特里吉納村落東北兩公里的地方，靜靜地佇立著兩個聖地。

希波呂托斯的死太令人同情，後世還衍生出他被愛斯科勒皮歐斯救活的後話。而因為這個後話，人們建造了「希波呂托斯神殿」及「愛斯科勒皮歐斯的聖地」，這裡也被當成是希波呂托斯復活的地方。這個只剩基座的神殿後方有拜占庭時代的教會和司祭館的遺址。

這裡過去曾有「偷窺的阿佛洛狄忒神殿」，據說是費得拉看到希波呂托斯的裸體，心生愛戀的地方。

傳說費得拉無法壓抑自己的情感時，就用針刺金梅花的葉子發洩，所以這一帶的金梅花都有孔（我試著尋找金梅花，但都沒有找到）。

村莊和聖地之間有古希臘時代建造的塔，這個塔的背後有個名為「惡魔溪谷」的地方，聽起來很駭人，但不過是喜愛戶外運動的人常去的湖泊。那裡也有光聽名字覺得很有魅力的「惡魔之橋」，不過也只是全長3公尺的自然造橋。橋後面有山，憑著保薩尼阿斯提供的情報及山羊糞想找衛城及攀登聖地，但那座山實在陡峭，光是攀爬就很累人。而且山上又有長著刺的植物、尖尖的樹枝又躲在岩縫間好像陷阱一般，爬到後來衣服破了，身上也傷痕累累。不知不覺中自己已經在喃喃自語「ＯＫ牧場」的廣告詞，這下覺得大勢不妙，放棄繼續找尋遺址。結果這一天花了大半天爬山卻一無所得，只有白白消磨體力和精神。感覺就好像象徵自己今後的人生一樣，對未來頓時感到不安。

上面是中世紀時加蓋的部分。

的確有讓人感到惡魔氛圍的樹，在入山口處迎接我們。

圓形劇場
這裡以希臘保存最完善的古代劇場而著名。這裡的音響效果是一大賣點，來這裡參觀的人都要一展歌喉，體驗古代的高科技。
圓形劇場
加拉塔斯
特里吉納
不過白人實在是很敢。就連老爺爺老奶奶也毫不猶豫地高聲歌唱。
就在我觀察別人的時候，Eki竟然！
什麼！
他想挑戰也就算了，但他的台風實在太差！把聽起來像是日本民謠的歌，用蚊子叫的聲音彆彆扭扭的唱出來。而且聲音還因為太緊張而亂抖……。
在Eki唱歌前本來心情不錯的觀光客，臉上清楚表現出痛苦的神色，一個接一個離開。
呃
看人失敗真的是件痛苦的事情嗎……。就連我都知道這傢伙做了無可彌補的事情。我全身僵硬地等他把一首歌唱完。
啊──你可不可以趕快結束啊。
Eki接受其他善良的觀光客稀稀落落的掌聲，用受傷的小鹿般的眼睛跑回來向我求救。
天哪，不要過來！
之後就像要為亞洲人雪恥似地，一位韓國人唱起歌劇來。
好厲害，他一定是專家。沒想到可以在這個地方聽到這麼專業的歌聲！全場響起熱烈的掌聲。安可聲此起彼落。
安可
哇
拍手
哇
拍手
拍手
拍手
拍手
原來還有這招啊！
躍起
你說有這招？我想是你沒辦法用這種招數的……。

圓形劇場是愛斯科勒皮歐斯的聖地＋本店

醫療行為這種簡單明瞭的實用工作受到人們歡迎，愛斯科勒皮歐斯神在希臘大受歡迎。光是只有這裡的本店是不夠的，為回應地方的熱烈請求，在各地也建立了分店（需要本店同意）。

所以在希臘各地到處都有愛斯科勒皮歐斯神殿。

不過這裡不愧是本宗，場地相當寬闊。

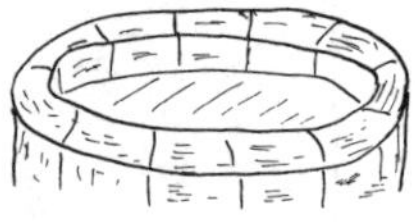

愛斯科勒皮歐斯信仰中不可缺少的是「水」，都建在有井或有泉水的地方。

圓形劇場架子擺得很大，卻不是愛斯科勒皮歐斯信仰的發源地。原本這裡是崇拜阿波羅的地方。從色薩利引進愛斯科勒皮歐斯信仰而建立聖地之後，香火繁盛，之後也演變成愛斯科勒皮歐斯在這裡出生。

不僅是有名的劇場，競技場、旅館及大浴場也相當完備，可說是高級度假勝地。設施全都是為了醫療而設計。病患要在稱作阿巴頓的建築物入寢，在那裡做的夢由祭司解夢來決定療法。與其說是療法，從設施本身就可以知道重點在於放鬆，主要是精神養生（到了後面的時代也開始進行手術）。

祭司也會開藥方，在用過對身體好的養生餐，讓胃腸和血管得到休息後再泡溫泉。之後的行程是觀賞戲劇、聽音樂會、稍作運動、觀賞體育競賽，讓身心煥然一新！這裡也是每四年召開運動及戲劇的競技賽。

被稱為最著名圓形堂的神秘建築

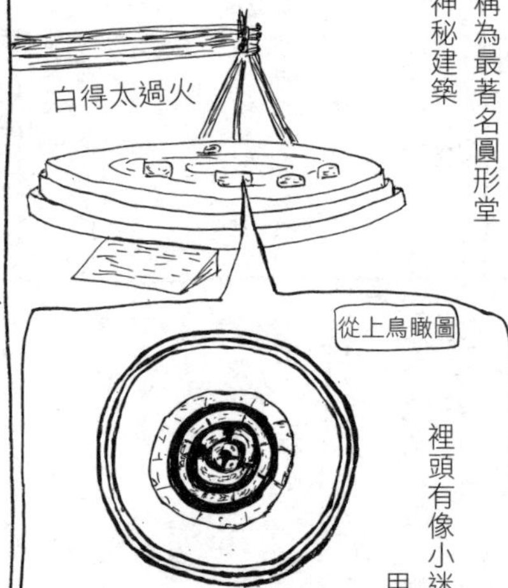
完全在施工中（2004年）
白得太過火
從上鳥瞰圖

裡頭有像小迷宮的地下室，用途不明。有人說是愛斯科勒皮歐斯的靈廟，也有人說是象徵愛斯科勒皮歐斯的蛇居住的地方。

記載接受治療經驗談的碑文

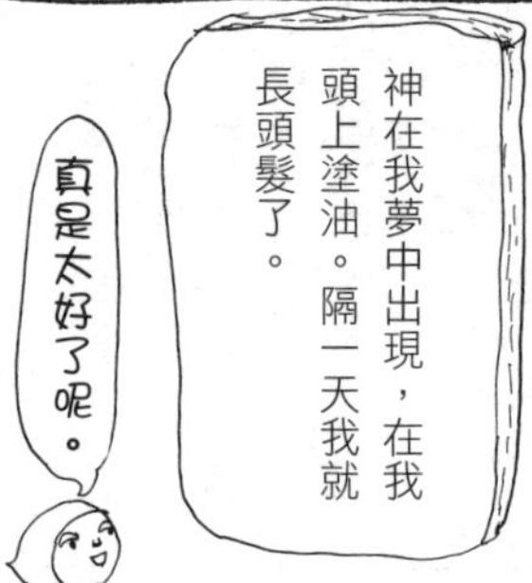
神在我夢中出現，在我頭上塗油。隔一天我就長頭髮了。
真是太好了呢。

痊癒的人要奉獻生病部位的雕刻。

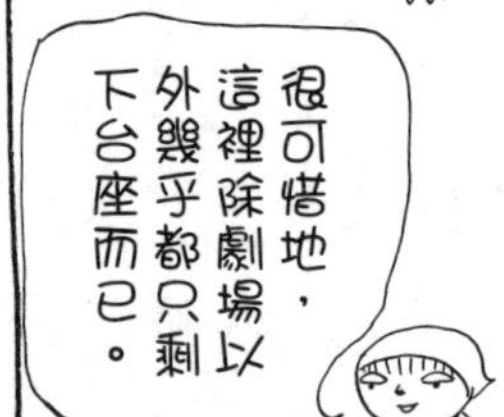
很可惜地，這裡除劇場以外幾乎都只剩下台座而已。

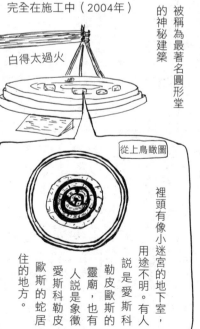

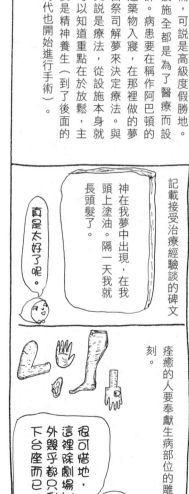

梯林斯

古老指數★★★★★
浪漫指數★★★★★
寂寥指數★★★★★
滿足指數★★★★★

暈眩
一顆石頭
高1.5m
深3.5m

相關名人

海格力斯
施里曼

伊雷翁
梯林斯
阿古斯
那夫普利翁
圓形劇場

為什麼巨石建築會這麼地撼動人心呢？光是獨眼巨人式的城牆，就教人快樂到陶醉……。不過很可惜因為在整修中只可以看到一半。

沒有看到的部分像是設有陷阱的階梯、地下隧道等等光想就令人興奮的東西……。嗚～

阿古斯

赫拉之城

一直和斯巴達互別矛頭的有骨氣的國家。梯林斯在邁錫尼黑暗時代以後凋零，變成阿古斯手下的小國。

日本的旅遊書幾乎不曾提到這裡，但是阿古斯也有氣派的市集和羅馬古蹟，很有可看性呢（可能也是我的私心）。

相關名人

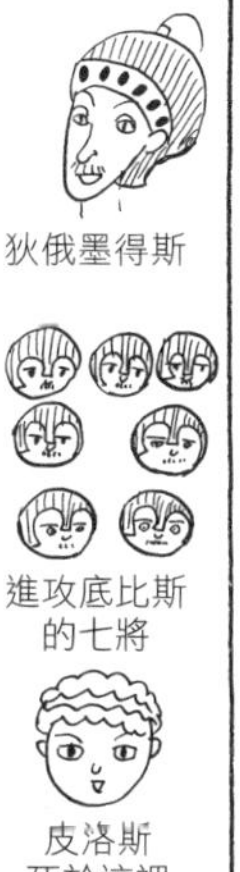

狄俄墨得斯
進攻底比斯的七將
皮洛斯死於這裡

劇場

沒有經過整修，真正保留古代原味。比起圓形劇場充滿自信的模樣，我覺得這裡比較浪漫，深得我心。

可容納兩萬五千人。比圓形劇場的場地要來得大。而且還是「免費」喔。

從阿古斯往東八公里處

赫拉的聖地（伊雷翁）

孝子克雷歐比斯與比頓抬母親進來，筋疲力竭而死的地方。保存巨大的赫拉神殿的基底部分（西元前七世紀初建造）。一位名叫克流塞斯的巫女打瞌睡的時候火苗竄燒，這裡也因此付之一炬（西元前423年）。我自己也可能犯下這種無心之過，即使不同時空，我打從心底同情克流塞斯啊。

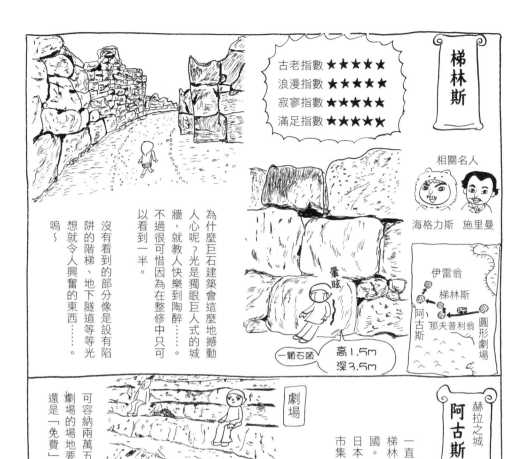

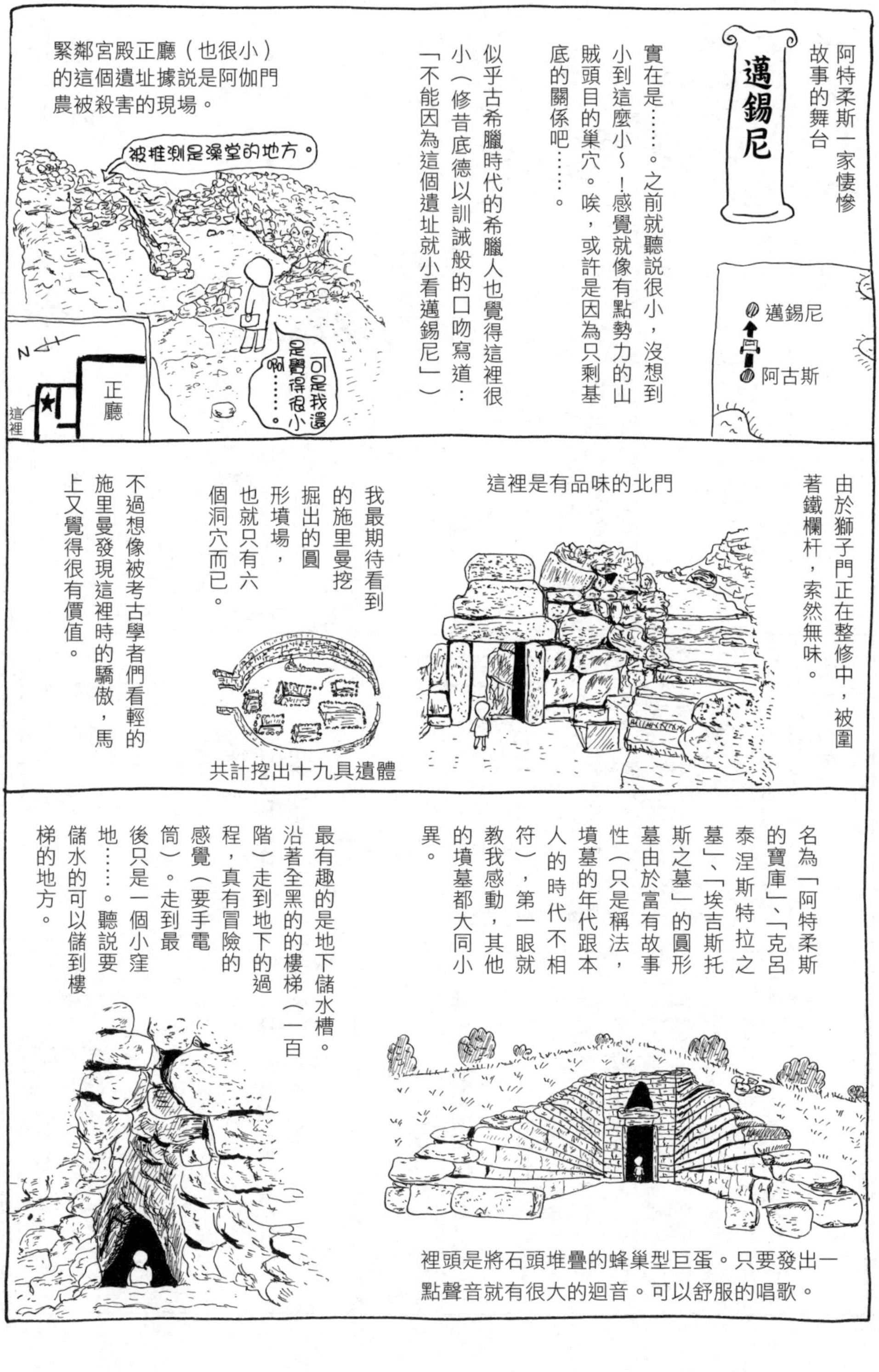
阿特柔斯一家悽慘故事的舞台
邁錫尼
邁錫尼
阿古斯
實在是……。之前就聽說很小，沒想到小到這麼小～！感覺就像有點勢力的山賊頭目的巢穴。唉，或許是因為只剩基底的關係吧……。
似乎古希臘時代的希臘人也覺得這裡很小（修昔底德以訓誡般的口吻寫道：「不能因為這個遺址就小看邁錫尼」）
緊鄰宮殿正廳（也很小）的這個遺址據說是阿伽門農被殺害的現場。
被推測是澡堂的地方。
可是我還是覺得很小啊……。
N
正廳
這裡
由於獅子門正在整修中，被圍著鐵欄杆，索然無味。
這裡是有品味的北門
我最期待看到的施里曼挖掘出的圓形墳場，也就只有六個洞穴而已。
共計挖出十九具遺體
不過想像被考古學者們看輕的施里曼發現這裡時的驕傲，馬上又覺得很有價值。
名為「阿特柔斯的寶庫」、「克呂泰涅斯特拉之墓」、「埃吉斯托斯之墓」的圓形墓由於富有故事性（只是稱法，墳墓的年代跟本人的時代不相符），第一眼就教我感動，其他的墳墓都大同小異。
裡頭是將石頭堆疊的蜂巢型巨蛋。只要發出一點聲音就有很大的迴音。可以舒服的唱歌。
最有趣的是地下儲水槽。沿著全黑的的樓梯（一百階）走到地下的過程，真有冒險的感覺（要手電筒）。走到最後只是一個小窪地……。聽說要儲水的可以儲到樓梯的地方。

尼米亞
古希臘四大競技賽之一、尼米亞競技賽舉辦的地方。以出產名為「海格力斯之血」的葡萄酒而著名。
科林斯
尼米亞
邁錫尼
宙斯神殿
據說這個神殿附近、或是說就在這個神殿，就是王子奧菲爾忒斯被毒蛇咬死的地方。另外緊鄰浴池遺跡西邊的HEROON（半神廟），推測是奧菲爾忒斯的墳墓。
也留下少許選手們的待機場所。
留下選手塗鴉的入場隧道及進入競技場的道路。
為什麼呢。
顫抖
顫抖
起點
明明對運動和奧運一點興趣也沒有，卻對希臘的競技場起雞皮疙瘩。
科林斯
又在遺址遭遇罷工。
STRIKE!
唉
工作人員習以為常的樣子說，
今天只有上午開放，你們何不去阿克羅科林斯(Akrokorinthos)？
結果得到這種官方說法。實在讓人懷疑他們是不是例行性罷工、還是因為最近沒有罷工一時興起。被這種事情搞得團團轉實在受不了！
這趟旅行中偶爾遇見的家族（從他們皮膚白的程度和小孩子內向的程度擅自斷定他們是挪威人）的爸爸也來了，好心告訴他們這個消息。
那我們能做的只有飛過圍牆囉。哈哈。
以為他是在開玩笑，
沒想到他們全家人以迅雷不及掩耳的速度爬過圍牆。
什麼！
咻
就算工作人員跑來抗議還是自顧自拍照，看他從容不迫的樣子，
我這才見識到西洋人的行動力，非常羨慕。

科林斯　城鎮遺址

狡猾的男人西叙福斯（P108）所建造的這個城鎮，於西元前146年遭羅馬燒毀。之後又由凱薩重建。現在看到的幾乎是羅馬時代的遺址。

格格不入的希臘遺址

阿波羅神殿

哇—果然是名不虛傳。這裡的阿波羅神殿跟德爾菲的一樣，給人肥肥短短的生物的感覺，深得我心。

希臘中最古老的神殿之一。
柱子也是舊式的一片岩。

葛拉烏克之泉

傳説伊阿宋的未婚妻葛拉烏克，全身著火時跳入的地方。

那個伊阿宋渾蛋害大家遭到不幸。
想到美狄亞的遭遇就令人心疼。

「下方」的佩雷涅之泉（Peirenes）

和其他的遺址相較下算是既華麗、保存狀態也相當好，很受觀光客青睞。這裡也經過大富豪阿提科斯花錢整修。

奧克塔維亞的神殿

為什麼格局那麼窄小呢。

獻給屋大維的妹妹奧克塔維亞的神殿。奧克塔維亞是有名的美人，而且非常溫柔。

講壇（Bema）

這個看似普通的祭壇卻有團體面對它邊哭邊唱歌，一問之下果然是大有來頭的聖保羅景點。不管走到哪裡都會巧遇聖保羅景點，漸漸覺得親切起來。

在這裡聖保羅激憤這個城鎮墮落的樣子，寫下著名的《給科林斯人的信》訓誡他們。在這個講壇上聖保羅向人布道，之後遭到審問，最後是以無罪釋放。

科林斯對男人來說是嚮往的享樂城市。很多人在這裡傾家蕩產。因為這帶的男人一出手都是大手筆，所以也衍生出「男人不該搭上前往科林斯的船」這句格言。

簡略地圖

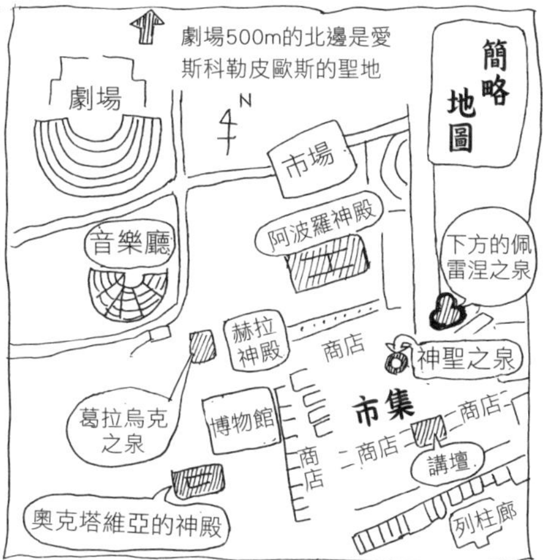
劇場500m的北邊是愛斯科勒皮歐斯的聖地
N
劇場
市場
音樂廳
阿波羅神殿
下方的佩雷涅之泉
赫拉神殿
商店
神聖之泉
葛拉烏克之泉
博物館
市集
商店
商店
商店
講壇
奧克塔維亞的神殿
列柱廊

神聖之泉

這個泉水的地下有秘密通道，和緊鄰的小小神諭所互通。

據說神官藏身在神諭所的祭壇下方，想獲得神諭的人在通過這條路時，神官會假裝神的聲音給予神諭。

從泉水的遺址下樓梯，可以透過鐵絲網看到往秘密通道的樓梯，非常興奮。

神託所
泉

音樂廳

大富豪阿提科斯在這裡也砸大錢，將它改建得氣派豪華。另外據說在保薩尼阿斯的時代，音樂廳旁有美狄亞孩子們的墳墓。

這裡的愛斯科勒皮歐斯聖地，有供奉著人們生病部位模型的博物館，不知道是不是因為享樂城市的緣故，陽具特別多（乳房也很多）。

兩個美國男作出誇張的反應。

在前往雅典的巴士中，匆匆瞥見十九世紀末建造的科林斯峽谷的運河。

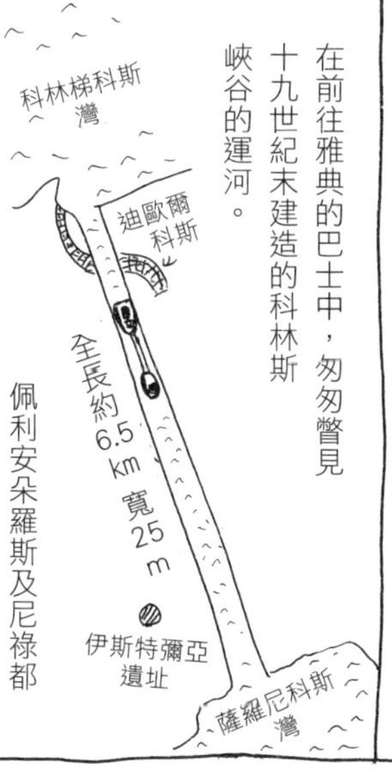
科林梯科斯灣
迪歐爾科斯
全長約6.5km 寬25m
伊斯特彌亞遺址
薩羅尼科斯灣

佩利安朵羅斯及尼祿都試圖建造運河，最後也都放棄。古代是利用馬把船拖出陸地，而拖曳的船道（迪歐爾科斯），現在仍存在於運河附近。

阿克羅科林斯
很高興能免費參觀！
古代衛城所在。歐式廢墟是主要賣點。
中世紀的城塞、城牆一直保留至今，大致是十四世紀建造的。
阿佛洛狄忒神殿小到沒有人講根本不會注意的地步。神殿本身是被人踏到滑溜溜的石頭。看起來好像剛長出來的牙齒。
唯一的標識→
而且這裡都沒有觀光客，偶爾擦身而過的也是都像法國電影出來的俊男美女。大家都一手拿著米其林（米其林是這裡的特產，特別推薦）。
科林斯在西元前五世紀就已經以花街柳巷著稱。這個阿佛洛狄忒神殿也擁有千名「神聖娼妓」的信徒。據說她們把賺到的錢一半奉獻到這裡，一半收進口袋。
「上方」的佩雷涅之泉
跟下方氣派的泉水相較下雖然真的很小，卻有種虛無飄渺的氣質，讓人很想守護她。
不起眼，一走入像是暗藏秘密的入口，
眼前是天窗灑下陽光、奇蹟般美麗的湛藍水面！
佩雷涅之泉的傳說
西敘福斯把宙斯誘拐河神阿索甫斯之女埃伊納的事情（P330）告訴她的父親，因為這個功勞而得到這個泉水。因為泉水在高低兩處噴水，為了區分而稱上下。其他的傳說像是母親佩雷涅悲嘆兒子之死，她的眼淚就化做泉水，還有傳說是珀伽索斯腳一踢踢出泉水來。

希臘的交通工具③
計程車

Bravo！又便宜又是最快的交通工具！這個國家的人長久以來經營觀光產業，卻還能保持良好誠信（旅館也是一樣！）。我去的時候貨幣正因改為歐元而物價上漲，再加上歐元走高，對旅行者來說（特別是從通貨緊縮的日本來的我來說），什麼都貴，渴的時候也不敢輕易買果汁。

但是不知道是基於什麼價值標準，計程車費跟其他的價格相比真是便宜到不行。

通貨緊縮的日本

當時（2004年）實在懷疑日本是否能走出通貨緊縮，甚至還發現過全店三十日幣的食器店。

ALL三十日幣！
超便宜，不過不需要。

還甚至懷疑日本會不會像大槻賢二期待的那樣漸漸印度化……。

很可惜的是這麼棒的交通工具無法完全供應人們的需求，常常攔截不到。

到處都是競爭對手

特別是早上幾乎無望。

而且司機們的腦中似乎沒有「多賺錢」的想法。

我說只有大鈔要給他多一點錢—

沒關係，那就不算錢吧！
什麼～！

當我要給小費時，

什麼—

大家都露出困擾的表情。

註 我實在不了解雅典的計程車。

租機車＆租車服務

搭長途巴士最讓人著急的是這種時候。

啊，那裡有看起來很不錯的古蹟！

但是也只能錯過。

古蹟到處都有，散落各處，所以這種事經常發生……。

所以緊接著計程車之後，第二方便的就屬租機車＆租車服務。租機車一天8～10歐元（約1100～1400日幣），還算便宜，而且可以體驗風之旅人的感受。不過翻山越嶺實在很累，只適合短距離。另外租車則非常貴，而且不浪漫。

鐵路

沒什麼機會利用但最具有旅行風情。

不管是車站還是火車都很有老式的味道。速度不快，不過搖晃得太過厲害，感覺速度很快。也曾經充分體驗害怕車輪會不會脫落的恐怖感受。

奧林匹亞

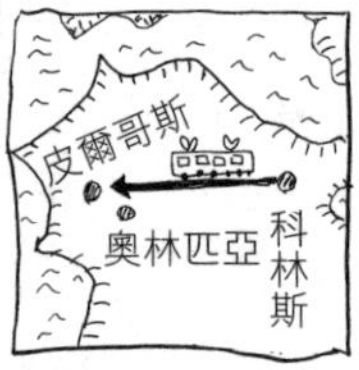
皮爾哥斯
奧林匹亞
科林斯

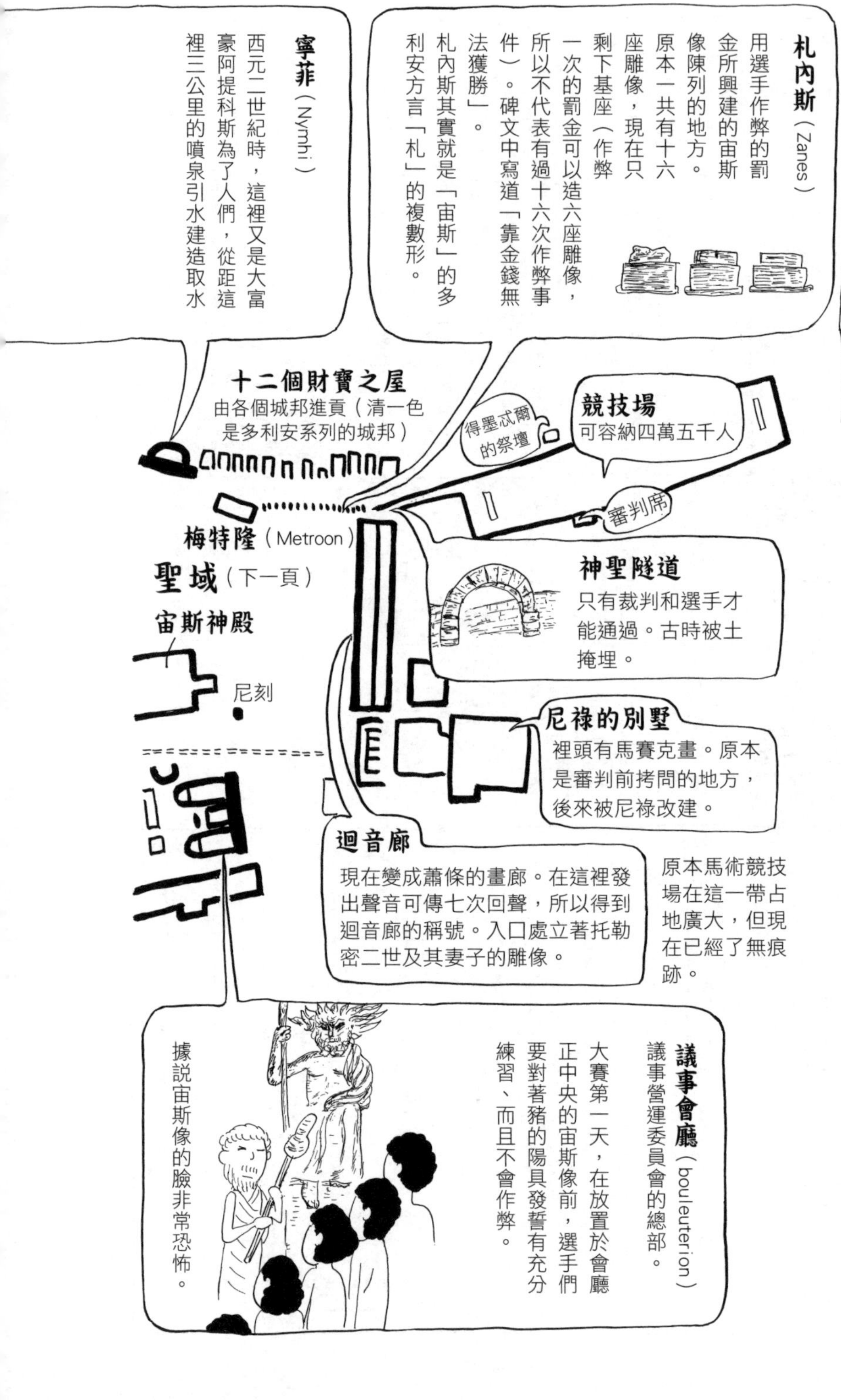
札內斯（Zanes）
用選手作弊的罰金所興建的宙斯像陳列的地方。原本一共有十六座雕像，現在只剩下基座（作弊一次的罰金可以造六座雕像，所以不代表有過十六次作弊事件）。碑文中寫道「靠金錢無法獲勝」。札內斯其實就是「宙斯」的多利安方言「札」的複數形。
寧菲（Nymhi）
西元二世紀時，這裡又是大富豪阿提科斯為了人們，從距這裡三公里的噴泉引水建造取水
十二個財寶之屋
由各個城邦進貢（清一色是多利安系列的城邦）
得墨忒爾的祭壇
競技場
可容納四萬五千人
審判席
梅特隆（Metroon）
聖域（下一頁）
宙斯神殿
尼刻
神聖隧道
只有裁判和選手才能通過。古時被土掩埋。
尼祿的別墅
裡頭有馬賽克畫。原本是審判前拷問的地方，後來被尼祿改建。
迴音廊
現在變成蕭條的畫廊。在這裡發出聲音可傳七次回聲，所以得到迴音廊的稱號。入口處立著托勒密二世及其妻子的雕像。
原本馬術競技場在這一帶占地廣大，但現在已經了無痕跡。
議事會廳（bouleuterion）
議事營運委員會的總部。
大賽第一天，在放置於會廳正中央的宙斯像前，選手們要對著豬的陽具發誓有充分練習、而且不會作弊。
據説宙斯像的臉非常恐怖。

這裡的古蹟老舊陳腐又雜亂無章～。不過一進到palaistra（格鬥練習場）的柱子林，馬上感受到一股清新的空氣，不禁陷入古代的運動員們正在這裡練習的錯覺中。或許我只是剛好中了「奧林匹克發祥的聖地」這句話的魔，不過真的是一個充滿不可思議氛圍的地方。

處。（為了感謝他的妻子被選為得墨忒爾女神的神官）過去由於河水飽含石灰質而不能飲用，許多人因為慢性缺水而中暑。提倡「萬物皆水」的泰勒斯也是因為這個原因過世。

普呂坦內安廳（Prytaneion）
迎賓館。獻給爐灶的女神赫斯提亞的火，在爐中綿延不絕地燃燒。競技賽結束後，會在這裡設宴邀請得到優勝的人還有高階人士前來。

體育館（gymnasium）
幾乎被河水沖走，只剩下四分之一以下。

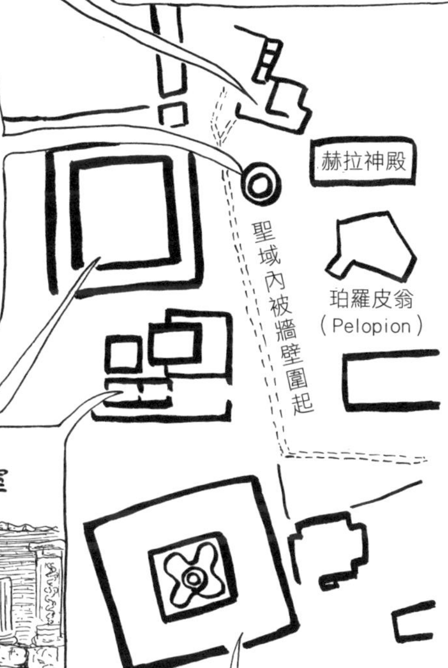

赫拉神殿
珀羅皮翁（Pelopion）
聖域內被牆壁圍起

奧林匹亞圓形神廟（Philippeion）
腓力二世建造。放置亞歷山大及母親奧林匹亞等家族的雕像。因為整修過所以有個全白的基座。

摔角學校（Palaestra）
在這裡進行格鬥技的練習。曾有選手們抹油的房間和浴室。

菲狄亞斯的工作室

被教會改建過，不過下面的基座是菲狄亞斯時代的東西。在這裡挖掘出宙斯雕像的模子、製作用的道具、還有刻著「我屬於菲狄亞斯」的杯子。

李奧尼達之屋（Leonidaion）
那克索斯名為雷歐尼達斯的富翁所建造的巨大旅館。是奧林匹亞最大的建築。只有各地的使節等大人物才能住宿。

這裡的遺址因為西元六世紀的地震及河川氾濫，被埋在五公尺深的土石下長達千年以上。
十八世紀時英國人錢卓拉經由當地人提供的情報發現這裡，百年後德國的考古隊展開挖掘工作，現在挖掘工作仍舊持續當中。

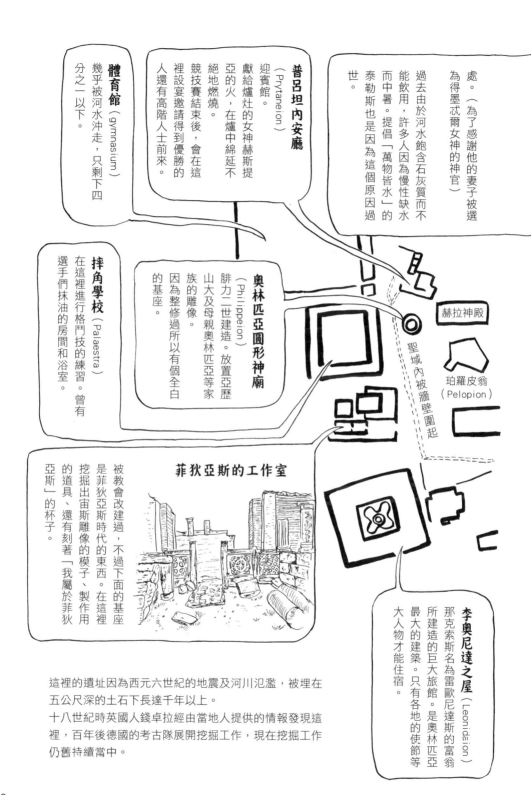

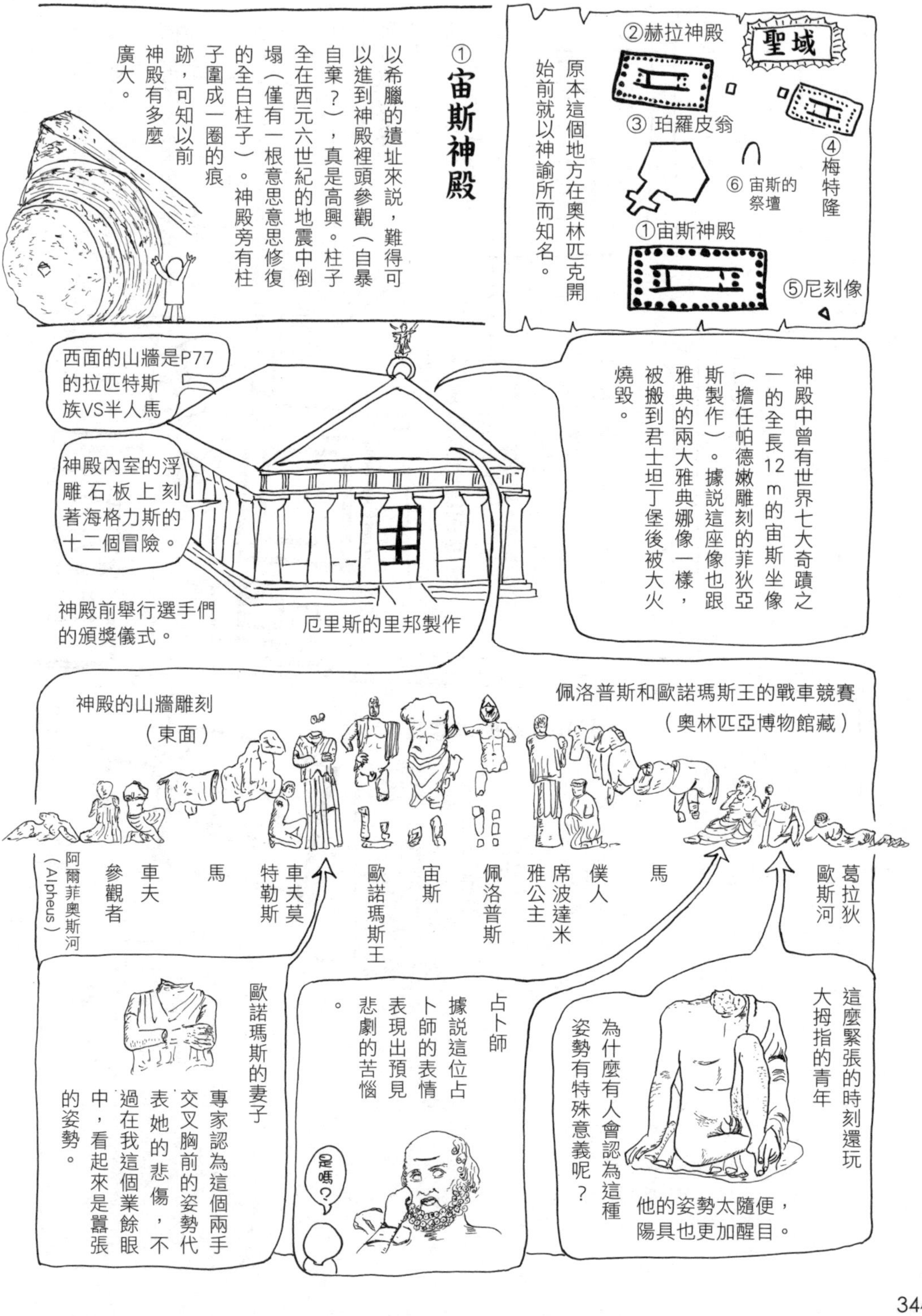
①宙斯神殿
以希臘的遺址來說，難得可以進到神殿裡頭參觀（自暴自棄？），真是高興。柱子全在西元六世紀的地震中倒塌（僅有一根意思意思修復的全白柱子）。神殿旁有柱子圍成一圈的痕跡，可知以前神殿有多麼廣大。
原本這個地方在奧林匹克開始前就以神諭所而知名。
聖域
②赫拉神殿
③ 珀羅皮翁
④梅特隆
⑥ 宙斯的祭壇
①宙斯神殿
⑤尼刻像
西面的山牆是P77的拉匹特斯族VS半人馬
神殿內室的浮雕石板上刻著海格力斯的十二個冒險。
神殿前舉行選手們的頒獎儀式。
厄里斯的里邦製作
神殿中曾有世界七大奇蹟之一的全長12 m的宙斯坐像（擔任帕德嫩雕刻的菲狄亞斯製作）。據說這座像也跟雅典的兩大雅典娜像一樣，被搬到君士坦丁堡後被大火燒毀。
神殿的山牆雕刻（東面）
佩洛普斯和歐諾瑪斯王的戰車競賽（奧林匹亞博物館藏）
阿爾菲奧斯河（Alpheus）
參觀者
車夫
馬
車夫莫特勒斯
歐諾瑪斯王
宙斯
佩洛普斯
席波達米雅公主
僕人
馬
葛拉狄歐斯河
這麼緊張的時刻還玩大拇指的青年
為什麼有人會認為這種姿勢有特殊意義呢？
他的姿勢太隨便，陽具也更加醒目。
占卜師
據說這位占卜師的表情表現出預見悲劇的苦惱。
是嗎？
歐諾瑪斯的妻子
專家認為這個兩手交叉胸前的姿勢代表她的悲傷，不過在我這個業餘眼中，看起來是囂張的姿勢。

② 赫拉神殿

奧林匹亞最古老的神殿（西元前七世紀左右）

出土品①

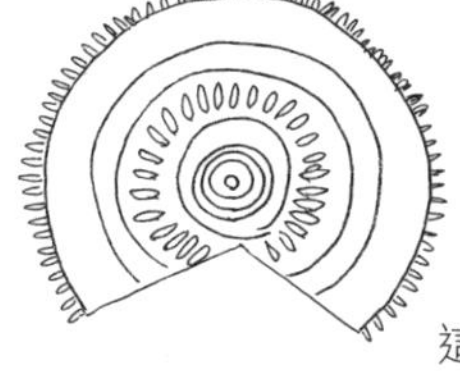

裝飾屋頂的巨大盤子的碎片

這個

出土品③ 赫拉的大頭

巨大雄渾的赫拉頭。人面獅身臉的看法強勢。

出土品② 普拉克西特利斯（Praxiteles）雕刻

幫助戴奧尼索斯逃亡的赫耳墨斯像

沒想到赫拉神殿中會有這座雕像！我覺得根本是調侃赫拉。

像中村獅童&千原丁

保薩尼阿斯也有寫到這座雕像，竟能順利的出土，挖掘的人應該非常感動吧。

在宙斯神殿建造前原本是宙斯和赫拉兩人的神殿
保薩尼阿斯

保薩尼阿斯雖然這麼說，不過同時期各地都興建許多赫拉的巨大神殿，我還是比較傾向這是赫拉個人的神殿。

現在奧運中已經成為慣例的傳遞聖火，每屆都是在這裡點燃送到各個舉辦國的呢。

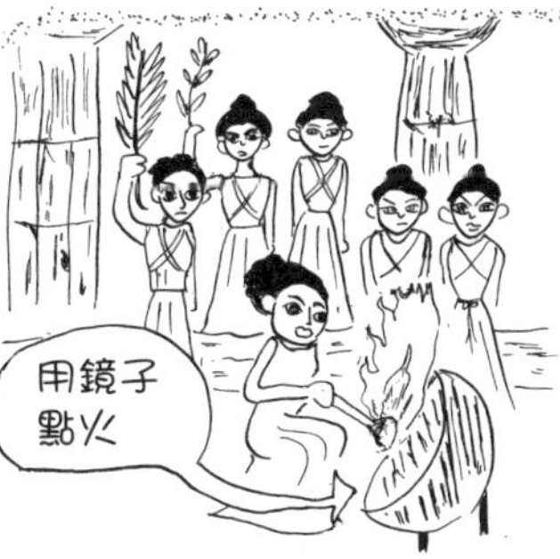
用鏡子點火

從柏林奧運開始這項傳統，原本是納粹為了宣傳的目的而開始的。

③ 珀羅皮翁

（佩洛普斯的聖地）

一般認為是佩洛普斯的墳墓。傳說中特洛伊戰爭中被借走的佩洛普斯的肩胛骨，四處漂泊後又回到這裡來。現在只留下蕭瑟的基座罷了。

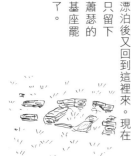

④梅特隆（母神殿）

獻給母神瑞亞=庫柏勒的神殿。

讓人感到祥和。

這個建築本身建於西元前四世紀，算是比較新的。之後變成屋大維的神殿，供奉宙斯姿態的屋大維像。從這裡可以知道羅馬誇耀的心態。

帕奧涅斯（Paionios）所雕刻的尼刻像

遷徙到納帕庫特斯的麥西尼亞人加入雅典陣營，對斯巴達打勝仗時建造的紀念雕像（西元前421）。

看到這座像可以深深感受到，被斯巴達迫害的麥西尼亞人恢復國家尊嚴時的驕傲。

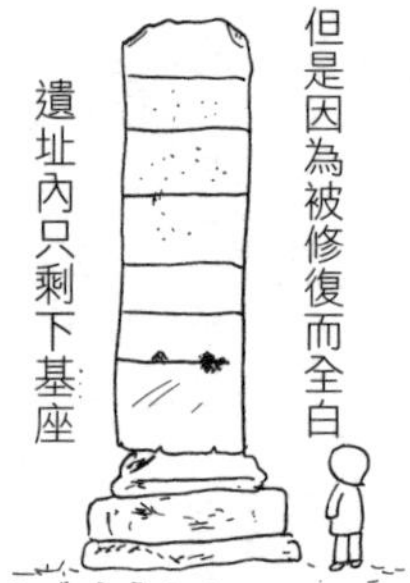
但是因為被修復而全白
遺址內只剩下基座

上頭的尼刻像現位於博物館中。

尼刻一直都很美麗

聖域中最重要的建築 ⑥宙斯的祭壇

已經了無痕跡。

據說原來是這個樣子

H. Schleif提供的想像圖

正確的所在不清楚。從保薩尼阿斯的記載可以推測在地圖記號⑥的地方。因為這裡主要是用燒牲供時的灰、普呂坦內安廳（迎賓館）的灰等加水揉製所建造的祭壇，每祭祀一次就越來越大的原始建築，所以一當河川氾濫自然一下子就被沖刷殆盡。

奧林匹亞競技賽的主要活動——大牲祭儀式就是在這裡舉行。儀式中會當場殺掉一百頭牛然後分解，再接著火化。

為了宙斯燒大腿肉，剩餘的部分分送給參觀的人。是相當精采的活動。

但也就是因為這個活動，害得奧林匹亞競技賽惡臭撲鼻、得在大量的蒼蠅飛舞中進行。

不只是這個祭壇，還有其他大大小小的祭壇，各別接受供奉。

巴塞
（Bassae）
這個離群索居的神殿因為花了很長一段時間修復、被帳篷覆蓋住而著名。
因為想看帳篷中的神殿是什麼樣子，又加上被世界遺產的光環所吸引而前往參觀。
但是……。在帳篷中的神殿總之就是施工現場的感覺，一點都不有趣。
但我也因此深深感受到，希臘的神殿和周圍的景色融為一體時才散發出真正的美感，地點還是非常重要的。
奧林匹亞
皮爾哥斯
安德利傑那
巴塞斯
阿波羅伊比鳩魯（〔Apollo Epicurius〕救贖者）神殿
居住在山腳下都市的人們當瘟疫過去後，認為是阿波羅的保佑，為了感謝他而建造這座神殿。建築師據說是設計帕德嫩神廟的伊克堤諾斯。這個神殿主要的特色是入口在北邊、形狀特別長、而且造型特殊。由於建造的地點相當偏僻，而被下一個世代的人們遺忘，因此也免於石頭被盜走的危機。西元1765年由法國的建築師所發現。
印象深刻的是這裡的柱子就跟角質放大的照片一樣。
好像指甲的甜皮，讓人好想剝起來。
這裡是蚊蟲的天堂。因為帳篷中非常潮濕，馬陸蟲等又黑又長的蟲群聚在柱子及地板上，實在是非常可怕。
而這裡窗口的女孩跟其他地方一樣都板著一張臉。
No！
不用錢！
但是雖然她不太世故，
要不要看錄影帶？
卻放神殿整修計畫的錄影帶給我們看，
拼拼湊湊幾個英語單字為我們解說神殿。
This
Entrance
North
回程時我們正要叫計程車的時候，
天哪
不知道為什麼被怒罵而且一直被掛電話。
我們不知如何是好，
怎麼了？
女孩
幫我們打電話。
現在塞車塞的很嚴重，暫時是沒辦法來。我們村裡只有兩台計程車，所以忙不過來呢。
什麼！

但是
不要緊！我會幫你們想辦法！外面很冷先進屋裡吧。
她的話讓我們很心安。
位於山頂的巴塞距離山腳、有巴士的城鎮安德利傑那十五公里。
在狹小的賣票小房間中，三個人幾乎是貼在一起，這個女孩卻沒有露出不悅的神情，雖然還是板著一張臉，不過還招待我們點心和自己的便當、水壺裡的果汁等等。而且我們也從「歐元升高東西變貴真討厭」聊到「將來想開鞋店但是父親反對」等觸及到個人的話題。比手畫腳、英語、希臘語、《比手畫腳遊希臘》、畫圖，動員了所有可以溝通的方式。
女孩目前在工作上的煩惱是「山羊每天都跑來大便，打掃很辛苦」。
我無法忘記她說起這件事時，表情比任何事要來得凝重。
而且還是大量……
就當聊得起勁，都忘記要煩惱下山的事時，這一天第二批客人終於來了。
咚、咚
女孩對客人說，
你開車嗎？
是啊……
那你們參觀完後送這兩個人到安德利傑那！
咦，原來是打算用這種方法送我們下山的嗎？
她以一種不准人回嘴的口吻下達命令。
可是…方向不一樣啊…
瞪
好啦。
什麼！
而且這家人不只是多了我們這兩個包袱，還被收取參觀費，也因為女孩招待我們就沒有為他們放影片和解說。只不過是剛好在我們後面到，就遭遇損失慘重的情況。
偷笑
看來這些人老是運氣不好喔。
我們是害人的元凶還說出這種話的男人Eki
卜卜
一直沉默的義大利人一家。
在離開可靠的賣票女孩的目送下、經過從頭到尾氣氛凝重的車程，最後平安地到達山腳的城鎮。

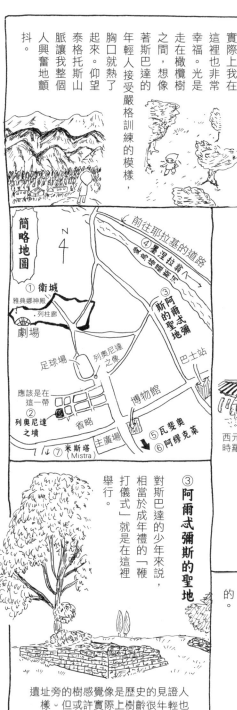

斯巴達

特林波斯
巴士
巴士
安德利傑那
斯巴達

哇喔——
我真的在斯巴達耶～

只是為了這個來斯巴達。再怎麼說，這裡都是斯巴達式、斯巴達教育等慣常使用的日常用語的本宗啊。

實際上我在這裡也非常幸福。光是走在橄欖樹之間，想像著斯巴達的年輕人接受嚴格訓練的模樣，胸口就熱了起來。仰望泰格托斯山脈讓我整個人興奮地顫抖。

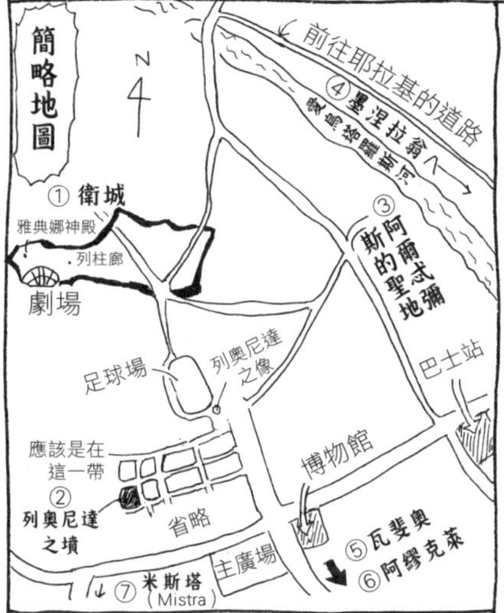

簡略地圖
N
前往耶拉基的道路
④墨涅拉翁
③阿爾忒彌斯的聖地
①衛城
雅典娜神殿
列柱廊
劇場
足球場
列奧尼達之像
巴士站
應該是在這一帶
②列奧尼達之墳
省略
博物館
主廣場
⑤瓦斐奧
⑥阿繆克萊
⑦米斯塔（Mistra）

①衛城（往墨涅拉翁）

不過稍微往西邊走，不經意地看一看腳下，竟然踏進一座巨大的劇場，厚臉皮地嚐到自己是第一發現者的滋味。

衛城就如修昔底德所預言的，什麼都沒有留下。而且也只有不知道到底是不是基座的石頭而已。

西元前一世紀時羅馬的建築

其他在劇場上方有一個讓人覺得「很小、很抱歉什麼都沒留下啊」的雅典娜神殿，神殿東邊有被鐵絲網圍住的氣派列柱廊。

②列奧尼達之墳

在社區廣場的正中央，現在成為小孩子遊玩的地方。說是列奧尼達的墳墓，但其實是古希臘時期的小神殿。這麼有歷史的東西就只有這點規模，實在沒什麼好說的。

③阿爾忒彌斯的聖地

對斯巴達的少年來說，相當於成年禮的「鞭打儀式」就是在這裡舉行。

遺址旁的樹感覺像是歷史的見證人樣。但或許實際上樹齡很年輕也不一定……。

不知道是不是因為之前已經聽說「遺址？什麼都沒有吧」，沒抱持任何期待的緣故，反而覺得斯巴達到處都有小而美的古蹟，真覺得自己很僥倖。

④墨涅拉翁（距離斯巴達心臟地帶五公里）

墨涅拉俄斯與海倫的聖地。

似乎是西元前五世紀重建的神殿。感覺很像小金字塔。

讓許多人丟掉性命的世紀美女海倫，結果不但得到丈夫原諒保全了性命，又像這樣和丈夫一起受到膜拜，真的是享受幸福人生啊。

這附近往東北不到100 m的地方發現到邁錫尼時代的遺址。是邁錫尼時代的古斯巴達嗎？

⑤瓦斐奧（Vapheio）（從斯巴達往南 6 km）

邁錫尼時代的圓形墓遺址。這裡真的很無聊。只有從古墳上方往下看而已。有名的黃金杯是從這裡出土的。

雅典國立考古博物館藏

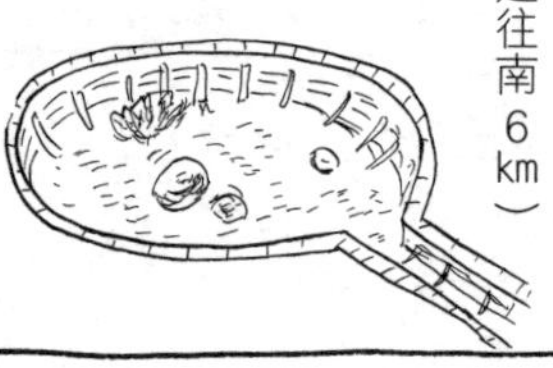

⑥阿繆克萊（從斯巴達往南 8 km）

神話的舞台，曾有雅辛托斯墳墓所在的阿波羅聖地。

不可思議的是，應該死於邁錫尼的悲哀預言者卡珊德拉，卻是在這裡受到崇拜。保薩尼阿斯說「卡珊德拉的墳墓和神殿都在這裡」，接著還說「當地居民也堅信阿伽門農的墳墓在這裡」……。

事實上這裡也的確挖出描繪著卡珊德拉的祭品。

不管怎麼說，這裡是充滿傳說的地方。雖然遺址就只剩基座還有滾著幾顆石頭，不過卻讓人覺得很有深意。

碑上雕刻的是請眾人聽自己預言的卡珊德拉

世界遺產

⑦米斯塔（Mistra）

完美的中世紀都市！可說是阿克羅科林斯的放大版。

都沒有一點破綻讓人說嘴，真是沒意思。
這個人倒感動到痛哭流涕

這裡貓很多，站在叉路聽到貓叫像在指示路時，我甚至興起無聊的幻想，想說這些貓其實是被施了魔法的人。米斯塔是很適合抱持這種幻想的地方（嘆）。

伯羅奔尼撒南方

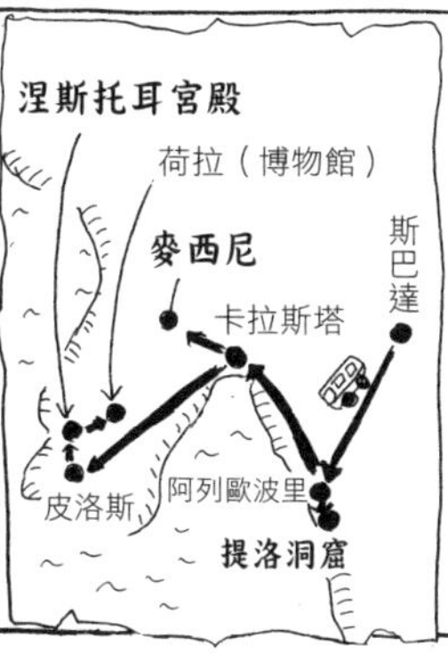
涅斯托耳宮殿
荷拉（博物館）
斯巴達
麥西尼
卡拉斯塔
皮洛斯
阿列歐波里
提洛洞窟

提洛洞窟

搭船進入到地底兩公尺的河流。水面如鏡子一般，讓人嚐到在地底飛翔的不可思議的飄浮感，真是魔術啊！

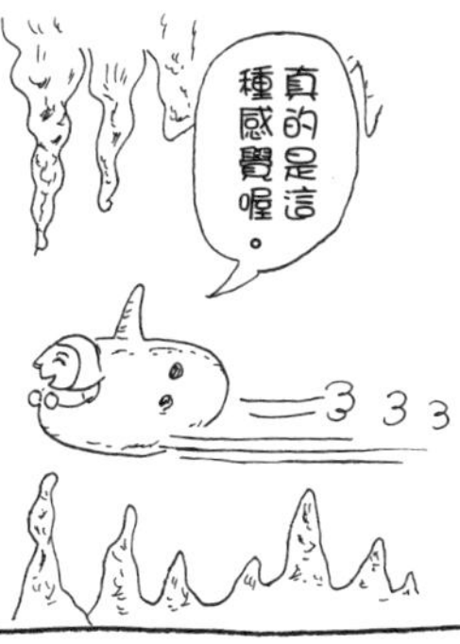
真的是這種感覺喔。

乘船的時間就只有三十分鐘，價錢卻是不二價的17歐元（約2350日幣）

麥西尼

都是因為愛欺負人的斯巴達，飽嚐心酸的可憐國家。後來被伊巴密濃達解救，而得以像這樣建立自己的都市和城塞。

我對遺址的廣大及他們現在努力維護的程度相當驚訝。雖然工程只進行到一半的地區，但感覺得花很多錢在整修。競技場也比奧林匹亞的大，給我很氣派的印象。

這裡也比愛斯科勒皮歐斯聖地或是埃皮達魯斯的古蹟保存狀態要來的好，很有型。而且雖然也不是沒有「製造遺址」那種人工的味道，總之就是比其他的著名的遺址華麗。而且還是「免費」呢。

城牆的一部分給人小萬里長城的感覺。

涅斯托耳宮殿

講起話來喋喋不休的老爺爺、涅斯托耳的城。不管涅斯托耳是否真實存在，至少從出土的黏土板上可以確定，在再邁錫尼時代這裡的確是稱作皮洛斯（這裡也以出土1000片線型文字B的黏土板而出名）。

邁錫尼時代的東西都是小不隆咚的，這裡名為宮殿，規模也是小組頭等級的家。

不知道是不是因為被燒毀的緣故，感覺就像桑托里尼的阿克羅蒂里火山灰遺跡，好像泥土做的。

據說奧德修斯的兒子忒勒瑪科斯展開尋父之旅造訪這裡時，就進過這個澡堂。
也有可愛的圓形墓。

伊薩卡島

從凱法勞尼亞島到伊薩卡的小港皮索·埃托斯的時候，我真的以為是奧德修斯的島。

人們都是既親切又笑容滿面。大家看起來就像是養豬的猷梅爾斯。

這裡人很友善，或許是因為大家都是船員，常去包括日本等外國的緣故吧。

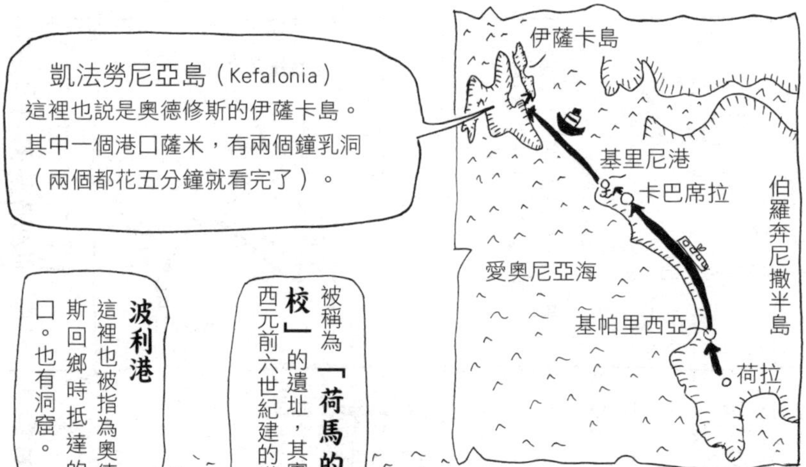

伊薩卡島
凱法勞尼亞島（Kefalonia）
這裡也說是奧德修斯的伊薩卡島。
其中一個港口薩米，有兩個鐘乳洞
（兩個都花五分鐘就看完了）。
基里尼港
卡巴席拉
伯羅奔尼撒半島
愛奧尼亞海
基帕里西亞
荷拉

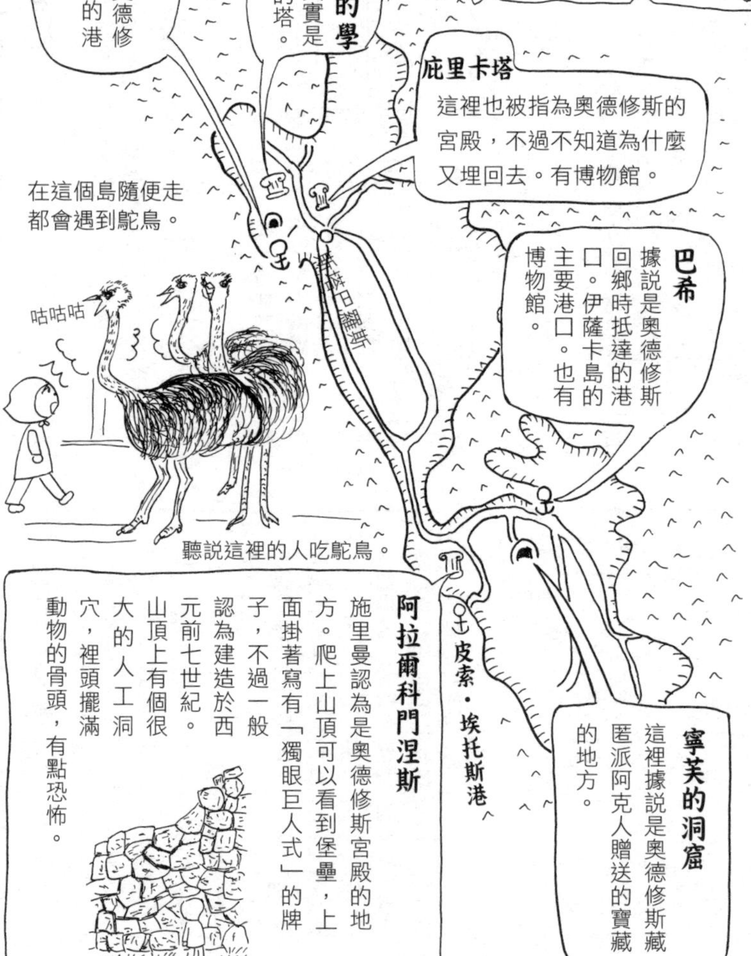

波利港
這裡也被指為奧德修斯回鄉時抵達的港口。也有洞窟。
被稱為「荷馬的學校」的遺址，其實是西元前六世紀建的塔。
庇里卡塔
這裡也被指為奧德修斯的宮殿，不過不知道為什麼又埋回去。有博物館。
在這個島隨便走都會遇到鴕鳥。
咕咕咕
巴希
據說是奧德修斯回鄉時抵達的港口。伊薩卡島的主要港口。也有博物館。
聽說這裡的人吃鴕鳥。
阿拉爾科門涅斯
施里曼認為是奧德修斯宮殿的地方。爬上山頂可以看到堡壘，上面掛著寫有「獨眼巨人式」的牌子，不過一般認為建造於西元前七世紀。山頂上有個很大的人工洞穴，裡頭擺滿動物的骨頭，有點恐怖。
皮索·埃托斯港
寧芙的洞窟
這裡據說是奧德修斯藏匿派阿克人贈送的寶藏的地方。

到這裡我的旅行也結束了。最後就讓這段插曲結束這本書吧。
鞠躬
無法忘懷的男人
雅典的衛城博物館不但狹小、參觀人數又非常多，要看個東西都要你推我擠，都要彎曲身體的某部分，實在是辛苦的鑑賞。
天哪— 我什麼都看不到～
就在這時，一個中國人不知道為什麼，
請退後，請把這裡空出來。
他大聲嚷嚷，把人群推出去。
大家在莫名奇妙的情況下空出空間來，
OK
啪
這個人以相當做作的步伐慢慢走近雕像，
嗯～
跟他同行的人用攝影機拍攝男子專注鑑賞的神情。
也不顧眾人驚訝的神色，
謝謝。
拜拜。
又慢慢移到下一個區塊。
中國人真是厲害！他們的國家有害怕這兩個字嗎？「回頭想想自己總是畏畏縮縮的一生」，中國人的存在實在太耀眼了。順帶一提，這趟旅行中幾乎沒有遇到日本觀光客。
就算有遇到同樣日本人，不知道為什麼一看到我們就逃跑。
啊
快走、快走。
難道同一國家的人就會打壞旅行的心情嗎～。我也不是不能理解啦，但也做得太明了，真沒禮貌！
反而遇到中國人的機率非常高。他們的唯我獨尊，一點也不輸以自我為中心的始祖希臘人。真是親身感受到睡獅正在甦醒啊。
丟
丟
在船上看到放著行李的椅子，也照樣把別人的行李扔到一旁坐下。

後記

對於這本書我抱著許多不安。不知道有沒有人能夠從頭到尾把這本書看完？在網路商城光看簡介沒翻到內容就買下這本書的人，不知道會不會在翻開的瞬間就後悔了？還有精通希臘的人會不會對形式有意見大為狂怒呢？還有銷路好不好？等等的疑問……。

原本就希臘神話這方面坊間的書籍就多不勝數，也有知名人士畫的漫畫；而且在網路上搜尋，也有不少鞭辟入裡的希臘神話與歷史研究毫不藏私地供大家參考（而且又很重視娛樂性），所以我到現在還是在思考這本書究竟有沒有存在的價值。

呃，這本書的分量其實是依生理面來決定的。重量取決於躺著看書也拿得動，而且私心還想盡可能介紹自己感興趣的部分，最後的厚度就如大家所見，不知道大家會不會因為分量過多而太過疲勞呢。還是嫌太過簡短了呢。

內容和各位原本知道的希臘是否完全不同，還是某個部分根本就是錯的呢，我想或許很多地方不盡人意，還要麻煩大家悄悄地以溫柔的語氣指導我。

那麼接下來就以最符合後記的形式，容我向不幸被捲入製作這本書的幾位恩人表達感謝之意。首先是替過看過原稿、並且幫我檢查、刪改、並給予建議，長得像年輕時代基頓的山口大介先生。山口先生是我旅行時愛用的書《比手畫腳遊希臘》的作者，他在希臘當地因為進行實地調查到處跑來跑去，是相當忙碌的一個人。旅行中聽到好幾個希臘人提到山口先生的名字，就自顧自覺得親切了起來，很厚臉皮地開口請他幫忙。他不但很親切仔細地教我一字多音的希臘文標記，其他的地方也給我數不盡的指導（即使如此還是有錯誤的地方的話，是我自己的理解錯誤，完全是我個人的責任）。另外還要感謝校稿的橫坂裕子小姐，替我把在日本只住三個月的外國人寫的悽慘日文文章改得比較像樣；把封面做得美美的、幫忙騙到客人的早川育小姐，以及高瀨遙小姐（裝訂）、田中直樹先生（裱畫）。還有要感謝面對做事三分鐘熱度、馬上就暈頭轉向而且老愛抱怨的我，總是以菩薩的慈悲心腸溫柔以對的編輯模範——安藤聰先生。甚至是不管是拿到如何任性又自暴自棄的東西，都有辦法把這種亂來又不穩定的內容變成書籍的不可思議的出版社。

最後更要感謝慷慨解囊買下這本書、度量超大、溫柔聰明的俊男美女們。對於你們關懷弱者的俠義行徑，致上無以言表的感謝之意。

我全心全意祝福各位今後人生道路幸福美滿，真的真的非常謝謝大家！

芝崎みゆき

泉雅人訳　大修館書店
『都市国家アテネ－ペリクレスと繁栄の時代－』ピエール・ブリュレ著　高野優訳　創元社
『パルテノン・スキャンダル―大英博物館の「略奪美術品」―』朽木ゆり子著　新潮社
『王妃オリュンピアス－アレクサンドロス大王の母－』森谷公俊著　筑摩書房
『国家』プラトン著　藤沢令夫訳　岩波書店
『アテナイ人の国制』アリストテレス著　村川堅太郎訳　岩波書店
『アリストテレス全集　9　動物運動論　動物進行論　動物発生論』アリストテレス著　島崎三郎訳　岩波書店
『ギリシア哲学者列伝　全3巻』ディオゲネス・ラエルティオス著　加来彰俊訳　岩波書店
『物語ギリシャ哲学史－ソクラテス以前の哲学者たち－』ルチャーノ・デ・クレシェンツォ著　谷口勇訳　而立書房
『POPなギリシア哲学－「幸福」を追い求めた素敵な人々－』斉藤啓一著　同文書院
『歴史の父ヘロドトス』藤縄謙三著　新潮社
『ポリスの市民生活　生活の世界歴史3』太田秀通著　河出書房新社
『古代ギリシア人の生活文化』J・P・マハフィー著　遠藤光　遠藤輝代訳　八潮出版
『古代ギリシア人－自己と他者の肖像－』ポール・カートリッジ著　橋場弦訳　白水社
『丘のうえの民主政－古代アテネの実験－』橋場弦著　東京大学出版会
『ファロスの王国（I、II）』エヴァ・C・クールズ著　中務哲郎　久保田忠利　下田立行訳　岩波書店
『古代文明の謎はどこまで解けたか　2』ピーター・ジェイムズ、ニック・ソープ著　福岡洋一訳　皆神竜太郎監修　太田出版
『ギリシャ文化史－古代・ビザンティン・現代－』ヨルゴス・D・フルムジアーディス著　谷口勇訳　而立書房
『ギリシア滞在記』伊藤正　多賀出版

[奧林匹克]
『オリンピア－遺跡・祭典・競技－』村川堅太郎著
『驚異の古代オリンピック』トニー・ペロテット著　矢羽野薫訳　河出書房新社
『古代オリンピック』ジュディス・スワドリング著　穂積八洲雄訳　日本放送出版協会
『古代オリンピック　その競技と文化』M. アンドロニコスほか著　ニコラオス・ヤルウリス、オット・シミチェク監修　成田十次郎・水田徹訳　講談社
『古代オリンピックの歴史』フェレンス・メゾー著　大島鎌吉訳　株式会社ベースボール・マガジン社
『ギリシアの古代オリンピック』楠見千鶴子著　講談社

[旅行]
『ギリシア案内記　全2巻』パウサニアス著　馬場恵二訳　岩波書店
『ギリシア記』パウサニアス著　飯尾都人訳　龍渓書舎
『ギリシア美術紀行』福部信敏著　時事通信社
『ミシュラン・グリーンガイド』ギリシア　実業之日本社
『〈世界歴史の旅〉ギリシア』周藤芳幸編　山川出版社
『古代ギリシア遺跡事典』周藤芳幸　澤田典子著　東京堂出版
『ギリシアの遺跡と島々』紅山雪夫著　トラベルジャーナル
『望遠郷13　アテネ』ガリマール社　同朋舎出版編　同朋舎出版
『Blue Guide Greece』Robin Barber, John Flower　A&C Black
＊また遺跡を訪れる際、楠見千鶴子氏、斉木俊男氏の一連の著書が大変参考になりました。

[綜合]
『古代遺跡シリーズ　古代ギリシア』レンゾ・ロッシ、サラ・カセッリ著　ジョヴァンニ・カセッリ監修　古賀浩訳　ニュートンプレス
『カラーイラスト　生活の世界史3　古代ギリシアの市民たち』ピエール・ミケル著　ピエール・プロブスト　イラスト　福井芳男　木村尚三郎監訳　東京書籍
『カラーイラスト　生活の世界史25　ギリシア軍の歴史』ピーター・コノリー、L・E・ユンケル著　ピーター・コノリー　イラスト　福井芳男　木村尚三郎監訳　東京書籍
＊其他的參考資料並包括當地出版的小冊子與導覽手冊等。

主要的引用以及參考文獻

——獻上無限的敬意與感謝之意——

沒有這些參考文獻的話，我一個字也寫不出來。這本書其實不過是截取這些血汗與智慧結晶的皮毛。個人強烈地希望各位善男信女能夠藉由這些專業書籍，更深入地探索與享受希臘世界。

[神話]

『ギリシア・ローマ神話辞典』高津春繁著　岩波書店

『ギリシア・ローマ神話事典』マイケル・グラント、ジョン・ヘイゼル著　西田実・木宮直仁訳　大修館書店

『ギリシア神話』呉茂一著　新潮社

『ギリシア神話　新版』ロバート・グレイヴズ著　高杉一郎訳　紀伊国屋書店

『世界古典文学全集1　ホメーロス』ホメーロス著　呉茂一・高津春繁訳　筑摩書房

『ホメーロスの諸神讃歌』沓掛良彦訳　平凡社

『ギリシア神話』フェリックス・ギラン著　中島健訳　青土社

『ギリシア神話』アポロドーロス著　高津春繁訳　岩波書店

『ギリシア悲劇全集』全14巻　岩波書店

『神々の指紋－ギリシア神話逍遥－』多田智満子著　筑摩書房

『世界古典文学全集　8　アイスキュロス　ソポクレス』アイスキュロス、ソポクレス著　高津春繁編　筑摩書房

『世界古典文学全集　9　エウリピデス』エウリピデス著　松平千秋編　筑摩書房

『神統記』ヘシオドス著　広川洋一訳　岩波書店

『仕事と日々』ヘシオドス著　松平千秋訳　岩波書店

『ホメロスにおける伝統の継承と創造』岡道男著　創文社

『描かれたギリシア神話－写真絵巻－』青柳正規・平山東子著　小川忠博写真　講談社

『図説ギリシア神話〈神々の世界〉篇』松島道也著　河出書房新社

『図説ギリシア神話〈英雄たちの世界〉篇』松島道也　岡部紘三著　河出書房新社

[歴史]

『歴史』ヘロドトス著　青木巌訳　新潮社

『プルターク英雄伝1～8』プルタルコス著　鶴見祐輔訳　潮出版社

『世界古典文学全集23　プルタルコス』プルタルコス著　村川堅太郎編　筑摩書房

『世界古典文学全集11　トゥーキュディデース』トゥーキュディデース著　筑摩書房

『古代ギリシアの歴史－ポリスの興隆と衰退－』伊藤貞夫著　講談社

『世界の歴史　4　ギリシア』村田数之亮著　河出書房新社

『〈世界の歴史　5〉ギリシアとローマ』桜井万里子　本村凌二著　中央公論新社

『ギリシア・ローマの盛衰－古典古代の市民たち－』村川堅太郎　長谷川博隆　高橋秀著　講談社

『《ビジュアル版》世界の歴史3　ギリシア・ローマの栄光』馬場恵二著

『世界の歴史2　ギリシアとローマ』村川堅太郎編　中央公論社

『新版世界各国史17　ギリシア史』桜井万里子編　山川出版社

『ギリシア文明史　全3巻』アンドレ・ボナール著　岡道男　田中千春訳　人文書院

『図説世界文化地理大百科　古代のギリシア』ピーター・レーヴィ著　小林雅夫訳　朝倉書店

『ギリシア人－その歴史と文化－』H．ロイド＝ジョーンズ編　三浦一郎訳　岩波書店

『地図で読む世界の歴史　古代ギリシア』ロバート・モアコット　青木桃子＋牧人舎訳　桜井万里子監修

『図説古代ギリシア』ジョン・キャンプ、エリザベス・フィッシャー著　吉岡晶子訳　東京書籍

『図説ギリシア　エーゲ海文明の歴史を訪ねて』周藤芳幸著　河出書房新社

『図説古代ギリシアの戦い』ヴィクター・デイヴィス・ハンセン著　遠藤利国訳　ジョン・キーガン監修　東洋書林

『戦争の起源』アーサー・フェリル著　鈴木主税・石原正毅訳　河出書房新社

『埋もれた古代都市　4　西欧文明の起源』森本哲郎編著　森本哲郎・馬場恵二・三浦一郎・青柳正規著　集英社

『ライフ人類100万年〔17〕失われたエーゲ海文明』メートランド・A・エディー著　水谷智洋訳　タイムライフブックス

『エーゲ文明への道－シュリーマンとエヴァンズの発掘物語－』レオナード・コットレル著　暮田愛訳　前田耕作監修　原書房

『ミュケーナイ世界』J・チャドウィック著　安村典子訳　みすず書房

『アトランティス大陸の謎』金子史朗著　講談社

『古代への情熱－シュリーマン自伝－』シュリーマン著　村田数之亮訳　岩波書店

『シュリーマン－黄金と偽りのトロイ－』デイヴィッド・トレイル著　周藤芳幸・沢田典子・北村陽子訳　青木書店

『ホメロスの丘－シュリーマン伝－』白柳美彦著　朝日新聞社

『シュリーマン・黄金発掘の夢』エルヴェ・デュシエーヌ著　福田ゆき・藤丘樹実訳　青柳正規監修　創元社

『甦るトロイア戦争』エーベルハルト・ツァンガー著　和

國家圖書館出版品預行編目資料

漫畫圖解・不可思議的希臘神話・歷史／芝崎みゆき著；許晴舒譯. – 三版. – 新北市：如果出版：大雁出版基地發行，2024. 10
面；公分
譯自：古代ギリシアがんちく図鑑
ISBN 978-626-7498-36-1（平裝）
1. 希臘史 2. 希臘神話 3. 遊記 4. 漫畫

749.51　　113012796

漫畫圖解・不可思議的希臘神話・歷史
古代ギリシアがんちく図鑑

作者／芝崎みゆき
譯者／許晴舒
封面設計／萬勝安
美術編輯／黃雅藍
責任編輯／劉文駿、林潔如
行銷業務／王綬晨、邱紹溢、劉文雅
行銷企劃／黃羿潔
副總編輯／張海靜
總編輯／王思迅
發行人／蘇拾平
出版／如果出版
發行／大雁出版基地
地址／231030 新北市新店區北新路三段 207-3 號 5 樓
電話／（02）8913-1005
傳真／（02）8913-1056
讀者傳真服務／（02）8913-1056
讀者服務 E-mail／andbooks@andbooks.com.tw
劃撥帳號／19983379
戶名／大雁文化事業股份有限公司
出版日期／2024 年 10 月 三版
定價／450 元
ISBN／978-626-7498-36-1